普通高等教育经管类专业系列教材

税 法

关雪梅　主　编

陈　梅　赵方亮　副主编

清华大学出版社

北　京

内 容 简 介

本书以税法概论作为切入点，分税种和重要性依次介绍各个实体税种。本书具体内容包括税法概论、增值税法、消费税法、企业所得税法、个人所得税法、其他税法和税收征收管理法共计七章的内容。

本书内容新颖，按照最新的税收法律法规、科学全面地编写而成，汇集了最新税法规定和实务指导，更新了"十三五"期间完成立法的 8 个税种(环境保护税法、烟叶税法、船舶吨税法、车辆购置税法、耕地占用税法、资源税法、城市维护建设税法和契税法)，3 个原已立法又进行修改的税种(企业所得税法、个人所得税法和车船税法)，并重新编写了国务院常务委员会已经于 2021 年 1 月 5 日立法通过的《中华人民共和国印花税法(草案)》，结合"营改增"、综合征收和减税降费补充了增值税、个人所得税和企业所得税的重要变化，完善了其他小税种最新税收政策具体修改内容，体现了我国特色的税收征管体制和各税种的来龙去脉。本书对课程内容深入浅出地进行全面、细致的介绍，将纳税申报融会贯通到整个税款的计算过程，将"教、学、做"融合于一体，具有较强的实践性和应用性，充分体现了财税相关岗位业务能力的培养规律。

本书对理论知识的介绍难易适度，理论与实务结合融洽，适合作为高等院校财税相关专业的税法教材，对企事业单位从事纳税的实际工作者也有一定的参考价值。

本书配套的电子课件、习题和参考答案可以到 http://www.tupwk.com.cn/downpage 网站下载，也可以扫描前言中的二维码下载。

图书在版编目(CIP)数据

税法 / 关雪梅主编. —北京：清华大学出版社，2021.7
普通高等教育经管类专业系列教材
ISBN 978-7-302-58500-8

Ⅰ. ①税… Ⅱ. ①关… Ⅲ. ①税法—中国—高等学校—教材 Ⅳ. ①D922.22

中国版本图书馆 CIP 数据核字(2021)第 113746 号

责任编辑： 胡辰浩
封面设计： 周晓亮
版式设计： 孔祥峰
责任校对： 成凤进
责任印制： 宋 林

出版发行： 清华大学出版社
　　　　网　　址： http://www.tup.com.cn，http://www.wqbook.com
　　　　地　　址： 北京清华大学学研大厦 A 座　　　　**邮　　编：** 100084
　　　　社 总 机： 010-62770175　　　　　　　　　　**邮　　购：** 010-62786544
　　　　投稿与读者服务： 010-62776969，c-service@tup.tsinghua.edu.cn
　　　　质 量 反 馈： 010-62772015，zhiliang@tup.tsinghua.edu.cn

印 装 者： 三河市天利华印刷装订有限公司
经　　销： 全国新华书店
开　　本： 185mm×260mm　　　　**印　　张：** 22.75　　　　**字　　数：** 597 千字
版　　次： 2021 年 8 月第 1 版　　　**印　　次：** 2021 年 8 月第 1 次印刷
定　　价： 79.00 元

产品编号：088342-01

前 言

税法的研究对象是税收法律关系，即国家与纳税人之间在征纳税方面权利与义务的关系，涵盖税收实体法、税收程序法、税收处罚法、税收救济法和税收行政法等内容，是一门理论性与实务性较强的学科。税收对社会经济活动有着深刻的影响，具有筹集国家财政收入、调控宏观经济运行和实现收入分配公平的重要作用。随着我国社会主义市场经济的深化改革与发展、税制改革力度的加大，国家优化产业结构、减税降费及振兴实体经济等目标不断推进，税法需要不断地调整和完善，以适应新时期社会经济发展的需要。在此背景下，本书的编写正是在整合最新税收相关法律法规和最新相关成果的基础上展开的。

本书的主要特色有以下几点。

第一，逻辑结构清晰合理，内容详略得当。本书以税制改革为背景，依据最新颁布实施的税法相关法规编写而成，按照"总—分—总"的顺序，依次介绍税法概论、税收实体法和税收征管的程序法内容，分主体税种和重要性先后介绍流转税类、所得税类和其他税类，对各个实体税法进行了详细的阐述，对企业重组的所得税处理等内容进行删减，理论讲述的程度深浅适当。

第二，税法基础理论知识和实务操作兼顾，理论与实务融合恰当。本书内容编排上不仅注重基本理论的讲述，而且结合纳税申报等税收管理实务，包括会计分支所侧重的纳税义务发生时间的确认、发票的管理等实务知识，结合金税三期实务操作，体现了财税融合趋势，能满足对本科和高职高专类院校应用型人才的培养。

第三，本书通过例题调动了学生参与学习的积极性，通过难易适中、适量的课后习题和答案增强了学生的学习和思考能动性，能够培养应用型本科和高职高专类人才对理论知识的运用能力。

本书适合作为高等院校经济类、管理类等相关专业的税法教材，也可作为各类成人院校的培训教材。另外，本书对企事业单位从事纳税的实际工作者也有一定的参考价值。根据教学对象和授课学时不同，教师可灵活选择重点进行教学。

本书由盐城工学院的关雪梅任主编，黑龙江科技大学的陈梅、赵方亮任副主编。全书共计七章，由关雪梅总体策划，各章编写人员及分工如下：关雪梅编写第二章、第三章和第七章，赵方亮编写第一章和第六章，陈梅编写第四章和第五章。全书最后由关雪梅总纂。

本书在编写过程中，参考了很多同类教材、著作和期刊等，限于篇幅，恕不一一列出，特做说明并致谢。

由于受时间、资料、编者水平及其他条件限制，书中难免存在一些不足之处，恳请同行专家及读者指正。我们的电话是 010-62796045，信箱是 992116@qq.com。

本书配套的电子课件、习题和参考答案可以到 http://www.tupwk.com.cn/downpage 网站下载，也可以扫描下方的二维码下载。

编　者

2021 年 2 月

目　　录

第一章

税法概论

税法是国家权力机关和行政机关制定的，用以调整国家与纳税人之间在征纳税方面权利与义务关系的法律规范的总称，是国家法律的重要组成部分。我国现行税法一般可分为税收实体法、税收程序法、税收处罚法、税收救济法和税收行政法等。

第一节　税收基础理论

一、税收的概念

古今中外不少学者对于税收给出了自己的定义，但这些定义表述不一致。例如，亚当•斯密认为税收是"人民拿出自己一部分私人收入给君主或国家，作为一笔公共收入"，并强调国家经费的大部分必须取自各种税收。西蒙•詹姆斯和克里斯托弗•诺布斯将税收的无偿性纳入定义，认为"税收是由政府机构实行不直接偿还的强制性征收"。自改革开放以来，我国对税收理论的研究十分踊跃，对税收定义的理解是在吸收西方理论成果的基础上，进一步强调税收的法律特征。至此，税收定义的理解基本存在以下共识：一，税收的征收主体是国家，征收客体是单位和个人；二，税收的征收目的是满足国家实现其职能的需要；三，税收的征收依据是法律，凭借的是政治权力，而不是财产权力，征税体现了强制性特征；四，征税的过程是物质财富从私人部门单向地、无偿地转给国家；五，从税收征收的直接结果看，国家以税收方式取得财政收入。

税收是国家为满足社会公共需要，凭借政治权力，按照法律的规定，参与单位和个人的财富分配，强制、无偿地取得财政收入的一种形式。税收是一个古老的历史范畴，是国家调控经济的重要杠杆。随着我国社会主义市场经济的深化改革与发展，税收正越来越深刻地影响人们的社会经济活动。

二、税收的特征

税收具有强制性、无偿性、固定性的基本特征，它们反映了税收区别于其他财政收入形式，从中也可以理解税收为什么能成为国家取得财政收入的最主要形式。

(一) 税收的强制性

税收的强制性是指税收参与企业和个人的财富分配是依据国家的政治权力,而不是财产权力,与生产资料的占有没有关系。税收的强制性具体表现在税收是以国家法律形式规定的,而税收法律作为国家法律的组成部分,对不同的所有者都是普遍适用的,任何单位和个人都必须遵守,不依法纳税的单位和个人都要受到法律的制裁。税收的强制性说明,依法纳税是人们不应回避的法律义务。正因为此,税收成为国家取得财政收入的最普遍、最可靠的一种形式。

(二) 税收的无偿性

税收的无偿性是指国家依法征税既不需要向纳税人付出任何报酬和代价,也不需要直接偿还。对具体的纳税人来说,纳税后并未获得任何报酬,从这个角度来看,税收不具有偿还性或返还性。但若从财政活动的整体来看,税收是对政府提供公共物品和服务成本的补偿,这又反映出税收有偿还的一面。在社会主义背景下,税收具有马克思所说的"从一个处于私人地位的生产者扣除的一切,又会直接或间接地用来为处于私人地位的生产者谋福利"的性质,即"取之于民,用之于民"。

(三) 税收的固定性

税收的固定性是指课税对象及每一单位课税对象的征收比例或征收数额是相对固定的,而且是以法律形式事先规定的,只能按照预定标准征收,而不能无限度地征收。纳税人取得了应纳税的收入或发生了应纳税的行为,必须按预定标准如数缴纳,而不能改变这个法定标准。同样,税收的固定性是相对的,不是标准确定后永远不能改变。随着社会经济条件的变化,具体的征税标准是可以改变的。比如,国家可以修订税法,提高或降低税率等,但这只是变动征收标准,不是取消征收标准。

三、税收的职能

税收的职能是指在一定社会制度下,税收这种分配关系本身在社会经济活动中内在固有的基本功能。它是税收本质的具体表现。税收的职能和作用是税收职能本质的具体体现。一般来说,税收具有组织财政、调节经济、监督经济的基本职能。

(一) 组织财政

国家为了实现其职能,需要大量的财政资金。税收作为国家依照法律规定参与剩余产品分配的活动,承担起筹集财政收入的重要任务。税收自产生之日起,就具备了筹集财政收入的职能,并且是最基本的职能。

(二) 调节经济

国家为了执行其管理社会和干预经济的职能,除需筹集必要的财政资金作为其物质基础外,还要通过制定一系列正确的经济政策,以及体现并执行诸政策的各种有效手段,才能得以实现。税收作为国家强制参与社会产品分配的主要形式,在筹集财政收入的同时,也改变了各阶级、阶层、社会成员及各经济组织的经济利益,物质利益的多寡,诱导着他们的社会经济行为。因此,国家有目的地利用税收体现其有关的社会经济政策,通过对各种经济组织和社会成员的经济利益的调节，使他们的微观经济行为尽可能符合国家预期的社会经济发展方向，以有助于社会经济的顺利发展，从而使税收成为国家调节社会经济活动的重要经济杠杆。税收自产生之日起，就存在调节社会经济的职能。但它的实现，却受到一定社会形态下国家政治经济状况及国家任务的影响。社会主义市场经济体制下国家宏观调控体系的建立，对实现税收调节社会经济生活的职能，既提出了强烈要求，也提供了可能的条件。

(三) 监督经济

税收政策体现着国家的意志，税收制度是纳税人必须遵守的法律准绳，它约束纳税人的经济行为，使之符合国家的政治要求。因此，税收成为国家监督社会经济活动的强有力工具。监督管理职能是指税收在取得财政收入过程中，能够借助它与经济的必然联系来反映国民经济运行和企业生产经营中的某些情况，发现存在的问题，并为国家和企业解决这些问题提供线索和依据。税收监督社会经济活动的广泛性与深入性，是随商品经济发展和国家干预社会经济生活的程度而发展的。一般地说，商品经济越发达，经济生活越复杂，国家干预或调节社会经济生活的必要性就越强烈，税收监督也就越广泛而深入。

筹集财政收入的职能、调节社会经济生活的职能、监督社会经济生活的职能，是税收的三大职能。筹集财政收入的职能是基本的，随着经济的发展，调节社会经济生活和监督社会经济生活的职能，也变得越来越重要。

四、税收法律关系

税收法律关系是指税法规范所确认和调整的，国家与纳税人之间在税收分配过程中发生的具有权利和义务内容的社会关系。国家征税与纳税人纳税在形式上表现为利益分配的关系，但经过法律明确其双方的权利和义务后，这种关系实质上已上升为特定的法律关系。税收法律关系实质上就是税收关系在法律上的体现，税法规范是税收法律关系产生的前提。税收法律关系与税收关系在外延上应当是一致的，即所有税收关系都应当由税法进行调整和规范，而经过税法调整和规范后的税收关系就成为税收法律关系。

(一) 税收法律关系的特征

1. 税收法律关系的实质是税收分配关系在法律上的表现

从财政角度看，税收是一种收入分配关系，国家取得财政收入的直接目的是实现国家的职能。税收法律关系反映并决定于税收分配关系，属于上层建筑范畴。当一种税收分配关系随着社会形态的更替而被新的税收关系所取代，必然引起旧的税收法律关系的消灭和新的税收法律关系的产生。

2. 税收法律关系的主体一方只能是国家或国家授权的税务机关

税收法律关系实质上是纳税人与国家之间的法律关系，但由于税务机关代表国家行使税收征收管理权，税收法律关系则表现为征税机关和纳税人之间的权利义务关系。

3. 税收法律关系的主体权利义务关系具有不对等性

税收法律关系的主体权利义务关系具有不对等性，是税收法律关系与民事法律关系在内容上的区别。在民事法律关系中，主体权利义务的设立与分配既完全对等又表现出直接性；在税收法律关系中，税法作为一种义务性法律规范，赋予税务机关较多的税收执法权，从而使税务机关成为权力主体，纳税人成为义务主体。这种权利与义务的不对等性是由税收无偿性和强制性的特征所决定的。但是，税收法律关系并非一种完全单向性的支配关系，也就是说，纳税人在一般情况下是义务主体，但在某些特定场合又可能转化为权利主体，不对等也不是绝对的。

4. 税收法律关系的产生以纳税人发生了税法规定的事实行为为前提

税法事实行为是产生税收法律关系的前提或根据。只要纳税人发生了税法规定的事实行为，税收法律关系就相应产生了，征税主体就必须依法履行征税职能，纳税主体就必须依法履行纳税义务。

(二) 税收法律关系的构成

税收法律关系是指国家、税务机关和纳税人之间，在税收征收和管理过程中，根据税法规范而发生的具体的征收和管理权利义务关系。税收管理法律关系是一种纵向的法律关系，是国家与税务征管机关及税务征管机关相互间所发生的，在税收管理过程中的具体的责权关系。税收征收法律关系是国家参与国民收入分配与再分配的税收经济关系在法律上的体现。

1. 税收法律关系的主体

税收法律关系的主体是指税收法律关系中享有权利和承担义务的当事人，即税收法律关系的参加者。我国税收法律关系的主体包括征税主体和纳税主体。征税主体是指税收法律关系中享有征税权利的一方当事人，即税务行政执法机关。我国征税主体包括国家各级政权机关和具体履行税收征管职能的各级税务机关及海关，纳税主体是指税收法律关系中享有纳税义务的一方当事人。纳税主体分为纳税人和扣缴义务人。不同种类的纳税主体，在税收法律关系中享受的权利和承担的义务不尽相同。

2. 税收法律关系的客体

税收法律关系的客体是指税收法律关系主体双方的权利和义务所共同指向、影响和作用的客观对象。税收法律关系客体与征税对象较为接近，在许多情况下是重叠的，但有时两者又有所不同。税收法律关系的客体属于法学范畴，侧重于其所连接的征税主体与纳税主体之间的权利义务关系，不注重具体形态及数量关系，较为抽象；而征税对象属于经济学范畴，侧重于表明国家与纳税人之间物质利益转移的形式、数量关系及范围，较为具体。税收法律关系的客体是国家利用税收杠杆调整和控制为目标，在一定时期根据客观经济形势发展的需要，通过扩大或缩小征税范围调整征税对象，以达到限制或鼓励国民经济中某些产业、行业发展的目的。

3. 税收法律关系的内容

税收法律关系的内容是指税收法律关系主体所享有的权利和所应承担的义务，这是税收法律关系中最实质的内容，也是税法的灵魂。它具体规定税收法律关系的主体可以有什么行为，不可以有什么行为，如果违反了税法规定，必须承担相应的法律责任。

(三) 税收法律关系的保护

税收法律关系同国家利益及企业和个人的权益相联系。保护税收法律关系，实质上就是保护国家正常的经济秩序，保障国家财政收入，维护纳税人的合法权益。税收法律关系的保护形式和方法是很多的，税法中关于限期纳税、征收滞纳金和罚款的规定，《中华人民共和国刑法》对构成逃税、抗税罪给予刑罚的规定，以及税法中对纳税人不服税务机关征税处理的决定和可以申请复议或提出诉讼的规定等，都是对税收法律关系的直接保护。税收法律关系的保护对权利主体双方是平等的，不能只对一方进行保护，而对另一方不予保护，同时，对其享有权利的保护就是对其承担义务的制约。

第二节　税法基础理论

一、税法的概念

税法是国家制定的用以调整国家与纳税人之间在征纳税方面的权利与义务关系的法律规范的总称，是国家法律的重要组成部分。税法是以宪法为依据，调整国家与社会成员在征纳税方面的权利与义务关系，维护社会经济秩序和纳税秩序，保障国家利益和纳税人合法权益的一种法律规范，是国家征税机关依法征税和所有纳税人依法纳税的行为规则。与其他行政法律相比，税法具有以下特点：一是从立法过程看，税法属于制定法；二是从法律性质看，税法属于义务性法规；三是从税法内容看，税法具有综合性。

二、税法的分类

税法体系中各税法按照职能作用、立法目的、征税对象、权限划分、适用范围的不同，可分为不同类型的税法。

(一) 按照税法职能作用的不同分类

按照税法的职能作用的不同，可将税法分为税收实体法和税收程序法。税收实体法主要是指确定税种立法，具体规定各税种的征收对象、征收范围、税目、税率、纳税地点等。例如，《中华人民共和国外商投资企业和外国企业所得税法》《中华人民共和国个人所得税法》(以下简称《个人所得税法》)就属于税收实体法。税收程序法是指税务管理方面的法律，主要包括税收管理法、纳税程序法、发票管理法、税务机关组织法、税务争议处理法等。《中华人民共和国税收征收管理法》(以下简称《税收征管法》)就属于税收程序法。

(二) 按照税法基本内容和效力的不同分类

按照税法的基本内容和效力的不同，可将税法分为税收基本法和税收普通法。税收基本法是税法体系的主体和核心，在税法体系中起着税收母法的作用。其基本内容一般包括：税收制度的性质、税务管理机构、税收立法与管理权限、纳税人的基本权利与义务、税收征收范围(税种)等。我国目前还没有制定统一的税收基本法，随着我国税收法制建设的发展和完善将研究制定税收基本法。税收普通法是根据税收基本法的原则，对税收基本法规定的事项分别立法实施的法律，如《个人所得税法》《税收征管法》等。

(三) 按照征税对象的不同分类

1. 流转额课税的税法

这是指以商品流转额和非商品流转额为征税对象征收的一类税的统称，主要包括增值税、营业税、消费税、关税等税法。这类税法的特点是与商品生产、流通、消费有密切联系。对什么商品征税，税率多高，对商品经济活动都有直接的影响，易于发挥对经济的宏观调控作用。其特点是征税范围广，收入及时、稳定，税负容易转嫁，征收简便。

2. 所得额课税的税法

这是指以纳税人的所得额为征税对象征收的一类税的统称。所得额是指纳税人的总收入扣除有关成本、费用、税金及损失后的余额。所得额课税的税法主要包括企业所得税、外商投资企业和外国企业所得税、个人所得税等税法。其特点是可以直接调节纳税人收入，发挥其公平税负、调整分配关系的作用。

3. 财产课税的税法

这是指以纳税人所有或属其支配的财产为征税对象征收的一类税的统称，包括房产税、契税、车船税等税法。其特点是征税对象一般为不动产，课征方法一般为定期课征，税负不易转嫁，收入稳定。

4. 行为课税的税法

这是指以纳税人的某些特定行为为征税对象征收的一类税的统称，包括印花税、车辆购置税等税法。其特点是具有明显的目的性、较强的时效性，以及收入的不稳定性。

5. 资源课税的税法

这是指以各种自然资源为征税对象征收的一类税的统称。开征资源税的目的就是保护和合理使用国家自然资源。现行的资源税、城镇土地使用税等税种均属于资源课税的范畴。其特点是征收范围具有选择性，一次课征制，从量定额征收。

(四) 按照主权国家行使税收管辖权的不同分类

按照主权国家行使税收管辖权的不同，可将税法分为国内税法、国际税法、外国税法等。国内税法一般是按照属人或属地原则，规定一个国家的内部税收制度。国际税法是指国家间形成的税收制度，主要包括双边或多边国家间的税收协定、条约和国际惯例等。外国税法是指外国各个国家制定的税收制度。

(五) 按照税收收入归属和征收管辖权限的不同分类

按照税收收入归属和征收管辖权限的不同，可将税法分为中央税、地方税和中央与地方共享税。中央税属于中央政府的财政收入，由国家税务总局征收管理，如消费税、关税等。地方税属于各级地方政府的财政收入，由地方税务局征收管理，如城市维护建设税、城镇土地使用税等。中央与地方共享税属于中央政府和地方政府的共同收入，目前主要由国家税务总局征收管理，如增值税等。

三、税法的原则

税法的原则反映税收活动的根本属性，是税收法律制度建立的基础。税法的原则分为税法基本原则和税法适用原则。

(一) 税法基本原则

税法基本原则是指一国调整税收关系的基本规律的抽象和概括,是贯穿税法的立法、执法、司法和守法全过程的具有普遍性指导意义的法律准则。

1. 税收法定原则

党的十八届三中全会审议通过的《中共中央关于全面深化改革若干重大问题的决定》中提出了"落实税收法定原则"。这是我国在党的文件中首次明确提出税法原则中这一最根本的原则。目前,我国正有条不紊地落实税收法定原则。党中央和全国人大已经明确,今后开征新税的,应当通过全国人大及其常委会制定相应的法律。

税收法定原则是税法基本原则中的核心。税收法定原则又称税收法定主义,是指税法主体的权利义务必须由法律加以规定,税法的各类构成要素皆必须且只能由法律予以明确。税收法定原则适用于税收立法和执法的全部领域,其内容包括税收要件法定原则和税务合法性原则。税收要件法定原则是指对有关纳税人、课税对象、课税标准等税收要件必须以法律形式做出规定,且有关课税要素的规定必须尽量明确;税务合法性原则是指税务机关按法定程序依法征税,不得随意减征、停征或免征,无法律依据不征税。

2. 税收公平原则

税收公平原则是指国家征税应使各个纳税人的税负与其负担能力相适应,并使各个纳税人之间的负担水平保持平衡。税收公平原则包括税收横向公平原则和税收纵向公平原则,即税收负担必须根据纳税人的负担能力分配,负担能力相等,税负相同;负担能力不等,税负不同。税收公平原则源于法律上的平等性原则,所以许多国家的税法在贯彻税收公平原则时,都特别强调"禁止不平等对待"的法理,禁止歧视性对待特定纳税人。

衡量税收公平原则的标准有受益原则和能力原则。

(1) 受益原则。这是根据纳税人从政府提供的公共物品中受益的多少判定其纳税多少和税负是否公平,受益多者应多纳税,反之则相反。由于受益原则把纳税多少、税负是否公平与享受多少利益相结合,因此又称"利益说"。

(2) 能力原则。这是根据纳税人的纳税能力来判断其纳税多少和税负是否公平,纳税能力强者应多纳税,反之则相反。衡量纳税能力的标准主要有财产、所得和消费。由于能力原则侧重于把纳税能力的强弱与纳税多少、税负是否公平相结合,因此又称"能力说"。

3. 税收效率原则

税收效率原则要求以最少的费用获得最大的税收收入,并利用税收的经济调控作用最大限度地促进经济发展,或者最大限度地减轻税收对经济发展的阻碍。税收效率原则包含两方面:一是税收经济效率原则;二是税收行政效率原则。前者要求税法的制定要有利于资源的有效配置和经济体制的有效运行,后者要求提高税收行政效率,减少税收征管成本。

4. 实质课税原则

实质课税原则是指应根据客观事实确定是否符合课税要件,并根据纳税人的真实负担能力决定纳税人的税负,而不能只考虑相关外观和形式。税务机关有权根据实质课税原则,重新估计确定计税价格,并计算应纳税额。实质课税原则的意义在于防止纳税人避税,增强税法适用的公正性。

(二) 税法适用原则

税法适用原则是指税务行政机关和司法机关运用税收法律规范解决具体问题所必须遵循的准则。税法适用原则不违背税法基本原则，而且在一定程度上体现着税法基本原则。但与税法基本原则相比，税法适用原则含有更多的法律技术性准则，更为具体化。

1. 法律优位原则

法律优位原则也称行政立法不得抵触法律原则，其基本含义为法律的效力高于行政立法的效力。法律优位原则在税法中的作用主要体现在处理不同等级税法的关系上。法律优位原则明确了税收法律的效力高于税收行政法规的效力，对此还可以进一步推论为税收行政法规的效力优于税收行政规章的效力。效力低的税法与效力高的税法发生冲突，效力低的税法即是无效的。

2. 法律不溯及既往原则

法律不溯及既往原则是绝大多数国家所遵循的法律程序技术原则，它是指一部新法实施后，对新法实施之前人们的行为不得适用新法，而只能沿用旧法。在税法领域内坚持这一原则，目的在于维护税法的稳定性和可预测性，使纳税人能在知道纳税结果的前提下做出相应的经济决策，税收的调节作用才会较为有效。

3. 新法优于旧法原则

新法优于旧法原则也称后法优于先法原则，是指新旧法对同一事项有不同规定时，新法的效力优于旧法。新法优于旧法原则的作用在于避免因法律修订带来新法、旧法对同一事项有不同的规定而引起法律适用的混乱，为法律的更新与完善提供法律适用上的保障。新法优于旧法原则的适用，以新法生效实施为标志，新法生效实施以后用新法，新法实施以前包括新法公布以后尚未实施这段时间，仍沿用旧法，新法不发生效力。新法优于旧法原则在税法中普遍适用，但是当新税法与旧税法处于普通法与特别法的关系时，以及某些程序性税法引用"实体从旧，程序从新原则"时，可以例外。

4. 特别法优于普通法原则

特别法优于普通法原则是指对同一事项两部法律分别定有一般和特别规定时，特别规定的效力高于一般规定的效力。当对某些税收问题需要做出特殊规定，但是又不便于普遍修订税法时，即可通过特别法的形式予以规范。凡是特别法中做出规定的，即排斥普通法的适用。不过这种排斥仅就特别法中的具体规定而言，并不是随着特别法的出现，原有的居于普通法地位的税法即告废止。特别法优于普通法原则打破了税法效力等级的限制，即居于特别法地位的级别较低的税法，其效力可以高于作为普通法的级别较高的税法。

5. 实体从旧、程序从新原则

这一原则的含义包括两个方面：一是实体税法不具备溯及力，即在纳税义务的确定上，以纳税义务发生时的税法规定为准，实体性的税法规则不具有向前的溯及力；二是程序性税法在特定条件下具备一定的溯及力，即对于新税法公布实施之前发生，却在新税法公布实施之后进入税款征收程序的纳税义务，原则上新税法具有约束力。在一定条件下"程序从新"，是因为程序税法规范的是程序性问题，不应以纳税人的实体性权利义务发生的时间为准，判定新的程序税法与旧的程序税法之间的效力关系。

6. 程序优于实体原则

程序优于实体原则是关于税收争讼法的原则，它是指在诉讼发生时税收程序法优于税收实体法。适用这一原则，是为了确保国家课税权的实现，不因争议的发生而影响税款的及时、足额入库。

第三节 税法的构成要素

税法的构成要素是指各种单行税法具有的共同基本要素的总称，是决定征税主体能否征税和纳税主体的纳税义务能否成立的必要条件。首先，税法的构成要素既包括实体性的，也包括程序性的；其次，税法的构成要素是所有完善的单行税法都共同具备的，仅为某一税法所单独具有而非普遍性的内容，不构成税法的要素。税法的构成要素一般包括纳税义务人、征税对象、税目、税率、纳税环节、纳税期限、纳税地点、税收减免等项目。

一、纳税义务人

(一) 纳税义务人的概念

纳税义务人或纳税人又叫纳税主体，是指税法规定的直接负有纳税义务的单位和个人。任何一个税种首先要解决的就是国家对谁征税的问题，例如，我国个人所得税法、增值税及消费税等暂行条例的第一条规定的都是该税种的纳税义务人。

纳税人有两种基本形式：自然人和法人。自然人和法人是两个相对称的法律概念。自然人是基于自然规律而出生的，依法享有民事权利和承担义务的主体，包括本国公民，也包括外国人和无国籍人。法人是自然人的对称，根据《中华人民共和国民法典》第五十七条规定，法人是具有民事权利能力和民事行为能力，依法独立享有民事权利和承担民事义务的组织。

(二) 与纳税义务人相关的概念

1. 扣缴义务人

扣缴义务人是指依照法律规定，负有代扣代缴、代收代缴税款义务的单位和个人。扣缴义务人既可以是各种类型的企业，也可以是机关、社会团体、民办非企业单位、部队、学校和其他单位，或者个体工商户、个人合伙经营者和其他自然人。扣缴义务人并不是纳税义务人，但是为了加强税收的源泉控制，防止税款的流失，保证财政收入的取得，简化征税手续，有的税种需要规定扣缴义务人。

2. 负税人

负税人是指最终负担国家征收的税款的单位和个人。如果纳税人是法律上的纳税主体，负税人则是经济上的纳税主体。纳税人是由国家税法规定的，而负税人则是在社会经济活动中形成的。纳税人和负税人有时是一致的，有时是不一致的。纳税人和负税人的不一致是由税负转嫁引起的。在税负不能转嫁的条件下，负税人也就是纳税人；在税负能够转嫁的条件下，负税人不等于纳税人。

二、征税对象

(一) 征税对象的概念

征税对象又叫课税对象、征税客体，是指税法规定的对什么征税，也是征纳税双方权利义务共同指向的客体或标的物，又是区别一种税与另一种税的重要标志。例如，消费税的征税对象是消费税条例所列举的应税消费品，房产税的征税对象是房屋等。征税对象是税法最基本的要素，因为它体现着征税的最基本界限，决定着某一种税的基本征税范围，同时，征税对象也决定了各个不同税种的名称。例如，消费税、土地增值税、个人所得税等，这些税种因征税对象不同、性质不同，税名也就不同。征税对象按其性质不同，通常可划分为流转额、所得额、财产、资源、特定行为五大类，通常也因此将税收分为相应的五大类，即流转税(又称商品和劳务税)、所得税、财产税、资源税和特定行为税。

(二) 与征税对象相关的概念

税基又叫计税依据，是据以计算征税对象应纳税款的直接数量依据，它解决对征税对象课税的计算问题，是对课税对象的量的规定。例如，企业所得税应纳税额的基本计算方法是应纳税所得额乘以适用税率，其中，应纳税所得额是据以计算所得税应纳税额的数量基础，为所得税的税基。计税依据按照计量单位的性质划分，有两种基本形态：价值形态和物理形态。价值形态包括应纳税所得额、销售收入、营业收入等；物理形态包括面积、体积、容积、重量等。以价值形态作为税基，又称从价计征，即按征税对象的货币价值计算，例如，生产销售化妆品应纳消费税税额是由化妆品的销售收入乘以适用税率计算产生的，其税基为销售收入，属于从价计征的方法。另一种是从量计征，即直接按征税对象物理形态的自然单位计算，例如，城镇土地使用税应纳税额是由占用土地面积乘以每单位面积应纳税额计算产生的，其税基为占用土地的面积，属于从量计征的方法。

三、税目

税目是在税法中对征收对象的具体化，反映了具体的征税范围，体现征税的广度。设置税目的目的主要有：一是明确具体的征税范围，凡列入税目的即为应税项目，未列入税目的，则不属于应税项目；二是贯彻国家税收调节政策的需要，国家可根据不同项目的利润水平及国家经济政策制定高低不同的税率，以体现不同的税收政策。

并非所有税种都需规定税目，有些税种不分课税对象的具体项目，一律按照课税对象的应税数额采用同一税率计征税款，因此一般无须设置税目，如企业所得税。有些税种具体课税对象比较复杂，需要规定税目，例如，消费税一般都规定不同的税目。

四、税率

税率是指应纳税额与征税对象数额之间的比例，是计算应纳税额的尺度，体现征税的深度。税率的设计直接反映国家的有关经济政策，直接关系着国家财政收入的多少和纳税人税收负担的高低，因此，税率是税收实体法的核心要素。我国现行税率主要有以下几种形式。

(一) 比例税率

比例税率是指对同一征税对象不分数额大小，都规定相同征收比例的税率。这是一种应用最广泛、最常见的税率形式。例如，我国的增值税、城市维护建设税、企业所得税等采用的是比例税率。比例税率具有计算简单、税负透明度高、有利于保证财政收入、有利于纳税人公平竞争、不妨碍商品流转额或非商品营业额扩大等优点，符合税收效率原则。但比例税率不能针对不同的收入水平实施不同的税收负担，在调节纳税人的收入水平方面难以体现税收的公平原则。

在具体运用上，比例税率又可以采取以下五种表现形式。

(1) 单一比例税率。对同一征税对象的所有纳税人都采用同一比例税率。

(2) 产品差别比例税率。对不同产品分别采用不同的比例税率，对同一产品采用同一比例税率，如消费税、关税等。

(3) 行业差别比例税率。对不同行业分别采用不同的比例税率，对同一行业采用同一比例税率，如增值税等。

(4) 地区差别比例税率。对不同的地区分别采用不同的比例税率，对同一地区采用同一比例税率，如城市维护建设税等。

(5) 幅度比例税率。对同一征税对象，税法只规定最低税率和最高税率，各地区在该幅度内确定具体的适用税率。

(二) 累进税率

累进税率是指按征税对象数量或金额的大小划分若干等级，不同等级规定高低不同的税率，征税对象数量或金额越大，税率越高；征税对象数量或金额越小，税率越低。与比例税率相比，累进税率更符合税收公平的要求，它对调节纳税人的利润和收入有明显的作用，更适用于对所得额的征税。

按照累进依据和累进方式的不同，累进税率可分为全额累进税率、超额累进税率、全率累进税率、超率累进税率等形式，但在我国现行税收实体法中仅采用超额累进税率和超率累进税率两种形式的累进税率。表1-1为超额累进税率表。

表1-1 超额累进税率表

级数	所得额级距	税率(%)	速算扣除数(元)
1	全月所得额在 5 000 元以下(含)	10	0
2	全月所得额在 5 000～20 000 元(含)	20	500
3	全月所得额在 20 000 元以上	30	2 500

1. 全额累进税率

全额累进税率是指征税对象的全部数量或金额都按其所适用等级的税率计算应纳税额的累进税率。全额累进税率，是把征税对象的数量或金额划分为若干等级，对每个等级分别规定相应税率，当税基超过某个级距时，征税对象的全部数量或金额都按提高后级距的相应税率征税。

【例1-1 计算题】假定某月份纳税人 A 全月应纳税所得额为 20 000 元，纳税人 B 全月应纳税所得额为 20 001 元，按照全额累进税率的方法，则纳税人 A 和纳税人 B 的应纳税额计算如下：

① 纳税人 A 应纳税额=20 000×20%=4 000(元)

② 纳税人 B 应纳税额=20 001×30%=6 000.3(元)

由此可见，全额累进税率的优点是计算简便，其缺点是在两个级距的临界点处会出现税额的增加超过征税对象数额增加的不合理现象。本例题中，纳税人 B 仅比纳税人 A 所得额多 1 元，但应纳税额增加了 2 000.3 元。这个结果显示不能被纳税人所接受，不利于鼓励纳税人增加收入。因此，我国目前的税收实体法中不采用这种税率。

2. 超额累进税率

超额累进税率是指把征税对象按数量或金额的大小分成若干等级，对每一等级规定一个税率，税率依次提高，但每一个纳税人的征税对象则依所属等级同时适用几个税率分别计算，将计算结果相加后得出应纳税额。我国目前采用这种税率的税种有个人所得税。

【例 1-2 计算题】仍以上述纳税人 A、B 为例，纳税人 A 全月应纳税所得额为 20 000 元，纳税人 B 全月应纳税所得额为 20 001 元，按照超额累进税率的方法，纳税人 A、B 的应纳税额计算如下：

① 纳税人 A 应纳税额为：

5 000×10%=500(元)

(20 000−5 000)×20%=3 000(元)

纳税人 A 应纳税额合计=500+3 000=3 500(元)

② 纳税人 B 应纳税额为：

5 000×10%=500(元)

(20 000−5 000)×20%=3 000(元)

(20 001−20 000)×30%=0.3(元)

③ 纳税人 B 应纳税额合计=500+3 000+0.3=3 500.3(元)

在实际工作中，超额累进税率计税的复杂性可以通过"速算扣除数"的办法得到简化，即按下面的公式计算：

超额累进的应纳税额=全额累进的应纳税额−速算扣除数

沿用上例，纳税人 A、B 可用"速算扣除数"的办法计算应纳税额：

纳税人 A 应纳税额=20 000×20%−500=3 500(元)

纳税人 B 应纳税额=20 001×30%−2 500=3 500.3(元)

所谓速算扣除数，就是预先按全额累进方法计算的税额减去按超额累进方法计算的税额以后的数额，用公式表示为：

本级速算扣除数=上级征税对象的最高数额×(本级税率−上级税率)+上级速算扣除数

3. 全率累进税率

全率累进税率与全额累进税率的原理相同，只是税率累进的依据不同，全额累进税率的依据是征税对象的数额，而全率累进税率的依据是征税对象的某种比率，如销售利润率、资金利润率等。

4. 超率累进税率

超率累进税率与超额累进税率的原理相同，只是税率累进的依据不是征税对象的数额，而是征税对象的某种比率。

(三) 定额税率

定额税率也称固定税率,是按征税对象的一定计量单位直接规定一个固定的应纳税额。它一般适用于从量计征的税收实体法。

定额税率在具体运用上分为地区差别税额、幅度税额和分类分级税额三种。地区差别税额是指为了照顾不同地区的自然资源、生产力水平和盈利水平的差别,对不同地区分别规定征收不同的税额,如现行资源税;幅度税额是指国家只规定一个税额幅度,由各地根据本地区实际情况,在规定的幅度内确定一个执行税额,如现行城镇土地使用税;分类分级税额是指把征税对象划分为若干个类别和等级,对各类、各级分别规定征收不同的税额,如现行车船税。

定额税率的优点:一是由于税额不因征税对象价值的增加而增加,因此有利于鼓励企业提高生产质量和改进包装;二是计算简便;三是税额不受征税对象价格变化的影响,负担相对稳定。定额税率的缺点:由于定额税率的应纳税额与征税对象的价值量无关,因此不能使国家财政收入随国民收入的增长而同步增长。

五、纳税环节

纳税环节是指税收实体法规定的征税对象从生产到消费流转过程中应当缴纳税款的环节。商品从生产到消费要经历诸多流转环节,各环节都存在销售额,都可能成为纳税环节。但考虑到税收对经济的影响、财政收入的需要及税收征管的能力等因素,国家对在商品流转过程中所征税种规定不同的纳税环节。合理选择纳税环节,对加强税收征管、有效控制税源、保证国家财政收入的及时、稳定、可靠,方便纳税人生产经营活动和财务核算,灵活机动地发挥税收调节经济的作用,具有十分重要的理论和实践意义。

任何一种税都需确定纳税环节,有的税种纳税环节比较明确和固定,有的税种纳税环节则需要在许多流转环节中选择和确定。按照征税环节的多少,可将税种划分为一次课征制(如消费税)、多次课征制(如增值税)。

六、纳税期限

纳税期限是指税法规定的关于税款缴纳时间即纳税时限方面的限定。各个税收实体法都需要明确规定纳税期限,这是税收的固定性和强制性在时间上的体现。确定纳税期限应遵循三个原则:一是根据国民经济各部门经营特点和不同征税对象来确定;二是根据纳税人缴纳税款的数额多少来确定;三是根据纳税义务发生的特殊性和加强税收征管的要求来确定。我国现行税法关于纳税时限规定的相关概念主要有以下几个。

(1) 纳税义务发生时间。纳税义务发生时间,是指应税行为发生的时间。采取预收货款方式销售货物的,其纳税义务发生时间为货物发出当天。

(2) 纳税期限。纳税人每次发生纳税义务后,不可能马上去缴纳税款,税法规定了每种税的纳税期限,即每隔固定时间汇总一次纳税义务的时间。例如,《中华人民共和国增值税暂行条例》(以下简称《增值税暂行条例》)规定,增值税的具体纳税期限分别为 1 日、3 日、5 日、10 日、15 日、1 个月或者 1 个季度。纳税人的具体纳税期限,由主管税务机关根据纳税人应纳税额的大小分别核定;不能按照固定期限纳税的,可以按次纳税。

(3) 缴库期限。缴库期限是指税法规定的纳税期满后,纳税人将应纳税款缴入国库的期限。例如,《增值税暂行条例》规定,纳税人以 1 个月或者 1 个季度为 1 个纳税期的,自期满之日起 15 日内申报纳税;以 1 日、3 日、5 日、10 日或者 15 日为 1 个纳税期的,自期满之日起 5 日内预缴税款,于次月 1 日起 15 日内申报纳税并结清上月应纳税款。

理解纳税期限应注意纳税期限不等于纳税申报期,纳税期限不等于纳税义务发生时间。纳税申报期是指纳税期满后纳税人办理纳税手续、解缴税款的时间。纳税义务发生时间是指纳税人取得应税收入或发生纳税行为应当承担纳税义务的起始时间。

七、纳税地点

纳税地点是指根据各个税种纳税对象的纳税环节和有利于对税款的源泉控制而规定的纳税人(包括代征、代扣、代缴义务人)的具体申报缴纳税金的地方。纳税地点的主要形式有就地纳税、营业行为所在地纳税、口岸纳税、集中纳税等。

(1) 就地纳税。纳税人向自己所在地的主管税务机关纳税。中国大多数纳税人及纳税对象采取的就是这种形式,如增值税、营业税、消费税、所得税等(除另有规定外)。

(2) 营业行为所在地纳税。纳税人离开主管税务机关管辖的所在地,向营业行为所在地税务机关纳税,主要适用于跨地区经营和临时经营的纳税人。如《增值税暂行条例》规定,固定业户到外县(市)销售货物或者劳务,应当向其机构所在地的主管税务机关报告外出经营事项,并向其机构所在地的主管税务机关申报纳税;未报告的,应当向销售地或者劳务发生地的主管税务机关申报纳税。非固定业户销售货物或者劳务,应当向销售地或者劳务发生地的主管税务机关申报纳税。总机构和分支机构不在同一县(市)的,应当分别向各自所在地的主管税务机关申报纳税。

(3) 口岸纳税。缴纳进出口关税的纳税人向进出口岸地海关纳税,主要适用于关税。在商品进出口岸地,由收、发货人或其代理人向口岸地海关纳税。外贸企业,其他单行自营或接受委托进口的商品除缴纳关税外,还要缴纳增值税、消费税等有关工商税。例如,《增值税暂行条例》规定,进口货物,应当向报关地海关申报纳税。

(4) 集中纳税。对少数中央部、局实行统一核算的生产经营单位,由主管部、局直接纳税。这些单位,必须是经国家税务总局或其授权的税务机关批准的。例如,对铁路运营(不包括铁道部直属独立核算企业)、金融、保险企业(不包括中国人民保险总公司所属各省、自治区、直辖市分公司)等,分别由中央各部、行、总公司集中纳税。

除上述纳税地点外,对代征、代扣、代缴(包括海关代征)税款,国家为了简化征纳手续,加强对税源的源泉控制,也规定了代征、代扣、代缴的纳税地点。如海关代征,即由海关在其口岸所在地对进口的应税货物征收关税的同时,代理税务机关征纳各税。

八、税收减免

税收减免是指国家对特定纳税人或征税对象给予减轻或者免除税收负担的一种税收优惠措施。减税是对应纳税额少征一部分税款,免税则是对应纳税额全部免征。减税免税把税收的严肃性和必要的灵活性结合起来,体现因地制宜和因事制宜的原则,从而更好地贯彻税收政策。

税收减免是一种特殊的调节手段，必须严格按照税收法律法规的范围和权限办事，任何单位和部门不得任意扩大范围、超越权限擅自减免税收。

(一) 税基式减免

税基式减免是指通过直接缩小计税依据的方式实现的减税免税，包括起征点、免征额、项目扣除和跨期结转等。

1. 起征点

起征点是指征税对象达到一定数额并开始征税的起点。征税对象数额未达到起征点的不征税，达到或超过起征点的应就全部数额征税，如现行增值税。

2. 免征额

免征额是指征税对象的全部数额中免于征税的数额。免征额的部分不征税，仅就超过免征额的部分征税，如现行个人所得税。

起征点和免征额同为征税与否的界限，对纳税人在其收入没有达到起征点或没有超过免征额的情况下，两者是一样的。但是，它们又有明显的区别。一是当纳税人的收入正好达到起征点就要征税，而纳税人的收入正好与免征额相同时不用征税。二是当纳税人收入达到或超过起征点时，就要对收入全部征税，而当纳税人收入超过免征额时只对超过部分征税。两者相比，享受免征额的纳税人要比享受同额起征点的纳税人的税负轻。三是起征点只能照顾一部分纳税人，而免征额可以照顾适用范围内的所有纳税人。

3. 项目扣除

项目扣除是指在征税对象总额中先扣除某些项目的金额，以其余额为计税依据计算应纳税额，如现行企业所得税、土地增值税。

4. 跨期结转

跨期结转是指将某些费用或损失向后或向前结转，抵消其一部分收益，以缩小税基，实现减税免税，如企业所得税中的亏损弥补规定。

(二) 税率式减免

税率式减免是指通过直接降低税率的方式实现的减税免税，包括重新确定税率、选用其他税率和规定零税率等。例如，现行增值税中对出口货物实行零税率，企业所得税中对小型微利企业及高新技术企业均实行低税率优惠。

(三) 税额式减免

税额式减免是指通过直接减少应纳税额的方式实现的减税免税，包括全部免征、减半征收、核定减征率及核定减征额等。例如，企业所得税中对企业从事国家重点扶持的公共基础设施项目投资经营的所得可以免征、减征企业所得税。

第四节　我国现行税法体系和税收征管体制

一、我国社会主义税收体系的建立与发展

我国税法经过七十多年的建设与发展，取得了显著成绩。我国税法发展演变为基本适应社会主义市场经济体制要求、实体法与程序法相结合的综合性税收法律制度。我国税收体系的建立与发展大致可以分为以下几个阶段。

(一) 我国税制初步建立和曲折发展阶段

从中华人民共和国成立至 1978 年底，随着国家政治、经济形势的发展与变化，以及党和国家在各个时期政治经济任务的变化，中国税制的建立与发展经历了一个曲折的过程。

1. 中华人民共和国税制的初步建立

1950 年 1 月，中央人民政府政务院颁布了《全国税政实施要则》，除农业税外，全国统一征收 14 种税。《全国税政实施要则》的公布，标志着中华人民共和国税制的正式建立。为了适应经济形势的变化，1952 年底国家根据"保证税收，简化税制"的精神，对我国税制进行了第一次修正，于 1953 年 1 月 1 日起实行，此次税制修正的主要内容就是试行商品流通税。

2. 1958年的税制改革

"二五"计划的开始及 1958 年国民经济"大跃进"，客观上要求对税制进行改革。此次税制改革是在坚持"在原有税负的基础上简化税制"的原则下进行的，改革内容主要有两个方面：试行工商统一税，即将原有的商品流通税、货物税、营业税和印花税合并为工商统一税；统一农业税制。

3. 1973年的税制改革

这一时期税制改革的指导思想为"合并税种，简化征收方法，改革不合理的工商税制"。改革的主要内容就是试行工商税，即把原来对工商企业征收的工商统一税及其附加、城市房地产税、车船使用牌照税、盐税和屠宰税合并为工商税。

(二) 计划商品经济时期的税制改革阶段

这一时期的税制改革可分为涉外税制的改革、两步"利改税"方案的实施和 1984 年工商税制改革。

1. 涉外税制改革

我国税制建设的恢复期和税制改革的起步期主要在 1978—1982 年，不论在思想上，还是理论上都为税制改革做了大量突破性工作，奠定了理论基础。1980 年 9 月至 1981 年 12 月，为适应我国改革开放政策的需要，第五届全国人民代表大会先后通过了《中华人民共和国中外合资经营企业所得税法》《中华人民共和国个人所得税法》和《中华人民共和国外国企业所得税法》，对中外合资企业、外国企业继续征收工商统一税、城市房地产税和车船使用牌照税，初步形成了一套大体适用的涉外税制。

2. 第一步"利改税"方案

1983 年，为了适应国营企业改革和城市经济改革，国务院决定在全国试行国营企业"利改税"，即第一步"利改税"，将中华人民共和国成立后实行了三十多年的国营企业向国家上缴利润的制度改为缴纳企业所得税。

3. 第二步"利改税"方案和工商税制改革

为了加快城市经济体制改革的步伐，经第六届全国人民代表大会批准，从 1984 年 10 月国务院决定在全国实施第二步"利改税"和工商税制改革，发布了与国营企业所得税、国营企业调节税、产品税、增值税、营业税、盐税、资源税等相关的一系列行政法规，是我国改革开放之后的一次大规模的税制改革。1991 年，《中华人民共和国中外合资经营企业所得税法》与《中华人民共和国外国企业所得税法》合并为《中华人民共和国外商投资企业和外国企业所得税法》。

两步"利改税"方案的顺利实施，突破了几十年统收统支体制的格局和对国营企业不能征收所得税的禁区，用税收法律使国家和企业的利益分配关系确定下来，成为国家与企业分配关系的一个历史性转折。

(三) 社会主义市场经济初期的税制改革阶段

1992 年，党的十四大提出了我国经济体制改革的目标是建立社会主义市场经济体制。为适应分税制财政体制改革的要求，更好地服务于改革开放，1994 年我国全面实施了一系列税收法律制度，成为中华人民共和国成立以来规模最大、范围最广、内容深刻、力度最强的财税体制改革。

1. 全面改革流转税

建立增值税、消费税和营业税三税并立，双层次调节的税制体系，增值税、消费税和营业税统一适用于内资和外资企业，取消对涉外企业和个人征收的原工商统一税。

2. 对内资企业实行统一的企业所得税

取消原来分别设置的国营企业所得税、国营企业调节税、集体企业所得税和私营企业所得税，同时，国营企业不再执行企业承包上缴所得税的包干制。

3. 统一个人所得税

取消原个人收入调节税和城乡个体工商户所得税，对个人收入和城乡个体工商户的生产经营所得统一实行修订后的《中华人民共和国个人所得税法》。

4. 调整、撤并和开征其他一些税种

调整资源税、城市维护建设税和城镇土地使用税；取消集市交易税、牲畜交易税、烧油特别税、资金税和工资调节税；开征土地增值税、证券交易印花税；盐税并入资源税，特别消费税并入消费税。

5. 将车辆购置附加费转化为税收

2000 年 10 月 22 日国务院颁布了《中华人民共和国车辆购置税暂行条例》，自 2001 年 1 月 1 日起在全国范围内征收车辆购置税，取消了车辆购置附加费。

改革之后我国税种设置大幅减少，初步实现了税制的简化、规范和高效统一，基本实现了建立适应生产力发展水平的、符合社会主义市场经济要求的税制体系总目标。

(四) 社会主义市场经济完善期的税制改革阶段

2003 年 10 月，党的十六届三中全会明确提出了"简税制、宽税基、低税率、严征管"的新一轮税制改革基本原则。按照中央提出的指导思想，自 2003 年起，我国进行了以全面取消农业税、统一内外资企业所得税、增值税转型、"营改增"等为内容的税制改革。深化税制改革是财税改革的三大内容之一。深化税制改革的目标，就是建立现代税收制度。

1. 全面取消农业税

为了切实减轻农民负担，中央决定从 2000 年开始在农村开展税费改革。根据"减轻、规范、稳定"的原则，对农(牧)业税和农业特产税进行了调整，明确在 5 年内逐步取消农业税。2005 年 12 月 29 日，第十届全国人民代表大会常务委员会第十九次会议决定自 2006 年 1 月 1 日起在全国范围内取消农业税。

2. 进一步修订完善个人所得税制

2005 年 12 月 14 日，根据第十届全国人民代表大会常务委员会第十八次全体会议《关于修改〈中华人民共和国个人所得税法〉的决定》，从 2006 年 1 月 1 日起，工资、薪金所得费用扣除标准由每月 800 元提高到每月 1 600 元；2007 年 6 月 29 日，经全国人民代表大会常务委员会通过，再次将工资、薪金所得费用扣除标准提高至每月 3 500 元；2018 年 8 月 31 日第十三届全国人民代表大会常务委员会第五次会议通过了《中华人民共和国个人所得税法》的修订，进一步将工资、薪金所得费用扣除标准提高到每月 5 000 元，增加了子女教育、继续教育、大病医疗、住房贷款利息或住房租金、赡养老人等六项专项附加扣除，同时对个人所得税的居民个人和非居民个人认定标准进行了调整。

3. 扩大消费税征税范围

2006 年 3 月 22 日，财政部、国家税务总局下发《关于调整和完善消费税政策的通知》，决定从 2006 年 4 月 1 日起调整部分消费税税目、税率及相关政策。2009 年 5 月 26 日，财政部、国家税务总局印发《关于调整烟产品消费税政策的通知》，政策涉及调整卷烟生产环节消费税计税价格和卷烟生产环节(含进口)消费税的从价税税率。自 2014 年 11 月 25 日起，先后三次调整并提高成品油消费税单位税额；自 2015 年 2 月 1 日起，对电池、涂料征收消费税；2016 年 9 月 30 日，财政部、国家税务总局印发《关于调整化妆品消费税政策的通知》，自 2016 年 10 月 1 日起，取消对普通美容、修饰类化妆品征收消费税，将"化妆品"科目名称更名为"高档化妆品"；2016 年 11 月 30 日，财政部、国家税务总局印发《关于对超豪华小汽车加征消费税有关事项的通知》，自 2016 年 12 月 1 日起，对超豪华小汽车，在生产(进口)环节按现行税率征收消费税的基础上，在零售环节加征消费税。为了完善消费税法律制度，增强其科学性、稳定性和权威性，构建适应社会主义市场经济需要的现代财政制度，财政部和国家税务总局于 2019 年 12 月 3 日发布了《中华人民共和国消费税法(征求意见稿)》。

4. 对烟叶税、车船使用税、城镇土地使用税等税种进行改革

2006 年 4 月 28 日，国务院公布了《中华人民共和国烟叶税暂行条例》，对烟叶的收购实行 20%的比例税率。2017 年 12 月 27 日第十二届全国人民代表大会常务委员会第三十一次会议通过《中华人民共和国烟叶税法》，自 2018 年 7 月 1 日起实施。2007 年 1 月 1 日《中华人民共和国车船税暂行条例》正式实施，取代了 1986 年 9 月 15 日国务院发布的《中华人民共和国车船使用暂行条例》。2011 年 2 月 25 日第十一届全国人民代表大会常务委员会第十九次会议通过《中

华人民共和国车船税法》，自2012年1月1日起施行。修改后的《中华人民共和国城镇土地使用税暂行条例》也于2007年1月1日起正式实施。2018年12月29日第十三届全国人民代表大会常务委员会第七次会议通过《中华人民共和国车辆购置税法》和《中华人民共和国耕地占用税法》，分别自2019年7月1日和2019年9月1日起施行。

5. 统一内外资企业所得税

为维护国家的税收主权，制定适应我国市场经济发展要求和国际发展趋势的企业所得税法，2007年3月16日，第十届全国人民代表大会第五次会议审议通过了《中华人民共和国企业所得税法》，并于2008年1月1日开始实施。该税法的实施，结束了企业所得税法律制度对内外资分立的局面，逐步建立起一个规范、统一、公平、透明的企业所得税法律制度。

6. 增值税转型改革

2008年11月10日，国务院公布了修订后的《中华人民共和国增值税暂行条例》，自2009年1月1日起实施。实现了在全国范围内的增值税转型改革，实行消费型增值税。我国分别于2017年7月、2018年5月和2019年4月三次调整增值税税率。另外，对增值税一般纳税人的管理由原来实行认定管理改为登记管理。为完善税收法律制度，建立现代增值税制度体系，财政部、国家税务总局于2019年11月27日发布了《中华人民共和国增值税法(征求意见稿)》。

7. 统一内外资企业房产税和城市维护建设税

2008年12月31日，国务院公布了第546号令，《中华人民共和国城市房地产税暂行条例》自2009年1月1日起废止，外商投资企业、外国企业和组织，以及外籍个人依照《中华人民共和国房产税暂行条例》缴纳房产税。2010年10月18日，国务院发布了《关于统一内外资企业和个人城市维护建设税和教育费附加制度的通知》，决定统一内外资企业和个人城市维护建设税。自2010年12月1日起，外商投资企业、外国企业及外籍个人适用国务院1985年发布的《中华人民共和国城市维护建设税暂行条例》。2020年8月11日，第十三届全国人民代表大会常务委员会第二十一次会议通过《中华人民共和国城市维护建设税法》，自2021年9月1日起实施，《中华人民共和国城市维护建设税暂行条例》同时废止。

8. 资源税改革

2010年6月1日，财政部、国家税务总局联合下发了《新疆原油、天然气资源税改革若干问题的规定》，在新疆率先进行资源税试点，规定对原油、天然气资源税实行从价计征，税率为5%。2011年9月21日，国务院第173次常务会议通过了《关于修改〈中华人民共和国资源税暂行条例〉的决定》，自2011年11月1日起施行。自2014年12月1日起在全国范围内实施煤炭资源税从价计征改革，煤炭资源税税率幅度为2%～10%。自2015年5月1日起实施稀土、钨、钼等资源清费立税、从价计征改革。2016年5月9日，财政部、国家税务总局印发《关于全面推进资源税改革的通知》和《关于资源税改革具体政策问题的通知》，自2016年7月1日起全面推进资源税改革，先在河北省开展水资源税试点，自2017年12月1日起在北京、天津、山西、内蒙古、山东、河南、四川、陕西、宁夏9个省(自治区、直辖市)扩大水资源税改革试点。2019年8月26日，第十三届全国人民代表大会常务委员会第十二次会议通过《中华人民共和国资源税法》，自2020年9月1日起实施。

9. 实施"营改增"税制改革

2011年11月16日，财政部、国家税务总局印发了《营业税改征增值税试点方案》，规定从 2012 年 1 月 1 日起，上海市交通运输业和部分现代服务业进行营业税改征增值税试点。自 2013 年 8 月 1 日起，在全国范围内开展交通运输业和部分现代服务业营业税改征增值税试点；自 2014 年 1 月 1 日起，在全国范围内开展铁路运输和邮政业营业税改征增值税试点；电信业自 2014 年 6 月 1 日起纳入营业税改征增值税试点。经国务院批准，自 2016 年 5 月 1 日起，在全国范围内全面推开营业税改征增值税试点，建筑业、房地产业、金融业、生活服务业等全部营业税纳税人纳入试点范围，由缴纳营业税改为缴纳增值税。

10. 开征环境保护税

2016 年 12 月 25 日，第十二届全国人民代表大会常务委员会第二十五次会议通过《中华人民共和国环境保护税法》，自 2018 年 1 月 1 日起施行；2017 年 12 月 25 日，国务院公布《中华人民共和国环境保护法实施条例》，自 2018 年 1 月 1 日起施行。

11. 契税改革

2020 年 8 月 11 日，第十三届全国人民代表大会常务委员会第二十一次会议通过《中华人民共和国契税法》，自 2021 年 9 月 1 日起实施，《中华人民共和国契税暂行条例》同时废止。《中华人民共和国契税法》基本延续了《中华人民共和国契税暂行条例》关于税收优惠的规定，同时还增加了其他税收优惠政策，比如，为体现对公益事业的支持，增加对非营利性学校、医疗机构、社会福利机构承受土地、房屋用于办公、教学、医疗、科研、养老、救助免征契税等规定。

12. 印花税改革

2018 年 11 月 1 日，财政部和国家税务总局起草了《中华人民共和国印花税法(征求意见稿)》，并向社会公开征求意见，2021 年 1 月 4 日，国务院常务会议通过《中华人民共和国印花税法(草案)》，决定将其提请全国人大常委会审议。印花税改革，有利于完善印花税法律制度，增强其科学性、稳定性和权威性，有利于构建适应社会主义市场经济需要的现代财税制度，有利于深化改革开放、推进国家治理体系和治理能力现代化。

13. 土地增值税改革

土地增值税立法是贯彻落实税收法定原则的重要步骤，也是健全地方税体系改革的重要内容，有利于完善土地增值税制度，增强权威性和执法刚性，发挥土地增值税筹集财政收入、调节土地增值收益分配、促进房地产市场健康稳定发展的作用，有利于健全我国的房地产税收体系、推进国家治理体系和治理能力现代化。因此，财政部和国家税务总局于 2019 年 7 月 16 日发布了《中华人民共和国土地增值税法(征求意见稿)》。

二、我国税收法制建设的规范化阶段

一个国家的税收制度，可按照构成方法和形式分为简单型税制和复合型税制。简单型税制主要是指税种单一、结构简单的税收制度；复合型税制主要是指由多个税种构成的税收制度。在现代社会中，世界各国一般都采用多种税并存的复税制税收制度。一个国家为了有效取得财政收入或调节社会经济活动，必须设置一定数量的税种，并规定每种税的征收和缴纳办法，包括对什么征税、向谁征税、征多少税，以及何时纳税、何地纳税、按什么手续纳税和不纳税如何处理等。因此，税收制度的内容主要有三个层次。一是不同的要素构成税种。构成税种的要素主要包括纳税义务人、征税对象、税目、税率、纳税环节、纳税期限、纳税地点、税收减免等。二是不同的税种构成税收制度。构成税收制度的具体税种，国与国之间差异较大，但一般都包括所得税(直接税)，例如，企业(法人)所得税、个人所得税，也包括商品课税(间接税)，如增值税、消费税及其他一些税种等。三是规范税款征收程序的法律法规，如《税收征管法》等。

税种的设置及每种税的征税办法，一般是以法律形式确定的，这些法律就是税法。一个国家的税法一般包括税法通则、各税税法(条例)、实施细则、具体规定四个层次。"税法通则"规定一个国家的税种设置和每个税种的立法精神，各个税种的"税法(条例)"分别规定每种税的征税办法，"实施细则"是对各税税法(条例)的详细说明和解释，"具体规定"则是根据不同地区、不同时期的具体情况制定的补充性法规。目前，世界上只有少数国家单独制定税法通则，大多数国家都把税法通则的有关内容包含在宪法和各税税法(条例)之中，我国的税法就属于这种情况。

"十三五"期间，我国 8 个税种完成立法任务，其中环境保护税是新税种。《中华人民共和国环境保护税法》于 2016 年 12 月 25 日通过，2018 年 1 月 1 日起施行，2018 年 10 月 26 日修正；《中华人民共和国烟叶税法》和《中华人民共和国船舶吨税法》均于 2017 年 12 月 27 日通过，2018 年 7 月 1 日起施行；《中华人民共和国车辆购置税法》和《中华人民共和国耕地占用税法》均于 2018 年 12 月 29 日通过，分别于 2019 年 7 月 1 日和 9 月 1 日起施行；《中华人民共和国资源税法》于 2019 年 8 月 26 日通过，2020 年 9 月 1 日起施行；《中华人民共和国城市维护建设税法》和《中华人民共和国契税法》于 2020 年 8 月 11 日通过，均于 2021 年 9 月 1 日起施行。3 个税种对应的税法做了修改：《中华人民共和国企业所得税法》于 2018 年 12 月 29 日修改通过；《中华人民共和国个人所得税法》于 2018 年 8 月 31 日修改通过；《中华人民共和国车船税法》于 2019 年 4 月 23 日修正。

税收法定不仅表现在税收实体法的通过上，更重要的是，税收立法越来越体现税收法治精神的要求。立法绝不是条例或暂行条例改为法就了事，税收立法过程同时是税制的完善过程。在这一过程中，向全社会征求意见已是常规做法，已经完成立法的税种是这么做的，对于尚未完成立法的增值税、消费税、土地增值税和印花税，财政部和国家税务总局也就相应的税法征求意见稿向全社会征求意见：2019 年 7 月 16 日，《中华人民共和国土地增值税法(征求意见稿)》向全社会征求意见，8 月 15 日截止；2019 年 11 月 27 日，《中华人民共和国增值税法(征求意见稿)》向社会公开征求意见，12 月 26 日截止；2019 年 12 月 3 日，《中华人民共和国消费税法(征求意见稿)》向社会公开征求意见，2020 年 1 月 2 日截止，2021 年 1 月 4 日《中华人民共和国印花税法(草案)》通过国务院常务会议。

到目前为止，我国 18 个税种已有 12 个完成立法，有 3 个即将完成立法，其他未完成立法的税种立法也在紧锣密鼓进行之中，税收法定原则得到了有效落实。

三、我国现行税法体系

我国税法内容十分丰富，涉及范围也极为广泛，各单行税收法律法规结合起来，形成了完整配套的税法体系，共同规范和制约税收分配的全过程，是实现依法治税的前提和保证。从法律角度来讲，一个国家在一定时期内、一定体制下以法定形式规定的各种税收法律、法规的总和，被称为税法体系。但从税收工作的角度来讲，所谓税法体系往往被称为税收制度。一个国家的税收制度是指在既定的管理体制下设置的税种，以及与这些税种的征收、管理有关的，具有法律效力的各级成文法律、行政法规、部门规章等的总和。

(一) 我国税收实体法

一个国家在不同时期，由于政治经济条件和政治经济目标不同，税收制度也有着或大或小的差异。我国现行税收实体法是 1949 年中华人民共和国成立后经过几次较大改革，逐步演变而成的，按我国税收实体法的性质和作用可将其分为五类：流转税类税法、所得税类税法、资源税类税法、财产类税法、行为目的税类税法。上述税收实体法中的关税由海关负责征收管理，其他税种由税务机关负责征收管理。除企业所得税、个人所得税、车船税、烟叶税和环境保护税是以国家法律的形式发布实施外，其他各种税都是经全国人民代表大会授权立法，由国务院以暂行条件的形式发布实施。

(二) 我国税收程序法

除税收实体法外，我国对税收征收管理适用的法律制度，就是按照税收管理机关的不同而分别规定的。

由税务机关负责征收的税种的征收管理，按照全国人民代表大会常务委员会发布实施的《中华人民共和国税务征收管理法》执行。

由海关负责征收的税种的征收管理，按照《中华人民共和国海关法》及《中华人民共和国进出口关税条件》等有关规定执行。

税收实体法和税收程序法的法律制度构成了我国现行的税法体系。

四、我国税收征管体制

党的十九届三中全会以后，全国税务系统坚决贯彻党中央、国务院关于改革国税地税征管体制的决策部署和《国税地税征管体制改革方案》(以下简称《改革方案》)，勠力同心、忠诚担当，各项改革任务深入落实。国税地税征管体制改革的胜利实施，成为我国税收征管改革历史上的一座丰碑，为高质量推进新时代税收现代化，更好地发挥税收在国家治理中的基础性、支柱性和保障性作用打下了坚实基础。

(一) 加强党的全面领导，为改革提供政治保证

税收征管体制改革是党和国家战略层面的制度安排。这次改革涉及范围广、利益调整深、矛盾冲突大，是改革开放以来我国税收征管体制最重大的一次变革。全国税务部门始终坚持以加强党的全面领导为统领，确保了改革的平稳推进。

全面从严治党为税收征管体制改革营造了优良的政治生态。全国税务系统牢固树立"四个意识"，认真落实"把抓好党建作为最大的政绩"的指示精神，全面推进从严治党，营造了风清气正的良好政治生态，为改革的顺利完成提供了土壤、创造了条件；形成了一套抓党建的思路办法，出台了加强干部日常管理的举措，构建了落实主体责任、健全党内组织生活、深化精神文明创建、加强思想政治工作、严格干部管理监督等制度体系；摸索建立了一整套党建管理的创新举措，实施绩效管理抓班子、带队伍，推行数字人事制度，创新巡视巡察方式，搭建税务系统内控制度框架和监督管理平台等，开创了税务系统全面从严治党新局面。

建好建强各级税务部门党委为税收征管体制改革提供了可靠的组织保证。在新机构挂牌前，在省市县税务局先成立国税、地税联合党委，统一领导改革和各项税收工作，再按要求将

联合党委变更设立为党委，保证了党的领导不缺位、不断档。结合税务部门垂直管理的特点，以及党员组织关系在地方等实际情况，探索构建了纵合横通党建机制体系，即"条主责、块双重、纵合力、横联通、齐心抓、党建兴"的党建机制体系，形成了党建工作新格局，为税收征管体制改革提供了坚强有力的组织保证。

全面加强党的建设，确保税收征管体制改革始终沿着正确的方向前进。充分发挥各级党委的领导核心作用，各级税务部门联合党委在改革之初就先行集中办公，抓紧抓实党建工作。联合党委改设党委后，就着手建立健全规章制度，及时建立工作规则，明确议事决策清单，把党委集体领导落实到改革和税收工作中，立规矩、促运行、保功效。充分发挥各级党支部战斗堡垒作用，认真落实"三会一课""主题党日"等制度，履行好对党员的管理责任。充分发挥广大党员模范带头作用，组建"党员突击队""党员先锋队"等，勇挑重担、迎难攻坚。

强大的思想政治工作是化解税收征管体制改革矛盾问题的"法宝"。各级税务部门认真落实国家税务总局关于做好改革期间思想政治工作的通知要求，强化思想政治工作责任，用好谈心谈话这个"法宝"，层层实现正职与副职、上级与下级、领导与干部谈心谈话"三个谈心全覆盖"。

(二) 科学组织、周密实施，确保改革平稳推进

为了落实好《改革方案》，国家税务总局精密设计、精准把控，各级税务部门挂图作战、对表推进，确保了改革蹄疾步稳，取得了好于预期的改革成果。

注重营造"上下同欲"的改革氛围。在 2018 年全国两会期间，国家税务总局局长王军接受媒体采访，解读党中央、国务院关于征管体制改革的政策。改革期间，税务系统高效率、分阶段、分层次召开一系列的改革动员会、推进会和专题会，宣讲政策、凝聚共识，从而统一了思想、明确了方向、鼓舞了士气。通过改革专题培训，引导各级税务干部融入改革、支持改革、服务改革。

注重构建"一张蓝图绘到底"的工作格局。国家税务总局制订了一系列配套方案、办法和措施，包括"改革方案+配套办法+操作文件"三个层面一整套的制度体系，形成了改革的"一张蓝图"。这次改革的主要任务概括为：强化一个根本，完善双重体制，打赢三场主攻战，夯实四大支撑点。"强化一个根本"，即加强党对税收工作的全面领导；"完善双重体制"，即完善以国家税务总局为主、与省区市党委和政府双重领导的管理体制；"打赢三场主攻战"，即打赢新税务机构挂牌、制定落实"三定"规定、社保费和非税收入征管职责划转三场主攻战；"夯实四大支撑点"，即围绕三场主攻战，整合优化税费业务和信息系统、强化经费保障和资产管理、清理修改相关法律法规和规章、规范干部人事和编制管理。这些规划全面系统、重点突出、简明扼要，为凝心聚力打好改革攻坚战、实现改革预期目标提供了明确指引。

注重建立"令行禁止、步调一致"的落实推进机制。全国各省局和市局比照国家税务总局的做法，建立了类似的改革推进机制，为落实改革任务提供了坚强的保证。为确保改革措施精准到位，国家税务总局在反复征求基层意见基础上，针对重大改革事项，统一下发参考模板，实行模板化操作。各地严格按照模板规范化操作、标准化实施，有效防止了改革任务跑偏走样。

注重释放"两不误、两促进"的改革红利。坚持将税收制度改革和税收征管体制改革统筹安排、共同落实，积极推进个人所得税改革，认真落实增值税、环境保护税和资源税改革，实现了税制改革和税收征管体制改革同步推进。坚持"机构改革、服务先行"，持续开展"便民办税春风行动"，稳步推行"一窗通办""一厅通办""一键咨询""一人通答"全覆盖、"最多

跑一次清单"等办税、缴费便利化措施,释放改革红利,使纳税人、缴费人的获得感明显增强,也赢得了各方面对改革的大力支持,实现了征管体制改革和优化税收服务的共同促进、共同提高。

(三) 改革助力夯实国家治理基础

税收征管体制改革的顺利实施,有利于发挥税收在国家治理中的基础性、支柱性和保障性作用。

税收征管体制改革夯实了国家治理的基础。税收征管体制改革是推进国家治理体系和治理能力现代化的一场深刻变革。通过改革,我国的税收管理机构设置更加合理和专业,一个系统完备、科学规范、高效统一的税收征管体系在全国建立。实现了税收征管资源整合、税收大数据资源聚合,实现了税收执法和服务的规范统一,有效提高了税务部门服务国家治理的能力。

税收征管体制改革规范了国家、企业与个人的分配关系。税收征管体制改革后,税收业务、社会保险费和非税收入征管业务由税务部门负责管理,可以有效厘清税源和费源,在保证国家财政收入和人民群众长远利益的基础上,有利于从税收和非税收入两方面综合考虑负担水平,总体调节国家、企业与个人的分配关系,实现社会公平。

税收征管体制改革从制度上稳定了中央与地方的财政分配关系。税收征管体制改革后,中央与地方政府的收入划分进一步透明规范,从制度上稳定了中央与地方的财政分配关系,优化了中央和地方的财政收入结构。将税收和各类非税收入统一由税务部门征管,为财政上的分级管理提供基础性条件。随着信息技术的进步,越来越多的现代化信息手段在税收工作中广泛运用,特别是"金三"系统对各项税收和部分非税收入进行征收管理,税收入库信息可实时追踪,中央与地方政府的税收划分日益透明、规范,进而也提高了各级政府的财政保障能力和治理能力。

税收征管体制改革为正确处理政府、市场与社会的关系提供了有效的途径。税收征管体制改革后,政府既能够统筹税费政策调节个人收入分配,调节地区收入差别,也可以合理合法地保护国家税收权益和本国纳税人、缴费人利益;既能够通过合并国税地税机构提高税收管理的质效,也可以优化纳税服务、简化审批程序,进一步方便纳税人和缴费人,规范政府与市场主体的法律关系。

税收征管体制改革提高了国家精准施策的能力。国家精准施策,需要规范、全面和可靠的经济数据的支撑。税收征管体制改革实现了税费征管信息资源整合,实现了全国税费征管信息的大集中,形成了规范、统一的税收大数据。对这些税费大数据进行分析,一方面有利于加强税收管理薄弱环节的风险监控,强化征管,堵塞漏洞;另一方面有利于精准分析、评估税费政策效果,为税费改革、政策调整提供量化可靠的决策参考,为国家精准施策提供了依据,提高了国家评估和分析税收政策效果、根据经济发展精准施策的能力。

(四) 改革将高质量推进新时代税收现代化

党的十九大报告提出到 21 世纪中叶把我国建成富强、民主、文明、和谐、美丽的社会主义现代化强国。税务部门也确立了高质量推进新时代税收现代化的奋斗目标。税收征管体制改革,顺应了时代的发展和需要,成为我国税收现代化的关键一招。

优化高效统一的现代税费征管体系基本确立。征管业务流程标准统一规范,初步形成了以税费风险管理为导向,以分类分级管理为基础的税费征管格局。自然人税费征管体系初步建立,加快推进信息交换和系统建设衔接,形成与其他部门交流协作和业务沟通的机制。全国统一的税费管理信息系统初步构建，实现了征管模式从"以票管控"向"信息治理"的转变，在一定程度上解决了征纳双方信息不对称问题，强化了源泉控管。社会保险费和非税收入征管职责划转有序推进，以金税工程为基础，实现了征管功能融合、数据集成和技术优化，提高了税费治理的信息化水平。

公平公正的现代税收法制体系正在建立。坚持将法治思维贯穿于税收征管体制改革始终，深化税务行政审批制度改革，规范税收执法，开展行政执法公示制度、执法全过程记录制度、重大执法决定法制审核制度试点，深化税务稽查改革，确保税收执法在法治轨道上有序运行。优化高效统一税收征管体系的建立，也为落实税收法定原则，建立税法统一、税负公平和调节有度的新时代高质量的税收法制体系打下坚实基础。

稳固强大的现代税收组织体系初步形成。全国税务系统认真落实科学合理、权责一致的要求，实现了税收组织体系的"瘦身"与"健身"。合并了省市县乡四级税务机构，合理设置内设机构，优化派出机构。内设机构、派出机构等数量大幅缩减，部分机构规格降低，上下级之间、部门之间、环节之间的职责关系进一步理顺，办税两头跑、办事多头找、执法不统一、服务不规范等问题得到较好解决。组织开展作风大整顿，围绕政治纪律、组织纪律、机构编制纪律、干部人事纪律、财经纪律、保密纪律及党建工作等内容进行监督检查并全面整改到位，确保作风改进、服务更优，为实现"事合、人合、力合、心合"提供了有力保障。

开放包容的中国税收治理模式逐步形成。国税地税机构的顺利合并，社会保险费和非税收入征管职责划转的有序推进，形成了具有中国特色的税费治理模式，为世界税收征管改革和发展提供了中国智慧、中国方案和中国力量。加大对发展中国家的税收技术援助和支持，帮助发展中国家提高税收征管能力，实现包容性发展。

回首"十三五"，税收制度的现代化在各个方面均有体现，税收征管的现代化也取得了重要进展，税收政策的效果在显现。展望"十四五"，中国还需要进一步完善现代税收制度，使税制结构更加优化，使税收负担更加合理，使税收的调节作用得到更恰当的发挥，使税收更能适应新发展理念、高质量发展、新发展格局形成的要求，从而更好地发挥税收在国家治理体系和治理能力现代化中的作用。

本 章 小 结

1. 税收是国家为满足社会公共需要，凭借政治权力，按照法律的规定，参与单位和个人的财富分配，强制、无偿地取得财政收入的一种形式。税收具有强制性、无偿性、固定性三个基本特征。

2. 税法是国家制定的、用以调整国家与纳税人之间在征纳税方面的权利与义务关系的法律规范的总称，是国家法律的重要组成部分。税法的原则反映税收活动的根本属性，是税收法律制度建立的基础。税法的原则分为税法基本原则和税法适用原则。

3. 税法的构成要素是指各种单行税法具有的共同基本要素的总称。税法的构成要素一般包括纳税义务人、征税对象、税目、税率、纳税环节、纳税期限、纳税地点、税收减免等项目。

4. 我国社会主义税收体系的建立与发展经历了税制初步建立和曲折发展阶段、计划商品经济时期的税制改革阶段、社会主义市场经济初期的税制改革阶段、社会主义市场经济完善期的税制改革阶段。

第二章

增 值 税 法

第一节　增值税法概述

一、增值税的概念

增值税法是国家制定的用以调整增值税征与纳双方之间权利与义务法律关系的规范。增值税(VAT)又称流转税、货劳税(GST)或商品劳务税,是以商品和劳务在流转过程中实现的增值额为征税对象而征收的一种流转税。根据我国现行增值税法,增值税是对在我国境内销售货物或提供劳务(加工、修理修配劳务)、销售服务、无形资产、不动产以及进口货物的单位和个人,就其应税销售行为(销售货物、劳务、服务、无形资产、不动产)的增值额和进口货物金额为计税依据而课征的一种流转税。

根据增值税的计税原理,通过直接法和间接法(扣税法)均可计算增值税。直接法顾名思义,是从事应税销售行为(又称应税行为)的纳税人直接根据增值额和适用税率计算应纳增值税税款,包括加法(将各项增值额相加)和减法(又称扣额法,将外购项目从销售额中扣除)。增值税的计税原理如表2-1所示。在实务操作中,一般采用间接计算法,以环节2为例:

$$应纳税额=销售额×税率-购进价格×税率=140×13\%-100×13\%=5.2(万元)$$

表2-1　增值税的计税原理表(假设税率为13%)

单位:万元

环节	购进价格(重复部分)	销售额(流转额)	增值额	应纳税额
1	0	100	100	13
2	100	140	40	5.2
3	140	230	90	11.7
4	230	300	70	9.1
合计	470	770	300	39

在理论上，增值额为固定时期内劳动者在生产商品或提供劳务时新创造的价值。马克思认为任何一种商品或劳务的价值的构成均可表示为：商品或劳务的价值=C+V+M。公式中的C是上一环节转移而来的不变资本价值，是增值额中消耗掉的补偿价值部分，包括投入物品或劳务的购进价格；V+M是商品或劳务的新增价值，包括劳动力补偿价值V和剩余价值M，是商品或劳务价值扣除重复的C以后的部分。从某一商品生产经营过程来说，增值额是该商品经历的从生产、批发到零售的各个环节的增值额之和；扩展至某一单位或个人的商品或劳务的生产经营过程，增值额是一定时期内单位或个人的商品或劳务的销售额(流转额)扣除上一环节购进价格即非增值项目金额后的余额。因此，对整个社会来说，全部增值额约等于社会商品总价值扣除C以后的余额部分，相当于国民收入或净产值，包含工资、利润、利息、租金收入，以及其他具有增值属性的价值。

在各国征收增值税的实践中，增值额这一计税依据并非严格与上述理论增值额一致，而是法定增值额，即各国依据特定的社会经济实际、财政状况及其税收政策的需要在增值税法中人为规定的增值额。由于对购进固定资产的处理方式不同，非增值项目扣除范围不同，法定增值额有可能等于、大于或小于理论增值额。

举例来讲，假设某单位会计期内销售货物金额为100万元，本期购入原材料等流动资产金额为50万元，购入机器设备等固定资产金额为40万元(按规定计算的固定资产折旧费为8万元)。表2-2是不同国家因固定资产处理方法不同而计算的法定增值额。

表2-2 法定增值额与理论增值额的计算表 单位：万元

国别	可扣外购流动资产金额	可扣外购固定资产金额	法定增值额	与理论增值额的差额
A国	50	0	50	+8
B国	50	8	42	0
C国	50	40	10	− 32

二、增值税的类型

一般情况下，与商品和劳务销售额相配比的外购物品和劳务投入包括原料及辅料、燃料和动力、包装物及低值易耗品、相关劳务及固定资产。在实行增值税的国家中，根据对固定资产的扣除规定不同，增值税可分为生产型、收入型和消费型三类。

(一) 生产型增值税

在征收增值税时，只允许扣除属于非固定资产部分，固定资产价款不得直接一次性扣除或分期以折旧形式从商品和劳务的销售额中扣除，称为生产型增值税。从整个社会的角度看，其课税依据包括生产资料和消费资料，相当于国民生产总值，因此得名。这一类型增值税所计算的法定增值额最大(表2-2中的A国)，因此能够最大限度满足国家税收收入，但是对生产资料固定资产存在重复征税问题。该类型增值税多见于发展中国家或经济欠发达国家，我国在增值税转型前也实行过。

(二) 收入型增值税

若除允许扣除属于非固定资产部分外，固定资产价款可以分期以折旧形式从商品和劳务的销售额中扣除，则称为收入型增值税。从整个社会的角度看，其课税依据与国民净产值或国民收入一致，因此得名。其计算出来的法定增值额与理论增值额相等(表2-2中的B国)，是最标准的增值税，但具有实务操作困难及凭票抵扣制度难以实行等缺陷，因此在实务中不易执行，只有极少数国家(如摩洛哥)实行这一类型增值税。

(三) 消费型增值税

消费型增值税是指在计算增值税时，允许将当期购进的固定资产价款一次性从商品和劳务销售额中全部扣除。从整个社会的角度看，课税依据只包含消费资料部分，所有生产资料均不包括在内，故称消费型增值税。此类型增值税允许一次性扣除所有外购商品或劳务投入，产生法定增值额小于理论增值额的效果(表2-2中的C国)，它可以彻底消除重复课税，从整个折旧期间起到与理论增值额相近的效果，并在一定程度上鼓励固定资产投资和加速设备更新，因此在增值税类型中最具先进性和优越性。绝大多数国家，尤其是发达国家均采用这一类型增值税。我国于2009年1月1日起全国范围内增值税转型后，由生产型增值税转向消费型增值税。

三、增值税的特点

(一) 以流转额为征税对象，征税范围广泛

增值税具有流转税的普遍特征。增值税以应税销售行为的流转额(销售额)为征税对象，道道征税，课税依据计算比较简单，不需要对利润、成本费用进行核算，因而征税范围不受生产经营成本费用大小的影响，收入及时、稳定且易于征收。

我国增值税体现普遍征税的原则，税基宽广，从而保证了税源充足。根据征税范围不同，增值税又分为一般商品增值税和特定商品增值税。特定商品增值税要么在某个或某些环节征税，要么对某类或某些货物或劳务征税。当前，多数国家的增值税都实行全覆盖、全链条的一般商品增值税。2016年5月1日我国"营改增"完成，增值税征税范围全面覆盖第一、第二和第三产业的各个领域。从我国现行增值税征税范围来看，增值税横向覆盖农业、工业、商业、服务业全行业、全领域，纵向延伸至生产加工、批发、零售和服务及进口环节全链条，纳税人涵盖各类单位和个人。

(二) 具有税收中性，有效避免重复征税

所谓税收中性是针对税收的超额负担提出的概念，是国家在设计税制时，一方面要使社会所付出的代价以税款为限，尽可能不强加给纳税人或社会额外的负担或损失，另一方面国家征税对市场经济的正常运行应避免进行干扰，税收不能超越市场机制而成为资源配置的决定因素。增值税的税收中性体现在：一是增值税对增值额征税，有效避免了重复征税，同一商品不管经历多少流转环节，对国家来说增值额相同则税负相同，对产品结构、组织结构和生产结构不会产生影响；二是实行比例税率，且设置较少的税率档次，有的国家只采用一档税率，采用2～3档税率的国家，对货物也基本按照一档税率征税，因此绝大部分货物税负相同，且同一货物各个环节的整体税负相同，进而对生产和消费行为不会造成干扰。

(三) 实行税款抵扣制度，实行购进扣税法

增值税除保留传统流转税按流转额全额计税且道道课征的特点之外，还实行税款抵扣制度，即在逐个环节进行征税的同时，逐个环节进行扣税，以此来实现只对增值额征税和有效避免重复课征。增值税实行全国统一的购进扣税法，或称发票扣税法，即企业在购进货物时，所

负担的增值税额能否得到抵扣，取决于是否可以取得合法有效的增值税专用发票。此时，购货方在购买商品或劳务时，就必须向销售方索取增值税专用发票，然后凭票抵扣进项税额，否则不得抵扣已纳税款。这一抵扣链条是连续不中断的，计税准确且便于操作，并可以使纳税人之间自发形成相互监督和连锁牵制效应。

(四) 属于间接税，税负能够转嫁给最终消费者

增值税具有流转税的普遍特点，即易于转嫁性，增值税的税负会向前推移，后一环节纳税人总是前一环节纳税人已缴纳税款的负担者。销售者作为纳税人将从购买者收取的税额交给税务机关，而销售者实际上并没有承担增值税税款，商品或劳务的购买者总是销售者已纳税款的负税人。直到税负随着商品等的流转推移至最终销售环节，在以前环节连同本环节税款一并转移给了最终消费者，消费者成为增值税的最终归宿。由此可见，增值税纳税人与负税人不一致，纳税人很容易通过抬高售价的方式将税款转嫁出去，纳税人这一间接纳税的特点使增值税又被称为间接税，税收负担具有易转嫁性。

(五) 实行价外计税，税金不包含在销售价格中

我国现行增值税是价外税，价款和税款在增值税专用发票上分别列明，这样实现税款与价格分开，销售价格中不包含税款，这样也为专用发票税款抵扣制度奠定了基础。一方面增值税税款由销售方纳税人向购买方收取，明确企业是纳税人而非负税人；另一方面，增值税税款不会影响企业的成本和利润的核算，只影响企业的现金流量，充分反映了增值税间接税的性质，也使增值税的税负转嫁性质得到鲜明体现。但是由于我国增值税采用两种计税办法，一般纳税人在采用一般计税办法时实现了价税分离，简易计税办法也并非完全的价外税，价税分离并未在各环节完全实现。

(六) 实行两种计税方法

传统增值税并没有对纳税人进行具体划分，我国增值税设立之初为了适应纳税人经营规模相差悬殊、核算水平不一的实际情况，将增值税纳税人划分为一般纳税人和小规模纳税人两类。但是 2019 年 11 月 27 日《中华人民共和国增值税法(征求意见稿)》取消了增值税小规模纳税人的概念，只区分一般计税方法和简易计税方法。首先，增值税纳税人发生应税销售行为，应当按照一般计税方法计算缴纳增值税，我国增值税一般计税方法实行间接法(扣税法)，要根据销售额和适用税率计算税款(销项税额)，然后从中扣除上一环节已纳增值税税款(进项税额)，其余额为纳税人本环节应纳增值税税款；其次，国务院规定适用简易计税方法的，用销售额乘以征收率直接计算应纳税额。这样划分有利于平衡税负，规范增值税专用发票的管理，也有利于简化税款计算与缴纳，提高征税效率。

四、我国增值税法的发展历程

为了有效地解决传统流转税的重复征税问题对专业化分工协作发展造成的影响，法国于1948 年把对商品税全额征税更改为对增值额征税，但是只限于在制造环节实行。1954 年法国将其扩展至批发环节，实施消费型增值税，并获得了成功，标志着以增值额为课税对象的一套完善的增值税税制的正式形成。欧共体成员国随后在短短十几年相继采用了增值税，20 世纪70 年代后期推广至亚洲国家。目前，世界上已有近 200 个国家或地区采用了增值税，且绝大多

数采用消费型增值税。可以看出，增值税迅速在世界上众多国家得到推广，是因为其适应社会化大生产和专业化分工，不仅保留传统流转税普遍征收、课税便利、税源充足、稳定和及时的特点，而且具备保持税收中性、税收负担由最终消费者承担、实行税款抵扣制度、实行比例税率、实行价外税制度等优点，最重要的是它能够有效避免重复课税，满足了商品经济高速一体化发展的需要，具有其他间接税种无法比拟的优越性，被誉为"优良税种"。

通过世界各国实行增值税的实践效果看，增值税能够很好地适应经济活动，具有较强的收入弹性，有利于本国商品和劳务公平公正地参与国际竞争。我国增值税的实行经历了一个逐步发展和完善的过程，与我国自身经济发展相适应的增值税税制也逐渐形成，过程如下。

1984 年增值税税制建立。我国从 1978 年开始对增值税进行研究。1979 年我国开始在部分城市试行生产型增值税，于 1983 年 1 月起正式开征增值税。增值税税制在我国正式建立是在 1984 年，在对工商业税制进行系统改革的过程中，《中华人民共和国增值税条例(草案)》的正式颁布使增值税成为我国的一个独立税种。1987 年，我国曾统一规定了增值税的扣除项目和计税方法，促进其进一步向规范化迈进。

1994 年 1 月 1 日进行增值税税制改革。为更好地适应社会主义市场经济体制发展需要，借鉴国际通行做法和原则，结合我国基本国情对原有增值税制度进行较大幅度的调整和改进，国务院于 1993 年底颁布《中华人民共和国增值税暂行条例》(以下简称《增值税暂行条例》)，1994 年 1 月 1 日起在全国范围内生产和流通领域统一实行新的增值税，即对销售和进口货物，以及加工、修理修配劳务，征收增值税，其他征收营业税——增值税和营业税双轨制。这标志着我国较为规范的增值税制度的确立和实施。此次改革考虑到保证国家税收收入并抑制投资过度和膨胀的需要，实行了生产型增值税。新税制的征税范围从工业生产环节延伸至批发零售和加工修理修配领域，计税形式由价内税改为价外税，实行 17%、13% 和零税率三档税率，确立税款抵扣制度和发票扣税法等。虽然新税制曾一度适应我国社会主义市场经济发展的客观现实，使增值税成功跃居我国第一大主体税种，确立了其在我国税收体系中的主导地位，但随着全球经济一体化的纵深前进和我国社会主义市场经济体制的不断发展完善，生产型增值税暴露出越来越多的弊端和不足，亟须进一步修改完善。

2004 年 7 月 1 日至 2009 年 1 月 1 日增值税转型。自 2004 年 7 月 1 日起在我国东北地区部分行业开始实行消费型增值税改革试点，逐步扩大至中部六省、内蒙古等地区后，为应对 2008 年金融危机对我国经济发展的不利影响，扩大投资和拉动内需，我国于 2008 年 11 月颁布了修订后的《增值税暂行条例》，在全国范围内推行消费型增值税转型的改革，并自 2009 年 1 月 1 日起正式实行。相比 1994 年税改开始实行的《增值税暂行条例》，它主要在允许抵扣购进固定资产(纳税人自用的应税消费品，汽车、摩托车和游艇除外)所支付的进项税额、小规模纳税人征收率由 6% 和 4% 调低至 3%、纳税申报期从 10 日延长至 15 日等几个方面进行了修改。

2012 年 1 月 1 日至 2016 年 4 月 30 日"营改增"。为进一步完善税收制度，促进第三产业的发展，国务院决定在部分地区和行业开展深化增值税制度改革试点，逐步将目前征收营业税的行业改为征收增值税(简称"营改增")。首先，部分地区、部分行业开始实行试点。2011 年底国家决定于 2012 年 1 月 1 日起在上海交通运输业和部分现代服务业等试点营业税改征增值税工作，并逐步将试点地区扩展到全国。2012 年 9 月开始，试点地区分批推广到北京市、天津市、江苏省、浙江省(含宁波市)、安徽省、福建省(含厦门市)、湖北省、广东省(含深圳市)8 个省(直辖市)。其次，全国范围、部分行业开始实行试点。2013 年 8 月 1 日开始，"营改增"范围扩大至全国，并将广播影视作品的制作、播映、发行业纳入进来。随后，2014 年 1 月 1 日起将铁路运输和邮政服务业、2014 年 6 月 1 日起将电信业分别纳入试点行业。至此,"营改增"试点覆盖"3+7"个行业,即交通运输业、邮政业、电信业 3 个大类行业和研发技术、信息技术、文化创意、物流辅助、有形动产租赁、签证咨询、广播影视 7 个现代服务业。最后,全国范围、所有行业都进行改革。到 2016 年 5 月 1 日,"营改增"将试点范围扩大到建筑业、房地产业、金融业、生活服务业,并将所有企业新增不动产所含增值税纳入抵扣范围,至此,征收营业税的行业全部改征增值税,我国的营业税全面退出历史舞台,实行新的增值税征收制度,新增 11%和 6%两档低税率。之后又逐步发布了诸多"营改增"的具体实施办法和措施。

2017 年 7 月 1 日至 2019 年 4 月 1 日简化税率、减税降负。2017 年 7 月 1 日起,简并增值税税率结构,取消 13%的增值税税率。随后,为进一步完善增值税制度,自 2018 年 5 月 1 日起,纳税人发生增值税应税销售行为或者进口货物,原适用 17%和 11%税率的,税率分别调整为 16%、10%。同时,为进一步支持中小微企业发展,将增值税小规模纳税人标准调整为年应征增值税销售额 500 万元及以下。2019 年 4 月 1 日起,继续深化增值税改革,将制造业等行业现行 16%的税率降至 13%,将交通运输业、建筑业等行业现行 10%的税率降至 9%,确保主要行业税负明显降低;保持 6%一档的税率不变,但通过采取对生产、生活性服务业增加税收抵扣等配套措施,确保所有行业税负只减不增,向推进税率三档并两档、税制简化方向迈进。

2018 年 12 月 27 日,全国财政工作会议之后,减税降费成为关键词。会议提出未来继续实行普惠性减税和结构性减税并行,对增值税小规模纳税人每月不超过 10 万元(30 万元/季度)的免征增值税,资源税、城市维护建设税、房产税、城镇土地使用税、印花税、耕地占用税、教育费附加和地方教育附加等六税两费的减半征收等,这一系列关于增值税的优惠政策减轻了制造业和小微企业税收负担,对实体经济发展起到了一定的支撑作用。

随着增值税相关法规制度的不断完善,已具备立法的基本条件,2019 年 11 月 27 日,财政部、国家税务总局发布《中华人民共和国增值税法(征求意见稿)》,并且在同年 12 月 26 日前向社会公开征求意见,增值税有望在 2021 年完成立法。

2020 年特殊时期优惠政策,包括减免增值税小规模纳税人征收率至 1%,免征公共交通运输、餐饮住宿、旅游娱乐、文化体育、电影放映等服务业增值税等优惠政策相继出台,截止时间为 2020 年 12 月 31 日。

综上,历经 30 多年的实践探索和不断改进,目前增值税已越来越完善,具备全领域、全链条、全抵扣的突出优势和特点,成为我国现行流转税体系乃至整个税制体系中的第一大税种。

第二节 征税范围与纳税义务人、扣缴义务人

一、征税范围

根据增值税法律法规的相关规定,下面从一般规定和特殊规定两个方面介绍增值税的征税范围。

(一)征税范围的一般规定

现行增值税的征税范围的一般规定包括在境内发生应税销售行为及进口货物行为。

1. 销售货物

销售货物是指有偿转让货物的所有权，包含生产、批发和零售等环节。货物是指有形动产，包括电力、热力、气体在内。有偿是指从购买方取得货币或者非货币形式的经济利益。非货币形式的经济利益包括存货、生物资产、固定资产、无形资产、股权投资、不准备持有至到期的债券投资、服务以及有关权益等。

2. 销售劳务

销售劳务是指有偿提供加工和修理修配劳务。加工是指受托加工货物，即委托方提供原料及主要材料，受托方按照委托方的要求，制造货物并收取加工费的业务；修理修配是指受托对损伤和丧失功能的货物进行修复，使其恢复原状和功能的业务。但单位或者个体工商户聘用的员工为本单位或者雇主提供加工、修理修配劳务属于非经营性活动，不包括在内。

3. 销售服务

销售服务是指提供交通运输服务、邮政服务、电信服务、建筑服务、金融服务、现代服务、生活服务。

(1) 交通运输服务。交通运输服务是指利用运输工具将货物或者旅客送达目的地，使其空间位置得到转移的运输业务活动，包括陆路运输服务、水路运输服务、航空运输服务和管道运输服务。

① 陆路运输服务。陆路运输服务是指通过陆路(地上或者地下)运送货物或者旅客的运输业务活动，包括铁路运输服务和其他陆路运输服务。铁路运输服务是指通过铁路运送货物或者旅客的运输业务活动。其他陆路运输服务包括公路运输、缆车运输、索道运输、地铁运输、城市轻轨运输等服务。

出租车公司向使用本公司自有出租车的出租车司机收取的管理费用，按照陆路运输服务缴纳增值税。

② 水路运输服务。水路运输服务是指通过江、河、湖、川等天然、人工水道或者海洋航道运送货物或者旅客的运输业务活动。

水路运输的程租、期租业务，属于水路运输服务。程租业务是指运输企业为租船人完成某一特定航次的运输任务并收取租赁费的业务。期租业务是指运输企业将配备有操作人员的船舶承租给他人使用一定期限，承租期内听候承租方调遣，不论是否经营，均按天向承租方收取租赁费，发生的固定费用均由船东负担的业务。

③ 航空运输服务。航空运输服务是指通过空中航线运送货物或者旅客的运输业务活动。航天运输服务也按照航空运输服务缴纳增值税。

航空运输的湿租业务属于航空运输服务。湿租业务是指航空运输企业将配备有机组人员的飞机承租给他人使用一定期限，承租期内听候承租方调遣，不论是否经营，均按一定标准向承租方收取租赁费，发生的固定费用均由承租方承担的业务。

④ 管道运输服务。管道运输服务是指通过管道设施输送气体、液体、固体物质的运输业务活动。

无运输工具承运业务，按照交通运输服务缴纳增值税。

(2) 邮政服务。邮政服务是指中国邮政集团公司及其所属邮政企业提供邮件寄递、邮政汇兑和机要通信等邮政基本服务的业务活动，包括邮政普遍服务、邮政特殊服务和其他邮政服务。

① 邮政普遍服务。邮政普遍服务是指函件、包裹等邮件寄递，以及邮票发行、报刊发行

和邮政汇兑等业务活动。

② 邮政特殊服务。邮政特殊服务是指义务兵平常信函、机要通信、盲人读物和革命烈士遗物的寄递等业务活动。

③ 其他邮政服务。其他邮政服务是指邮册等邮品销售、邮政代理等业务活动。

(3) 电信服务。电信服务是指利用有线、无线的电磁系统或者光电系统等各种通信网络资源，提供语音通话服务，传送、发射、接收或者应用图像、短信等电子数据和信息的业务活动，包括基础电信服务和增值电信服务。

① 基础电信服务。基础电信服务是指利用固网、移动网、卫星、互联网，提供语音通话服务的业务活动，以及出租或者出售带宽、波长等网络元素的业务活动。

② 增值电信服务。增值电信服务是指利用固网、移动网、卫星、互联网、有线电视网络，提供短信和彩信服务、电子数据和信息的传输及应用服务、互联网接入服务等的业务活动。卫星电视信号落地转接服务，按照增值电信服务缴纳增值税。

(4) 建筑服务。建筑服务是指各类建筑物、构筑物及其附属设施的建造、修缮、装饰，线路、管道、设备、设施等的安装，以及其他工程作业的业务活动，包括工程服务、安装服务、修缮服务、装饰服务和其他建筑服务。

① 工程服务。工程服务是指新建、改建各种建筑物、构筑物的工程作业，包括与建筑物相连的各种设备或者支柱、操作平台的安装或者装设工程作业，以及各种窑炉和金属结构工程作业。

② 安装服务。安装服务是指生产设备、动力设备、起重设备、运输设备、传动设备、医疗实验设备，以及其他各种设备、设施的装配、安置工程作业，包括与被安装设备相连的工作台、梯子、栏杆的装设工程作业，以及被安装设备的绝缘、防腐、保温、油漆等工程作业。固定电话、有线电视、宽带、水、电、燃气、暖气等经营者向用户收取的安装费、初装费、开户费、扩容费，以及类似收费，按照安装服务缴纳增值税。

③ 修缮服务。修缮服务是指对建筑物、构筑物进行修补、加固、养护、改善，使之恢复原来的使用价值或者延长其使用期限的工程作业。

④ 装饰服务。装饰服务是指对建筑物、构筑物进行修饰装修，使之美观或者具有特定用途的工程作业。

⑤ 其他建筑服务。其他建筑服务是指上列工程作业之外的各种工程作业服务，如钻井(打井)、拆除建筑物或者构筑物、平整土地、园林绿化、疏浚(不包括航道疏浚)、建筑物平移、搭脚手架、爆破、矿山穿孔、表面附着物(包括岩层、土层、沙层等)剥离和清理等工程作业。纳税人将建筑施工设备出租给他人使用并配备操作人员的，按照建筑服务缴纳增值税。

(5) 金融服务。金融服务是指经营金融保险的业务活动，包括贷款服务、直接收费金融服务、保险服务和金融商品转让。

① 贷款服务。贷款服务是指将资金贷与他人使用而取得利息收入的业务活动。各种占用、拆借资金取得的收入，包括金融商品持有期间(含到期)利息(保本收益、报酬、资金占用费、补偿金等)收入、信用卡透支利息收入、买入返售金融商品利息收入、融资融券收取的利息收入，以及融资性售后回租、押汇、罚息、票据贴现、转贷等业务取得的利息及利息性质的收入，按照贷款服务缴纳增值税。

以货币资金投资收取的固定利润或者保底利润，按贷款服务征税。而金融商品持有期间(含到期)取得的非保本收益，不征收增值税。融资租赁属于现代服务业。

② 直接收费金融服务。直接收费金融服务是指为货币资金融通及其他金融业务提供相关服务并收取费用的业务活动，包括提供货币兑换、账户管理、电子银行、信用卡、信用证、财务担保、资产管理、信托管理、基金管理、金融交易场所(平台)管理、资金结算、资金清算、金融支付等服务。

③ 保险服务。保险服务包括人身保险服务和财产保险服务。

④ 金融商品转让。金融商品转让是指转让外汇、有价证券、非货物期货和其他金融商品所有权的业务活动。其他金融商品包括基金、信托、理财产品等各类资产管理产品和各种金融衍生品。

(6) 现代服务。现代服务是指围绕制造业、文化产业、现代物流产业等提供技术性、知识性服务的业务活动，包括研发和技术服务、信息技术服务、文化创意服务、物流辅助服务、租赁服务、鉴证咨询服务、广播影视服务、商务辅助服务和其他现代服务。

① 研发和技术服务。研发和技术服务包括研发服务、合同能源管理服务、工程勘察勘探服务、专业技术服务。

② 信息技术服务。信息技术服务是指利用计算机、通信网络等技术对信息进行生产、收集、处理、加工、存储、运输、检索和利用，并提供信息服务的业务活动，包括软件服务、电路设计及测试服务、信息系统服务、业务流程管理服务和信息系统增值服务。

③ 文化创意服务。文化创意服务包括设计服务、知识产权服务、广告服务和会议展览服务。宾馆、旅馆、旅社、度假村和其他经营性住宿场所提供会议场地及配套服务的活动，按照会议展览服务缴纳增值税。

④ 物流辅助服务。物流辅助服务包括航空服务、港口码头服务、货运客运场站服务、打捞救助服务、装卸搬运服务、仓储服务和收派服务。

⑤ 租赁服务。租赁服务包括融资租赁服务和经营租赁服务。按照标的物的不同，租赁服务可分为有形动产租赁服务和不动产租赁服务，分别适用不同的税率。

融资性售后回租不按照本税目缴纳增值税。

经营租赁服务包含将建筑物、构筑物等不动产或者飞机、车辆等有形动产的广告位出租给其他单位或者个人用于发布广告，以及车辆停放服务、道路通行服务(包括过路费、过桥费、过闸费等)和水路运输的光租业务、航空运输的干租业务。光租业务是指运输企业将船舶在约定的时间内出租给他人使用，不配备操作人员，不承担运输过程中发生的各项费用，只收取固定租赁费的业务活动。干租业务是指航空运输企业将飞机在约定的时间内出租给他人使用，不配备机组人员，不承担运输过程中发生的各项费用，只收取固定租赁费的业务活动。

⑥ 鉴证咨询服务。鉴证咨询服务包括认证服务、鉴证服务和咨询服务。

⑦ 广播影视服务。广播影视服务包括广播影视节目(作品)的制作服务、发行服务和播映(含放映，下同)服务。

⑧ 商务辅助服务。商务辅助服务包括企业管理服务、经纪代理服务(邮政代理服务按邮政服务，其他代理、中介及拍卖等服务均按经纪代理服务)、人力资源服务(如劳务派遣服务)、安全保护服务(如武装守护押运服务)。

⑨ 其他现代服务。其他现代服务是指除上述服务以外的现代服务。纳税人为客户办理退票而向客户收取的退票费、手续费等收入，纳税人对安装运行后的电梯提供的维护保养服务，均按照其他现代服务缴纳增值税。

(7) 生活服务。生活服务是指为满足城乡居民日常生活需求提供的各类服务活动，包括文化体育服务、教育医疗服务、旅游娱乐服务、餐饮住宿服务、居民日常服务和其他生活服务。

① 文化体育服务。文化体育服务包括文化服务和体育服务。纳税人在游览场所经营索道、摆渡车、电瓶车、游船等取得的收入，按照本税目缴纳增值税。

② 教育医疗服务。教育医疗服务包括教育服务和医疗服务。

③ 旅游娱乐服务。旅游娱乐服务包括旅游服务和娱乐服务。

④ 餐饮住宿服务。餐饮住宿服务包括餐饮服务和住宿服务。

纳税人现场制作食品并直接销售给消费者，以及提供餐饮服务的纳税人销售的外卖食品，均按照餐饮服务缴纳增值税。

⑤ 居民日常服务。居民日常服务是指主要为满足居民个人及其家庭日常生活需求提供的服务，包括市容市政管理、家政、婚庆、养老、殡葬、照料和护理、救助救济、美容美发、按摩、桑拿、氧吧、足疗、沐浴、洗染、摄影扩印等服务。

⑥ 其他生活服务。其他生活服务是指除上述服务之外的生活服务，包括纳税人提供植物养护服务。

4. 销售无形资产

销售无形资产是指转让无形资产所有权或者使用权。无形资产是指不具有实物形态，但能带来经济利益的资产，包括技术、商标、著作权、商誉、自然资源使用权和其他权益性无形资产。技术包括专利技术和非专利技术。自然资源使用权包括土地使用权、海域使用权、探矿权、采矿权、取水权和其他自然资源使用权。其他权益性无形资产包括基础设施资产经营权、公共事业特许权、配额、经营权(包括特许经营权、连锁经营权、其他经营权)、经销权、分销权、代理权、会员权、席位权、网络游戏虚拟道具、域名、名称权、肖像权、冠名权、转会费等。

5. 销售不动产

销售不动产是指转让不动产所有权的业务活动(租赁不动产使用权属于现代服务业)。不动产是指不能移动或者移动后会引起性质、形状改变的财产，包括建筑物、构筑物等。建筑物包括住宅、商业营业用房、办公楼等可供居住、工作或者进行其他活动的建造物。构筑物包括道路、桥梁、隧道、水坝等建造物。

转让建筑物有限产权或者永久使用权的，转让在建的建筑物或者构筑物所有权的，以及在转让建筑物或者构筑物时一并转让其所占土地的使用权的，按照销售不动产缴纳增值税。

【例2-1 多选题】下列属于增值税现代服务征税范围的有( )。

A. 提供植物养护服务   B. 航空运输干租业务

C. 融资租赁服务   D. 不动产租赁服务

【答案】BCD

【分析】纳税人提供植物养护服务，按照其他生活服务缴纳增值税。

6. 增值税征税范围的基本条件

根据《财政部 国家税务总局关于全面推开营业税改征增值税试点的通知》(以下简称《营改增通知》)缴纳增值税的经济行为应同时具备四个条件：一是应税行为发生在境内；二是应税行为属于《销售服务、无形资产、不动产注释》范围内的业务活动(列举范围)；三是应税服务是为他人提供的(经营性活动)；四是应税行为是有偿的(有偿性)。

(1) 上述有偿性，有两类情形属于例外。

一是满足应税条件但不需要缴纳增值税的情形：

① 行政单位收取的同时满足条件的政府性基金或者行政事业性收费；

② 存款利息；

③ 被保险人获得的保险赔付；

④ 房地产主管部门或者其指定机构、公积金管理中心、开发企业，以及物业管理单位代收的住宅专项维修资金；

⑤ 在资产重组过程中，通过合并、分立、出售、置换等方式，将全部或者部分实物资产以及与其相关联的债权、负债和劳动力一并转让给其他单位和个人，其中涉及的不动产、土地使用权转让行为。

二是不同时满足应税条件但需要缴纳增值税的情形：

① 单位或者个体工商户向其他单位或者个人无偿提供服务，但用于公益事业或者以社会公众为对象的除外；

② 单位或者个人向其他单位或者个人无偿转让无形资产或者不动产，但用于公益事业或者以社会公众为对象的除外；

③ 财政部和国家税务总局规定的其他情形。

(2) 非经营性活动的确认。

销售服务、无形资产或者不动产，是指有偿提供服务、有偿转让无形资产或者不动产，但属于下列非经营性活动的情形除外。

① 行政单位收取的同时满足以下条件的政府性基金或者行政事业性收费：一是由国务院或者财政部批准设立的政府性基金，由国务院或者省级人民政府及其财政、价格主管部门批准设立的行政事业性收费；二是收取时开具省级以上(含省级)财政部门监(印)制的财政票据；三是所收款项全额上缴财政。

② 单位或者个体工商户聘用的员工为本单位或者雇主提供取得工资的服务。

③ 单位或者个体工商户为聘用的员工提供服务。

④ 财政部和国家税务总局规定的其他情形。

(3) 境内的界定。

上述境内是指：

① 销售货物的起运地或者所在地在境内；

② 销售服务、无形资产(自然资源使用权除外)的，销售方为境内单位和个人，或者服务、无形资产在境内消费；

③ 销售不动产、转让自然资源使用权的，不动产、自然资源所在地在境内；

④ 销售金融商品的，销售方为境内单位和个人，或者金融商品在境内发行；

⑤ 进口货物，是指货物的起运地在境外，目的地在境内；

⑥ 财政部和国家税务总局规定的其他情形。

下列情形不属于在境内销售服务或者无形资产：

① 境外单位或者个人向境内单位或者个人销售完全在境外发生的服务；

② 境外单位或者个人向境内单位或者个人销售完全在境外使用的无形资产；

③ 境外单位或者个人向境内单位或者个人出租完全在境外使用的有形动产；

④ 财政部和国家税务总局规定的其他情形。

(二) 征税范围的特殊规定

1. 征税范围的特殊项目

(1) 罚没物品：其拍卖或变价收入作为罚没收入如数上缴财政，不予征税，否则应照章征收增值税。

(2) 航空运输企业已售票但未提供航空运输服务取得的逾期票证收入，按照航空运输服务征收增值税。

(3) 纳税人取得的中央财政补贴，不属于增值税应税收入，不征收增值税。

(4) 融资性售后回租业务中，承租方出售资产的行为不属于增值税的征税范围，不征收增值税。

(5) 药品生产企业销售自产创新药的销售额，为向购买方收取的全部价款和价外费用，其提供给患者后续免费使用的相同创新药，不征收增值税。

(6) 根据国家指令无偿提供的铁路运输服务、航空运输服务，属于用于公益事业的服务，不征收增值税。

(7) 被保险人获得的保险赔付不征收增值税。

(8) 房地产主管部门或者其指定机构、公积金管理中心、开发企业，以及物业管理单位代收的住宅专项维修资金，不征收增值税。

(9) 纳税人在资产重组过程中，通过合并、分立、出售、置换等方式，将全部或者部分实物资产以及与其相关联的债权、负债和劳动力一并转让给其他单位和个人，不征收增值税，其中涉及的不动产、土地使用权转让行为，也不征收增值税。

(10) 单位或者个体工商户为聘用的员工提供服务，不征收增值税。

2. 征税范围的特殊行为

(1) 视同发生应税销售行为。单位或者个体工商户的下列不满足销售条件的行为，视同发生应税销售行为，应当缴纳增值税。

① 将货物交付其他单位或者个人代销。

② 销售代销货物。

③ 设有两个以上机构并实行统一核算的纳税人，将货物从一个机构移送至其他机构用于销售，但相关机构设在同一县(市)的除外。

"用于销售"，是指受货机构发生以下情形之一的经营行为：一是向购货方开具全部(或部分)货物发票；二是向购货方收取全部(或部分)货款。此时，受货机构应当向所在地税务机关缴纳增值税；否则，则应由总机构统一缴纳增值税。

④ 将自产、委托加工的货物用于非应税项目。

⑤ 将自产、委托加工的货物用于集体福利或者个人消费。个人消费包括纳税人的交际应酬消费。

⑥ 将自产、委托加工或者购进的货物作为投资，提供给其他单位或者个体工商户。

⑦ 将自产、委托加工或者购进的货物分配给股东或者投资者。

⑧ 将自产、委托加工或者购进的货物无偿赠送其他单位或者个人。

⑨ 单位或个体工商户向其他单位或者个人无偿销售应税服务、单位或个人向其他单位或者个人无偿转让无形资产或者不动产，但用于公益事业或者以社会公众为对象的除外。

⑩ 财政部和国家税务总局规定的其他情形。

【例2-2多选题】下列行为中，视同销售货物缴纳增值税的是(　　)。

A. 将购进的货物用于集体福利　　　B. 将自产的货物用于个人消费

C. 将购进的货物用于分配　　　　　D. 将购进的货物用于非增值税应税项目

【答案】BC

【分析】将购进的货物用于集体福利、非增值税应税项目不视同销售缴纳增值税。

【例2-3多选题】下列各项中，不应视同销售货物征收增值税的是(　　)。

A. 将自产摩托车作为福利发给职工　　B. 将自产钢材用于修建厂房

C. 将自产机器设备用于生产服装　　　D. 将购进的轿车分配给股东

【答案】AD

【分析】选项B、C不视同销售，因为属于将自产货物用于应税项目。

上述情况应确定为视同发生应税销售行为，按规定征收增值税。其原因主要有三个。第一是确保增值税的税款抵扣制度的顺利实行，不会由于发生上述行为而导致相关环节税款抵扣的链条中断。若不将其视同发生应税销售行为就会出现将货物交付他人代销的一方仅有进项税额而无销项税额，而销售代销货物一方仅有销项税额而无进项税额的情况，造成增值税抵扣链条不完整。第二是避免由于上述行为的发生而造成应税销售行为之间税收负担不平衡的矛盾，有利于体现税收公平，堵塞税收漏洞，防止纳税人利用以上行为逃避纳税，如利用无偿赠送他人逃避税收。第三是体现增值税的进项和销项配比的原则，即上述应税行为的购进货物、劳务、服务、无形资产、不动产已抵扣过进项税额，其所对应产生的销售额，应该同时计算对应的销项税额，否则增值税的进销项就会不配比。如上述第④~⑨就属于此种原因。

(2) 混合销售行为和兼营行为。

① 混合销售行为。

一项销售行为如果既涉及货物又涉及服务，为混合销售。混合销售行为成立的行为标准有两点：一是其应税行为必须是一项；二是该项行为必须既涉及货物销售又涉及应税行为，二者有从属的和必然的关系。在判定之时，必须同时满足上述两点行为标准。

混合销售行为的税务处理是：按照主业选择增值税税率，即从事货物的生产、批发或者零售的单位和个体工商户的混合销售，按照销售货物缴纳增值税；其他单位和个体工商户的混合销售，按照销售服务缴纳增值税。

上述从事货物的生产、批发或者零售的单位和个体工商户，包括以从事货物的生产、批发或者零售为主，并兼营销售服务的单位和个体工商户在内。例如，某地板生产企业销售自产地板同时负责安装，某建筑施工单位包工包料承包工程。

② 兼营行为。

纳税人同时兼有销售货物、劳务、服务、无形资产、不动产等应税销售行为，为兼营行为。其特点是应税销售行为之间各自独立且不具有从属和必然的联系。

兼营行为的税务处理是：应当分别核算适用不同税率或者征收率的销售额；未分别核算的，从高适用税率。不论是兼有不同税率的应税销售行为、兼有不同征收率的应税销售行为，还是兼有不同税率和征收率的应税销售行为，均从高适用税率。

例如，某家电生产企业既销售自产家电，又经营车队(有运输资质)负责运输；某大型商贸公司，既销售服装，又提供餐饮服务。

特殊情况：纳税人销售活动板房、机器设备、钢结构件等自产货物的同时提供建筑、安装服务,不属于混合销售,应按兼营业务进行税务处理,分别核算货物和建筑服务的销售额,分别适用不同的税率或征收率。

【例2-4 单选题】根据相关规定,下列税务处理错误的是( )。

A. 美容院提供美容服务的同时销售美容产品,应按照兼营行为缴纳增值税

B. 商场销售货物并提供餐饮服务,应按照兼营行为缴纳增值税

C. 建材商店销售木地板的同时提供铺装服务,应按照13%的税率缴纳增值税

D. 装修公司包工包料提供装修服务,应按照9%的税率缴纳增值税

【答案】A

【分析】选项 A 应按照混合销售行为缴纳增值税。

【例2-5 单选题】下列经营行为中,属于增值税混合销售行为的是( )。

A. 商场销售相机及存储卡　　　　　B. 商场销售办公设备并提供送货服务

C. 疗养中心提供住宿并举办健康讲座　　D. 健身房提供健身场所并销售减肥药

【答案】B

【分析】一项销售行为如果既涉及货物又涉及服务,为混合销售。选项 B,销售货物的同时提供运输服务,因此属于混合销售行为。

二、纳税义务人和扣缴义务人

(一) 纳税义务人

在中华人民共和国境内(以下简称境内)销售货物或者加工、修理修配劳务(以下简称劳务),销售服务、无形资产、不动产(以下称应税行为),以及进口货物的单位和个人,为增值税的纳税人。单位,是指企业、行政单位、事业单位、军事单位、社会团体和其他单位。个人,是指个体工商户和自然人。

单位以承包、承租、挂靠方式经营的,承包人、承租人、挂靠人(以下统称承包人)以发包人、出租人、被挂靠人(以下统称发包人)名义对外经营并由发包人承担相关法律责任的,以该发包人为纳税人;否则,以承包人为纳税人。资管产品运营过程中发生的增值税应税行为,以资管产品管理人为增值税纳税人。

(二) 扣缴义务人

中华人民共和国境外(以下简称境外)单位或者个人在境内发生应税行为,在境内未设经营机构的,以其境内代理人为扣缴义务人;在境内没有代理人的,以购买方为扣缴义务人。财政部和国家税务总局另有规定的除外。

(三) 增值税纳税人的分类

我国增值税实行凭增值税专用发票(不仅限于增值税专用发票)的税款抵扣制度,这客观上就对纳税人的会计核算制度和能力提出了较高的要求。但实践中我国增值税纳税人众多,经营规模相差悬殊,财务核算水平也参差不齐。因此,为加强重点税源管理,减少税收征管漏洞,简化纳税人税款的计算缴纳,增值税法将增值税纳税人按会计核算水平和经营规模分为一般纳税人和小规模纳税人两类纳税人,分别采取不同的管理办法。但这不利于增值税抵扣链条的完整和保持增值税的税收中性。根据 2018 年 2 月 1 日起施行的《增值税一般纳税人登记管理办

法》及财税〔2018〕33 号《财政部税务总局关于统一增值税小规模纳税人标准的通知》，对增值税两类纳税人做如下规定。

1. 一般纳税人

根据《增值税一般纳税人登记管理办法》的规定，自 2018 年 5 月 1 日起，增值税纳税人(以下简称纳税人)，年应征增值税销售额(以下简称年应税销售额)超过 500 万元的，应当向主管税务机关办理一般纳税人登记。

年应税销售额是指纳税人在连续不超过 12 个月或 4 个季度的经营期内累计应征增值税销售额，包括纳税申报销售额、稽查查补销售额、纳税评估调整销售额。

销售服务、无形资产或者不动产有扣除项目的纳税人，其应税行为年应税销售额按未扣除之前的销售额计算。纳税人偶然发生的销售无形资产、转让不动产的销售额，不计入应税行为年应税销售额。

增值税一般纳税人应当向其机构所在地主管税务机关办理一般纳税人登记手续，填报《增值税一般纳税人登记表》，并提供税务登记证件。纳税人在年应税销售额超过规定标准的月份(或季度)的所属申报期结束后 15 日内按照规定办理相关手续；未按规定时限办理的，主管税务机关应当在规定时限结束后 5 日内制作《税务事项通知书》，告知纳税人应当在 5 日内向主管税务机关办理相关手续；逾期仍不办理的，次月起按销售额依照增值税税率计算应纳税额，不得抵扣进项税额，直至纳税人办理相关手续为止。

除国家税务总局另有规定外，一经登记为一般纳税人后，不得转为小规模纳税人。

年应税销售额未超过规定标准的纳税人，会计核算健全，能够提供准确税务资料的，可以向主管税务机关办理一般纳税人资格登记，成为一般纳税人。会计核算健全，是指能够按照国家统一的会计制度规定设置账簿，根据合法、有效凭证核算。

下列纳税人不得办理一般纳税人登记。

(1) 按照政策规定，选择按照小规模纳税人纳税的(应当向主管税务机关提交书面说明)，不得办理一般纳税人登记。

(2) 年应税销售额超过规定标准的自然人，不得办理一般纳税人登记。

一般纳税人发生应税销售行为适用一般计税方法计税。一般纳税人使用增值税发票管理系统自行开具增值税专用发票和增值税普通发票。一般纳税人发生财政部和国家税务总局规定的特定应税销售行为，也可以选择适用简易计税方法计税，只能开具普通发票且不得抵扣进项税额。

2. 小规模纳税人

小规模纳税人是指年销售额在规定标准以下，并且会计核算不健全，不能按规定报送有关税务资料的增值税纳税人。非企业性单位(行政、事业、军事单位，社会团体等)，年应税销售额超过规定标准，但不经常发生应税行为的单位和个体工商户可选择按小规模纳税人纳税。自 2018 年 5 月 1 日起，小规模纳税人的具体认定标准为年应征增值税销售额 500 万元及以下。

按原规定已登记为增值税一般纳税人的单位和个人，在 2019 年 12 月 31 日前，转登记日前连续 12 个月，累计应征增值税销售额未超过 500 万元的一般纳税人，可转登记为小规模纳税人，或选择继续作为一般纳税人，转登记为小规模纳税人其未抵扣的进项税额做转出处理。自转登记日的下期起，按照简易计税方法计算缴纳增值税。自转登记日的下期起连续不超过 12 个月或者连续不超过 4 个季度的经营期内，转登记纳税人应税销售额超过财政部、国家税务总局规定的小规模纳税人标准的，应当向主管税务机关办理一般纳税人登记。转登记纳税人按规定再次登记为一般纳税人后，不得再转登记为小规模纳税人，即转登记只有一次。

小规模纳税人发生应税销售行为适用简易计税方法计税。小规模纳税人现使用增值税发票管理系统只能自行开具增值税普通发票，但如有需要可向主管税务机关申请代开增值税专用发票。自 2019 年 3 月 1 日起，扩大小规模纳税人自行开具增值税专用发票试点范围，住宿业，鉴证咨询业，建筑业，工业，信息传输、软件和信息技术服务业，租赁和商务服务业，科学研究和技术服务业，居民服务、修理和其他服务业 8 个行业小规模纳税人发生增值税应税行为，需要开具增值税专用发票的，可以自愿使用增值税发票管理系统自行开具。

【例 2-6 单选题】按照现行规定，下列各项中必须登记为小规模纳税人的是( )。

    A. 年应税销售额为600万元的从事货物批发的纳税人

    B. 某从事货物生产的个体工商户年纳税申报销售额为380万元，纳税评估调整销售额为200万元

    C. 不经常发生应税行为的企业

    D. 年不含税销售额为500万元且会计核算不健全的纳税人

【答案】D

【分析】只有会计核算健全的纳税人，年应税销售额未超过 500 万元才可以登记为一般纳税人，会计核算不健全必须登记为小规模纳税人。

第三节 税率与征收率

一、增值税税率

增值税的税收中性和税款抵扣制度等特点，决定了增值税不宜采用过多档次的税率。从世界各国增值税的设置和实践来看，也都尽可能减少税率档次。目前我国增值税设置了一档基本税率和两档低税率，对出口货物实行零税率。增值税税率仅限于一般计税方法使用。每种税率适用的应税销售行为的具体情况如表 2-3 所示。

表2-3 增值税税率

税率	适用范围
（一）基本税率 13%(2018 年 5 月 1 日之前为 17%，之后为 16%；2019 年 4 月 1 日起为 13%)	1. 销售或者进口货物。 2. 销售劳务。 3. 销售有形动产租赁服务。 注意：有形动产租赁服务包括有形动产经营性租赁和融资性租赁。水路运输的光租业务和航空运输的干租业务，属有形动产经营性租赁
（二）低税率 9%(2018 年 5 月 1 日之前为 11%，之后为 10%；2019 年 4 月 1 日起为 9%)	1. 销售交通运输服务。 2. 销售邮政服务。 3. 销售基础电信服务。 4. 销售建筑服务。 5. 销售不动产和不动产租赁服务

(续表)

税率	适用范围
(二) 低税率9% (2018年5月1日之前为11%,之后为10%;2019年4月1日起为9%)	6. 转让土地使用权。 7. 销售或者进口下列低税率货物(自2017年7月1日起,简并增值税税率结构,取消13%的增值税税率)。 (1) 粮食等农产品、食用植物油、食用盐、鲜奶。 (2) 自来水、暖气、冷气、热水、煤气、石油液化气、天然气、二甲醚、沼气、居民用煤炭制品。 (3) 图书、报纸、杂志、音像制品、电子出版物。 (4) 饲料(包括豆粕、宠物饲料、饲用鱼油、矿物质微量元素舔砖、饲料级磷酸二氢钙产品)、化肥、农药、农机(包括农用水泵、农用柴油机、不带动力的手扶拖拉机、三轮农用运输车等农机整机,不含农机零配件)、农膜。 (5) 国务院规定的其他货物。 ① 挂面、干姜、姜黄、玉米胚芽、动物骨粒均属于初级农业产品,按9%征税,但淀粉、麦芽、复合胶、人发不属于农业产品范围,应适用13%的增值税税率;肉桂油、桉油、香茅油也不属于农业产品的范围,其增值税适用税率为13%。 ② 棕榈油、棉籽油、茴油、毛椰子油、花椒油、橄榄油、核桃油、杏仁油、葡萄籽油和牡丹籽油等可按食用植物油9%征税,但环氧大豆油、氢化植物油不属于食用植物油征收范围,适用13%的增值税税率。 ③ 巴氏杀菌乳、灭菌乳可依照鲜奶按9%的税率征收增值税,调制乳不属于初级农业产品,应按照13%的税率征收增值税。 ④ 密集型烤房设备、频振式杀虫灯、自动虫情测报灯、黏虫板、卷帘机,农用挖掘机、养鸡设备系列、养猪设备系列产品,以及动物尸体降解处理机、蔬菜清洗机均属于农机范围,适用9%的增值税税率。 ⑤ 人工合成牛胚胎的生产过程属于农业生产,纳税人销售自产人工合成牛胚胎应免征增值税。 ⑥ 中小学课本配套产品(包括各种纸制品或图片)、国内印刷企业承印的经新闻出版主管部门批准印刷且采用国际标准书号编序的境外图书,属于图书范围,适用9%的增值税税率。 **注意:**农产品是指种植业、养殖业、林业、牧业、水产业生产的各种植物、动物的初级产品。应注意区分不同的销售环节
(三) 低税率6%	1. 销售增值电信服务。 2. 销售金融商品。 3. 销售现代服务(不动产租赁适用9%的税率,有形动产租赁适用13%税率)。 4. 销售生活服务。 5. 销售无形资产(转让土地使用权适用9%的税率)
(四) 零税率	1. 除国务院另有规定外,纳税人出口货物适用零税率。 2. 境内单位和个人跨境销售国务院规定范围内的服务、无形资产,税率为零。 (1) 境内单位和个人提供的国际运输服务,包括:在境内载运旅客或者货物出境;在境外载运旅客或者货物入境;在境外载运旅客或者货物。 (2) 航天运输服务。 (3) 向境外单位提供的完全在境外消费的服务,包括研发服务、合同能源管理服务、设计服务、广播影视节目(作品)的制作和发行服务、软件服务、电路设计及测试服务、信息系统服务、业务流程管理服务、离岸服务外包业务和转让技术。 (4) 财政部和国家税务总局规定的其他服务

二、增值税征收率

增值税征收率是指对特定的货物或特定的纳税人发生应税销售行为在某一生产流通环节应纳税额与销售额的比率。简易计税方法下适用征收率计税。具体征收率见表2-4。

表2-4　增值税征收率

征收率	适用范围
(一) 征收率3%	1. 小规模纳税人缴纳增值税(不动产业务除外)。 2. 一般纳税人采用简易计税方法缴纳增值税。 (1) 一般纳税人销售特定的货物,可选择简易计税方法。 ① 县级及县级以下小型水力发电单位(装机容量为5万千瓦及以下)生产的自产电力。 ② 自产建筑用和生产建筑材料所用的砂、土、石料。 ③ 以自己采掘的砂、土、石料或其他矿物连续生产的砖、瓦、石灰(不含黏土实心砖、瓦)。 ④ 自己用微生物、微生物代谢产物、动物毒素、人或动物的血液或组织制成的生物制品。 ⑤ 自产的自来水。 ⑥ 自来水公司销售的自来水。 ⑦ 自产的商品混凝土(仅限于以水泥为原料生产的水泥混凝土)。 ⑧ 单采血浆站销售的非临床用人体血液。 ⑨ 寄售商店代销寄售的物品(包括居民个人寄售的物品在内)。 ⑩ 典当业销售的死当物品。 ⑪ 药品经营企业销售生物的制品。 ⑫ 生产销售和批发、零售的抗癌药品和罕见病药品,可选择按照简易办法。 (2) 一般纳税人销售特定服务,可选择简易计税方法。 ① 公共交通运输服务,包括轮客渡、公交客运、地铁城市轻轨、出租车、长途客运、班车。 注意:铁路客运、航空客运不适用简易计税方法。 ② 建筑服务:以清包工方式提供的建筑服务(施工方不采购建筑工程所需的材料或只采购辅助材料,并收取人工费、管理费或者其他费用的建筑服务);为甲供工程提供的建筑服务(全部或部分设备、材料、动力由工程发包方自行采购的建筑工程);为建筑工程老项目(开工日期在2016年4月30日之前的项目,下同)提供的建筑服务;销售电梯的同时提供安装服务,其安装服务可以按照甲供工程选择适用简易计税方法计税。 注意:纳税人对安装运行后的电梯提供的维护保养服务,按照其他现代服务缴纳增值税。 ③ 金融服务:资管产品管理人发生资管产品运营业务。 ④ 现代服务:经认定的动漫企业为开发动漫产品提供的动漫脚本编撰、形象、背景和动画设计、画面合成、音效合成、剪辑、字幕制作等,以及在境内转让动漫版权;电影放映服务、仓储服务、装卸搬运服务、收派服务;非企业性单位中的一般纳税人提供的研发和技术服务、信息技术服务、鉴证咨询服务,以及销售技术、著作权等无形资产,可以选择简易计税方法。 注意:提供人力资源外包服务、劳务派遣服务:选择差额计税的,适用5%的征收率。 ⑤ 生活服务:文化体育服务;提供教育辅助服务、非学历教育服务。 注意:学历教育免税。 3. 3%征收率的特殊情形——差额计税 提供物业管理服务的纳税人,向服务接受方收取的自来水水费,以扣除其对外支付的自来水水费后的余额为销售额,依3%的征收率计算缴纳增值税。 注意:一般纳税人销售或提供或者发生财政部和国家税务总局规定的特定的货物、应税服务,一经选择适用简易计税方法计税,36个月内不得变更

(续表)

征收率	适用范围
(二) 征收率 5%	1. 不动产租赁与销售。 (1) 小规模纳税人、自然人小规模纳税人销售、出租取得的不动产。 (2) 一般纳税人销售、出租其 2016 年 4 月 30 日前取得的不动产。 (3) 房地产开发企业：销售自行开发的房地产老项目；以围填海方式取得土地并开发的房地产项目，工程承包合同注明的围填海开工日期在 2016 年 4 月 30 日前的，属于房地产老项目。 (4) 一般纳税人收取试点前开工的一级公路、二级公路、桥、闸通行费，属"不动产经营租赁服务"，选择适用简易计税方法的按 5%征收。 注意：一般纳税人收取试点前开工的高速公路通行费，选择适用简易计税方法的按 3%征收。收费公路通行费增值税电子普通发票，可以作为进项税额抵扣依据。 (5) 2016 年 4 月 30 日前签订的不动产融资租赁合同，或以 2016 年 4 月 30 日前取得的不动产提供融资租赁服务。 2. 转让无形资产：转让 2016 年 4 月 30 日前取得的土地使用权。 3. 提供劳务派遣服务——差额计税：一般纳税人、小规模纳税人也可以选择差额纳税，以取得的全部价款和价外费用，扣除代用工单位支付给劳务派遣员工的工资、福利和为其办理社会保险及住房公积金后的余额为销售额，依 5%的征收率计算缴纳增值税，向用工单位不得开具增值税专用发票，可以开具普通发票。 注意：一般情况下，应按取得的全部价款和价外费用为销售额，小规模纳税人按 3%的征收率、一般纳税人按 6%的税率，计算缴纳增值税。 4. 一般纳税人提供人力资源外包服务，选择简易计税方法。 注意：以上行为一般纳税人均可选择简易计税方法，一经选择，36 个月内不得变更
(三) 特殊征收率 3% 减按 2%	1. 一般纳税人销售自己使用过的属于不得抵扣且未抵扣进项税额的固定资产。 纳税人可以放弃减税，按照简易计税方法依照 3%的征收率缴纳增值税，并可以开具增值税专用发票。 2. 小规模纳税人(除自然人外)销售自己使用过的固定资产。 注意：税收优惠中，自然人销售自己使用过的物品免税。 3. 纳税人销售旧货。 应纳增值税=售价÷(1+3%)×2%
(四) 特殊征收率 5% 减按 1.5%	个人出租住房，应按照 5%的征收率减按 1.5%计算应纳税额。 注意：自然人出租住房减按 1.5%，出租非住房按 5%计税。 应纳增值税=售价÷(1+5%)×1.5%

2009 年 1 月 1 日之前，我国实行生产型增值税，外购固定资产不可抵扣进项税额(试点地区除外)；2009 年 1 月 1 日之后，我国增值税转型，实行消费型增值税，外购固定资产可以抵扣进项税额，但是购入的自用的应征消费税的汽车、摩托车和游艇除外；2013 年 8 月 1 日，随着交通运输业"营改增"的推进，自用的应征消费税的汽车、摩托车和游艇进项税额可以抵扣。

【例 2-7 计算题】某建筑公司系一般纳税人，2020 年 12 月 16 日销售一辆运输用卡车，取得销售收入 60 000 元，并享受了减税政策。该卡车为 2013 年 5 月购入，计算该项销售行为应纳的增值税。

应纳增值税=60 000÷(1+3%)×2%=1 165.05(元)

【例2-8 计算题】2020 年12 月某公司销售购于2015 年12 月的设备一台(购入时已抵扣增值税)，取得收入49 000 元，计算该项销售行为的增值税销项税额。

增值税销项税额=49 000÷(1+13%)×13% ≈ 5637.17(元)

第四节　增值税的计税方法

增值税的计税方法可以概括为一般计税方法、简易计税方法和扣缴计税方法。此外，纳税人进口货物按组成计税价格和适用税率计算缴纳增值税税额，相当于购进应缴税。

一、一般计税方法

增值税纳税人发生应税行为，应当按照一般计税方法计算缴纳增值税，国务院规定适用简易计税方法的除外。我国采用间接计算法作为一般计税方法，即先按当期销售额和适用税率计算出销项税额，得到整体税负，然后将当期准予抵扣的进项税额进行抵扣，最终间接地计算出当期增值额部分的应纳税额。一般计税方法的计算公式为

当期应纳增值税税额=当期销项税额−当期进项税额

增值税纳税人除适用简易计税方法情况以外的，发生应税行为的应纳税额均应按该方法计税。增值税纳税人当期应纳税额的多少，取决于销项税额和进项税额两个因素，明确"当期"后计算增值税应纳税额。

二、简易计税方法

简易计税方法按照应税行为销售额(以下简称销售额)和征收率计算应纳税额，不得抵扣进项税额。简易计税方法的计算公式为

当期应纳增值税税额=当期销售额(不含增值税)×征收率

在上述表2-4 所示的增值税征收率中，列明了适用简易计税方法的情况。

三、扣缴计税方法

境外单位和个人在境内发生应税行为，以购买方为扣缴义务人。国务院另有规定的，从其规定。扣缴义务人按照下列公式计算应扣缴税额：

应扣缴税额=接受方支付的价款÷(1+税率)×税率

第五节　一般计税方法应纳税额的计算

一、销项税额的计算

销项税额是指纳税人发生应税销售行为时，按照销售额乘以税法规定的税率计算并向购买方收取的增值税税额。销项税额的计算公式为

$$销项税额 = 销售额 \times 适用税率$$

由销项税额的定义和公式可以看出，站在购买方的角度，它是由购买方在购买货物、劳务、服务、无形资产、不动产时，一并向销售方支付的税额。对作为一般计税方法的纳税人的销售方而言，其收取的销项税额不是最终应纳增值税税额，因为还没有抵扣其进项税额。

销售额和适用税率两个因素共同决定销项税额的大小。在适用税率已经确定的前提下，销项税额主要取决于销售额。销售额的确认具体可分为以下四种情况。

(一) 一般销售方式下销售额的确认

1. 销售额

销售额是指纳税人发生应税销售行为时向购买方收取的全部价款和价外费用，但是不包含销售方向购买方收取的销项税额。这主要是因为增值税采取价外计税方式，以不含增值税(以下简称不含税)的价格作为计税依据。

非货币形式的经济利益包括存货、生物资产、固定资产、无形资产、股权投资、不准备持有至到期的债券投资、服务以及有关权益等。如以物易物换取原材料就属于获得非货币形式经济利益。

货币形式的经济利益包含以各种名目形式收取的价外费用，价外费用是指价外向购买方收取的各种性质的收费，包括价外向购买方收取的手续费、补贴、基金、集资费、返还利润、奖励费、违约金、滞纳金、延期付款利息、赔偿金、代收款项、代垫款项、包装费、包装物租金、储备费、优质费、运输装卸费以及其他各种性质的价外收费。但下列项目不包括在内。

(1) 受托加工应征消费税的消费品所代收代缴的消费税。

(2) 同时符合以下条件代为收取的政府性基金或者行政事业性收费：

① 由国务院或者财政部批准设立的政府性基金，由国务院或者省级人民政府及其财政、价格主管部门批准设立的行政事业性收费；

② 收取时开具省级以上财政部门印制的财政票据；

③ 所收款项全额上缴财政。

(3) 以委托方名义开具发票代委托方收取的款项。

(4) 销售货物的同时代办保险等而向购买方收取的保险费，以及向购买方收取的代购买方缴纳的车辆购置税、车辆牌照费。

上述价外费用无论会计上如何核算，比如纳税人计入"营业外收入"等非"营业收入"科目，甚至不计收入作为"其他应付款"入账或者直接冲减有关费用科目，按税法规定均应并入销售额征税。因此对各项价外收费应严格核查，正确进行会计核算和税额核算。需要注意的是，增值税一般纳税人(包括纳税人自己或代其他部门)向购买方收取的价外费用收入一般视为含增

值税(以下简称含税)的收入，应换算成不含税收入，进行价税分离后再并入销售额征税。

2. 含税销售额的换算

增值税一般纳税人在填写销货及纳税凭证、进行账务处理时，应当在"应缴税费——应缴增值税"二级科目下设置"销项税额"，分项记录不含税销售额和税款，以符合价外计税的要求。而实务中一般纳税人可能将发生应税销售行为进行销售额和销项税额合并定价收取，形成含税销售额。这会导致对增值税销项税额本身重复征税的现象，也会影响企业成本核算过程，而且如果普遍出现以含税销售额作为计税依据的做法会在某种程度上推动物价非正常上涨。因此，必须将其换算为不含税销售额。不含税销售额按照以下公式换算：

$$不含税销售额 = 含税销售额 \div (1 + 税率)$$

公式中的税率为发生应税销售行为时按《增值税暂行条例》所规定的适用税率。

【例 2-9 计算题】某造船公司兼营船运服务，为增值税一般纳税人，2020 年 10 月销售船舶开具增值税专用发票注明货款 2 800 万元、税款 364 万元，收取违约金 5 万元；开具普通发票取得的含税收入包括国内运输收入 1 308 万元、干租业务收入 226 万元、打捞收入 106 万元。请计算该公司 10 月应缴纳的增值税销项税额。

销项税额 $= 364 + 5 \div (1 + 13\%) \times 13\% + 1\ 308 \div (1 + 9\%) \times 9\% + 226 \div (1 + 13\%) \times 13\% + 106 \div (1 + 6\%) \times 6\%$
$\approx 504.58(万元)$

销售额以人民币计算。纳税人以人民币以外的货币结算销售额的，应当折合成人民币计算。折合率可以选择销售额发生的当天或者当月 1 日的人民币汇率中间价。纳税人应当在事先确定采用何种折合率，确定后 12 个月内不得变更。

(二) 视同发生应税销售行为的销售额的确定

纳税人销售额明显偏低或者偏高且不具有合理商业目的的，或者视同发生应税销售行为而无销售额的，税务机关有权按照合理的方法核定其销售额。由主管税务机关按照下列顺序核定销售额。

(1) 按照纳税人最近时期发生同类应税销售行为的平均价格确定。

(2) 按照其他纳税人最近时期发生同类应税销售行为的平均价格确定。

(3) 按照组成计税价格确定。组成计税价格的公式为

$$组成计税价格 = 成本 \times (1 + 成本利润率)$$

公式中的成本是指：销售自产货物的为实际生产成本，销售外购货物的为实际采购成本。公式中的成本利润率由国家税务总局确定。

【例 2-10 计算题】某糕点厂为增值税一般纳税人，11 月将自产的月饼 500 盒分发给本企业职工。每盒月饼成本价为 100 元。请回答如下问题：

① 如果同类产品不含税售价 160 元，如何确定销项税额？

② 如果为新产品，无产品售价，如何确定销项税额？

计算结果如下：

① 同类产品不含税售价 160 元

销项税额 $= 500 \times 160 \times 13\% = 80\ 000 \times 13\% = 10\ 400(元)$

② 无产品售价

销项税额 $= 500 \times 100 \times (1 + 10\%) \times 13\% = 55\ 000 \times 13\% = 7\ 150(元)$

【例2-11 计算题】某企业为增值税一般纳税人，2020年10月将本月采购入库的一批原料的80%赠送他人，购入时取得的增值税专用发票上注明价款50万元、增值税6.5万元。要求：计算上述业务的销项税额和进项税额。

购入时进项税额为6.5万元

赠送时销项税额=50×80%×13%=5.2(万元)

(三) 特殊销售方式下销售额的确认

纳税人在日常销售活动中，为了达到一定的促销目的，通常会采用多样化的销售方式。不同销售方式下，销售方取得的销售额会有所不同。增值税的法律法规对特殊销售方式具体规定如下。

1. 采取折扣方式销售

(1) 折扣销售。

折扣销售又称商业折扣，是指销货方在发生应税销售行为时，因购货方购货数量较大等而给予购货方的价格优惠，如：购买100件商品，销售价格折扣为10%；购买200件商品，折扣为20%等。根据增值税法律制度的规定，纳税人发生应税销售行为并向购买方开具增值税专用发票后，由于购货方在一定时期内累计购买货物、劳务、服务、无形资产、不动产达到一定数量，或者由于市场价格下降等，销货方给予购货方相应的价格优惠或补偿等折扣、折让行为，销货方可按现行《增值税专用发票使用规定》的有关规定开具红字增值税专用发票。纳税人发生应税销售行为，如将价款和折扣额在同一张发票上"金额"栏分别注明的，可按折扣后的销售额征收增值税。未在同一张发票"金额"栏注明折扣额，而仅在发票"备注"栏注明折扣额的，折扣额不得从销售额中减除；未在同一张发票上分别注明的，以价款为销售额，不得扣减折扣额。

销货者将自产、委托加工和购买的应税销售行为用于实物折扣，因发生应税销售行为取得的与之相关的对价，属于促销方式，不属于随机赠送，该实物不应按"视同销售货物"中的"赠送他人"计算征收增值税。

【例2-12-1 计算题】某商场一般纳税人于2020年5月10日销售甲商品，不含税售价为1 000元/件，购买10件以上给予8折优惠，一次销售10件甲商品(折扣额开一张发票)；采用买五送一的方式销售乙商品，单件商品不含税售价为350元。请计算该笔业务销项税额。

销项税额=1 000×10×80%×13%+350×5×13%=1 040+227.5=1 267.5(元)

(2) 销售折扣。

销售折扣又称现金折扣，是指销货方在发生应税销售行为后，为了鼓励购货方及早偿还货款而协议许诺给予购货方的一种折扣优待，如：30天内付款，货款折扣为2%；60天内付款，折扣为1%；90天内付款，则需付全价。可见，折扣销售(先扣后销)不同于销售折扣(先销后扣)，它是发生在应税销售行为之后，对企业来说相当于一种融资性质的理财费用，因此，销售折扣不得从销售额中扣除，企业在确定销售额时应全额计税。

【例2-12-2 接上例】2020年5月15日，销售丙商品一批，不含税售价为50 000元，由于购货方及时付款，给予5%的折扣，实收47 500元。请计算该笔业务销项税额。

销项税额=50 000×13%=6 500(元)

(3) 销售折让。

不同于折扣销售或销售折扣，销售折让是指企业因售出商品的质量不合格等而在售价上给予的减让。从增值税角度，销售折让其实是指纳税人发生应税销售行为后因为劳动成果质量不合格等在售价上给予的减让。与销售折扣相比，二者虽然都是在应税销售行为销售之后发生的，但销售折让的目的是保证商业信誉，对已售产品出现品种、质量问题而给予购买方的补偿，因此，折让额可以从销售额中减除。销货方可按现行《增值税专用发票使用规定》的有关规定开具红字增值税专用发票。

纳税人发生应税销售行为因销售折让、中止或者退回的，应扣减当期的销项税额(一般计税方法)或销售额(简易计税方法)。

2. 采取以旧换新方式销售

以旧换新是指纳税人在销售自己的货物时，有偿收回旧货物的行为。根据增值税法律法规的规定，采取以旧换新方式销售货物的，应按新货物的同期销售价格确定销售额，不得扣减旧货物的收购价格。这样处理的原因是销售货物与收购货物体现的是两个不同的业务活动，不能将销售额与收购额相互进行抵减，也是实现增值税税款的严格计算征收，防止出现不实销售额，造成税款减少。

但是，考虑到金银首饰以旧换新业务的特殊情况，对金银首饰以旧换新业务，可以扣减旧金银首饰的收购价格，按销售方实际收取的不含增值税的全部价款征收增值税。

【例2-13 计算题】某首饰商城为增值税一般纳税人，2020年5月采取以旧换新方式向消费者销售金项链取得含税销售额10.44万元，其中包括以旧换新首饰的含税销售额5.8万元。在以旧换新业务中，旧首饰作价的含税金额为 3.48 万元，商城实际收取的含税金额为 2.32 万元。计算5月零售金银首饰的增值税销项税额。

销项税额=(10.44−5.8)÷(1+13%)×13%+2.32÷(1+13%)×13% ≈ 0.8(万元)

3. 采取还本销售方式销售

还本销售是指纳税人在销售货物后，到一定期限由销售方一次或分次退还给购货方全部或部分价款。从本质上看，这种销售方式是一种融资行为，利用货物换取资金的使用价值，但是到期还本不付息。所以，根据增值税法律法规的规定，采取还本销售方式销售货物，其销售额就是货物的销售价格，不得从销售额中减除还本支出。

4. 采取以物易物方式销售

以物易物是指购销双方不是以货币结算，而是以同等价款的应税销售行为相互结算，实现应税销售行为购销的一种方式。以物易物销售方式正确的税务处理是：以物易物双方都应做购销处理，以各自发生的应税销售行为核算销售额并计算销项税额，以各自收到的货物、劳务、服务、无形资产、不动产按规定核算购进金额并计算进项税额(取得相应的增值税专用发票或其他合法票据的)。实际上，根据《增值税暂行条例》，纳税人发生该应税销售行为取得了非货币形式经济利益的对价，属于一般销售方式。

【例2-14 计算题】某机器设备生产企业为增值税一般纳税人，2020年11月，将生产的80台机器设备分两批出售，一批增值税专用发票注明金额450万元、税额58.5万元，另一批增值税专用发票注明金额650万元、税额84.5万元；将生产的10台机器设备与乙企业换取生产资料钢材，以每台成本12万元双方各自向对方开具增值税专用发票，注明金额120万元、税额15.6万元。要求：计算本月应缴纳的增值税，假定本月除上述业务外的进项税额为104万元。

平均售价=(450+650)÷80=13.75(万元)

销项税额=58.5+84.5+10×13.75×13% ≈ 160.88(万元)

进项税额=104+15.6=119.6(万元)

应纳增值税=160.88−119.6=41.28(万元)

5. 包装物押金的税务处理

包装物是指纳税人包装本单位货物的各种物品。纳税人销售货物时另收取包装物押金，目的是促使购货方及早退回包装物以便周转使用，具有返还性。包装物押金不同于不具有返还性的包装物租金，包装物租金在收取之时就应并入销售额征税。

根据增值税法律法规的规定，纳税人为销售货物而出租出借包装物收取的押金，单独记账核算的，时间在1年以内，又未过期的，不并入销售额征税，但对因逾期未收回包装物不再退还的押金，应换算为不含税价，应按所包装货物的适用税率计算销项税额。"逾期"是指按合同约定实际逾期或以1年为期限，对收取1年以上的押金，无论是否退还均并入销售额征税。

对销售除啤酒、黄酒外的其他酒类产品而收取的包装物押金，无论是否返还以及会计上如何核算，均应于收取时一律并入当期销售额征税。对销售啤酒、黄酒所收取的押金，按上述一般押金的规定处理。

【例2-15 计算题】某酒厂为一般纳税人，2020年9月销售白酒，开具的普通发票上注明金额100 000元，同时收取单独核算的包装物押金3 000元；6个月前收取某酒店的啤酒包装物押金20 000元，本月到期，酒店并未返还包装物，按照合同约定这部分押金没收并归酒厂所有。请计算酒厂应确认的销项税额。

销项税额=(100 000+3 000)÷(1+13%)×13%+20 000÷(1+13%)×13%≈14 150.44(元)

6. 直销企业的税务处理

直销企业先将货物销售给直销员，直销员再将货物销售给消费者的，直销企业的销售额为其向直销员收取的全部价款和价外费用。直销员将货物销售给消费者时，应按照现行规定缴纳增值税。直销企业通过直销员向消费者销售货物，直接向消费者收取货款，直销企业的销售额为其向消费者收取的全部价款和价外费用。

7. 贷款服务的销售额

贷款服务，以提供贷款服务取得的全部利息及利息性质的收入为销售额，不得扣减利息支出。金融保险机构发放贷款后，自结息日起90天内发生的应收未收利息按现行规定缴纳增值税，自结息日起90天后发生的应收未收利息暂不缴纳增值税，待实际收到利息时按规定缴纳增值税。自2018年1月1日起，资管产品管理人运营资管产品提供的贷款服务以2018年1月1日起产生的利息及利息性质的收入为销售额。

8. 直接收费金融服务的销售额

直接收费金融服务以提供直接收费金融服务收取的手续费、佣金、酬金、管理费、服务费、经手费、开户费、过户费、结算费、转托管费等各类费用为销售额。

(四) 销售额的差额确定

"营改增"以后，虽然增值税的征税范围将原营业税全行业纳入，但目前对原营业税就差额计税的项目，改征收增值税以后仍然存在无法通过抵扣进项税额避免重复征税的情况，因此按差额计算销项税额，解决对纳税人重复征税和税收负担过重的问题。按差额确定销售额的主要包括以下项目。

1. 金融商品转让

金融商品转让按照卖出价扣除买入价后的余额为销售额，不得扣除买卖交易中的其他税费。按照金融服务业税率 6%计征。金融商品的买入价，可以选择按照加权平均法或者移动加权平均法进行核算，选择后 36 个月内不得变更。金融商品转让，不得开具增值税专用发票。个人转让金融商品，免征增值税。

转让金融商品出现的正负差，按盈亏相抵后的余额为销售额。若相抵后出现负差，可结转下一纳税期与下期转让金融商品销售额相抵，但年末时仍出现负差的，不得转入下一个会计年度。

2. 融资租赁和融资性售后回租服务

经中国人民银行、银监会或商务部批准，从事融资租赁业务的纳税人(包括经上述部门备案从事融资租赁业务的试点纳税人)：

(1) 提供融资租赁服务，以取得的全部价款和价外费用，扣除支付的借款利息(包括外汇借款和人民币借款利息)、发行债券利息和车辆购置税后的余额为销售额，按照"现代服务——租赁服务"，动产租赁适用税率 13%、不动产租赁适用税率 9%；

(2) 提供融资性售后回租服务，以取得的全部价款和价外费用(不含本金)，扣除对外支付的借款利息(包括外汇借款和人民币借款利息)、发行债券利息后的余额作为销售额，按照"金融服务——贷款服务"，适用税率 6%。

3. 航空运输企业

航空运输企业的销售额，以取得的全部价款和价外费用，扣除代收的机场建设费(民航发展基金)、代售其他航空运输企业客票而代收转付的价款后的余额为销售额，按照"交通运输业"，适用税率 9%。

4. 客运场站服务

一般纳税人提供客运场站服务，以其取得的全部价款和价外费用，扣除支付给承运方运费后的余额为销售额，按照"现代服务业——物流辅助"，适用税率 6%。

5. 经纪代理服务

经纪代理服务以取得的全部价款和价外费用，扣除向委托方收取并代为支付的政府性基金或者行政事业性收费后的余额为销售额，按照"现代服务业"，适用税率 6%。向委托方收取的政府性基金或者行政事业性收费，不得开具增值税专用发票，上缴政府财政的也无法取得增值税专用发票。

此外，纳税人提供劳务派遣服务，一般情况下应按取得的全部价款和价外费用为销售额，属"现代服务业"，小规模纳税人依 3%的征收率、一般纳税人依 6%的税率，计算缴纳增值税。也可以选择差额纳税，以收取的全部价款和价外费用，扣除代用工单位支付给劳务派遣员工的工资、福利和为其办理社会保险及住房公积金后的余额为销售额。此时，一般纳税人和小规模纳税人均依 5%的征收率计算缴纳增值税，向用工单位不得开具增值税专用发票，可以开具普通发票。

6. 旅游服务

纳税人提供旅游服务，可以选择以取得的全部价款和价外费用，扣除向旅游服务购买方收取并支付给其他单位或者个人的住宿费、餐饮费、交通费、签证费、门票费和支付给其他接团旅游企业的旅游费用后的余额为销售额,按照"生活服务",适用税率6%。选择上述办法计算销售额的试点纳税人,向旅游服务购买方收取并支付的上述费用,不得开具增值税专用发票。

7. 建筑业分包转包服务

纳税人提供建筑服务适用简易计税方法的(清包工、甲供、老项目),适用征收率3%,以取得的全部价款和价外费用扣除支付的分包款后的余额为销售额。分包款是指支付给分包方的全部价款和价外费用。一般计税办法下,分包款(取得增值税专用发票)可抵扣进项税额。

8. 房地产开发企业销售自行开发的不动产

一般纳税人销售其开发的房地产项目适用一般计税方法的,以取得的全部价款和价外费用,扣除受让土地时向政府部门支付的土地价款后的余额为销售额,按照"销售不动产",适用税率9%。"向政府部门支付的土地价款"包括土地受让人向政府部门支付的征地和拆迁补偿费用、土地前期开发费用和土地出让收益等。应提供拆迁协议、拆迁双方支付和取得拆迁补偿费用凭证等能够证明拆迁补偿费用真实性的材料。

选择简易计税方法的房地产老项目,不得按上述办法差额确定销售额。

9. 转让不动产

纳税人转让"营改增"前取得的非自建的不动产(不含住房),可以选择简易计税方法,依5%征税。销售额等于取得的全部价款和价外费用扣除该项不动产购置原价或取得不动产时作价后的余额。如因丢失等无法提供取得不动产时的发票,可向税务机关提供其他能证明契税计税金额的完税凭证等资料,进行差额扣除。

纳税人从全部价款和价外费用中扣除价款,应当取得符合法律、行政法规和国家税务总局规定的有效凭证;否则,不得扣除。有效凭证包括发票、境外签收单据、完税凭证、财政票据等。纳税人取得的上述凭证属于增值税扣税凭证的(如完税凭证),其进项税额不得从销项税额中抵扣。

二、进项税额的确认和计算

进项税额是指纳税人购进货物、劳务、服务、无形资产和不动产所支付或者负担的增值税额。在购销双方开具增值税专用发票的前提下,进项税额与销项税额的相对应关系是:销售方收取的销项税额,就是购买方支付的进项税额。增值税的核心就是税款抵扣制度,即纳税人用收取的销项税额抵扣其支付的进项税额,其余额为纳税人实际应缴纳的增值税税额。因此,进项税额对于纳税人实际纳税多少具有至关重要的作用。

但并非纳税人支付的所有进项税额都可从销项税额中抵扣。购进项目金额与发生应税销售行为的销售额之间应有配比性,为体现增值税的进项和销项的"配比原则",增值税法律法规严格规定了不得抵扣进项税额的情况,本书将按照准予抵扣的进项税额(凭票抵扣、计算抵扣和加计抵减)和不得抵扣的进项税额(不做进项和进项税额转出)进行具体介绍。

(一) 准予从销项税额中抵扣的进项税额

根据有关规定,对于准予从销项税额中抵扣的进项税额,本书具体分为凭票抵扣、计算抵扣和加计抵减进行介绍。

1. 一般纳税人取得以下法定扣税凭证，可直接凭票抵扣进项税额

(1) 从销售方取得的增值税专用发票(含机动车销售统一发票，下同)上注明的增值税额。

(2) 从海关取得的海关进口增值税专用缴款书上注明的增值税额。

(3) 自境外单位或者个人购进货物、劳务、服务、无形资产或者境内的不动产，从税务机关或者扣缴义务人取得的代扣代缴税款的完税凭证上注明的增值税额。

2. 购进免税农产品计算抵扣进项税额

由增值税的税收优惠可知农业生产者销售自产的初级农产品免税，一般纳税人从农业生产者购入免税农产品因为无法取得增值税专用发票，所以不能抵扣进项税额，造成税负偏高和不平衡，故税法规定可以计算抵扣进项税额。具体地，一般纳税人购进农产品按下列规定抵扣进项税额。

(1) 购进已税农产品并销售，取得一般纳税人开具的增值税专用发票或海关进口增值税专用缴款书的，以增值税专用发票或海关进口增值税专用缴款书上注明的增值税额为进项税额，按9%凭票抵扣。

(2) 从按照简易计税方法依照3%征收率计算缴纳增值税的小规模纳税人处取得增值税专用发票的，以增值税专用发票上注明的金额和9%的扣除率计算抵扣进项税额。

上述外购已税农产品进项税额计算公式为

$$进项税额=专用发票上注明的不含税销售额×9\%$$

例如，大润发超市(一般纳税人)从果品批发公司(小规模纳税人)购入不含税价款为5万元的苹果后直接销售，取得税局代开3%增值税专用发票。则：进项税额=5×9%=0.45(万元)。

(3) 从农业生产者手中购进免税农产品，除取得增值税专用发票或者海关进口增值税专用缴款书外，按照农产品收购发票或者销售发票上注明的农产品买价和9%的扣除率计算抵扣进项税额，国务院另有规定的除外。计算公式为

$$进项税额=买价×9\%$$

(4) 购进已税和免税农产品用于生产销售或委托加工13%税率货物的农产品，按照10%的扣除率计算进项税额，即一般纳税人无论外购已税农产品还是外购免税农产品，用于生产销售或委托加工9%税率的货物，适用抵扣率9%；而用于生产销售或委托加工13%税率的货物，适用抵扣率10%(9%+1%)。

例如，大润发超市(一般纳税人)从果园(农业生产者)购入不含税价款为5万元的苹果后直接销售，不含税售价6万元。则：进项税额=5×9%=0.45(万元)，销项税额=6×9%=0.54(万元)；汇源果汁公司(一般纳税人)从果园(农业生产者)购入不含税价款为5万元的苹果，连续加工成果汁后销售，不含税售价10万元。则：进项税额=5×10%=0.5(万元)，销项税额=10×13%=1.3(万元)。

需要注意的是，一般纳税人购入初级农产品，进行简单整理后直接销售的，销项税额适用税率9%；一般纳税人购入初级农产品，进行深加工后不再是初级农产品范围，销项税额适用税率13%；

【例2-16 计算题】 某食品厂(一般纳税人)2020年12月从农民手中购进小麦用于生产饼干，收购发票上注明买价80 000元；为运输该批货物支付运费，取得了运输企业的增值税专用发票，上面注明运费2 000元、增值税180元。计算允许抵扣的进项税额和采购成本。

进项税额=80 000×10%+2 000×9%=8 180(元)

采购成本=80 000×90%+2 000=74 000(元)

(5) 纳税人购进整个流通环节免税的农产品：纳税人从批发、零售环节购进适用免征增值税政策的蔬菜、部分鲜活肉蛋产品而取得的普通发票，不得作为计算抵扣进项税额的凭证。

由增值税税收优惠可知蔬菜、部分鲜活肉蛋产品整个流通环节免税，意味着销售时免税，购进时不得抵扣进项税额。

(6) 收购烟叶的进项税额：购进烟叶准予抵扣的增值税进项税额，按照收购烟叶实际支付的价款总额和烟叶税及法定扣除率计算。对烟叶税纳税人按规定缴纳的烟叶税，准予并入烟叶产品的买价计算增值税的进项税额，并在计算缴纳增值税时予以抵扣。计算公式如下：

准予抵扣的进项税额=(收购烟叶实际支付的价款总额+烟叶税应纳税额)×扣除率

烟叶税应纳税额=收购烟叶实际支付的价款总额×税率(20%)

【例 2-17 计算题】甲烟草公司(一般纳税人)2020 年 6 月向农业生产者收购烟叶用于直接销售，收购发票上注明价款 50 万元，之后全部销售给乙卷烟厂(一般纳税人)；乙卷烟厂从甲烟草公司取得上述烟叶增值税专用发票，注明销售额 60 万元、税额 5.4 万元，全部用于生产卷烟。计算该甲烟草公司和乙卷烟厂 6 月收购烟叶可抵扣的进项税额。

甲烟草公司进项税额=50×(1+20%)×9%=5.4(万元)

乙卷烟厂进项税额=5.4+60×1%=6(万元)

3. 道路、桥、闸通行费抵扣进项税额的规定

(1) 凭票抵扣进项税额。

自 2018 年 1 月 1 日起，纳税人支付的道路、桥、闸通行费，按照收费公路通行费增值税电子普通发票上注明的增值税额抵扣进项税额。

(2) 计算抵扣进项税额。

纳税人支付的道路(一级、二级公路)、桥、闸通行费，如暂未能取得收费公路通行费增值税电子普通发票，可凭取得的通行费发票(不含财政票据，下同)上注明的收费金额按照下列公式计算可抵扣进项税额：

可抵扣进项税额=通行费发票上注明的金额÷(1+5%)×3%

纳税人支付的高速公路通行费，如暂未能取得收费公路通行费增值税电子普通发票，可凭取得的通行费发票上注明的收费金额按照下列公式计算可抵扣进项税额：

可抵扣进项税额=高速公路通行费发票上注明的金额÷(1+3%)×3%

4. 购进国内旅客运输服务抵扣进项税额的规定

(1) 凭票抵扣进项税额。

自 2019 年 4 月 1 日起，纳税人购进国内旅客运输服务，按照增值税专用发票或增值税电子普通发票上注明的增值税税额抵扣进项税额。

"国内旅客运输服务"，限于与本单位签订了劳动合同的员工，以及本单位作为用工单位接受的劳务派遣员工发生的国内旅客运输服务。如购买国际旅客运费不得抵扣进项税额(因为境内单位提供国际运输适用零税率)。

纳税人未取得增值税专用发票，增值税电子普通发票上注明的购买方"名称"和"纳税人识别号"等信息，应当与实际抵扣税款的纳税人一致，否则不予抵扣。

(2) 计算抵扣进项税额。

纳税人购进国内旅客运输服务，纳税人未取得增值税专用发票，取得注明旅客身份信息的航空运输电子客票行程单的，按照下列公式计算进项税额：

$$航空旅客运输进项税额=(票价+燃油附加费)÷(1+9\%)×9\%$$

取得注明旅客身份信息的铁路车票的，按照下列公式计算进项税额：

$$铁路旅客运输进项税额=票面金额÷(1+9\%)×9\%$$

取得注明旅客身份信息的公路、水路等其他客票的，按照下列公式计算进项税额：

$$公路、水路等其他旅客运输进项税额=票面金额÷(1+3\%)×3\%$$

5. 进项税额的加计抵减政策

(1) 加计抵减的期限和比例。

2019年4月1日至2021年12月31日，允许生产、生活性服务业纳税人按照当期可抵扣进项税额加计抵减应纳税额(以下称加计抵减政策)。生产性服务业的加计抵扣比例为10%，生活性服务业的加计抵扣比例为15%(2019年4月1日至2019年9月30日也为10%)。

"生产、生活性服务业纳税人"是指提供邮政服务、电信服务、现代服务、生活服务(以下称四项服务)取得的销售额占全部销售额的比重超过50%的纳税人。

纳税人出口货物、服务、发生跨境应税销售行为不适用加计抵减政策，其对应的进项税额不得计提加计抵减额。如果纳税人兼营出口货物、服务、发生跨境应税销售行为且无法划分不得计提加计抵减额的进项税额，按照销售额比例计算不得计提加计抵减额的进项税额。

上述所称"销售额"同一般应税销售行为；适用增值税差额征收政策的，以差额后的销售额确定适用加计抵减政策。

(2) 销售额占比加计抵减的起始期规定。

① 2019年3月31日前设立的纳税人，2018年4月至2019年3月的销售额符合上述规定条件的，适用加计抵减政策。

② 2019年4月1日后设立的纳税人，自设立之日起3个月的销售额符合上述规定条件的，自登记为一般纳税人之日起适用加计抵减政策。

(3) 计提加计抵减额的规定和计算。

纳税人可计提但未计提的加计抵减额，可在确定适用加计抵减政策当期一并计提。纳税人应按照当期可抵扣进项税额的10%或15%计提当期加计抵减额。

按照现行规定不得从销项税额中抵扣的进项税额，不得计提加计抵减额；已计提加计抵减额的进项税额，按规定做进项税额转出的，应在进项税额转出当期，相应调减加计抵减额。计算公式如下：

$$当期计提加计抵减额=当期可抵扣进项税额×10\%或15\%$$

$$当期可抵减加计抵减额=上期末加计抵减额余额+当期计提加计抵减额-当期调减加计抵减额$$

纳税人应按照现行规定计算一般计税方法下的应纳税额(以下称抵减前的应纳税额)后，区分以下情形加计抵减：

① 抵减前的应纳税额等于零的，当期可抵减加计抵减额全部结转下期抵减；

② 抵减前的应纳税额大于零，且大于当期可抵减加计抵减额的，当期可抵减加计抵减额全额从抵减前的应纳税额中抵减；

③ 抵减前的应纳税额大于零，且小于或等于当期可抵减加计抵减额的，以当期可抵减加计抵减额抵减应纳税额至零。未抵减完的当期可抵减加计抵减额，结转下期继续抵减。

加计抵减额为抵减前的应纳税额与当期可抵减加计抵减额二者中的较小者。

6. 特殊项目进项税额处理

(1) 提供保险服务的纳税人，以实物赔付方式承担机动车辆保险责任的，自行向车辆修理劳务提供方购进的车辆修理劳务，其进项税额可以按规定从保险公司销项税额中抵扣；以现金赔付方式承担机动车辆保险责任的，将应付给被保险人的赔偿金直接支付给车辆修理劳务提供方，不属于保险公司购进车辆修理劳务，其进项税额不得从保险公司销项税额中抵扣。

(2) 增值税一般纳税人在资产重组过程中，将全部资产、负债和劳动力一并转让给其他增值税一般纳税人，并按程序办理注销税务登记的，其在办理注销登记前尚未抵扣的进项税额可以结转至新纳税人处抵扣。

(二) 不得抵扣的进项税额与进项税额转出

1. 不得抵扣的进项税额

不得从销项税额中抵扣的进项税额分为三种情况。一是异常增值税扣税凭证，纳税人购进货物、劳务、服务、无形资产、不动产，取得的增值税扣税凭证不符合法律、行政法规或者国务院税务主管部门有关规定的，以及未按规定取得并保存增值税扣税凭证的。增值税扣税凭证是指增值税专用发票、海关进口增值税专用缴款书、农产品收购发票和农产品销售发票、从税务机关或者境内代理人取得的解缴税款的税收缴款凭证及增值税法律法规允许抵扣的其他扣税凭证。二是不符合增值税的进项税额和销项税额的配比关系，无销项税额的情况下需要中断抵扣链条。三是一些非正常损失是由于纳税人自身原因造成的征税对象实体的灭失，为体现公平税负，不应由国家承担其损失，因此纳税人无权要求进项税额抵扣。按增值税法律法规的规定，下列项目的进项税额不得从销项税额中抵扣。

(1) 用于简易计税方法计税项目、免征增值税项目、集体福利或者个人消费的购进货物、劳务、服务、无形资产、不动产对应的进项税额。

其中涉及的固定资产(含租入)、无形资产(含租入)和不动产(含租入)，仅指专用于上述项目的固定资产、无形资产(其他权益性无形资产除外)和不动产。但是发生兼用于上述不允许抵扣项目情况的，该进项税额准予全部抵扣。纳税人购进其他权益性无形资产，无论是专用于还是兼用于上述不允许抵扣项目，均可以抵扣进项税额。

纳税人的交际应酬消费属于个人消费，即交际应酬消费不属于生产经营中的生产投入和支出。

(2) 非正常损失的购进货物，以及相关劳务和交通运输服务。

(3) 非正常损失的在产品、产成品所耗用的购进货物(不包括固定资产)、劳务和交通运输服务。

(4) 非正常损失的不动产，以及该不动产所耗用的购进货物、设计服务和建筑服务。

(5) 非正常损失的不动产在建工程所耗用的购进货物、设计服务和建筑服务。纳税人新建、改建、扩建、修缮、装饰不动产，均属于不动产在建工程。

上述非正常损失，是指因管理不善造成货物被盗、丢失、霉烂变质，以及因违反法律法规造成货物或者不动产被依法没收、销毁、拆除的情形。合理损耗的进项税额准予抵扣。

(6) 购进的贷款服务(包括与该笔贷款直接相关的投融资顾问费、手续费、咨询费等费用)、餐饮服务、居民日常服务和娱乐服务对应的进项税额。

(7) 国务院规定的其他进项税额。

餐饮服务、居民日常服务和娱乐服务的主要接受对象通常是个人，属于最终消费。对于一般纳税人购买的这些服务，准确地界定接受的对象是企业还是个人非常困难，因此，其进项税额不得从销项税额中抵扣。

贷款服务的进项税也就是利息支出的进项税，主要是因为我国存款利息不征税，按照增值税"道道征道道扣"的原则，尚未打通融资行为的增值税抵扣链条。但是在我国现有实际情况下，对存款利息征税难度很大，一方面涉及对居民存款征税，无法解决专用发票的开具问题，另一方面也与当下实际存款利率为负的现状不符。

此外，有下列情形之一者，应当按照销售额和增值税税率计算应纳税额，不得抵扣进项税额，也不得使用增值税专用发票：

① 一般纳税人会计核算不健全，或者不能够提供准确税务资料的；

② 应当办理一般纳税人资格登记而未办理的。

该规定是为了加强对符合一般纳税人条件的纳税人的管理，防止利用一般纳税人和小规模纳税人的两种不同的征税办法少缴税款。

2. 进项税额转出

增值税实行"购进扣税法"，即以当期销项税额抵扣当期进项税额得到应纳税额，当期购进的货物、劳务、服务、无形资产、不动产等，若事先无法确定是否用于不得抵扣进项税额的项目，其进项税额会从当期销项税额中予以正常抵扣。如果已抵扣进项税额，后又发生用于上述不得抵扣进项税额项目，改变了原生产经营用途，那么将来就不会产生销项税。因此，根据增值税法律法规的规定，按照配比的原则，已经抵扣的进项税额不得抵扣，需要从进项税额中扣减，在改变用途当期做进项税额转出处理，而无须追溯到购进抵扣当期抵减。

(1) 如果发生上述不得抵扣情形的应税销售货物或服务行为能够确定原成本价格和进项税额，直接按原抵扣的进项税额，原路径转出。

【例2-18 计算题】某食品加工厂系一般纳税人，适用税率13%，2020年4月外购一批面粉分发给职工作为福利，成本价50 000元(含运费500元)，购入时均取得增值税专用发票；月末盘点时，发现库存的价值150 000元的外购蛋糕、面包(包括运费成本9 300元)因管理不善发生霉烂变质，购入时也均取得增值税专用发票；本月由于管理不善被盗，损失了一批小麦，该批小麦系从农民手中购进，账面成本为86 500元(包括运费成本640元，已取得增值税专用发票)。

外购面粉直接发给职工，属于外购货物用于集体福利，购入当时即不得计算抵扣进项税；

非正常损失蛋糕、面包进项税额转出=(150 000−9 300)×13%+9 300×9%=24 900(元)

非正常损失小麦进项税额转出=(86 500−640)÷(1−10%)×10%+640×9%=12 900.06(元)

凭票抵扣的进项税额转出=发票注明成本价×适用税率

免税农产品的进项税额转出=成本价÷(1−扣除率)×扣除率

运费收取计算销项税，谁支付谁抵扣，运费跟着货物走。

(2) 无法准确确定该项进项税额的，按当期实际成本计算应扣减的进项税额。

$$进项税额转出数额=当期实际成本×税率$$
$$实际成本=买价+运费+保险费+其他有关费用$$

上述实际成本，完全适用于进口货物；如果是国内购进的，主要包括进价和运费两大部分。

(3) 适用一般计税方法的纳税人，兼营简易计税方法计税项目、免征增值税项目而无法划分不得抵扣的进项税额，利用公式计算不得抵扣的进项税额，计算公式如下：

不得抵扣的进项税额=当期无法划分的全部进项税额×销售额比例
=当期无法划分的全部进项税额×(当期简易计税方法计税
项目销售额+免税增值税项目销售额)÷当期全部销售额

【例 2-19 计算题】某制药厂(一般纳税人)2020 年 8 月开具普通发票，销售应税药品取得含税收入 339 万元，销售免税药品 100 万元。本月原材料采购取得增值税专用发票，注明税款合计 26 万元，应税药品与免税药品划分不清具体耗料情况，计算该制药厂当月应纳增值税。

进项税额转出=26×100÷(100+300)=6.5(万元)
应纳增值税=339÷(1+13%)×13%−(26−6.5)=19.5(万元)

(4) 一般纳税人已抵扣进项税额的固定资产、无形资产或者不动产，发生相关规定中列明的不得从销项税额中抵扣进项税额情形的，按照下列公式计算不得抵扣的进项税额：

不得抵扣的进项税额=已抵扣进项税额×不动产净值率
不动产净值率=(不动产净值÷不动产原值)×100%

固定资产、无形资产或不动产净值，是指纳税人根据财务会计制度计提折旧或摊销后的余额。

三、应纳税额的计算

按照上述规定计算出销项税额和进项税额后，一般纳税人就可以得出实际的应纳税额。在实际操作过程中，为正确计算增值税应纳税额，还必须掌握以下重要规定。

(一) 应纳税额计算的时间限定及其他相关问题的规定

"当期"是指税务机关依照税法规定对纳税人确定的纳税期限。只有在纳税期限内实际发生的销项税额、进项税额，才是法定的当期销项税额、当期进项税额。为了制止纳税人把当期实现的销售额延后记账或隐瞒不记账，以及把不是当期实际发生的进项税额(上期结转的进项税额除外)也充作当期进项税额，以达到减少当期销项税额或增大进项税额、少纳税甚至不纳税的目的，税法首先对应计入"当期"的时间进行了限定，以保证应纳税额计算的合理性和准确性。

对于销项税额的时间限定，当期销项税额的确认时间就是纳税人在什么时间计算销项税额。这一知识点将在下文中介绍。

对于进项税额抵扣的时间，2017 年 1 月 1 日及以后一般纳税人取得增值税专用发票、海关进口增值税专用缴款书、机动车销售统一发票、收费公路通行费增值税电子普通发票，取消认证确认、稽核比对、申报抵扣的期限。纳税人在进行增值税纳税申报时，应通过本省(自治区、直辖市和计划单列市)增值税发票综合服务平台对上述扣税凭证信息进行用途确认。

1. 计算应纳税额时销项税额不足以抵扣进项税额的处理

计算应纳税额时进项税额不足以抵扣时，有结转下期和留抵退还两种处理方式。

(1) 结转抵扣。

当期进项税额大于当期销项税额的，差额部分可以结转下期继续抵扣。

(2) 退还增量留抵税额。

增量留抵税额是指与 2019 年 3 月底相比新增加的期末留抵税额。2018 年对部分行业(装备制造等先进制造业、研发等现代服务业、电网企业),留抵税额退还;2019 年 6 月起,实行增量留抵税额退还。2019 年 4 月起,对一般行业增量留抵税额退还。

① 对于同时符合以下条件(以下称符合留抵退税条件)的纳税人,可以向主管税务机关申请退还增量留抵税额。

A. 自 2019 年 4 月税款所属期起,连续 6 个月(按季纳税的,连续两个季度)增量留抵税额均大于零,且第 6 个月增量留抵税额不低于 50 万元;

B. 纳税信用等级为 A 级或者 B 级;

C. 申请退税前 36 个月未发生骗取留抵退税、出口退税或虚开增值税专用发票情形的;

D. 申请退税前 36 个月未因偷税被税务机关处罚两次及以上的;

E. 自 2019 年 4 月 1 日起未享受即征即退、先征后返(退)政策的。

② 退还的增量留抵税额的计算。

纳税人当期允许退还的增量留抵税额,按照以下公式计算:

$$允许退还的增量留抵税额=增量留抵税额×进项构成比例×60\%$$

进项构成比例,为 2019 年 4 月至申请退税前一税款所属期内已抵扣的增值税专用发票(含税控机动车销售统一发票)、海关进口增值税专用缴款书、解缴税款完税凭证注明的增值税额占同期全部已抵扣进项税额的比重。

③ 纳税人应在增值税纳税申报期内,向主管税务机关申请退还留抵税额。

④ 自 2019 年 6 月 1 日起,同时符合增量留抵税额大于零,以及上述 B–E 四个条件的部分先进制造业纳税人,可以自 2019 年 7 月及以后纳税申报期向主管税务机关申请退还增量留抵税额。

部分先进制造业纳税人,是指按照《国民经济行业分类》,生产并销售非金属矿物制品、通用设备、专用设备及计算机、通信和其他电子设备销售额占全部销售额的比重超过 50% 的纳税人。

上述销售额比重根据纳税人申请退税前连续 12 个月的销售额计算确定;申请退税前经营期不满 12 个月但满 3 个月的,按照实际经营期的销售额计算确定。

增量留抵税额是指与 2019 年 3 月 31 日相比新增加的期末留抵税额。

部分先进制造业纳税人当期允许退还的增量留抵税额,按照以下公式计算:

$$允许退还的增量留抵税额=增量留抵税额×进项构成比例$$

进项构成比例与一般企业计算相同,但是无退还比例,按公式计算 100% 全部退还。

2. 扣减发生期进项税额的规定

在需要做进项税额转出的业务中,无法准确确定进项税额的购进货物或服务,可按当期实际成本计算应扣减的进项税额,从当期发生的进项税额中扣减。

"从当期发生的进项税额中扣减"是指从这个发生期内纳税人的进项税额中扣减,而无须追溯到这些购进货物、劳务、服务、无形资产、不动产抵扣进项税额的那个时期。其扣减进项税额的计算依据不是按该购进货物、劳务、服务、无形资产、不动产的原进价,而是按发生上述情况的当期购进货物、劳务、服务、无形资产、不动产的实际成本与征税时该购进货物、劳务、服务、无形资产、不动产适用的税率计算应扣减的进项税额。

$$实际成本=进价+运费+保险费+其他有关费用$$

上述公式完全适用于进口货物。如果是国内购进的货物、劳务、服务、无形资产、不动产,则主要包括进价和运费两部分。计算进项税额转出的公式如下:

$$进项税额转出数额=当期实际成本×税率$$

3. 销售折让、中止或者退回涉及的税务处理

一般纳税人因应税销售行为退回或者折让而退还给购买方的增值税额,应从发生应税销售行为退回或者折让当期的销项税额中扣减;因购进货物、劳务、服务、无形资产、不动产退回或者折让而收回的增值税额,应从发生应税销售行为退回或者折让当期的进项税额中扣减。

一般纳税人发生应税销售行为,开具增值税专用发票后,发生销售货物退回或者折让、开票有误等情形,应按国家税务总局的规定开具红字增值税专用发票。未按规定开具红字增值税专用发票的,增值税额不得从销项税额中扣减。

4. 向供货方取得返还收入的增值税处理

对商业企业向供货方收取的与商品销售量、销售额挂钩(如以一定比例、金额、数量计算)的各种返还收入,均应按照平销返利行为的有关规定冲减当期增值税进项税金。应冲减进项税金的计算公式调整为:

$$当期应冲减进项税金=当期取得的返还资金÷(1+所购货物适用税率)$$
$$×所购货物适用增值税税率$$

商业企业向供货方收取的各种返还收入,一律不得开具增值税专用发票。

5. 一般纳税人注销时进项税额的处理

一般纳税人注销或取消辅导期一般纳税人资格,转为小规模纳税人时,其存货不做进项税额转出处理,其留抵税额也不予以退税。

【**例 2-20 计算题**】某生产企业为增值税一般纳税人(适用 13%税率),2020 年 9 月该企业的有关生产经营业务如下。

(1) 销售 A 产品给某商场,开具增值税专用发票,注明销售额 300 万元,A 商场尚未提货;同时负责运输甲产品,取得送货运费收入 9.04 万元(含增值税价格,与销售货物不能分别核算)。

(2) 批发销售一批 B 产品,由于对方购买数量大,给予 10%的价格折扣,开具增值税普通发票,取得含税销售收入 100 万元,折扣额开在同一张发票上。

(3) 将特制的一批应税产品用于奖励本企业职工个人,成本价为 30 万元,国家税务总局规定的成本利润率为 10%,该产品无同类产品市场销售价格。

(4) 销售 2013 年 1 月购进作为固定资产使用过的运输卡车 1 辆,取得销售收入 7 万元。

(5) 以前月份收取的销售 A 产品的包装物押金逾期未收回,金额 2 万元。

(6) 购进一批生产用原材料,取得的增值税专用发票上注明价款 150 万元、税额 19.5 万元,已支付货款并已验收入库;另外支付购货运费不含税价款 3 万元,已取得运输企业开具的增值税专用发票。

(7) 从小规模纳税人处购进价值 50 万元的辅料,取得增值税普通发票。

(8) 向农业生产者购进免税农产品一批，开具收购发票，支付收购价 30 万元，同时支付给运输单位运费 5 万元(不含税价)，取得运输企业增值税专用发票。本月底将购进的农产品的 20%用于本企业职工福利。

(9) 月末盘点发现上月外购免税农产品因管理不善被盗，已计算抵扣进项税额，已知成本价 1 万元。

以上相关票据均符合税法的规定。请回答下列问题：

① 计算销售 A 产品的销项税额；

② 计算销售 B 产品的销项税额；

③ 计算自产特制产品的销项税额；

④ 计算销售使用过的卡车应纳税额；

⑤ 计算逾期包装物押金的销项税额；

⑥ 计算当月合计允许抵扣的进项税额；

⑦ 计算该企业 9 月合计应缴纳的增值税税额。

计算结果如下：

① 销售 A 产品的销项税额=300×13%+9.04÷(1+13%)×13%=40.04(万元)

② 销售 B 产品的销项税额=100÷(1+13%)×90%×13%=10.35(万元)

③ 特制产品的销项税额=30×(1+10%)×13%=4.29(万元)

④ 销售使用过的卡车应纳税额=7÷(1+3%)×2%=0.14(万元)

⑤ 没收包装物押金的销项税额=2÷(1+13%)×13%=0.23(万元)

⑥ 合计允许抵扣的进项税额=19.5+3×9%+(30×10%+5×9%)×(1−20%)−1÷(1−10%)×10%=22.42(万元)

⑦ 9 月应缴纳的增值税税额=40.04+10.35+4.29+0.14+0.23−22.42=32.63(万元)

(二) "营改增"后特殊业务应纳税额的计算

1. 转让不动产的增值税处理

纳税人转让其取得的不动产，包括以直接购买、接受捐赠、接受投资入股、自建以及抵债等各种形式取得的不动产，按照下列规定进行增值税处理，但不适用于房地产开发企业销售自行开发的房地产项目。

(1) 一般纳税人转让其取得的不动产，按照以下规定缴纳增值税。

① 一般纳税人转让其 2016 年 4 月 30 日前取得的不动产(老项目)，可以选择适用简易计税方法计税。

如果是非自建项目，向不动产所在地主管税务机关预缴时，按差额预缴。

$$应预缴增值税=转让差额÷(1+5\%)×5\%$$

其中，转让差额等于取得的全部价款和价外费用(销售额)减去不动产购置原价或者取得不动产时的作价，下同。向机构所在地主管税务机关申报时与预缴相同。

如果是自建项目，向不动产所在地主管税务机关预缴时，按全额预缴。

$$应预缴增值税=销售额÷(1+5\%)×5\%$$

向机构所在地主管税务机关申报时与预缴相同。

② 一般纳税人转让其 2016 年 4 月 30 日前取得的不动产(老项目)，选择一般计税方法的，

按如下规定处理。

如果是非自建项目，向不动产所在地主管税务机关预缴时，按差额预缴。

$$应预缴增值税=转让差额÷(1+5\%)×5\%$$

向机构所在地主管税务机关申报时，按全额纳税。

$$应纳增值税=销售额÷(1+9\%)×9\%-进项税额-预缴税款$$

如果是自建项目，向不动产所在地主管税务机关预缴时，按全额预缴。

$$应预缴增值税=销售额÷(1+5\%)×5\%$$

向机构所在地主管税务机关申报时，按全额纳税。

$$应纳增值税=销售额÷(1+9\%)×9\%-进项税额-预缴税款$$

③ 一般纳税人转让其 2016 年 5 月 1 日后取得的不动产(新项目)，适用一般计税方法。

(2) 小规模纳税人转让其取得的不动产，除自然人转让其购买的住房外，按照以下规定缴纳增值税。

小规模纳税人转让不动产适用征收率 5%。

① 如果是非自建项目，向不动产所在地主管税务机关预缴时，按差额预缴。

$$应预缴增值税=转让差额÷(1+5\%)×5\%$$

向机构所在地主管税务机关申报时与预缴相同。

② 如果是自建项目，向不动产所在地主管税务机关预缴时，按全额预缴。

$$应预缴增值税=销售额÷(1+5\%)×5\%$$

向机构所在地主管税务机关申报时与预缴相同。

(3) 个人转让其购买的住房，按照以下规定缴纳增值税。

自然人转让其购买的住房，向住房所在地税务机关申报纳税。

① 自然人转让其购买的不足 2 年的普通住房和非普通住房的，按全额纳税。

$$应纳增值税=销售额÷(1+5\%)×5\%$$

② 自然人转让其购买的超过 2 年(含 2 年)的普通住房和非普通住房，免征增值税，但是北上广深四地的非普通住房需差额纳税。

$$应纳增值税=转让差额÷(1+5\%)×5\%$$

个人(除自然人，如个体工商户)转让其取得的不动产，税额计算同自然人，纳税申报同企业一样向住房所在地主管税务机关预缴税款；向机构所在地主管税务机关申报纳税。

(4) 纳税人按规定差额纳税需扣除不动产购置原价或者取得不动产时作价的，应当取得税务部门监制的发票，法院判决书、裁定书、调解书、仲裁裁决书、公证债权文书，以及国家税务总局规定的其他凭证等合法有效凭证，否则如因丢失等无法提供取得不动产时的发票，可向税务机关提供其他能证明契税计税金额的完税凭证等资料，进行差额扣除。

(5) 小规模纳税人转让其取得的不动产，不能自行开具增值税发票的，可向不动产所在地税务机关申请代开。纳税人向自然人转让其取得的不动产，不得开具或申请代开增值税专用发票。

2. 提供不动产经营租赁服务的增值税处理

纳税人以经营租赁方式出租其取得的不动产(以下简称出租不动产)，包括以直接购买、接受捐赠、接受投资入股、自建及抵债等各种形式取得的不动产，以及房地产开发企业不动产经营租赁服务，适用以下规定。但是纳税人提供道路通行服务不适用本办法。

(1) 一般纳税人出租不动产，按照以下规定缴纳增值税。

① 一般纳税人出租其 2016 年 4 月 30 日前取得的不动产，可以选择适用简易计税方法，按照 5%的征收率计算应纳税额，向不动产所在地主管税务机关预缴时：

$$应预缴增值税=含税销售额÷(1+5\%)×5\%$$

向机构所在地主管税务机关申报时与预缴相同。

② 一般纳税人出租其 2016 年 5 月 1 日后取得的不动产，适用一般计税方法计税，按照 9%的税率计算应纳税额，向不动产所在地主管税务机关预缴时：

$$应预缴增值税=含税销售额÷(1+9\%)×3\%$$

按照 3%预征率预缴，向机构所在地主管税务机关申报时：

$$应纳增值税=含税销售额÷(1+9\%)×9\%-进项税额-预缴税款$$

(2) 小规模纳税人出租不动产，按照以下规定缴纳增值税。

① 小规模纳税人、个体工商户出租非住房，按照 5%的征收率计算应纳税额，向不动产所在地主管税务机关预缴时：

$$应预缴增值税=含税销售额÷(1+5\%)×5\%$$

向机构所在地主管税务机关申报时同预缴税款；自然人出租非住房，按上述税款计算规定直接向不动产所在地主管税务机关申报纳税。

② 个体工商户出租住房，按 5%的征收率减按 1.5%计算税额，向不动产所在地主管税务机关预缴时：

$$应预缴增值税=含税销售额÷(1+5\%)×1.5\%$$

向机构所在地主管税务机关申报时同预缴税款；自然人出租住房，按上述税款计算规定直接向不动产所在地主管税务机关申报纳税。

(3) 小规模纳税人中的单位和个体工商户出租不动产，不能自行开具增值税发票的，可向不动产所在地主管税务机关申请代开增值税发票。自然人出租不动产，可向不动产所在地主管税务机关申请代开增值税发票。

纳税人向自然人出租不动产，不得开具或申请代开增值税专用发票。

3. 纳税人跨县(市、区)提供建筑服务的增值税处理

纳税人跨县(市、区)提供建筑服务，即单位和个体工商户在其机构所在地以外的县(市、区)提供建筑服务，应向建筑服务发生地主管税务机关预缴税款，向机构所在地主管税务机关申报纳税，适用以下规定，但自然人跨县(市、区)提供建筑服务不适用以下规定。

(1) 一般纳税人提供新项目本身适用一般计税方法的，以及提供老项目、甲供工程、清包业务选择一般计税方法的，适用 9%税率。

向建筑服务发生地主管税务机关预缴税款时，按照 2%预征率进行差额预缴：

$$应预缴增值税=差额÷(1+9\%)×2\%$$

向机构所在地主管税务机关申报纳税时：

$$应纳增值税=含税销售额÷(1+9\%)×9\%-进项税额-预缴税款$$

其中，计税差额等于全部价款和价外费用减去支付的分包款后的余额。

(2) 小规模纳税人本身适用简易计税方法的，以及一般纳税人提供老项目、甲供工程、清包业务选择简易计税方法的，适用 3% 征收率。

向建筑服务发生地主管税务机关预缴税款时，按照差额预缴：

$$应预缴增值税=差额÷(1+3\%)×3\%$$

向机构所在地主管税务机关申报纳税时：

$$应纳增值税=含税销售额÷(1+3\%)×3\%-预缴税款$$

(3) 纳税人差额计税应取得合法有效的凭证，即从分包方取得备注栏注明建筑服务发生地所在县(市、区)、项目名称的增值税发票。

(4) 小规模纳税人跨县(市、区)提供建筑服务，不能自行开具增值税发票的，可向建筑服务发生地主管税务机关按照其取得的全部价款和价外费用申请代开增值税发票。

(5) 纳税人应当预缴之月起超过 6 个月没有预缴税款的，由机构所在地主管税务机关按照《税收征管法》及相关规定进行处理。

4. 房地产开发企业(一般纳税人)销售自行开发房地产项目的增值税处理

自行开发房地产项目是指在依法取得土地使用权的土地上进行基础设施和房屋建设，包括以接盘等形式购入未完工的房地产项目继续开发后，以自己的名义立项销售的。房地产开发企业销售自行开发的房地产项目(包括土地开发和房屋开发)，进行如下增值税处理。

(1) 一般纳税人新项目本身适用一般计税方法的，按照 9% 税率征税，在向项目所在地主管税务机关预缴税款时，按照预收款依 3% 预征率预缴：

$$应预缴增值税=预收款÷(1+9\%)×3\%$$

向机构所在地主管税务机关申报税款申报纳税时：

$$应纳增值税=含税销售额÷(1+9\%)×9\%-进项税额-预缴税款$$

当从政府处取得土地时，因无法取得增值税专用发票，按差额纳税，允许扣除土地价款：

$$销售额=(全部价款和价外费用-当期允许扣除的土地价款)÷(1+9\%)$$

公式中"当期允许扣除的土地价款"，是指向政府、土地管理部门或受政府委托收取土地价款的单位直接支付的土地价款，包括土地受让人向政府部门支付的征地和拆迁补偿费用、土地前期开发费用和土地出让收益、取得土地时向其他单位或个人支付的拆迁补偿费等。

(2) 小规模纳税人本身适用简易计税方法的，以及一般纳税人老项目选择简易计税方法的，按照 5% 征收率征税，在向项目所在地主管税务机关预缴税款时，按照预收款依 3% 预征率预缴：

$$应预缴增值税=预收款÷(1+5\%)×3\%$$

向机构所在地主管税务机关申报税款申报纳税时：

$$应纳增值税=含税销售额÷(1+5\%)×5\%-预缴税款$$

(3) 一般纳税人销售自行开发的房地产项目，自行开具增值税专用发票；向自然人销售自行开发的房地产项目，不得开具增值税专用发票。

(4) 小规模纳税人销售自行开发的房地产项目，可自行开具增值税普通发票，也可向主管税务机关申请代开增值税专用发票；但是向自然人销售自行开发的房地产项目，不得申请代开增值税专用发票。

第六节 简易计税方法和扣缴计税方法应纳税额的计算

一、简易计税方法应纳税额的计算

(一) 应纳税额的计算

简易计税方法的应纳税额是指按照销售额和增值税征收率计算的增值税额，不得抵扣进项税额。纳税人发生应税销售行为适用简易计税方法的，其应纳税额的计算公式是：

$$当期应纳增值税额=当期销售额(不含增值税)×征收率$$

小规模纳税人发生应税销售行为一律适用简易计税方法。一般纳税人发生财政部和国家税务总局规定的特定应税销售行为，也可以选择适用简易计税方法，但不得抵扣进项税额。一般纳税人可以选择适用简易计税方法的情形见本章第三节中的表2-4。

(二) 含税销售额的换算

简易计税方法的销售额不包括其应纳税额，纳税人采用销售额和应纳税额合并定价方法的，按照下列公式计算销售额：

$$不含税销售额=含税销售额÷(1+征收率)$$

【例2-21 计算题】某饭店为增值税小规模纳税人，2020年7月取得收入总额为6万元(含增值税)，另出租一处房屋取得租金收入5 000元(含增值税)，请计算该饭店7月应纳增值税。

应缴纳的增值税=60 000÷(1 + 3%)×3% + 5000÷(1 + 5%)×5%=1 985.67(元)

(三) 简易计税办法的税额减征

(1) 纳税人(除自然人外)销售自己使用过的、未抵扣过进项税额的固定资产，适用3%征收率减按2%征收。应纳增值税计算公式如下：

$$应纳增值税=销售额÷(1+3%)×2%$$

(2) 个人出租住房，适用5%征收率减按1.5%征收，应纳增值税计算公式如下：

$$应纳增值税=销售额÷(1+5%)×1.5%$$

【例2-22 计算题】某汽修厂为小规模纳税人，2020年10月发生下列业务：购进一批修理工具，取得的增值税普通发票注明金额4 000元；取得修理收入60 000元；处置使用过的举升机一台，取得收入5 000元；出租房屋取得含增值税租金收入5 000元。计算该汽修厂12月应缴纳的增值税。

应缴纳的增值税=60 000÷(1+3%)×3%+5 000÷(1+3%)×2%+5 000÷(1+5%)×5%

=2 082.76(元)

(四) 多缴税款扣减

纳税人适用简易计税方法计税的，因销售折让、中止或者退回而退还给购买方的销售额，应从当期销售额中扣减。扣减当期销售额后仍有余额造成多缴的税款，可以从以后的应纳税额中扣减。如果小规模纳税人已就该项业务委托税务机关为其代开了增值税专用发票的，应按规定申请开具红字增值税专用发票。

二、扣缴计税方法应纳税额的计算

境外的单位或者个人在境内销售劳务，在境内未设有经营机构的，以其境内代理人为扣缴义务人；在境内没有代理人的，以购买方为扣缴义务人。扣缴义务人按照下列公式计算应扣缴税额：

$$应扣缴税额=接受方支付的价款÷(1+税率)×税率$$

【例2-23 计算题】某集团公司为增值税一般纳税人，聘请境外公司来华提供商务咨询，并支付含增值税价款共计30万元。计算代扣代缴的增值税额。

代扣代缴的增值税额=30÷(1+6%)×6%=1.70(万元)

如果合同明确约定咨询服务收费30万元，增值税由支付方承担，那么30万元就是支付给外方不含税的收入，此时，代扣代缴的增值税额=30×6%=1.8(万元)

第七节 进口环节增值税的征收

一、进口环节增值税的征收范围、纳税人和税率

(一) 进口环节增值税的征收范围

(1) 凡是申报进入中华人民共和国海关境内的货物，均应缴纳增值税。是否有报关进口手续是确定一项货物是否属于进口的首要条件。只要是报关进口的应税货物，不论其是国外产制，还是我国已出口而转销国内的货物，是进口者自行采购还是国外捐赠的货物，是进口者自用还是作为贸易或其他用途等，除另有规定外，均应按照规定缴纳进口环节的增值税。

(2) 从其他国家或地区进口《跨境电子商务零售进口商品清单》范围内的商品适用于跨境电子商务零售进口增值税税收政策，按照货物征收。

(二) 进口环节增值税的纳税人

进口货物增值税的纳税义务人为进口货物的收货人(承受人)或办理报关手续的单位和个人，涵盖国内一切从事进口业务的企业单位、事业单位、机关团体和个人。进口货物的一般纳税人和小规模纳税人均是纳税人。对代理进口货物的，以海关开具的完税凭证上的纳税人为增值税纳税人。跨境电子商务零售进口商品按照货物征收关税和进口环节增值税、消费税，购买跨境电子商务零售进口商品的个人为纳税义务人。电子商务企业、电子商务交易平台企业或物流企业可作为代收代缴义务人。

(三) 进口环节增值税的适用税率

进口环节的增值税税率规定同本章第三节的内容，适用国内货物 13% 和 9% 两档税率，不论是一般纳税人还是小规模纳税人、非企业性单位和个人均适用。但是对进口抗癌药品，自 2018 年 5 月 1 日起，减按 3% 征收进口环节增值税；对进口罕见病药品，自 2019 年 3 月 1 日起，减按 3% 征收进口环节增值税。对跨境电子商务零售进口商品的单次交易限值为人民币 5 000 元，个人年度交易限值为人民币 26 000 元。在限值以内进口的跨境电子商务零售进口商品，关税税率暂设为 0%。

二、进口环节增值税应纳税额的计算

(一) 计税依据——组成计税价格

纳税人进口货物，按照组成计税价格作为计税依据和规定的税率计算应纳税额。在计算增值税销项税额时可直接使用销售额作为计税依据或计税价格，但在进口产品计算增值税时不能够直接得到类似销售额的计税依据。组成计税价格就是指在没有实际销售价格时，按照税法规定计算出作为计税依据的价格，根据《增值税暂行条例》，组成计税价格的公式是：

$$组成计税价格 = 关税计税价格 + 关税 + 消费税$$

(1) 一般贸易下进口货物的增值税关税计税价格是以海关审定的成交价格为基础的到岸价格，即关税计税价格(到岸价格)等于成交价格与起卸前的运费、保险费等的合计。关税计税价格中不包括服务贸易相关的对价(具体见第六章第二节)。

(2) 跨境电子商务零售进口商品按照货物征收关税和进口环节增值税、消费税，以实际交易价格(包括货物零售价格、运费和保险费)作为关税计税价格。

进口货物增值税的组成计税价格中包括已纳关税税额，如果进口货物属于应税消费品，还要包括进口环节已纳消费税税额。

(二) 应纳增值税的计算

$$应纳进口增值税税额 = 组成计税价格 \times 税率$$

进口货物的一般纳税人和小规模纳税人均按上述方法计税。

在计算进口环节的应纳增值税税额时不得抵扣任何税额，即在计算进口环节的应纳增值税税额时，不得抵扣发生在我国境外的各种税金。这是由于货物出口时出口国并没有征收过流转税，因此在进口时计算增值税就不用进行进项税额抵扣。

继续在国内流转时，进口货物相当于购进应缴税，一般纳税人进口货物取得的合法海关完税凭证(进口海关增值税专用缴款书)，是计算增值税进项税额的唯一抵扣依据，其价格差额部分，以及从境外供应商取得的退还或返还的资金，不做进项税额转出处理。

跨境电子商务零售进口商品的完税价格单次交易限值为人民币 5 000 元，个人年度交易限值为人民币 26 000 元的，进口环节增值税、消费税取消免征税额，暂按法定应纳税额的 70% 征收。完税价格超过 5 000 元单次交易限值，但低于 26 000 元年度交易限值，且订单下仅一件商品时，可以自跨境电商零售渠道进口，按照货物税率全额征收关税和进口环节增值税、消费税，交易额计入年度交易总额，但年度交易总额超过年度交易限值的，应按一般贸易管理，全额征税。

三、进口环节增值税的管理

进口货物的增值税除另有规定外由海关代征。个人携带或者邮寄进境自用物品的增值税，连同关税一并计征，具体办法由国务院关税税则委员会会同有关部门制定。

进口货物增值税纳税义务发生时间为报关进口的当天，其纳税地点应当由进口人或其代理人向报关地海关申报纳税，其纳税期限应当自海关填发海关进口增值税专用缴款书之日起 15 日内缴纳税款。

【例 2-24 计算题】某有进出口经营权的贸易公司于 2020 年 7 月进口一批商品。该批商品的国外成交价格为 60 万元，同时该批商品运抵我国海关前发生的其他费用(包装费、装卸费、运输费、保险费等)共计 30 万元。商品报关进口后，贸易公司按规定缴纳了进口环节的增值税并取得了海关开具的完税凭证。假设该批商品进口后在国内全部售出，开具增值税专用发票取得不含税价款 120 万元。已知该批商品进口关税税率为 15%，增值税税率为 13%。请按顺序回答下列问题：

① 计算关税的组成计税价格；
② 计算进口环节应纳的进口关税；
③ 计算进口环节应纳增值税的组成计税价格；
④ 计算进口环节应缴纳增值税的税额；
⑤ 计算国内销售环节的销项税额；
⑥ 计算国内销售环节应缴纳的增值税税额。

计算结果如下：
① 关税的组成计税价格=60+30=90(万元)
② 应缴纳的进口关税=90×15%=13.5(万元)
③ 进口环节应纳增值税的组成计税价格=90+13.5=103.5(万元)
④ 进口环节应缴纳增值税的税额=103.5×13%≈13.46(万元)
⑤ 国内销售环节的销项税额=120×13%=15.6(万元)
⑥ 国内销售环节应缴纳的增值税税额=15.6-13.46=2.14(万元)

第八节　出口和跨境业务增值税的退(免)税和征税

出口货物、服务和跨境应税行为退(免)税，是对出口货物、劳务和跨境应税行为已承担或应承担的增值税和消费税等间接税(目前我国主要包括增值税、消费税)实行退还或者免征的税收措施，是国际贸易中通常采用的并为世界各国普遍接受的惯例，其目的在于鼓励各国出口货物公平竞争。

出口政策是国家调控经济的重要手段，为鼓励本国货物出口，世界各国在 WTO 基本规则范围内，在税收政策上一般都给予优惠。我国根据本国的实际，结合各种货物、劳务和跨境应税行为的不同出口政策以及出口前涉及征免增值税的情况，在遵循"征多少、退多少""未征不退和彻底退税"基本原则的基础上，制定了增值税出口退(免)税的不同处理办法。

一、增值税退(免)税基本政策

出口货物、劳务和跨境应税行为退(免)增值税是指在国际贸易业务中,对应征收增值税的出口货物、劳务和跨境应税行为实行零税率(国务院另有规定除外)。零税率有两层含义:一是对本道出口环节的增值税免征;二是对出口之前环节所含的进项税额进行退付。目前,我国的出口货物、劳务和跨境应税行为的增值税税收基本政策分为以下三种形式。

(一) 退(免)税政策——出口免税并退税

根据《关于出口货物劳务增值税和消费税政策的通知》(财税〔2012〕39号,以下简称《通知》)中所规定的适用增值税退(免)税政策的范围,出口免税是指对货物、劳务和跨境应税行为免征出口销售环节增值税,出口退税是指退还货物、劳务和跨境应税行为在出口前实际承担的税收负担。可见,零税率是整体税负为零,与免税有所不同。

(二) 免税政策——出口免税但不退税

《通知》中列明适用增值税免税政策的范围,出口免税的含义同上。出口不退税是指适用这一政策的出口货物、劳务和跨境应税行为在上一道环节本身是免税的,出口时该货物、劳务和跨境应税行为的价格中根本就不含税,也就无须进行退税。

(三) 征税政策——出口不免税也不退税

《通知》中列明适用增值税征税政策的范围。出口不免税是指某些货物、劳务和跨境应税行为的出口是国家所限制或禁止的,出口环节同内销环节一样正常征税;出口不退税是指出口这些货物、劳务和跨境应税行为,其出口前所负担的税款不予退还。

二、出口增值税退(免)税政策

(一) 适用增值税退(免)税政策的范围

1. 出口企业出口货物

(1) 出口企业是指依法办理工商登记、税务登记、对外贸易经营者备案登记,自营或委托出口货物的作为增值税一般纳税人的生产企业和外贸企业。

(2) 出口货物是指向海关报关后实际离境并销售给境外单位或个人的货物,分为自营出口货物和委托出口货物两类。

(3) 出口企业或其他单位销售给国际运输企业用于国际运输工具上的货物,仅适用于外轮供应公司、远洋运输供应公司销售给外轮、远洋国轮的货物,国内航空供应公司生产销售给国内和国外航空公司国际航班的航空食品。

(4) 融资租赁出口货物。根据《关于在全国开展融资租赁货物出口退税政策试点的通知》的规定,对融资租赁企业、金融租赁公司及其设立的项目子公司(以下统称融资租赁出租方),以融资租赁方式租赁给境外承租人且租赁期限在5年(含)以上,并向海关报关后实际离境的融资租赁出口货物(包括飞机、飞机发动机、铁道机车、铁道客车车厢、船舶及其他货物),试行退税政策。

2. 出口企业或其他单位视同出口的货物

(1) 出口企业或其他单位视同出口的货物具体是指以下外购货物出口情况。

① 出口企业对外援助、对外承包、境外投资的出口货物。

② 出口企业经海关报关进入国家批准的出口加工区、保税区、保税港区等特殊区域并销售给特殊区域内单位或境外单位、个人的货物。

③ 免税品经营企业销售的货物。

④ 出口企业或其他单位销售给用于国际金融组织或外国政府贷款国际招标建设项目的中标机电产品，包括外国企业中标再分包给出口企业或其他单位的机电产品。

(2) 生产企业视同出口自产货物的满足条件。

持续经营以来从未发生骗取出口退税、虚开增值税专用发票或农产品收购发票、接受虚开增值税专用发票(善意取得虚开增值税专用发票除外)行为且同时符合下列条件的生产企业出口的外购货物，可视同自产货物适用增值税退(免)税政策：

① 已取得增值税一般纳税人资格；

② 已持续经营 2 年及 2 年以上；

③ 纳税信用等级为 A 级；

④ 上一年度销售额为 5 亿元以上；

⑤ 外购出口的货物与本企业自产货物同类型或具有相关性。

3. 出口企业对外提供加工修理修配劳务

对外提供加工修理修配劳务，是指对进境复出口货物或从事国际运输的运输工具进行的加工修理修配。

4. 境内单位和个人提供适用零税率的应税服务

境内单位和个人提供国际运输服务、航天运输服务和向境外单位提供的完全在境外消费的服务(如研发服务、设计服务、转让技术等)。

(二) 增值税退(免)税办法

1. "免、抵、退" 税办法

适用增值税一般计税方法的生产企业出口自产货物与视同自产货物、列名的 74 家生产企业出口非自产货物、对外提供加工修理修配劳务，以及适用零税率的跨境服务和无形资产免征增值税，相应的进项税额抵减应纳增值税额(不包括适用增值税即征即退、先征后退政策的应纳增值税额)，未抵减完的部分予以退还。

2. "免、退" 税办法

不具有生产能力的出口企业(以下称外贸企业)或其他单位出口货物、劳务，免征增值税，相应的进项税额予以退还。适用增值税一般计税方法的外贸企业外购服务或者无形资产出口实行 "免、退" 税办法。外贸企业外购研发服务和设计服务免征增值税，其对应的外购应税服务的进项税额予以退还。

(三) 增值税出口退税率

(1) 除财政部和国家税务总局根据国务院决定而明确的增值税出口退税率(以下称退税率)外，出口货物的退税率为其适用税率。

(2) 适用不同退税率的货物、劳务及跨境应税行为，应分开报关、核算并申报退(免)税，未分开报关、核算或划分不清的，从低适用退税率。

(四) 增值税退(免)税的计税依据

出口货物、劳务的增值税退(免)税的计税依据，按出口货物、劳务的出口发票(外销发票)、其他普通发票或购进出口货物、劳务、服务的增值税专用发票以及海关进口增值税专用缴款书等法定发票确定。按照《适用增值税零税率应税服务退(免)税管理办法》(国家税务总局公告2014年第11号)执行跨境应税行为的计税依据规定如下。

1. 生产企业

(1) 出口货物、劳务、服务(进料加工复出口货物除外)。

$$增值税退(免)税的计税依据=出口货物、劳务的实际离岸价(FOB)$$

实际离岸价应以出口发票上的离岸价为准，但如果出口发票不能反映实际离岸价，主管税务机关有权予以核定。

(2) 进料加工复出口货物。

$$增值税退(免)税的计税依据=出口货物人民币离岸价-出口货物耗用的保税进口料件金额$$

2. 外贸企业

(1) 出口货物(委托加工修理修配货物除外)。

$$增值税退(免)税的计税依据=购进出口货物的增值税专用发票注明的金额或$$

$$海关进口增值税专用缴款书注明的完税价格$$

(2) 出口委托加工修理修配货物。

$$增值税退(免)税的计税依据=加工修理修配费用增值税专用发票注明的金额$$

3. 跨境应税行为

(1) 实行"免、抵、退"税办法的退(免)税计税依据。

① 以铁路运输方式、航空运输方式载运旅客或货物的，为实际运输收入。

② 其他实行"免、抵、退"税办法的增值税零税率应税行为，为提供增值税零税率应税行为取得的收入。

(2) 实行免退税办法的退(免)税计税依据。

实行免退税办法的退(免)税计税依据，为购进应税服务的增值税专用发票或解缴税款的中华人民共和国税收缴款凭证上注明的金额。

(五) 增值税"免、抵、退"税的计算

1. 生产企业"免、抵、退"税的计算

(1) "免、抵、退"税含义。

① 免：出口免税；

② 抵：内销应缴税，用货物、劳务和跨境应税行为在出口前购进项目的进项税额(不予免抵除外)，抵顶内销的销项税额。

③ 退：未抵顶完的部分，按规定的退税率计算后予以退税。

(2) "免、抵、退"税的计算公式。

① 当期应纳税额的计算。

$$当期应纳税额=当期销项税额-(当期进项税额-当期不得免征和抵扣税额)$$

$$当期不得免征和抵扣税额=当期出口货物离岸价×外汇人民币折合率×(征税率$$
$$-退税率)-当期不得免征和抵扣税额抵减额$$

$$当期不得免征和抵扣税额抵减额=当期免税购进原材料价格×(征税率-退税率)$$

其中，征税率为出口货物适用税率，当出口货物征税率与退税率相等，不得免抵税额为零。出口货物离岸价(FOB)以出口发票计算的离岸价为准。

当期应纳税额是账面所体现的，若当期应纳税额>0，则当期应纳税不存在退税；若当期应纳税额<0，才有后面的退税计算问题，将其绝对值命名为"期末留抵税额"，与"免抵退税额"这一直观的尺度相比，从小的原则确定退税额。

② 当期"免、抵、退"税额的计算。

$$当期"免、抵、退"税额=当期出口货物离岸价×外汇人民币折合率×出口货物退税率-$$
$$当期"免、抵、退"税额抵减额$$

$$当期"免、抵、退"税额抵减额=当期免税购进原材料价格×出口货物退税率$$

③ 当期应退税额和免抵税额的计算。

当期期末留抵税额<当期"免、抵、退"税额，则：

$$当期应退税额=当期期末留抵税额$$

$$当期免抵税额=当期"免、抵、退"税额-当期应退税额$$

当期期末留抵税额>当期"免、抵、退"税额，则：

$$当期应退税额=当期"免、抵、退"税额$$

$$当期免抵税额=0$$

$$下期留抵税额=当期期末留抵税额-当期应退税额$$

当期期末留抵税额为当期增值税纳税申报表中"期末留抵税额"。是①中当期应纳税额的计算结果小于零的情况。

(3) 生产企业"免、抵、退"税计算实例。

【例 2-25 计算题】某生产企业为增值税一般纳税人，拥有自营出口的经营权，出口货物的征税税率为13%，退税税率为11%，2020 年 5 月内销货物不含税销售额为 100 万元，收款 113 万元存入银行。本月出口货物的销售额折合人民币 200 万元。本月购进原材料一批，取得的增值税专用发票注明的价款 200 万元，外购货物准予抵扣的进项税额为 26 万元。已知上月末留抵税款 3 万元，要求：计算该企业当期的"免、抵、退"税额。

① 当期"免、抵、退"税不得免征和抵扣税额=200×(13%-11%)=4(万元)

② 当期应纳税额=100×13%-(26-4)-3=13-22-3=-12(万元)

③ 出口货物"免、抵、退"税额=200×11%=22(万元)

④ 当期应退税额为 12 万元

⑤ 当期免抵税额=当期免抵退税额-当期应退税额=22-12=10(万元)

(4) 涉及免税购进的原材料的出口货物。

当期免税购进原材料价格包括当期国内购进的无进项税额且不计提进项税额的免税原材

料的价格和当期进料加工保税进口料件的价格。如果出口货物耗用了购进的免税(或保税)原材料,应作为"抵减额"扣除出口货物所含的购进免税(或保税)原材料的金额。这是因为免税购进原材料本身购进时免税,因此不得退税。其中,当期进料加工保税进口料件的价格为进料加工出口货物耗用的保税进口料件金额,按照实耗法进行计算,计算公式如下:

$$进料加工出口货物耗用的保税进口料件金额=进料加工出口货物人民币离岸价×$$
$$进料加工计划分配率$$
$$计划分配率=计划进口总值+计划出口总值×100\%$$

【例 2-26 计算题】某生产企业为增值税一般纳税人,拥有自营出口的经营权,出口货物的征税税率为 13%,退税税率为 11%。2020 年 8 月内销货物不含税销售额为 100 万元,收款 113 万元存入银行。本月出口货物销售额折合人民币 200 万元。本月购进原材料一批,取得的增值税专用发票注明的价款 200 万元,外购货物准予抵扣进项税额 26 万元通过认证。当月进料加工免税进口料件的组成计税价格 100 万元,上期末留抵税款 6 万元。要求: 计算该企业当期的"免、抵、退"税额。

① "免、抵、退"税不得免征和抵扣税额=200×(13%−11%)−100×(13%−11%)=100×(13%−11%)=2(万元)

② 当期应纳税额=100×13%−(26−2)−6=13−24−6=−17(万元)

③ 出口货物"免、抵、退"税额=200×11%−100×11%=100×11%=11(万元)

④ 应退税额为 11 万元

⑤ 当期免抵税额=11−11=0(万元)

⑥ 8 月期末留抵结转下期留抵税额=当期期末留抵税额−当期应退税=17−11=6(万元)

2. 跨境零税率应税行为增值税退(免)税的计算

跨境零税率应税行为增值税退(免)税也适用"免、抵、退"税办法。

(六) 增值税"免、退"税的计算

1. 外贸企业出口货物

外贸企业出口除委托加工修理修配货物以外的货物,按照下列公式计算增值税应退税额:

$$增值税应退税额=购进出口货物的增值税专用发票注明的金额×出口货物退税率$$

按照出口货物所对应的购进金额计算,退税率小于适用税率的,差额部分的增值税税款计入出口货物成本。

【例 2-27 计算题】某进出口外贸公司于 2020 年 7 月购进平纹布委托加工成服装出口,取得平纹布增值税发票一张,注明计税金额 40 000 元; 取得服装加工费计税金额 8 000 元,受托方将原料成本并入加工修理修配费用并开具了增值税专用发票。假设退税税率为 13%,请计算该公司的应退税额。

应退税额=40 000×13%+8 000×13%=6 240(元)

2. 外贸企业出口委托加工修理修配货物

$$出口委托加工修理修配货物的增值税应退税额=$$
$$加工修理修配费用增值税专用发票注明的金额×出口货物退税率$$

3. 融资租赁出口货物

增值税应退税额=购进融资租赁货物的增值税专用发票注明的金额

×融资租赁货物适用的增值税退税率

三、出口增值税免税政策

因购进环节免税或以简易办法征税，以下范围出口货物、劳务和应税行为适用增值税免税政策。

(一) 适用增值税出口免税的货物

适用增值税出口免税的货物具体是指以下几项。

(1) 增值税小规模纳税人出口的货物。

(2) 避孕药品和用具、古旧图书。

(3) 软件产品、动漫软件出口免征增值税。

(4) 含黄金、铂金成分的货物、钻石及其饰品。

(5) 国家计划内出口的卷烟。

(6) 非出口企业委托出口的货物。

(7) 农业生产者自产的农产品。

(8) 财政部和国家税务总局规定的油、花生果仁、黑大豆等出口免税的货物。

(9) 外贸企业取得普通发票、农产品收购发票、政府非税收入票据的货物。

(10) 来料加工复出口货物。

(二) 境内的单位和个人提供的免税服务(适用增值税零税率的除外)

1. 境内的单位和个人销售的下列跨境应税行为免征增值税

(1) 工程项目在境外的建筑服务。工程总承包方和工程分包方为施工地点在境外的工程项目提供的建筑服务，均属于工程项目在境外的建筑服务。

(2) 工程项目在境外的工程监理服务。

(3) 工程、矿产资源在境外的工程勘察勘探服务。

(4) 会议展览地点在境外的会议展览服务。

(5) 存储地点在境外的仓储服务。

(6) 标的物在境外使用的有形动产租赁服务。

(7) 在境外提供的广播影视节目(作品)的播映服务。

(8) 在境外提供的文化体育服务、教育医疗服务、旅游服务。

2. 为出口货物提供的邮政服务、收派服务、保险服务

为出口货物提供的保险服务，包括出口货物保险和出口信用保险。

3. 向境外单位销售的完全在境外消费的下列服务和无形资产

(1) 向境外单位提供的完全在境外消费的电信服务。

(2) 向境外单位销售的完全在境外消费的物流辅助服务(仓储服务、收派服务除外)。

(3) 向境外单位销售的完全在境外消费的鉴证咨询服务。若服务的实际接受方为境内单位或者个人，或者对境内的货物或不动产进行的认证服务、鉴证服务和咨询服务，不属于完全在

境外消费，不免税。

(4) 向境外单位销售的完全在境外消费的专业技术服务。

(5) 向境外单位销售的完全在境外消费的商务辅助服务。

(6) 向境外单位销售的广告投放地在境外的广告服务。广告投放地在境外的广告服务，是指为在境外发布的广告提供的广告服务。

(7) 为境外单位之间的货币资金融通及其他金融业务提供的直接收费金融服务，且该服务与境内的货物、无形资产和不动产无关。

(8) 向境外单位销售的完全在境外消费的知识产权服务等无形资产(技术除外)。

上述完全在境外消费，是指服务的接受方完全在境外，以及无形资产完全在境外适用，且均与境内的货物和不动产无关。

四、出口增值税征税政策

不适用增值税退(免)税和免税政策的出口应税行为，按照内销货物征税的规定及下列规定征收增值税。

(一) 适用增值税征税政策的范围

适用增值税征税政策的出口货物、劳务和跨境应税行为包括：出口企业出口或视同出口财政部和国家税务总局根据国务院决定明确取消出口退(免)税的货物，以及跨境应税行为适用增值税零税率和免税政策规定的出口服务和无形资产等。

(二) 应纳增值税的计算

出口货物、劳务和跨境应税行为适用增值税征税政策的，其应纳增值税计算办法如下。

1. 一般纳税人出口货物、劳务和跨境应税行为

出口货物销项税额=(出口货物离岸价−出口货物耗用的进料加工保税进口料件金额)
÷(1+适用税率)×适用税率

2. 小规模纳税人出口货物、劳务和跨境应税行为

应纳税额=出口货物、劳务和跨境应税行为离岸价÷(1+征收率)×征收率

第九节　税收优惠

一、《增值税暂行条例》规定的免税项目

(1) 农业生产者销售的自产农产品。农业生产者，是指从事农业生产的单位和个人。农产品包括种植业、养殖业、林业、牧业、水产业生产的各类植物、动物的初级产品。对上述单位和个人销售的外购农产品，以及单位和个人外购农产品生产、加工后销售的仍然属于规定范围的农业产品，不属于免税的范围，应当按照规定的低税率(9%)征收增值税。

(2) 避孕药品和用具。

(3) 古旧图书。古旧图书是指向社会收购的古书和旧书。

(4) 直接用于科学研究、科学试验和教学的进口仪器、设备。

(5) 外国政府、国际组织无偿援助的进口物资和设备。

(6) 由残疾人的组织直接进口供残疾人专用的物品。

(7) 自然人销售的自己使用过的物品。

二、《营改增通知》及有关部门规定的税收优惠政策

(一) 下列项目免征增值税

(1) 托儿所、幼儿园提供的保育和教育服务。

(2) 养老机构提供的养老服务。

(3) 残疾人福利机构提供的育养服务。

(4) 婚姻介绍服务。

(5) 殡葬服务。

(6) 残疾人员本人为社会提供的服务。

(7) 医疗机构提供的医疗服务。

(8) 从事学历教育的学校提供的教育服务。

(9) 学生勤工俭学提供的服务。

(10) 农业机耕、排灌、病虫害防治、植物保护、农牧保险以及相关技术培训业务，家禽、牲畜、水生动物的配种和疾病防治。

(11) 纪念馆、博物馆、文化馆、文物保护单位管理机构、美术馆、展览馆、书画院、图书馆在自己的场所提供文化体育服务取得的第一道门票收入。

(12) 寺院、宫观、清真寺和教堂举办文化、宗教活动的门票收入。

(13) 行政单位之外的其他单位收取的符合《营改增通知》第十条规定条件的政府性基金和行政事业性收费。

(14) 下列利息收入免征增值税。

①国家助学贷款。②国债、地方政府债。③中国人民银行对金融机构的贷款。④住房公积金管理中心用住房公积金在指定的委托银行发放的个人住房贷款。⑤外汇管理部门在从事国家外汇储备经营过程中，委托金融机构发放的外汇贷款。⑥统借统还业务中，企业集团或企业集团中的核心企业以及集团所属财务公司按不高于支付给金融机构的借款利率水平或者支付的债券票面利率水平，向企业集团或者集团内下属单位收取的利息。自 2019 年 2 月 1 日至 2020 年 12 月 31 日，对企业集团内单位(含企业集团)之间的资金无偿借贷行为，免征增值税。自 2018 年 11 月 7 日起至 2021 年 11 月 6 日止，对境外机构投资境内债券市场取得的债券利息收入暂免征收增值税。

(15) 保险业务。保险公司开办的一年期以上人身保险产品取得的保费收入、境内保险公司向境外保险公司提供的完全在境外消费的再保险服务，免征增值税。

(16) 符合条件的金融商品转让收入。例如，个人从事金融商品转让业务。

(17) 金融同业往来利息收入。

(18) 同时符合规定条件的担保机构从事中小企业信用担保或者再担保业务取得的收入(不含信用评级、咨询、培训等收入)3 年内免征增值税。

(19) 个人转让著作权。

(20) 个人销售自建自用住房。

(21) 涉及家庭财产分割的个人无偿转让不动产、土地使用权。

(22) 纳税人提供技术转让、技术开发和与之相关的技术咨询、技术服务。

(23) 政府举办的从事学历教育的高等、中等和初等学校(不含下属单位)，举办进修班、培训班取得的全部归该学校所有的收入。

(24) 政府举办的职业学校设立的主要为在校学生提供实习场所，并由学校出资自办、由学校负责经营管理、经营收入归学校所有的企业，从事《销售服务、无形资产或者不动产注释》中"现代服务"(不含融资租赁服务、广告服务和其他现代服务)、"生活服务"(不含文化体育服务、其他生活服务和桑拿、氧吧)业务活动取得的收入。

(25) 家政服务企业由员工制家政服务员提供家政服务取得的收入。

(26) 福利彩票、体育彩票的发行收入。

(27) 军队空余房产租赁收入。

(28) 将土地使用权转让给农业生产者用于农业生产。

(29) 土地所有者出让土地使用权和土地使用者，将土地使用权归还给土地所有者。

(30) 县级以上地方人民政府或自然资源行政主管部门出让、转让或收回自然资源使用权(不含土地使用权)。

(31) 随军家属就业。

(32) 军队转业干部就业。

(33) 各党派、共青团、工会、妇联、中科协、青联、台联、侨联收取党费、团费、会费，以及政府间国际组织收取会费，属于非经营活动，不征收增值税。

(34) 青藏铁路公司提供的铁路运输服务免征增值税。

(35) 中国邮政集团公司及其所属邮政企业提供的邮政普遍服务和邮政特殊服务，免征增值税。

(36) 境外教育机构与境内从事学历教育的学校开展中外合作办学，提供学历教育服务取得的收入免征增值税。

(37) 自 2018 年 1 月 1 日至 2020 年 12 月 31 日，免征图书批发、零售环节增值税。

(38) 自 2018 年 1 月 1 日至 2020 年 12 月 31 日，对科普单位的门票收入，以及县级及以上党政部门和科协开展科普活动的门票收入免征增值税。

(39) 自 2019 年 1 月 1 日至 2021 年 12 月 31 日，对国家级、省级科技企业孵化器、大学科技园和国家备案众创空间向在孵对象提供孵化服务取得的收入，免征增值税。

(40) 纳税人取得的财政补贴收入，与其销售货物、劳务、服务、无形资产、不动产的收入或者数量直接挂钩的，应按规定计算缴纳增值税。纳税人取得的其他情形的财政补贴收入，不属于增值税应税收入，不征收增值税。

(二) 增值税即征即退

增值税即征即退是指按 13% 税率征收增值税后，对其增值税实际税负超过 3% 的部分实行增值税即征即退政策。增值税实际税负，是指纳税人当期提供应税服务实际缴纳的增值税额占纳税人当期提供应税服务取得的全部价款和价外费用的比例，具体包括下列业务。

(1) 增值税一般纳税人销售其自行开发生产的软件产品(包括将进口软件产品进行本地化改造)。

(2) 一般纳税人提供管道运输服务。

(3) 自 2018 年 5 月 1 日至 2020 年 12 月 31 日，对动漫企业增值税一般纳税人销售其自主开发生产的动漫软件。

(4) 经中国人民银行、银监会或者商务部批准从事融资租赁业务的试点纳税人中的一般纳税人，提供有形动产融资租赁服务和有形动产融资性售后回租服务。

(5) 纳税人安置残疾人应享受增值税即征即退优惠政策，安置残疾人的单位和个体工商户应退增值税额按以下公式计算：

$$本期应退增值税额=本期所含月份每月应退增值税额之和$$
$$月应退增值税额=纳税人本月安置残疾人员人数×本月月最低工资标准的 4 倍$$

(三) 扣减增值税规定

退役士兵创业就业和重点群体创业就业，在 3 年(36 个月，下同)内按每户每年 12 000 元为限额依次扣减其当年实际应缴纳的增值税、城市维护建设税、教育费附加、地方教育附加和个人所得税。限额标准最高可上浮 20%，各省、自治区、直辖市人民政府可根据本地区实际情况在此幅度内确定具体限额标准，并报财政部和国家税务总局备案。

(四) 增值税先征后退政策

自 2018 年 1 月 1 日至 2020 年 12 月 31 日，对宣传文化执行下列增值税先征后退政策。

(1) 对下列出版物在出版环节执行增值税 100% 先征后退的政策。

①中国共产党和各民主党派的各级组织的机关报纸和机关期刊，各级人大、政协、政府、工会、共青团、妇联、残联、科协的机关报纸和机关期刊，新华社的机关报纸和机关期刊，军事部门的机关报纸和机关期刊。②专为少年儿童出版发行的报纸和期刊，中小学的学生课本。③专为老年人出版发行的报纸和期刊。④少数民族文字出版物。⑤盲文图书和盲文期刊。⑥经批准在内蒙古、广西、西藏、宁夏、新疆五个自治区内注册的出版单位出版的出版物。⑦列入通知规定的图书、报纸和期刊。

(2) 除上述规定的其他各类图书、期刊、音像制品、电子出版物在出版环节执行增值税先征后退 50% 的政策。

(3) 对少数民族文字出版物、列入通知规定的新疆维吾尔自治区印刷企业的印刷或制作业务执行增值税 100%先征后退的政策。

(五) 金融企业发放贷款后应收未收利息的增值税处理

金融企业发放贷款后，自结息日起 90 天内发生的应收未收利息按现行规定缴纳增值税，自结息日起 90 天后发生的应收未收利息暂不缴纳增值税，待实际收到利息时按规定缴纳增值税。

(六) 个人销售自购住房的征免增值税处理

北京市、上海市、广州市和深圳市四个地区，个人将购买 2 年以上(含 2 年)的非普通住房对外销售的，以销售收入减去购买住房价款后的差额按照 5%的征收率缴纳增值税；个人将购买 2 年以上(含 2 年)的普通住房对外销售的，免征增值税。

北京市、上海市、广州市和深圳市之外的地区，个人将购买不足 2 年的住房对外销售的，按照 5%的征收率全额缴纳增值税；个人将购买 2 年以上(含 2 年)的住房对外销售的，免征增值税。

三、财政部、国家税务总局规定的其他增值税优惠政策

(1) 资源综合利用产品和劳务增值税优惠政策。根据财政部、国家税务总局《关于印发〈资源综合利用产品和劳务增值税优惠目录〉的通知》(财税〔2015〕78 号)的规定，纳税人销售自产的综合利用产品和提供资源综合利用劳务，可享受增值税即征即退政策。退税比例有 30%、50%、70%和 100%四个档次。

(2) 免征蔬菜流通环节增值税。经国务院批准，自 2012 年 1 月 1 日起，对从事蔬菜批发、零售的纳税人销售的蔬菜，免征蔬菜流通环节增值税，包括经挑选、清洗、切分、晾晒、包装、脱水、冷藏、冷冻等工序加工的蔬菜。各种蔬菜罐头不属于上述蔬菜的范围。

(3) 粕类产品征免增值税处理。豆粕属于征收增值税的饲料产品，除豆粕以外的其他粕类饲料产品，均免征增值税。豆粕、宠物饲料、饲用鱼油等按 9%税率。

(4) 制种行业免征增值税。制种企业在下列生产经营模式下生产销售种子，属于农业生产者销售自产农业产品，应根据《增值税暂行条例》有关规定免征增值税。

(5) 有机肥产品免征增值税。自 2008 年 6 月 1 日起，纳税人生产销售和批发、零售有机肥产品免征增值税。

(6) 边销茶免征增值税。自 2019 年 1 月 1 日至 2020 年 12 月 31 日，对边销茶生产企业销售自产的边销茶及经销企业销售的边销茶继续执行免征增值税政策。

(7) 债转股免征增值税。按债转股企业与金融资产管理公司签订的债转股协议，债转股原企业将货物资产作为投资提供给债转股新公司的，免征增值税。

(8) 小微企业增值税优惠。小规模纳税人发生增值税应税销售行为，合计月销售额未超过 10 万元(以 1 个季度为 1 个纳税期的，季度销售额未超过 30 万元，下同)的，免征增值税。小

规模纳税人发生增值税应税销售行为,合计月销售额超过 10 万元,但扣除本期发生的销售不动产的销售额后未超过 10 万元的,其销售货物、服务、无形资产取得的销售额免征增值税。适用增值税差额征税政策的小规模纳税人,以差额后的销售额确定是否可以享受上述规定的免征增值税政策。

(9) 纳税人取得采暖费的免征增值税处理。自 2019 年 1 月 1 日至 2020 年供暖期结束,对供热企业向居民个人(以下统称居民)供热而取得的采暖费收入免征增值税。通过热力产品经营企业向居民供热的热力产品生产企业,应当根据热力产品经营企业实际从居民取得的采暖费收入占该经营企业采暖费总收入的比例确定免税收入比例。

(10) 研发机构采购设备的增值税处理。根据《关于继续执行研发机构采购设备增值税政策的公告》(财政部公告 2019 年第 91 号),为了鼓励科学研究和技术开发,促进科技进步,继续对内资研发机构和外资研发中心采购国产设备全额退还增值税。

(11) 城镇公共供水企业缴纳的水资源税所对应的水费收入,不计征增值税,按"不征税自来水"项目开具增值税普通发票。

(12) 纳税人采取转包、出租、互换、转让、入股等方式将承包地流转给农业生产者用于农业生产,免征增值税。

(13) 社会团体收取的会费,免征增值税。

(14) 对赞助企业及参与赞助的下属机构根据赞助协议及补充赞助协议向北京冬奥组委免费提供的,与北京 2022 年冬奥会、冬残奥会、测试赛有关的服务,免征增值税。

(15) 创新企业境内发行存托凭证,免征增值税。

(16) 自 2019 年 1 月 1 日至 2020 年 12 月 31 日,继续对国产抗艾滋病病毒药品免征生产环节和流通环节增值税。

(17) 自 2019 年 1 月 1 日至 2022 年 12 月 31 日,对单位或者个体工商户将自产、委托加工或购买的货物通过公益性社会组织、县级及以上人民政府及其组成部门和直属机构直接无偿捐赠给目标脱贫地区的单位和个人,免征增值税。

(18) 自 2019 年 6 月 1 日至 2025 年 12 月 31 日为社区提供养老、托育、家政等服务的机构,提供社区养老、托育、家政服务取得的收入免征增值税。

(19) 广播影视的免征增值税处理。自 2019 年 1 月 1 日至 2023 年 12 月 31 日,对电影主管部门(包括中央、省、地市及县级)按照各自职能权限批准从事电影制片、发行、放映的电影集团公司(含成员企业)、电影制片厂及其他电影企业取得的电影拷贝(含数字拷贝)收入、转让电影版权(包括转让和许可使用)收入、电影发行收入,以及在农村取得的电影放映收入,免征增值税。

(20) 二手车经销有关增值税政策。

为促进汽车消费,二手车经销有关增值税政策如下:自 2020 年 5 月 1 日至 2023 年 12 月 31 日,从事二手车经销的纳税人销售其收购的二手车,由原按照简易办法依 3%征收率减按 2%征收增值税,改为减按 0.5%征收增值税。按下列公式计算销售额:

$$销售额=含税销售额\div(1+0.5\%)$$

"二手车"是指从办理完注册登记手续至达到国家强制报废标准之前进行交易并转移所有权的车辆，具体范围按照国务院商务主管部门出台的《二手车流通管理办法》执行。

四、其他有关减免税的规定

(1) 纳税人兼营免税、减税项目的，应当分别核算免税、减税项目的销售额；未分别核算销售额的，不得免税、减税。

(2) 纳税人发生应税销售行为适用减税、免税规定的，可以选择放弃减税、免税，依照增值税法规定缴纳增值税。放弃的减税、免税项目 36 个月内不得再减税、免税。纳税人同时适用两个以上减税、免税项目的，可以分不同减税、免税项目选择放弃。

纳税人发生应税销售行为同时适用免税和零税率规定的，优先适用零税率。

① 生产和销售免征增值税货物或劳务的纳税人要求放弃免税权，应当以书面形式提交放弃免税权声明，报主管税务机关备案。纳税人自提交备案资料的次月起，按照现行有关规定计算缴纳增值税。

② 放弃免税权的纳税人符合一般纳税人认定条件尚未认定为增值税一般纳税人的，应当按现行规定认定为增值税一般纳税人，其发生的应税销售行为可开具增值税专用发票。

③ 纳税人一经放弃免税权，其全部应税销售行为均应按照适用税率征税，不得选择某一免税项目放弃免税权，也不得根据不同的销售对象选择部分应税销售行为放弃免税权。

④ 纳税人在免税期内购进用于免税项目的货物、劳务、服务、无形资产、不动产所取得的增值税扣税凭证，一律不得抵扣。

第十节 征收管理

一、纳税义务发生时间

(一) 增值税的纳税义务发生时间的一般规定

(1) 纳税人发生应税销售行为，其纳税义务发生时间为收讫销售款项或者取得索取销售款项凭据的当天；先开具发票的，为开具发票的当天。

收讫销售款项，是指纳税人发生应税销售行为过程中或者完成后收到的款项。取得索取销售款项凭据的当天，是指书面合同确定的付款日期；未签订书面合同或者书面合同未确定付款日期的，为应税销售行为完成的当天或者不动产权属变更的当天。

(2) 进口货物，为报关进口的当天。

(3) 增值税扣缴义务发生时间为纳税人增值税纳税义务发生的当天。

(二) 增值税的纳税义务发生时间的具体规定

根据纳税人销售结算方式的不同具体规定如下。

(1) 采取直接收款方式销售货物，不论货物是否发出，均为收到销售款或者取得索取销售款项凭据的当天。

(2) 采取托收承付和委托银行收款方式销售货物，为发出货物并办妥托收手续的当天。

(3) 采取赊销和分期收款方式销售货物，为书面合同约定的收款日期的当天；无书面合同的或者书面合同没有约定收款日期的，为货物发出的当天。

(4) 采取预收货款方式销售货物，为货物发出的当天，但生产销售生产工期超过 12 个月的大型机械设备、船舶、飞机等货物，为收到预收款或者书面合同约定的收款日期的当天。

(5) 委托其他纳税人代销货物，为收到代销单位的代销清单，或者收到全部或部分货款的当天；未收到代销清单及货款的，为发出代销货物满 180 天的当天。

(6) 销售劳务，为提供劳务同时收讫销售款项或者取得索取销售款项凭据的当天。

(7) 纳税人发生视同销售服务、无形资产或者不动产情形的，其纳税义务发生时间为服务、无形资产转让完成的当天或者不动产权属变更的当天。

(8) 纳税人提供租赁服务采取预收款方式的，其纳税义务发生时间为收到预收款的当天。

(9) 纳税人从事金融商品转让的，为金融商品所有权转移的当天。

(10) 纳税人发生除将货物交付其他单位或者个人代销和销售代销货物以外的视同销售货物行为，为货物移送的当天。

二、纳税期限

(一) 增值税的纳税期限

根据《增值税暂行条例》，增值税的纳税期限有以下几种。

(1) 固定纳税期限：增值税的纳税期限分别为 1 日、3 日、5 日、10 日、15 日、1 个月或者 1 个季度。纳税人的具体纳税期限，由主管税务机关根据纳税人应纳税额的大小分别核定。

(2) 不能按照固定期限纳税的，可以按次纳税。

(3) 以 1 个季度为纳税期限的，适用于小规模纳税人、银行、财务公司、信托投资公司、信用社，以及财政部和国家税务总局规定的其他纳税人。

按固定期限纳税的小规模纳税人可以选择以 1 个月或 1 个季度为纳税期限，一经选择，一个会计年度内不得变更。

(二) 增值税的缴库期限

根据《增值税暂行条例》，纳税人以 1 个月或 1 个季度为一个纳税期限的，自期满之日起 15 日内申报纳税；以 1 日、3 日、5 日、10 日或者 15 日为一个纳税期限的，自期满之日起 5 日内预缴税款，于次月 1 日起 15 日内申报纳税并结清上月应纳税款。

纳税人进口货物，应当自海关填发海关进口增值税专用缴款书之日起 15 日内缴纳税款。

(三) 扣缴义务人解缴税款的期限

根据《增值税暂行条例》，扣缴义务人解缴税款的纳税期限和申报纳税期限，依照第三十五条前两款规定执行。即纳税期限为纳税人增值税纳税义务发生的当天，缴库期限为期满之日起 15 日内。

三、纳税地点

(1) 固定业户：应当向其机构所在地主管税务机关申报纳税。

① 总机构和分支机构不在同一县(市)的：应当分别向各自所在地的主管税务机关申报纳税；经财政部和国家税务总局或者其授权的财政和税务机关批准，可以由总机构汇总向总机构所在地的主管税务机关申报纳税。

② 固定业户到外县(市)销售货物或者劳务，根据税收属地管辖原则，应当向其机构所在地的主管税务机关报告外出经营事项，并向其机构所在地的主管税务机关申报纳税；未报告的，应当向销售地或者劳务发生地的主管税务机关申报纳税；未向销售地或者劳务发生地的主管税务机关申报纳税的，由其机构所在地的主管税务机关补征税款。

(2) 非固定业户。

销售货物或者劳务应当向销售地或者劳务发生地主管税务机关申报纳税；未向销售地或者劳务发生地的主管税务机关申报纳税的，由其机构所在地或者居住地主管税务机关补征税款。

(3) 进口货物，应当向报关地海关申报纳税。

(4) 扣缴义务人应当向其机构所在地或者居住地主管税务机关申报缴纳扣缴的税款。

四、纳税申报

(一) 增值税一般纳税人纳税申报

1. 增值税预缴税款表

纳税人(不含自然人)跨县(市)提供建筑服务、出租与机构所在地不在同一县(市)的不动产、房地产开发企业预售自行开发的房地产项目，应向建筑服务发生地或不动产所在地主管国税机关预缴税款的，需填报《增值税预缴税款表》(略)。

2. 增值税纳税申报表及其附列资料

增值税的纳税申报表及附表主要包括《增值税纳税申报表(一般纳税人适用)》(见表2-5)、《增值税纳税申报表附列资料(一)》(本期销售情况明细)(略)、《增值税纳税申报表附列资料(二)》(本期进项税额明细)(略)、《增值税纳税申报表附列资料(三)》(服务、不动产和无形资产扣除项目明细)(略)、《增值税纳税申报表附列资料(四)》(税额抵减情况表)(略)、《增值税纳税申报表附列资料(五)》(不动产分期抵扣计算表)(略)和《增值税减免税申报明细表》(略)。

表2-5 增值税纳税申报表

(一般纳税人适用)

根据国家税收法律法规及增值税相关规定制定本表。纳税人不论有无销售额，均应按税务机关核定的纳税期限填写本表，并向当地税务机关申报。

税款所属时间：自　　年　　月　　日至　　年　　月　　日

填表日期：　　年　　月　　日　　　　　　　　　　　　　　　　　　　　　　　　　　金额单位：元至角分

纳税人识别号：□□□□□□□□□□□□□□□□□□□□□□　　　　　　所属行业：

纳税人名称	(公章)	法定代表人姓名		注册地址		生产经营地址	
开户银行及账号		登记注册类型				电话号码	

	项目	栏次	一般项目		即征即退项目	
			本月数	本年累计	本月数	本年累计
销售额	(一) 按适用税率计税销售额	1				
	其中：应税货物销售额	2				
	应税劳务销售额	3				
	纳税检查调整的销售额	4				
	(二) 按简易办法计税销售额	5				
	其中：纳税检查调整的销售额	6				
	(三) 免、抵、退办法出口销售额	7			—	—
	(四) 免税销售额	8			—	—
	其中：免税货物销售额	9			—	—
	免税劳务销售额	10			—	—
税款计算	销项税额	11				
	进项税额	12				
	上期留抵税额	13				—
	进项税额转出	14				
	免、抵、退应退税额	15			—	—
	按适用税率计算的纳税检查应补缴税额	16			—	—
	应抵扣税额合计	17=12+13−14−15+16		—		—
	实际抵扣税额	18(如 17<11，则为17，否则为11)				
	应纳税额	19=11−18				
	期末留抵税额	20=17−18				—
	简易计税办法计算的应纳税额	21				
	按简易计税办法计算的纳税检查应补缴税额	22			—	—
	应纳税额减征额	23				
	应纳税额合计	24=19+21−23				
	期初未缴税额(多缴为负数)	25				
	实收出口开具专用缴款书退税额	26			—	—
	本期已缴税额	27=28+29+30+31				
	① 分次预缴税额	28		—		—
	② 出口开具专用缴款书预缴税额	29		—	—	—
	③ 本期缴纳上期应纳税额	30				
	④ 本期缴纳欠缴税额	31				
	期末未缴税额(多缴为负数)	32=24+25+26−27				
	其中：欠缴税额(≥0)	33=25+26−27		—		—

（续表）

项 目	栏次	一般项目		即征即退项目	
		本月数	本年累计	本月数	本年累计
本期应补(退)税额	34=24−28−29			——	——
即征即退实际退税额	35	——	——		
期初未缴查补税额	36			——	——
本期入库查补税额	37			——	——
期末未缴查补税额	38=16+22+36−37			——	——

授权声明	如果你已委托代理人申报，请填写下列资料： 为代理一切税务事宜，现授权 (地址)　　　　　　　　　为本纳税人的代理申报 人，任何与本申报表有关的往来文件，都可寄予此人。 授权人签字：	申报人声明	本纳税申报表是根据国家税收法律法规及相关规定填报的，我确定它是真实的、可靠的、完整的。 声明人签字：

主管税务机关：　　　　　　　　　　　接收人：　　　　接收日期：

(二) 增值税小规模纳税人纳税申报

增值税小规模纳税人纳税申报表及附表主要包括《增值税纳税申报表(小规模纳税人适用)》(见表 2-6)、《增值税纳税申报表(小规模纳税人适用)附列资料》(略)、《增值税减免税申报明细表》(略)。

表2-6 增值税纳税申报表

(小规模纳税人适用)

纳税人识别号：□□□□□□□□□□□□□□□□□□

纳税人名称(公章)：　　　　　　　　　　　　　　　金额单位：元至角分

税款所属期：　年 月 日至　年 月 日　　　　　填表日期：　年　月　日

项 目	栏次	本期数		本年累计	
		货物及劳务	服务、不动产和无形资产	货物及劳务	服务、不动产和无形资产
一、计税依据 (一) 应征增值税不含税销售额(3%征收率)	1				
税务机关代开的增值税专用发票不含税销售额	2				
税控器具开具的普通发票不含税销售额	3				
(二) 应征增值税不含税销售额(5%征收率)	4	——		——	
税务机关代开的增值税专用发票不含税销售额	5	——		——	
税控器具开具的普通发票不含税销售额	6	——		——	
(三) 销售使用过的固定资产不含税销售额	7(7≥8)		——		——
其中：税控器具开具的普通发票不含税销售额	8		——		——
(四) 免税销售额	9=10+11+12				
其中：小微企业免税销售额	10				
未达起征点销售额	11				
其他免税销售额	12				
(五) 出口免税销售额	13(13≥14)				
其中：税控器具开具的普通发票销售额	14				

(续表)

二、税款计算	本期应纳税额	15				
	本期应纳税额减征额	16				
	本期免税额	17				
	其中：小微企业免税额	18				
	未达起征点免税额	19				
	应纳税额合计	20=15−16				
	本期预缴税额	21		——	——	
	本期应补(退)税额	22=20−21				

纳税人或代理人声明：	如纳税人填报，由纳税人填写以下各栏：	
本纳税申报表是根据国家税收法律法规及相关规定填报的，我确定它是真实的、可靠的、完整的。	办税人员：	财务负责人：
	法定代表人：	联系电话：
	如委托代理人填报，由代理人填写以下各栏：	
	代理人名称(公章)：	经办人：
		联系电话：

主管税务机关：　　　　　　　　　接收人：　　　　　　　　　接收日期：

国家税务总局监制

第十一节　增值税发票的使用及管理

增值税一般纳税人发生应税销售行为，应使用增值税发票管理新系统(以下简称新系统)开具增值税发票，包括增值税专用发票、增值税普通发票、机动车销售统一发票、增值税电子普通发票。新系统包括专用设备和通用设备，专用设备主要是指金税盘(开具发票)和报税盘(领购发票、抄报税)，通用设备包含计算机、税控服务器、打印机、扫描仪等硬件设备。

一、增值税专用发票

(一) 增值税专用发票的联次与领购

1. 增值税专用发票的联次构成

增值税专用发票由基本联次或者基本联次附加其他联次构成。基本联次为三联：发票联、抵扣联和记账联。发票联，作为购买方核算采购成本和增值税进项税额的记账凭证；抵扣联，作为购买方报送主管税务机关认证和留存备查的凭证；记账联，作为销售方核算销售收入和增值税销项税额的记账凭证。其他联次用途，由一般纳税人自行确定。

2. 增值税专用发票的领购

一般纳税人凭《发票领购簿》、IC 卡和经办人身份证明领购增值税专用发票。一般纳税人有下列情形之一的，不得领购增值税专用发票。

(1) 会计核算不健全。

(2) 有《税收征管法》规定的税收违法行为，拒不接受税务机关处理的。

(3) 有下列行为之一，经税务机关责令限期改正而仍未改正的：

① 虚开增值税专用发票；

② 私自印制增值税专用发票；

③ 向税务机关以外的单位和个人买取增值税专用发票；

④ 借用他人增值税专用发票；

⑤ 未按要求开具专用发票；

⑥ 未按规定保管专用发票和专用设备；

⑦ 未按规定申请办理防伪税控系统变更发行；

⑧ 未按规定接受税务机关检查。

有上列情形的，如已领购增值税专用发票，主管税务机关应暂扣其结存的增值税专用发票和 IC 卡。

3. 新办纳税人首次申领增值税发票的规定

税务机关为符合规定的新办纳税人首次申领增值税发票办理包括发票票种核定、增值税专用发票(增值税税控系统)最高开票限额审批、增值税税控系统专用设备初始发行、发票领用等涉税事项。增值税专用发票最高开票限额不超过 10 万元，每月最高领用数量不超过 25 份；增值税普通发票最高开票限额不超过 10 万元，每月最高领用数量不超过 50 份。各省税务机关可以在此范围内结合纳税人税收风险程度，自行确定新办纳税人首次申领增值税发票票种核定标准。

(二) 增值税专用发票的开具

1. 增值税专用发票的开具范围

一般纳税人发生应税销售行为，应向购买方开具增值税专用发票。增值税小规模纳税人需要开具增值税专用发票的，可向主管税务机关申请代开。如发生下列情形，一般纳税人不得开具专用发票：

(1) 商业企业零售的烟、酒、食品、服装、鞋帽(不包括劳保专用部分)、化妆品等消费品；

(2) 销售免税货物，法律、法规及国家税务总局另有规定的除外；

(3) 应税销售行为的购买方为消费者个人的；

(4) 发生应税销售行为适用免税规定的。

2. 开具增值税专用发票后发生退货或开票有误的处理

增值税一般纳税人开具增值税专用发票后，发生销货退回、开票有误、应税服务中止等情形，但不符合发票作废条件，或者因销货部分退回及发生销售折让，需要按照国家税务总局的规定开具红字增值税专用发票。

(1) 购买方取得增值税专用发票已用于申报抵扣的，购买方可在新系统中填开并上传《开具红字增值税专用发票信息表》(以下简称《信息表》)，在填开《信息表》时不填写相对应的蓝字增值税专用发票信息，应暂依《信息表》所列增值税税额从当期进项税额中转出，待取得销售方开具的红字增值税专用发票后，与《信息表》一并作为记账凭证。

购买方取得增值税专用发票未用于申报抵扣，但发票联或抵扣联无法退回的，购买方填开《信息表》时应填写相对应的蓝字增值税专用发票信息。

销售方开具增值税专用发票尚未交付购买方，以及购买方未用于申报抵扣并将发票联及抵扣联退回的，销售方可在新系统中填开并上传《信息表》。销售方填开《信息表》时应填写相对应的蓝字增值税专用发票信息。

(2) 主管税务机关通过网络接收纳税人上传的《信息表》，系统自动校验通过后，生成带有

"红字发票信息表编号"的《信息表》,并将信息同步至纳税人端系统中。

(3) 销售方凭税务机关系统校验通过的《信息表》开具红字增值税专用发票,在新系统中以销项负数开具。红字增值税专用发票应与《信息表》一一对应。

(4) 纳税人也可凭《信息表》电子信息或纸质资料到税务机关对《信息表》内容进行校验。

3. 小规模纳税人的增值税专用发票

(1) 税务机关代开增值税专用发票管理办法。

代开增值税专用发票是指主管税务机关所管辖范围内的增值税纳税人(指已办理税务登记的小规模纳税人,包括个体经营者以及国家税务总局确定的其他可予代开增值税专用发票的纳税人)发生应税销售行为时,主管税务机关为需要开具专用发票的小规模纳税人代开增值税专用发票。除税务机关以外的其他单位和个人不得代开。代开增值税专用发票统一使用增值税防伪税控代开票系统开具。

自然人委托房屋中介、住房租赁企业等单位出租不动产,需要向承租方开具增值税发票的,可以由受托单位代其向主管地税机关按规定申请代开增值税发票。

(2) 小规模纳税人自行开具增值税专用发票试点。

增值税小规模纳税人自行开具增值税专用发票试点范围包括:住宿业,鉴证咨询业,建筑业,工业,信息传输、软件和信息技术服务业,租赁和商务服务业,科学研究和技术服务业,居民服务、修理和其他服务业,共计八个行业。自开发票试点纳税人销售其取得的不动产,需要开具增值税专用发票的,仍需向税务机关申请代开。选择自行开具增值税专用发票的小规模纳税人,税务机关不再为其代开增值税专用发票。

二、增值税普通发票和电子普通发票

(一) 增值税普通发票

增值税普通发票,是将除商业零售以外的增值税一般纳税人纳入增值税防伪税控系统开具和管理,即"一机多票",一般纳税人可以使用同一套增值税防伪税控系统开具增值税专用发票、增值税普通发票等。

(1) 增值税普通发票的格式、字体、栏次、内容与增值税专用发票完全一致,按发票联次分为两联票和五联票两种,基本联次为两联,第一联为记账联,第二联为发票联。

(2) 增值税普通发票代码的编码原则与增值税专用发票基本一致。发票左上角10位代码的含义:第1~4位代表各省;第5~6位代表制版年度;第7位代表印制批次;第8位代表发票种类,普通发票用"6"表示;第9位代表几联版,普通发票二联版用"2"表示,普通发票五联版用"5"表示;第10位代表金额版本号,"0"表示电脑版。

(3) 增值税普通发票第二联(发票联)采用防伪纸张印制。代码采用专用防伪油墨印刷,号码的字型为专用异型体。各联次的颜色依次为蓝、橙、绿蓝、黄绿和紫红色。

凡纳入"一机多票"系统(包括试运行)的一般纳税人,自纳入之日起,一律使用全国统一的增值税普通发票,并通过防伪税控系统开具。

(二) 增值税电子普通发票

推行通过增值税电子发票系统开具的增值税电子普通发票,有利于降低纳税人经营成本,节约社会资源,方便消费者保存使用发票,并能够营造健康公平的税收环境。《关于推行通过增值税电子发票系统开具的增值税电子普通发票有关问题的公告》(国家税务总局公告2015年第84号)的主要规定如下。

(1) 增值税电子普通发票的开票方和受票方需要纸质发票的,可以自行打印增值税电子普通发票的版式文件,其法律效力、基本用途、基本使用规定等与税务机关监制的增值税普通发票相同。

(2) 增值税电子普通发票的发票代码为12位,编码规则:第1位为0,第2~5位代表省、自治区、直辖市和计划单列市,第6~7位代表年度,第8~10位代表批次,第11~12位代表票种(11代表增值税电子普通发票)。发票号码为8位,按年度、分批次编制。

三、机动车销售统一发票

凡从事机动车零售业务的单位和个人,从2006年8月1日起,在销售机动车(不包括销售旧机动车)收取款项时,必须开具税务机关统一印制的新版《机动车销售统一发票》,并在发票联加盖财务专用章或发票专用章,抵扣联和报税联不得加盖印章。从2006年10月1日起,《机动车销售统一发票》注册登记联一律加盖开票单位印章。

《机动车销售统一发票》为电脑六联式发票,第一联为发票联(购货单位付款凭证)、第二联为抵扣联(购货单位扣税凭证)、第三联为报税联(车购税征收单位留存)、第四联为注册登记联(车辆登记单位留存)、第五联为记账联(销货单位记账凭证)、第六联为存根联(销货单位留存)。发票代码、发票号码印色均为黑色,当购货单位为非增值税一般纳税人时,由销货单位留存第二联抵扣联。

本 章 小 结

1. 增值税征税范围一般规定包括在境内销售或进口的货物、提供的加工、修理修配劳务、销售服务、销售无形资产和销售不动产。增值税征税范围的特殊规定包括特殊项目、特殊行为(视同发生应税销售行为和混合销售与兼营行为)。

2. 增值税的纳税人为在中华人民共和国境内销售货物、劳务、服务、无形资产、不动产的单位和个人。按照经营规模和会计核算是否健全可以划分为增值税一般纳税人和小规模纳税人。

3. 增值税税率仅限于一般计税方法使用。目前我国增值税设置了一档基本税率(13%)和两档低税率(9%和6%),对出口货物实行零税率。简易计税办法下,适用征收率计税。

4. 一般计税方法下,当期应纳税额等于当期销项税额减去当期进项税额。销项税额等于不含税销售额乘以增值税税率,销售额根据一般销售、视同销售、特殊销售和差额计税四种情况分别确定。进项税额包括准予抵扣和不得抵扣两类,准予抵扣分为以票抵扣、计算抵扣和加计抵减,不得抵扣按照不做进项税额处理和进项税额转出两种方式处理。

5. 简易计税方法下,应按不含税销售额和征收率计算应纳增值税额,且不得抵扣进项税额。

6. 凡是申报进入我国海关境内的货物,均应缴纳增值税。对报关进口的货物,以进口货物的收货人(承受人)或办理报关手续的单位和个人为进口货物的纳税人。进口货物的纳税人均按组成计税价格和规定的税率计算应纳税额。

7. 我国的出口货物、劳务和跨境应税行为的增值税税收基本政策分为退(免)税政策、免税政策和征税政策。适用增值税一般计税方法的生产企业出口自产货物按照"免、抵、退"税办法，免征出口环节增值税，账面应退税额按照"当期留抵"与直观尺度"免抵退税额"孰低的原则退税。外贸企业适用"免、退"税办法，免征增值税，相应的进项税额予以退还。

8. 增值税的税收优惠包括法定的免税项目、《营改增通知》及有关部门规定的税收优惠政策、财政部和国家税务总局规定的其他增值税优惠，以及其他有关减免税规定。增值税的征收管理包括纳税义务发生时间、纳税期限、纳税地点和纳税申报。增值税发票包括增值税专用发票、增值税普通发票和电子普通发票、机动车销售统一发票。

第三章

消 费 税 法

第一节　消费税法概述

一、消费税的概念和作用

消费税法是指国家制定的用以调整消费税征收与缴纳相关权利及义务关系的法律规范。消费税是指对消费品和特定的消费行为按流转额征收的一种商品税。消费税源于英语中的 Excise 一词，Excise Tax，可译为国内产品税、国内消费税或货物税等。广义上，消费税应对所有消费品包括生活必需品和日用品普遍课税，它是对一般消费品或消费行为征收的税类，如增值税。但在征收实践和实际运用中，消费税主要是狭义的概念，即只对特定消费品或特定消费行为征收的一种税。特别消费税属于选择性商品劳务税，由各国政府根据各国国情和政策目的选择相应的商品或劳务作为征税对象。目前，世界上开征消费税的国家中，大多采用的是这种含义的消费税。各国征收消费税的项目和数量有较大差异，多者达 100 多种，少者有几种，甚至一种，而且名目各异，花样繁多，如烟税、酒和其他饮料税、盐税、茶税、汽油税等，还有赌具税、彩票税、狩猎税、狗税等各种针对独特消费品或消费行为的税种。

我国目前的消费税是对在我国境内从事生产、委托加工和进口应税消费品的单位和个人，就其销售额或销售数量在特定环节征收的一种税。可见，我国消费税指的是狭义的概念。

消费税的征收具有较强的选择性，除了对于财政收入方面的考虑，现代消费税的开征目的主要是发挥其独特的灵活调节功能，以弥补市场的缺陷，它是国家贯彻消费政策、引导消费结构，从而引导产业结构的重要手段，因而在保证国家财政收入、体现国家经济政策等方面具有十分重要的意义。

首先，引导合理消费。对社会公认应该加以限制的消费品或消费行为，消费税可以征收高额的税收，如对烟、酒等不良消费品征收高额消费税，体现了"寓禁于征"和限制消费的宗旨，优化配置了有限的资源。

其次，改善环境并减少污染。常见的应税消费品还有石油产品和汽车等，这些商品一般都具有以下特征：需求弹性小、消费有"恶"的因素或者消费具有"负外部性"。通过对产生外部成本的行为征税，转外部成本为内部成本，不仅可以为整治环境污染筹集资金，而且可促进纳税人从产量、经营项目、开发新的环保技术等方面采取各种应对措施，从而促进整个社会福利增加。

最后，促进社会收入公平分配。消费税对金银首饰、高档手表、游艇等一些奢侈品征税，这些商品和劳务通常是那些低收入者不消费或不经常消费的。消费税按消费金额或消费数量实行比例税率或定额税率，实现高收入者比低收入者承担更多的消费税的目的，具有一定的累进税率的特点。

二、消费税的特点

我国现行消费税的主要特点有以下几个。

(一) 征税范围具有选择性

由消费税的概念可以看出，我国消费税在征收范围上仅选择部分消费品征税，而不是对所有消费品都征收消费税。这也是消费税区别于其他税种的最本质特征，它能够体现特定的产业政策与消费政策目标。我国目前消费税主要涉及高档消费品或奢侈品、高能耗消费品和不可再生的稀缺资源消费品，以及不利于人类健康和生态社会环境的消费品。与国外消费税相比，我国未将特殊消费行为列入征税范围。

(二) 征税环节具有单一性

基于加强源泉控制、防止税款流失和减少税收成本、提高征管效率的考虑，世界各国对大多数消费品一般选择在生产环节征税。我国也是如此，现行消费税不是在消费品从生产到消费全过程的各个环节多次征收，而是一般选择生产经营的起始环节(生产、委托加工或进口环节)，或者选择最终消费或使用环节(零售环节)，即通常所说的一次课征制。

(三) 计税方法具有灵活性

消费税针对不同的税目可以采用不同的征税方法。从价定率征收方式，适用于供求矛盾突出、价格变化较大，且便于按价格核算的应税消费品；从量定额征收方式，适用于供求基本平衡、价格变动较小，品种和规格比较单一的大宗应税消费品；而对特殊商品为达到"寓禁于征"和控制逃漏税的目的，实行从价和从量复合计征。

(四) 平均税率水平比较高且税负差异大

消费税的平均税率水平比较高，列入征税范围的消费品税率水平弹性很大，高低相差悬殊。消费税依据不同消费品的种类、档次、结构、功能或含量，以及市场供求、价格水平等情况，分别确定不同的税率。例如，我国电池和涂料适用 5%的税率，而甲类卷烟适用高达 56%的比例税率，根据气缸容量不同对小汽车实行 1%~40%的差别税率。这种平均税率水平高、税负差异大的特点，能够限制或者控制一些消费品的消费，充分体现国家特定政策的需要和对社会经济生活所具有的独特的调节作用。

三、消费税与增值税的关系

(一) 消费税与增值税的联系

1. 二者均属于间接税范畴，税收负担具有转嫁性

消费税无论在哪个环节征收，消费品中所包含的消费税款最终都要转嫁到消费者身上，由最终的消费者负担，销售方是纳税人，消费者是负税人。

2. 消费税是增值税的"税上税"

消费税也是对货物征税，在增值税对所有货物普遍征收的基础上，消费税选择其中一部分货物征税。缴纳增值税的货物并非都缴纳消费税，但缴纳消费税的货物一定缴纳增值税，在某一特定的环节两个税种是同时征收的。

3. 二者计税依据具有重叠性

对于以从价定率方式征收消费税的货物，征收增值税的同时需要征收消费税的，二者计税依据一致。

(二) 消费税与增值税的区别

1. 征税范围不同

增值税的征税范围涵盖所有的货物、劳务、服务、无形资产和不动产，消费税仅限于增值税货物中的烟、酒、化妆品等15类特定应税消费品。

2. 与价税关系不同

增值税是价外税，消费税是价内税，即在理论上消费税的计税依据中包含消费税本身，同多数税款一样需计入"营业税金及附加"，会影响企业成本利润的核算。

3. 纳税环节不同

消费税实行单一课征制，我国消费税目前除卷烟和超豪华小汽车外只在单一环节(生产或零售)征税。而增值税实行多环节道道课征，同一货物在生产、批发和零售等多环节征收。

4. 计税方法不同

增值税是根据一般纳税人和小规模纳税人两类纳税人身份，选用一般计税方法和简易计税方法计税，依销售额作为单一计税依据，实行从价定率计税；而消费税是按照不同的税目和应税消费品，依据销售额和销售数量，选择从价计征、从量计征和从价从量复合计征三种计税方法。

5. 具有显著的税收非中性特征

在商品税体系中居重要地位的增值税充分体现了税收中性的原则，即政府课税尽可能地不干扰经济主体的活动。而消费税的开征目的不仅限于财政收入的取得，更重要的是国家通过调解和限制消费来实现调节收入、优化产业结构和资源配置的目的，其税收非中性特征十分显著。

四、我国消费税法的发展历程

消费税在国外有着悠久的征收历史，远至古罗马时代，就开征了诸如盐税、酒税和皮毛税

等单一税目的消费税性质的产品税，即为消费税的雏形。随后，欧洲的中古到近古时期，出现了对必需品和奢侈品区分课税的产品税。工业革命后，随着国家财政需求日益增加，尤其是出于筹措战争经费的目的，流转税和消费税相结合或商品销售税与消费税相结合的商品税制模式相继在各主要资本主义国家确立。随着商品和货币经济的发展，消费税的课征范围不断扩大，已发展成为西方各国财政收入的主要来源。然而在19世纪至20世纪初期间，由于以所得税为代表的直接税制体系的发展，加之当时民主政治和量能课税学说的兴起，消费税曾一度受到削弱，以至在"一战"之前消费税仅有为数不多的国家采用。伴随着两次世界大战战后财政困难和其他税收匮乏，消费税又重新被各国采纳。直至目前，世界上已经有100多个国家和地区开征了消费税，消费税已经凭借其财源集中、易于征管和对经济独特的调节作用等特征，成为世界各国税制体系中不可或缺的重要部分。

我国在周朝就开始征收"山泽之赋"。春秋战国时期，齐国管仲首创盐铁专卖，此后盐税、铁税、酒税、茶税成为最主要的产品税。虽然有的时期实行专卖的方式，有的时期实行征税的方式，但这些具有消费税性质的产品税对于我国封建时期历朝历代的政府来说非常重要，在收入来源中有举足轻重的地位。

新中国成立初期开征的货物税和特种消费税，是现行消费税的前身，是经过半个多世纪的发展和完善而逐步形成的。1950年我国颁布《货物税暂行条例》，选定烟、纤维、饮食品等10大类、51个项目、1136个细目的货物开始征收货物税，同年，还开征了娱乐、筵席、冷食、旅馆4个税目的特种消费行为税。但在1953年税制改革中，取消了特种消费行为税，除电影、娱乐和戏剧三个行业改征文化娱乐税，其余均并入营业税。其后，征收的工商统一税(1958—1973年)、工商税中相当于货物税的一部分(1973—1984年)，以及征收的产品税和增值税(1984—1993年)，都体现了对消费品或消费行为课税，实质上等同于或部分等同于消费税性质，只是尚未真正命名为消费税。而后更具浓厚消费税色彩的是1983年征收的烧油特别税、1988年开征的筵席税，以及1989年对小轿车、彩电开征的特别消费税。

一直到1994年，我国进行全面的税制改革，消费税才正式作为一个独立的税种存在。我国在1993年底由国务院颁布了《中华人民共和国消费税暂行条例》，并于1994年1月1日起正式施行。1993年12月25日，财政部、国家税务总局还发布了《中华人民共和国消费税暂行条例实施细则》，在对货物普遍征收增值税的基础之上，选定了11类需要限制或调节的消费品开始征收消费税，以贯彻国家产业政策和引导消费政策，进而形成当前增值税进行普遍征收、消费税进行特殊调节，部分交叉征税的双层税制结构。

多年来，为了持续不断贯彻国家的消费政策，保护自然资源，实现节能减排、引导消费方向，国家对消费税的征税范围、税目、税率及相关政策进行了多次调整。消费税的征税范围和适用税率等一直在不断更新中。

现行消费税法的基本规范，是2008年11月5日经国务院第34次常务会议修订通过并颁布，并自2009年1月1日起施行的《中华人民共和国消费税暂行条例》(以下简称《消费税暂行条例》)，以及2008年12月15日财政部、国家税务总局第51号令颁布的《中华人民共和国消费税暂行条例实施细则》(以下简称《消费税暂行条例实施细则》)。为了保持增值税和消费税、营业税之间相关政策和征管措施之间的有效衔接，新修订的《消费税暂行条例》还将1994年以来出台的政策内容调整更新至其中，例如，对卷烟和白酒进行复合计税、将金银首饰改在零售环节征收，调整消费税税目、税率等；将纳税申报期限从10日延长至15日，以实现与增值税条例衔接，并调整了消费税的纳税地点等规定。

2006 年 3 月 20 日，我国进行了一次重要的消费税结构性调整，2006 年 4 月 1 日起执行，将资源品和奢侈品的范围进行了扩大，新增高尔夫球及球具、高档手表、游艇、木制一次性筷子、实木地板税目；取消汽油、柴油税目，增列成品油税目；取消护肤护发品税目，将原属于护肤护发品征税范围的高档护肤类化妆品列入化妆品税目；取消小汽车税目下的小轿车、越野车、小客车子目，在小汽车税目下分设乘用车、中轻型商用客车子目；将摩托车税率改为按排量分档设置；将汽车轮胎 10%的税率下调到 3%。在此次改革过程中，促进环境保护和节约资源、合理引导消费和间接调节收入分配这两个重点得到了充分的体现。改革以后，消费税税目由原来的 11 个调整为 14 个。

2014 年以来，消费税征收范围继续调整，并聚焦于税率调整。在征收范围上，2014 年 12 月 1 日起，取消酒精、小排量摩托车、汽车轮胎以及车用含铅汽油消费税；2015 年 1 月 26 日，增加电池、涂料等高污染产品消费税；2016 年 9 月 30 日，取消普通化妆品等消费税的征收。在税率上，2014 年以来成品油消费税税率三次上调，2015 年烟草消费税税率大幅提高，2016 年对超豪华小汽车加征 10%的消费税等。

随着上述改革的推进，2019 年 12 月 3 日，财政部、国家税务总局发布《中华人民共和国消费税法(征求意见稿)》，公布了现行 15 个消费税税目，推进消费税进一步立法。2020 年 9 月 28 日，财政部的《关于全国政协十三届三次会议第 1570 号(财税金融类 169 号)提案答复的函》(财预函〔2020〕155 号)中，称下一步改革方向主要是现行消费税税目征收环节后移，这可能意味着消费税税目短期内不会继续调整，未来消费税可能不会扩大范围。

第二节　纳税义务人与税目、税率

一、纳税义务人

在中华人民共和国境内生产、委托加工和进口消费税暂行条例规定的消费品的单位和个人，以及国务院确定的销售《消费税暂行条例》规定的消费品的其他单位和个人，为消费税的纳税人，应当依照《消费税暂行条例》缴纳消费税。单位，是指企业、行政单位、事业单位、军事单位、社会团体和其他单位。个人，是指个体工商户和自然人。

生产、委托加工和进口应税消费品(除金银首饰、钻石及钻石饰品)，以及零售金银首饰、钻石及钻石饰品的单位和个人是消费税的纳税人，在指定环节一次性缴纳消费税，除另有规定外，一般不在其他环节再缴纳消费税；但批发卷烟的单位、零售超豪华小汽车的单位、进口自用超豪华小汽车的单位及人员，也是消费税的纳税人，实行双环节征税。

"在中华人民共和国境内"，是指生产、委托加工和进口属于应当缴纳消费税的消费品的起运地或者所在地在境内。

【例 3-1 单选题】下列单位中，不属于消费税纳税人的是(　　)。

　　A. 小汽车生产企业　　　　　　　　B. 批发卷烟的单位

　　C. 零售超豪华小汽车的单位　　　　D. 零售金银首饰的单位

【答案】D

【分析】零售金银首饰的单位和个人是消费税纳税义务人。

二、税目

消费税征税范围较窄，国家也会依据经济发展、环境保护等国家大政方针和产业政策进行修订。根据《消费税暂行条例》及相关法规规定，目前消费税税目包括 15 种商品，还进一步对部分税目划分了若干子目。

(一) 烟

凡是以烟叶为原料加工生产的产品，不论其使用何种辅料，均属于本税目的征收范围。"烟"税目下子目有以下几种。

(1) 卷烟。

卷烟包括进口卷烟、白包卷烟、手工卷烟和未经国务院批准纳入计划的企业及个人生产的卷烟。

① 甲类卷烟：每标准条(200 支，下同)调拨价格在 70 元(含 70 元，不含增值税)以上的卷烟。

② 乙类卷烟：每标准条调拨价格在 70 元(不含增值税)以下的卷烟。

卷烟换算单位：1 标准箱=250 标准条；1 标准条=200 标准支。

卷烟在生产、委托加工、进口环节征消费税，批发环节加征消费税。

(2) 雪茄烟。

(3) 烟丝。

(二) 酒

酒是酒精度在 1 度以上的各种酒类饮料，包括白酒、黄酒、啤酒和其他酒。需要注意的是：

(1) 啤酒。

① 甲类啤酒：每吨出厂价(含包装物及包装物押金)在 3 000 元(含 3 000 元，不含增值税)以上的啤酒。

② 乙类啤酒：每吨出厂价(含包装物及包装物押金)在 3 000 元(不含增值税)以下的啤酒。

包装物押金不包括重复使用的塑料周转箱的押金。对饮食业、商业、娱乐业举办的啤酒屋(啤酒坊)利用啤酒生产设备生产的啤酒，应当征收消费税。果啤属于啤酒，按啤酒征收消费税。

(2) 配制酒(露酒)。

配制酒(露酒)是指以发酵酒、蒸馏酒或食用酒精为酒基，加入可食用或药食两用的辅料或食品添加剂，进行调配、混合或再加工制成的并改变了其原酒基风格的饮料酒。具体规定如下：

① 以蒸馏酒或食用酒精为酒基，具有国家相关部门批准的国食健字或卫食健字文号并且酒精度低于 38 度(含)的配制酒，按消费税税目税率表"其他酒"10%适用税率征收消费税。

② 以发酵酒为酒基，酒精度低于 20 度(含)的配制酒，按消费税税目税率表"其他酒"10%适用税率征收消费税。

③ 其他配制酒，按消费税税目税率表"白酒"适用税率征收消费税。

(3) 葡萄酒消费税适用"酒"税目下设的"其他酒"子目。葡萄酒是指以葡萄为原料，经破碎(压榨)、发酵而成的酒精度在 1 度(含)以上的葡萄原酒和成品酒(不含以葡萄为原料的蒸馏酒)。

(三) 高档化妆品

高档化妆品包括高档美容、修饰类化妆品，高档护肤类化妆品，成套化妆品。高档美容、修饰类化妆品和高档护肤类化妆品是指生产(进口)环节销售(完税)价格(不含增值税)在 10 元/毫升(克)或 15 元/片(张)及以上的美容、修饰类化妆品和护肤类化妆品。美容、修饰类化妆品是指香水、香水精、香粉、口红、指甲油、胭脂、眉笔、唇笔、蓝眼油、眼睫毛以及成套化妆品。

舞台、戏剧、影视演员化妆用的上妆油、卸妆油、油彩，不属于本税目的征收范围。高档护肤类化妆品征收范围另行制定。

我国自 2016 年 10 月 1 日起，取消对普通美容、修饰类化妆品征收消费税，税目名称由"化妆品"更名为"高档化妆品"。

(四) 贵重首饰及珠宝玉石

本税目包括以金、银、白金、宝石、珍珠、钻石、翡翠、珊瑚、玛瑙等高贵稀有物质，以及其他金属、人造宝石等制作的各种纯金银首饰及镶嵌首饰和经采掘、打磨、加工的各种珠宝玉石。

各种纯金银首饰及镶嵌首饰、铂金首饰、钻石及钻石饰品，在零售环节缴纳消费税；其他贵重首饰及珠宝玉石在生产、委托加工、进口环节缴纳消费税；

对出国人员免税商店销售的金银首饰征收消费税。

(五) 鞭炮、焰火

本税目包括各种鞭炮、焰火。体育上用的发令纸、鞭炮药引线，不按本税目征收消费税。

(六) 成品油

本税目包括汽油、柴油、石脑油、溶剂油、航空煤油、润滑油、燃料油 7 个子目；航空煤油暂缓征收。

变压器油、导热类油等绝缘油类产品不属于润滑油，不征收消费税。纳税人利用废矿物油为原料生产的润滑油基础油、汽油、柴油等工业油料免征消费税。

(七) 小汽车

小汽车是指由动力驱动，具有 4 个或 4 个以上车轮的非轨道承载的车辆，包括以下几种。

(1) 乘用车(小轿车)：含驾驶员座位在内最多不超过 9 个座位(含)的，在设计和技术特性上用于载运乘客和货物的各类乘用车。

(2) 中轻型商用客车：含驾驶员座位在内的座位为 10～23 个(含 23)的，在设计和技术特性上用于载运乘客和货物的各类中轻型商用客车。

车身长度大于 7 米(含)，并且座位为 10～23 个(含 23)以下的商用客车，不属于中轻型商用客车征税范围，不征收消费税。

(3) 改装车：用排气量小于 1.5 升(含)的乘用车底盘(车架)改装、改制的车辆属于乘用车征收范围。用排气量大于 1.5 升的乘用车底盘(车架)或用中轻型商用客车底盘(车架)改装、改制的车辆属于中轻型商用客车征收范围。

(4) 超豪华小汽车：每辆零售价格在 130 万元(不含增值税)及以上的乘用车和中轻型商用客车，在零售环节需要加征消费税。

电动汽车不属于本税目征收范围。沙滩车、雪地车、卡丁车、高尔夫车不属于消费税征收范围，不征收消费税。

(八) 摩托车

本税目包括轻便摩托车和摩托车两种，包括两轮和三轮摩托车。对最大设计车速不超过 50 千米/小时、发动机气缸总工作容量不超过 50 毫升的三轮摩托车不征收消费税。对气缸容量在 250 毫升(不含)以下的小排量摩托车不征收消费税。

(九) 高尔夫球及球具

高尔夫球及球具是指从事高尔夫球运动所需的各种专用装备，包括高尔夫球、高尔夫球杆及高尔夫球包(袋)等。高尔夫球杆的杆头、杆身和握把属于本税目的征收范围。

(十) 高档手表

高档手表是指销售价格(不含增值税)每只在 10 000 元(含)以上的各类手表。

(十一) 游艇

游艇是指长度大于 8 米(含)、小于 90 米(含)，内置发动机，船体由玻璃钢、钢、铝合金、塑料等多种材料制作，可以在水上移动的水上浮载体，一般为私人或团体购置，主要用于水上运动和休闲娱乐等非营利活动。游艇按照动力划分为无动力艇、帆艇和机动艇。

(十二) 木制一次性筷子

木制一次性筷子，又称卫生筷子，是指以木材为原料经过锯段、浸泡、旋切、刨切、烘干、筛选、打磨、倒角、包装等环节加工而成的各类供一次性使用的筷子，包括各种规格的木制一次性筷子。未经打磨、倒角的木制一次性筷子属于本税目征税范围。

(十三) 实木地板

实木地板是指以木材为原料，经锯割、干燥、刨光、截断、开榫、涂漆等工序加工而成的块状或条状的地面装饰材料。实木地板按生产工艺不同，可分为独板(块)实木地板、实木指接地板、实木复合地板三类；按表面处理状态不同，可分为未涂饰地板(白坯板、素板)和漆饰地板两类。它包括各类规格的实木地板、实木指接地板、实木复合地板及用于装饰墙壁、天棚的侧端面为榫、槽的实木装饰板。未经涂饰的素板也属于本税目征税范围。

(十四) 电池

电池是一种将化学能、光能等直接转换为电能的装置，一般由电极、电解质、容器、极端、通常还有隔离层组成的基本功能单元，以及用一个或多个基本功能单元装配成的电池组。自 2015 年 2 月 1 日起对电池征税，包括原电池、蓄电池、燃料电池、太阳能电池、铅蓄电池和其他电池。对无汞原电池、金属氢化物镍蓄电池(又称氢镍蓄电池或镍氢蓄电池)、锂原电池、锂离子蓄电池、太阳能电池、燃料电池、全钒液流电池免征消费税。

(十五) 涂料

涂料是指涂于物体表面能形成具有保护、装饰或特殊性能的固态涂膜的一类液体或固体材料的总称。自 2015 年 2 月 1 日起对涂料征收消费税，施工状态下挥发性有机物(Volatile Organic Compounds，VOC)含量低于 420 克/升(含)的涂料免征消费税。

三、税率

《消费税暂行条例》根据不同应税消费品的具体情况，设置三种消费税税率形式。

(1) 比例税率：依据销售金额确定单位税率，主要适用于烟(除卷烟)、酒(除白酒、啤酒和黄酒)、高档化妆品、贵重首饰及珠宝玉石、鞭炮和焰火、小汽车、摩托车、高尔夫球及球具、高档手表、游艇、木制一次性筷子、实木地板、电池和涂料等。

(2) 定额税率：按单位重量或单位体积确定单位税额，主要适用于酒类产品中的啤酒和黄酒2个子税目和成品油税目的7个子税目。

(3) 复合税率：采用比例税率和定额税率双重征收形式，主要适用于卷烟和白酒两种应税消费品。

消费税税目、税率如表3-1所示。

表3-1 消费税税目、税率表

税 目	税率		
	生产(进口)环节	批发环节	零售环节
(一) 烟			
1. 卷烟			
(1) 甲类卷烟(生产或进口环节)	56%加0.003元/支	11%加	
(2) 乙类卷烟(生产或进口环节)	36%加0.003元/支	0.005元/支	
2. 雪茄烟	36%		
3. 烟丝	30%		
(二) 酒			
1. 白酒	20%加0.5元/500克(或者500毫升)		
2. 黄酒	240元/吨		
3. 啤酒			
(1) 甲类啤酒	250元/吨		
(2) 乙类啤酒	220元/吨		
4. 其他酒	10%		
(三) 高档化妆品	15%		
(四) 贵重首饰及珠宝玉石			
1. 金银首饰、铂金首饰和钻石及钻石饰品	10%		5%
2. 其他贵重首饰和珠宝玉石			
(五) 鞭炮、焰火	15%		
(六) 成品油			
1. 汽油	1.52元/升		
2. 柴油	1.2元/升		
3. 航空煤油	1.2元/升		
4. 石脑油	1.52元/升		
5. 溶剂油	1.52元/升		
6. 润滑油	1.52元/升		
7. 燃料油	1.2元/升		

（续表）

税 目	税率		
	生产(进口)环节	批发环节	零售环节
(七) 摩托车			
1. 气缸容量为 250 毫升的	3%		
2. 气缸容量为 250 毫升以上的	10%		
(八) 小汽车			
1. 乘用车			
(1) 气缸容量(排气量，下同)在 1.0 升(含 1.0 升)以下的	1%		
(2) 气缸容量在 1.0 升以上至 1.5 升(含 1.5 升)的	3%		
(3) 气缸容量在 1.5 升以上至 2.0 升(含 2.0 升)的	5%		
(4) 气缸容量在 2.0 升以上至 2.5 升(含 2.5 升)的	9%		
(5) 气缸容量在 2.5 升以上至 3.0 升(含 3.0 升)的	12%		
(6) 气缸容量在 3.0 升以上至 4.0 升(含 4.0 升)的	25%		
(7) 气缸容量在 4.0 升以上的	40%		
2. 中轻型商用客车	5%		
3. 超豪华小汽车(零售环节)	按子税目 1 和子税目 2 的规定征收		10%
(九) 高尔夫球及球具	10%		
(十) 高档手表	20%		
(十一) 游艇	10%		
(十二) 木制一次性筷子	5%		
(十三) 实木地板	5%		
(十四) 电池	4%		
(十五) 涂料	4%		

纳税人兼营不同税率的应税消费品，应当分别核算不同税率应税消费品的销售额、销售数量；未分别核算销售额、销售数量，或者将不同税率的应税消费品组成成套消费品销售的，从高适用税率。成套销售的即使分别核算也从高税率。对未分别核算的销售额从高计税，旨在督促企业分别核算不同税率应税消费品的销售额，以准确计算应纳税额。

【例 3-2 简答题】某酒厂既生产税率为 20%的粮食白酒，又生产税率为 10%的葡萄酒、药酒等，同时还生产白酒与其他酒小瓶装礼品套酒，进行成套消费品销售，试回答该酒厂正确的税务处理。

该厂应分别核算白酒与其他酒的销售额，然后按各自适用的税率计税；如不分别核算各自的销售额，其他酒也按白酒的税率计算纳税；成套销售的应以全部销售额按白酒的税率 20%计算应纳消费税额，而不能以其他酒 10%的税率计算其中任何一部分的应纳税额。

第三节 计税依据

消费税实行从价计税、从量计税或者从价和从量复合计税(以下简称复合计税)的办法计算应纳税额。因此，消费税的计税依据应据此分别确定。

一、从价计税

在从价定率计算方法下，应纳税额的多少取决于应税消费品的销售额和适用税率两个因素，消费税的计税依据是销售额。

(一) 销售额的确定

销售额是指纳税人销售应税消费品向购买方收取的全部价款和价外费用。销售，是指有偿转让应税消费品的所有权；有偿，是指从购买方取得货币或者非货币形式的经济利益。

价外费用是指价外向购买方收取的各种性质的收费，包括价外向购买方收取的手续费、补贴、基金、集资费、返还利润、奖励费、违约金、滞纳金、延期付款利息、赔偿金、代收款项、代垫款项、包装费、包装物租金、储备费、优质费、运输装卸费以及其他各种性质的价外收费，但下列项目不包括在内。

(1) 同时符合以下条件的代垫运输费用：

① 承运部门的运输费用发票开具给购买方的；

② 纳税人将该项发票转交给购买方的。

(2) 同时符合以下条件代为收取的政府性基金或者行政事业性收费：

① 由国务院或者财政部批准设立的政府性基金，由国务院或者省级人民政府及其财政、价格主管部门批准设立的行政事业性收费；

② 收取时开具省级以上财政部门印制的财政票据；

③ 所收款项全额上缴财政。

其他价外费用，无论是否属于纳税人的收入，均应并入销售额计算征税。

白酒生产企业向商业销售单位收取的"品牌使用费"是随着应税白酒的销售而向购货方收取的，属于应税白酒销售价款的组成部分，因此，不论企业采取何种方式或以何种名义收取价款，均应并入白酒的销售额中缴纳消费税。

纳税人销售的应税消费品，以人民币计算销售额。纳税人以人民币以外的货币结算销售额的，应当折合成人民币计算。其销售额的人民币折合率可以选择结算的当天或者当月 1 日的国家外汇牌价(原则上为中间价)。纳税人应在事先确定采取何种折合率，确定后 1 年内不得变更。

(二) 包装物押金的税务处理

(1) 包装物：实行从价定率办法计算应纳税额的应税消费品连同包装销售的，无论包装是否单独计价，也不论在会计上如何核算，均应并入应税消费品的销售额征收消费税。

(2) 包装物押金：如果包装物不作价随同产品销售，而是收取押金(酒类产品除外)，且单独核算又未过期的，此项押金则不应并入应税消费品的销售额征税。但对因逾期未收回的包装物不再退还的或者已收取的时间超过 12 个月的押金，应并入应税消费品的销售额，按照应税消费品的适用税率缴纳消费税。

(3) 对既作价随同应税消费品销售，又另外收取押金的包装物的押金：凡纳税人在规定的期限内没有退还的，均应并入应税消费品的销售额，按照应税消费品的适用税率缴纳消费税。

(4) 酒类产品包装物押金：啤酒、黄酒的包装物押金税务处理同上，但是因其按照从量计税，计税依据只和销售数量有关，与全部价款和价外费用无关；从 1995 年 6 月 1 日起，对销售除啤酒、黄酒外的其他酒类产品而收取的包装物押金，无论是否返还以及会计上如何核算，均应并入当期销售额征税。

(5) 包装物租金：属于价外费用，应当并入应税消费品的销售额征收消费税。

【例 3-3 计算题】某酒类生产企业为增值税一般纳税人，2020 年 8 月销售甲类啤酒 50 吨，开具增值税专用发票，注明价款 18 万元，另收包装物押金 1 万元；销售药酒 20 吨，开具普通发票，收取含税销售额 30 万元，另收包装物押金 6 万元；以前月份收取的啤酒包装物押金 0.5 万元逾期未收回，该企业没收押金。计算该企业 8 月份应纳消费税的计税依据——销售额和销售数量。

啤酒应征消费税的销售数量为 50 吨

药酒应征消费税的销售额=(30+6)÷(1+13%) ≈ 31.86(万元)

啤酒包装物押金收取时和逾期时，均不计征消费税，只按销售数量计征。

(三) 含增值税销售额的换算

应税消费品也属于增值税征税范围，因此，在缴纳消费税时，还应缴纳增值税。按照《消费税暂行条例实施细则》的规定，应税消费品的销售额，全部价款中包含消费税税额(消费税是价内税)，但不包括应向购货方收取的增值税税款。若销售额中未扣除增值税税款或价款和增值税款合并收取的，应将含增值税的销售额换算为不含增值税税款的销售额。价外费用也一律视同含税进行增值税含税换算。其换算公式为

$$应税消费品的计税销售额=含增值税的销售额÷(1+增值税税率或征收率)$$

如果增值税一般纳税人同时又是消费税纳税人的，应适用 13% 的增值税税率；如果增值税小规模纳税人同时又是消费税纳税人的，应适用 3% 的征收率。

【例 3-4 计算题】某实木地板生产企业为增值税一般纳税人，2020 年 10 月生产实木复合地板 80 万平方米，销售给甲企业 25 万平方米，取得含税销售额 164 万元，同时收取送货收入 6 万元(运输业务不单独核算)。计算该企业 10 月份应纳消费税的计税依据——销售额。

销售额=(164+6)÷(1+13%) ≈ 150.44(万元)

二、从量计税

在从量定额计算方法下，应纳税额的多少取决于应税消费品的销售数量和单位税额两个因素，消费税的计税依据是销售数量。

(一) 销售数量的确定

销售数量是指纳税人生产、委托加工和进口应税消费品的数量。其具体规定为：

(1) 销售应税消费品的，为应税消费品的销售数量(非生产数量)；

(2) 自产自用应税消费品的，为应税消费品的移送使用数量；

(3) 委托加工应税消费品的，为纳税人收回的应税消费品数量；

(4) 进口的应税消费品，为海关核定的应税消费品进口征税数量。

(二) 计量单位的换算标准

由消费税的税目和税率可知，黄酒、啤酒是以吨为税额单位，汽油、柴油是以升为税额单位的。考虑到在实际经营销售过程中，有些纳税人可能会混用吨和升这两个计量单位，故消费税法规范了这两个类型应税消费品的计量单位，以准确计算应纳税额，表3-2 是具体换算标准。

表3-2 消费税税目、税率(额)表

序号	名称	计量单位的换算标准
1	黄酒	1 吨=962 升
2	啤酒	1 吨=988 升
3	汽油	1 吨=1 388 升
4	柴油	1 吨=1 176 升
5	航空煤油	1 吨=1 246 升
6	石脑油	1 吨=1 385 升
7	溶剂油	1 吨=1 282 升
8	润滑油	1 吨=1 126 升
9	燃料油	1 吨=1 015 升

三、复合计税

在从价定率计算方法下，应纳税额的多少取决于从价计税和从量计税两个因素，消费税的计税依据是销售额和销售数量。

现行消费税的征税范围中，只有卷烟、白酒采用复合计税方法。销售额和销售数量的规定分别同上述从价计税的销售额和从量计税的销售数量规定。

实行从量定额与从价定率相结合的复合计税法或全部采用从量定额计税法的征收方法对卷烟、白酒征收消费税，是国际上通行的做法。由于我国卷烟、白酒的价格差距级差较大，若完全采用从量定额的方法不利于税负公平，因此，我国于 2001 年开始对卷烟、白酒先从量定额计征，然后再从价定率计征消费税。自 2009 年 5 月 1 日起，对卷烟还要在批发环节加征一道复合计税。

四、计税依据的特殊规定

1. 自设非独立核算门市部销售应税消费品的计税规定

纳税人通过自设非独立核算门市部销售的自产应税消费品，应当按照门市部对外销售额或者销售数量征收消费税。

【例 3-5 计算题】某白酒生产企业为增值税一般纳税人，2020 年 6 月将生产的白酒 300 瓶(500 克/瓶)，以每瓶出厂价 120 元(不含增值税)发给自设非独立核算的门市部，门市部又以每瓶 158 元(含增值税)销售给消费者。该笔业务的应纳消费税的计税依据——销售额是多少？

销售额=300×158÷(1+13%) ≈ 41 946.9(元)

2. 应税消费品用于投资、抵债和换料的计税规定

纳税人用于投资入股、抵偿债务和换取生产资料及消费资料等方面的应税消费品，应当以纳税人同类应税消费品的最高销售价格作为计税依据计算消费税。

只有上述三种情况按最高售价缴纳消费税，其他消费税视同销售业务，按同类平均价计税。缴纳增值税时按平均价格计税。

【例3-6 计算题】某汽车生产企业为增值税一般纳税人，2020年9月将生产的800辆汽车分两批出售，其中30辆增值税专用发票注明金额450万元，税额为58.5万元，50辆增值税专用发票注明金额650万元，税额为84.5万元。此外，该企业还将生产的10辆小汽车用于投资，以每辆成本12万元开具增值税专用发票，注明金额120万元，税额为15.6万元。该企业9月份的应纳消费税的计税依据——销售额是多少？

第一批单价=450÷30=15(万元)，第二批单价=650÷50=13(万元)，因此，最高单价为15万元。

销售额=450+650+10×15=1 250(万元)

3. 最低计税价格的核定

卷烟和白酒的最低计税价格核定的规定如下。

(1) 卷烟。

自2012年1月1日起，卷烟消费税最低计税价格核定范围为卷烟生产企业在生产环节销售的所有牌号、规格的卷烟。

最低计税价格按照卷烟批发环节销售价格扣除卷烟批发毛利，由国家税务总局核定并发布，最低计税价格的核定公式为

某牌号、规格卷烟最低计税价格=批发环节销售价格×(1−适用批发毛利率)

卷烟批发环节销售价格，按照税务机关采集的所有卷烟批发企业在价格采集期内销售的该牌号、规格卷烟的数量、销售额进行加权平均计算。计算公式为

$$批发环节销售价格=\frac{\sum 该牌号、规格卷烟各采集点的销售额}{\sum 该牌号、规格卷烟各采集点的销售数量}$$

未经国家税务总局核定计税价格的新牌号、新规格卷烟，生产企业应按卷烟调拨价格申报纳税。

已经国家税务总局核定最低计税价格的卷烟，生产企业计算应纳税款并申报纳税时，按照核定的最低计税价格与实际销售价格孰高原则确定计税销售额。

(2) 白酒。

① 核定范围。

A. 白酒生产企业销售给销售单位的白酒，生产企业消费税计税价格低于销售单位对外销售价格(不含增值税，下同)70%以下的，税务机关应核定消费税最低计税价格。

B. 自2015年6月1日起，纳税人将委托加工收回的白酒销售给销售单位，消费税计税价格低于销售单位对外销售价格(不含增值税)70%以下的，也应核定消费税最低计税价格。

销售单位，是指销售公司、购销公司以及委托境内其他单位或个人包销本企业生产白酒的商业机构。销售公司、购销公司，是指专门购进并销售白酒生产企业生产的白酒，并与该白酒生产企业存在关联性质。包销，是指销售单位依据协定价格从白酒生产企业购进白酒，同时承

担大部分包装材料等成本费用，并负责销售白酒。

白酒消费税最低计税价格由白酒生产企业自行申报，税务机关核定；主管税务机关应将满足上述核定范围、年销售额1 000万元以上的各种白酒，按照规定的式样及要求，在规定的时限内逐级上报至国家税务总局。国家税务总局选择其中部分白酒核定消费税最低计税价格。

② 重新核定。

已核定最低计税价格的白酒，销售单位对外销售价格持续上涨或下降时间达到3个月以上、累计上涨或下降幅度在20%(含)以上的白酒，税务机关重新核定最低计税价格。

③ 计税价格的适用。

生产企业计算应纳税款并申报纳税时，已核定最低计税价格的白酒，按照核定计税价格与生产企业实际销售价格孰高原则确定计税销售额。

第四节 应纳税额的计算

一、生产销售环节应纳消费税的计算

纳税人在生产销售环节应纳消费税的计算，包括直接对外销售应税消费品应纳消费税和自产自用应税消费品应纳消费税的计算。

(一) 直接对外销售

直接对外销售应税消费品的应纳消费税有三种计算方法。

1. 从价计税计算

适用比例税率的应税消费品按从价定率计税方法计税。在从价计税计算方法下，应纳消费税额等于销售额乘以适用比例税率。计算公式为

$$应纳税额=应税消费品的销售额×比例税率$$

【例3-7 计算题】某汽车厂销售小轿车(气缸容量为2.5升)10辆，收取不含税收入150万元，随同价款向对方收取优质费共计11.3万元，已知消费税税率为9%。计算应缴纳的消费税。

计算消费税的销售额包括向购买方收取的全部价款和价外费用，但不包括收取的增值税销项税。

$$应纳消费税额=[150+11.3÷(1+13\%)]×9\%=14.4(万元)$$

2. 从量计税计算

适用定额税率的应税消费品(啤酒、黄酒和成品油)按从量定额计税方法计税。在从量计税计算方法下，应纳税额等于应税消费品的销售数量乘以单位税额。计算公式为

$$应纳税额=应税消费品的销售数量×定额税率$$

【例3-8 计算题】某啤酒厂2020年7月销售啤酒1 100吨，开具的增值税专用发票注明价款300万元，增值税税款为39万元，另收包装物押金20万元(不含重复使用的塑料周转箱押金)。计算该啤酒厂应纳消费税税额。

每吨啤酒出厂价=[3 000 000+200 000÷(1+13%)]÷1 100=2 888.17(元)，小于3 000元，属于乙类啤酒，适用定额税率每吨220元。

应纳消费税额=1 100×220=24.2(万元)

3. 复合计税

适用从价从量复合税率的应税消费品(卷烟、白酒)按复合计税方法计税。在复合计税计算方法下，应纳税额等于应税消费品的销售数量乘以定额税率与应税销售额乘以比例税率之和。计算公式为

$$应纳税额=应税消费品的销售数量×定额税率+应税销售额×比例税率$$

【例3-9 计算题】某白酒生产企业为增值税一般纳税人，2020年3月销售粮食白酒取得不含增值税的销售额150万元，共计50吨。计算白酒企业3月应缴纳的消费税额。

$$应纳消费税额=50×2 000×0.5÷10 000+150×20\%=35(万元)$$

【例3-10 计算题】某卷烟厂销售80标准箱W牌号卷烟给某卷烟批发公司，开具增值税专用发票收取不含税价200万元，款项已付，货已发出。

卷烟1标准箱=250标准条。故每标准条调拨价格=2 000 000÷(80×250)=100元，大于70元/标准条，是甲类卷烟。应纳消费税额=80×150÷10 000+200×56%=113.2(万元)

(二) 自产自用

所谓自产自用，是指纳税人生产应税消费品后，用于自己连续生产应税消费品或用于其他方面，而不是用于直接对外销售。在实际经济活动中，这种自产自用应税消费品的情况是很常见的，但自产自用纳税与否，以及如何纳税是极易出现问题的。例如，有的企业将自己生产的应税消费品用于管理部门自用，以为不是对外销售，不计入销售额缴纳消费税，造成税款漏缴现象。因此，各个企业有必要认真理解税法相关规定，明确相关业务如何处理。

1. 用于连续生产应税消费品

纳税人自产自用的应税消费品，用于连续生产应税消费品的，不纳税。纳税人自产的应税消费品，自用作为生产最终应税消费品的直接材料并构成最终产品实体的应税消费品，就属于自产自用，用于连续生产应税消费品。例如，卷烟厂生产出的烟丝直接对外销售，就要按烟丝税目缴纳消费税；但如果生产出的烟丝连续生产卷烟，虽然烟丝和卷烟都是应税消费品，但是烟丝移送使用时就不用缴纳消费税，只对最终应税消费品卷烟征收一道消费税即可。不重复课税的原则在这里得到充分体现。

2. 用于其他方面的应税消费品

纳税人自产自用的应税消费品，除用于连续生产应税消费品外，凡用于其他方面的，于移送使用时纳税。用于其他方面是指以下几种情况。

(1) 用于连续生产非应税消费品。

用于生产非应税消费品，是指把自产的应税消费品用于生产《消费税暂行条例》税目、税率表所列15类产品以外的产品。例如，集团公司用自产的白酒连续生产酒心巧克力，酒心巧克力是非应税消费品，在白酒移送时按自产自用用于其他方面纳税，但是不用缴纳增值税。

消费税实行单一环节计税，所有用于其他方面均视同销售的最终消费环节，需要缴纳消费税，若此时不征税，则以后不再有机会征税，这不同于增值税。

(2) 用于在建工程、管理部门、非生产机构等内部方面。

用于在建工程，是指把自产的应税消费品用于本单位的各项建设工程。用于管理部门、非生产机构，是指把自己生产的应税消费品用于与本单位有隶属关系的管理部门或非生产机构。例如，石化厂把自己生产的汽油用于本企业基建工程的设备和车辆；汽车制造厂把生产的小轿车提供给管理部门使用。

(3) 用于馈赠、赞助、集资、广告、样品、职工福利、奖励等外部方面。

用于馈赠、赞助、集资、广告、样品、职工福利、奖励，是指把自己生产的应税消费品无偿赠送给他人，或以资金的形式投资于外单位，或作为商品广告、经销样品，或以福利、奖励的形式发给职工。例如，摩托车生产企业把自产的摩托车赠予或赞助摩托车拉力赛，并兼做广告宣传；化妆品厂把自产的高档化妆品发给职工作为节日职工福利。

总之，企业自产的应税消费品只要用于税法规定范围内的都要视同销售，依法缴纳消费税。但需要注意的是，用于必要的生产经营过程，不征收消费税。

【例 3-11 多选题】纳税人发生的下列行为中，应征收消费税的有(　　)。

A. 白酒厂将自产的药酒赠送给客户

B. 葡萄酒厂将自产的葡萄酒用于连续生产酒心巧克力

C. 汽车厂把生产的小汽车移送改装分厂，改装为加长型豪华小轿车

D. 摩托车厂将自产的摩托车用于本厂研究所做碰撞试验

【答案】AB

【分析】选项 C，属于用于生产应税消费品，在改装后的加长型豪华小轿车卖出时，缴纳消费税。选项 D，将摩托车用于碰撞试验既不缴纳消费税，也不缴纳增值税。

3. 计税依据及应纳税额的计算

纳税人发生视同销售业务应按下列顺序确定计税依据计算应纳税额。

(1) 有同类应税消费品销售价格的，按同类售价计算纳税。

纳税人自产自用的应税消费品，凡用于其他方面，应当纳税的，按照纳税人生产的同类消费品的销售价格计算纳税。同类消费品的销售价格是指纳税人当月销售的同类消费品的销售价格，有两种特殊情况。

① 如果当月同类消费品各期销售价格不同，应按销售数量加权平均计算(用于投资、换料和抵债除外)。但销售的应税消费品有下列情况之一的，不得列入加权平均计算：

A. 销售价格明显偏低又无正当理由的；

B. 无销售价格的。

② 如果当月无销售或者当月未完结，应按照同类消费品上月或者最近月份的销售价格计算纳税。

纳税人申报的应税消费品的计税价格和数量明显偏低且不具有合理商业目的的，税务机关有权核定其计税价格和数量。

【例 3-12 计算题】某地板企业为增值税一般纳税人，2020 年 6 月销售自产地板两批，第一批 800 箱，取得不含税收入 160 万元；第二批 500 箱，取得不含税收入 113 万元；另将同型号地板 200 箱赠送给敬老院，300 箱用于新厂房在建工程。计算该企业当月应缴纳的消费税。将自产地板无偿赠送和用于非应税项目，均属于自产应税消费品用于其他方面，需视同销售，于移送使用时按照纳税人生产的同类消费品的销售价格计算纳税；而且不属于投资、换料和抵债，

用平均价，而不用最高售价。

应纳消费税额=[160+113+(160+113)÷(800+500)×(200+300)]×5%=18.9(万元)

(2) 没有同类应税消费品销售价格的，按照组成计税价格计算纳税。

① 实行从价计税办法计算纳税的组成计税价格和应纳税额的计算公式为

$$组成计税价格=(成本+利润)÷(1-比例税率)$$

$$应纳税额=组成计税价格×比例税率$$

② 实行复合计税办法计算纳税的组成计税价格和应纳税额的计算公式为

$$组成计税价格=(成本+利润+自产自用数量×定额税率)÷(1-比例税率)$$

$$应纳税额=组成计税价格×比例税率+自产自用数量×定额税率$$

上述公式中的"成本"，是指应税消费品的生产成本。上述公式中的"利润"，是指根据应税消费品的全国平均成本利润率计算的利润。应税消费品全国平均成本利润率由国家税务总局确定(见表3-3)。

表3-3　平均成本利润率表

货物名称	利润率	货物名称	利润率
1. 甲类卷烟	10%	10. 贵重首饰及珠宝玉石	6%
2. 乙类卷烟	5%	11. 摩托车	6%
3. 雪茄烟	5%	12. 高尔夫球及球具	10%
4. 烟丝	5%	13. 高档手表	20%
5. 粮食白酒	10%	14. 游艇	10%
6. 薯类白酒	5%	15. 木制一次性筷子	5%
7. 其他酒	5%	16. 实木地板	5%
8. 高档化妆品	5%	17. 乘用车	8%
9. 鞭炮、焰火	5%	18. 中轻型商用客车	5%

③ 实行从量定额计征应纳税额的计算公式为

$$应纳税额=自产自用的数量×定额税率$$

【例3-13计算题】某化妆品公司为增值税一般纳税人，2020年12月将一批自产的高档化妆品用作职工福利，其生产成本为8 500元。该高档化妆品无同类产品市场销售价格，已知其成本利润率为5%。计算该批高档化妆品应缴纳的消费税税额和增值税销项税额。

对从价定率征收消费税的应税消费品：成本利润率采用消费税优先的原则，适用消费税规定的全国平均成本利润率，消费税和增值税计税依据相同。

组成计税价格=8 500×(1+5%)÷(1-15%)=10 500(元)

应纳消费税额=10 500×15%-1 575(元)

增值税销项税额=10 500×13%=1 365(元)

【例3-14计算题】某卷烟厂为增值税一般纳税人，2020年5月将自产的某型号乙类卷烟2箱赠送给客户，无同类产品售价，已知成本价为30 000元，成本利润率为5%。计算该企业5月应纳的消费税和增值税。

对复合计税办法征收消费税的应税消费品：成本利润率采用消费税优先的原则，适用消费税规定的全国平均成本利润率，消费税和增值税计税依据相同。

组成计税价格=[30 000×(1+5%)+2×150]÷(1-36%)=49 687.5(元)

应纳消费税税额=49 687.5×36%+2×150=18 187.5(元)

增值税销项税额=49 687.5×13%=6 459.38(元)

【例3-15 计算题】某啤酒生产企业为增值税一般纳税人，2020年8月将自产的啤酒15吨无偿赠送给某啤酒节，已知每吨成本1 200元，无同类产品售价。计算该企业应纳消费税和增值税销项税额。

对从量定额征收消费税的应税消费品：消费税从量征收与售价或组价无关；增值税需计算组价时，组价公式中的成本利润率按增值税法中规定的10%确定，组价中应含消费税。

应纳消费税税额=15×220=3 300(元)

增值税销项税额=[15×1 200×(1+10%)+3 300]×13%=3 003(元)

二、委托加工环节应纳消费税的计算

企业、单位或个人除了自己生产应税消费品，由于设备、技术、人力等各方面的局限等原因，还会采用委托其他单位代为加工应税消费品的形式，然后收回加工好的应税消费品，直接销售或自己继续使用。这也是应税消费品从无到有的过程，是生产应税消费品的另一种形式，也需要按照环节纳入消费税征税范围。

(一) 委托加工应税消费品的确认

委托加工的应税消费品是指由委托方提供原料和主要材料，受托方只收取加工费和代垫部分辅助材料加工的应税消费品。

以下情况不属于委托加工应税消费品，不论纳税人在财务上是否做销售处理，都不得作为委托加工应税消费品，而应当按照销售自制应税消费品缴纳消费税：

(1) 由受托方提供原材料生产的应税消费品；

(2) 受托方先将原材料卖给委托方，然后再接受加工的应税消费品；

(3) 由受托方以委托方名义购进原材料生产的应税消费品。

在委托加工业务中，委托方为消费税纳税义务人。例如，甲企业外购小汽车底盘和零部件提供给乙汽车改装厂，组装成小汽车收回后自己使用，则甲企业组装成的小汽车就需要缴纳消费税。虽然商品由受托方乙汽车改装厂制造，但委托方甲企业拥有应税消费品的所有权，故应为纳税人。

(二) 代收代缴税款的规定

1. 受托方是法定的代收代缴义务人

委托加工的应税消费品，由受托方加工完毕向委托方交货时代收代缴消费税。

为了加强对受托方代收代缴税款的管理，委托个人(含个体工商户)加工的应税消费品，由委托方收回后缴纳消费税。

2. 受托方未代收代缴的规定

如果受托方对委托加工的应税消费品没有代收代缴或少代收代缴消费税，应按照《税收征管法》的规定，承担代收代缴的法律责任。因此，受托方必须严格履行代收代缴义务，正确计算和按时代缴税款。

在对委托方进行税务检查中，如果发现受其委托加工应税消费品的受托方没有代收代缴税款，则应按照《税收征管法》规定做如下处理。

(1) 对受托方处以应代收代缴税款 50%以上 3 倍以下的罚款；

(2) 委托方要补缴税款。对委托方补征税款的计税依据是：如果在检查时，收回的应税消费品已经直接销售的，按销售额计税；收回的应税消费品尚未销售或不能直接销售的(如收回后用于连续生产等)，按组成计税价格计税(委托加工业务的组价)。

(三) 委托加工应税消费品应纳税额的计算

委托加工的应税消费品，受托方代收代缴消费税时，应按照下列顺序核定销售额。

1. 按照受托方同类消费品的销售价格计算纳税

同类消费品的销售价格是指受托方(即代收代缴义务人)当月销售的同类消费品的销售价格，如果当月同类消费品各期销售价格不同，应按销售数量加权平均计算。但销售的应税消费品有下列情况之一的，不得列入加权平均计算：

(1) 销售价格明显偏低又无正当理由的；

(2) 无销售价格的。

如果当月无销售或者当月未完结，应按照同类消费品上月或最近月份的销售价格计算纳税。

2. 没有同类消费品销售价格的，按照组成计税价格计算纳税

(1) 实行从价定率办法计算纳税的组成计税价格和应纳税额计算公式：

$$组成计税价格=(材料成本+加工费)\div(1-消费税比例税率)$$
$$应纳税额=组成计税价格\times消费税比例税率$$

(2) 实行复合计税办法计算纳税的组成计税价格和应纳税额计算公式：

$$组成计税价格=(材料成本+加工费+委托加工收回的数量\times消费税定额税率)\div(1-比例税率)$$
$$应纳税额=组成计税价格\times比例税率+委托加工收回的数量\times消费税定额税率$$

上述公式中的"材料成本"是指委托方所提供加工材料的实际成本。委托加工应税消费品的纳税人，必须在委托加工合同上如实注明(或以其他方式提供)材料成本，凡未提供材料成本的，受托方所在地主管税务机关有权核定其材料成本。可见，这是对委托方的要求，由于委托加工组价一般低于售价，为了防止通过虚假委托加工应税消费品或少报材料成本进行逃避纳税，税法对委托方提供原料和主要材料，并要以明确的方式如实提供材料成本进行了严格的规定。

上述组成计税价格公式中的"加工费"是指受托方加工应税消费品向委托方所收取的全部费用(包括代垫辅助材料的实际成本，不包括增值税税金)。因此，这是税法对受托方的要求，受托方必须如实提供向委托方收取的全部费用，这样才能既保证组成计税价格及代收代缴消费税被准确地计算出来，也使受托方能按加工费正确计算其应纳的增值税。

此外，委托加工的应税消费品，实行从量定额计征应纳税额的计算公式：

$$应纳税额=委托加工收回的数量\times消费税定额税率$$

【例3-16 计算题】甲企业为增值税一般纳税人，主要生产鞭炮，2020 年3 月受托为某单位加工一批鞭炮，委托单位提供的原材料金额为 35 万元；收取委托单位的加工费，开具增值税专用发票注明不含增值税价款 7 万元；同时代垫部分辅助材料 0.5 万元。鞭炮企业无加工鞭炮的同类产品市场价格。计算甲企业增值税销项税额和应代收代缴的消费税。

甲企业增值税销项税额=7×13%=0.91(万元)

组成计税价格=(35+7+0.5)÷(1−15%)=50(万元)

甲企业应代收代缴消费税=50×15%=7.5(万元)

【例3-17 计算题】某卷烟厂为增值税一般纳税人，2020 年3 月委托 A 企业加工甲类卷烟，合同注明烟丝成本 900 万元，加工甲类卷烟 500 箱，A 企业开具增值税专用发票，收加工费每箱 0.12 万元(不含税)，A 企业按正常进度投料加工生产卷烟，当月末将 300 箱交由卷烟厂收回。计算 A 企业当月应当代收代缴的消费税。

委托加工应税消费品的，以纳税人收回的应税消费品数量为计税依据。

代收代缴的消费税=(900×300÷500+0.12×300+300×0.015)÷(1−56%)×56%+300×0.015

≈743.32(万元)

(四) 委托加工应税消费品收回

委托加工的应税消费品，受托方在交货时已代收代缴消费税，委托方将收回的应税消费品，以不高于受托方的计税价格出售的，为直接出售，不再缴纳消费税；委托方以高于受托方的计税价格出售的，不属于直接出售，需按照规定申报缴纳消费税，在计税时准予扣除受托方已代收代缴的消费税。

【例3-18 计算题】甲企业委托乙公司加工白酒，合同注明高粱成本 42 万元，全部委托乙公司生产白酒 35 000 千克，收到乙公司开具加工费增值税专用发票金额 5 万元，税额 0.85 万元。当月收回的白酒全部销售，收取了不含税价款 100 万元。计算乙公司代收代缴消费税和甲公司当月应纳消费税。

组成计税价格=(42+5+35 000×0.5×2÷10 000)÷(1−20%) ≈ 63.13(万元)

乙公司代收代缴消费税=63.13×20%+35 000×0.5×2÷10 000 ≈ 16.13(万元)

甲公司收回后售价 100 万元，高于受托方的计税价格 63.13 万元，不属于直接出售，需按照规定申报缴纳消费税，在计税时准予扣除受托方已代收代缴的消费税。

甲公司当月应纳消费税=100×20%+35 000×0.5×2÷10 000−16.13=7.37(万元)

三、进口环节应纳消费税的计算

单位和个人进口属于消费税征税范围的货物，在进口环节要缴纳消费税。进口的应税消费品，于报关进口时缴纳消费税。为了减少征税成本，进口环节缴纳的消费税由海关代征。海关应当将受托代征消费税的信息和货物出口报关的信息共享给税务机关。进口应税消费品的收货人或办理报关手续的单位和个人，为进口应税消费品消费税的纳税义务人。进口应税消费品消费税的税目、税率，依《消费税暂行条例》所附的《消费税税目税率表》执行。

纳税人进口应税消费品应纳消费税计算方法如下。

(一) 从价定率计征应纳税额的计算

实行从价定率办法计算纳税的组成计税价格和应纳税额的计算公式为

$$组成计税价格=(关税计税价格+关税)÷(1-消费税比例税率)$$
$$应纳税额=组成计税价格×消费税比例税率$$

公式中所称"关税计税价格",是指海关核定的关税计税价格。

【例3-19计算题】某商贸公司2020年3月从国外进口一批葡萄酒,已知该批葡萄酒的关税计税价格为100万元,关税率为20%,进口的葡萄酒的消费税税率为10%。请计算该批葡萄酒进口环节应缴纳的消费税税额。

组成计税价格=100×(1+20%)÷(1-10%)=133.33(万元)

应纳消费税额=133.33×10%=13.33(万元)

(二) 从量定额计征应纳税额的计算

应纳税额的计算公式为

$$应纳税额=海关核定的进口数量×消费税定额税率$$

(三) 从价从量复合计征应纳税额的计算

组成计税价格和应纳税额的计算公式为

$$组成计税价格=(关税计税价格+关税+进口数量×消费税定额税额)$$
$$÷(1-消费税比例税率)$$

应纳税额=组成计税价格×消费税比例税率+应税消费品进口数量×消费税定额税率

进口环节消费税除国务院另有规定外,一律不得给予减税、免税。

纳税人申报的应税消费品的计税价格和数量明显偏低且不具有合理商业目的的,海关有权核定其计税价格和数量。

四、已纳消费税扣除的计算

消费税实行单一环节征税,为避免重复征税问题,现行消费税法规定,将外购应税消费品和委托加工收回的应税消费品连续生产应税消费品销售的,可以将外购应税消费品和委托加工收回应税消费品已缴纳的消费税给予扣除。

(一) 外购应税消费品连续生产应税消费品已纳税款的扣除

对外购已税消费品连续生产应税消费品销售时,应按当期生产领用数量计算准予扣除外购的应税消费品已纳的消费税税款,从连续生产的应税消费品应纳消费税税额中抵扣。

1. 外购应税消费品连续生产应税消费品的扣除范围

(1) 外购已税烟丝生产的卷烟;

(2) 外购已税高档化妆品生产的高档化妆品;

(3) 外购已税珠宝玉石生产的贵重首饰及珠宝玉石;

(4) 外购已税鞭炮焰火生产的鞭炮焰火;

(5) 外购已税杆头、杆身和握把为原料生产的高尔夫球杆;

(6) 外购已税木制一次性筷子为原料生产的木制一次性筷子;

(7) 外购已税实木地板为原料生产的实木地板;

(8) 对外购已税汽油、柴油、石脑油、燃料油、润滑油用于连续生产应税成品油。

另外根据《葡萄酒消费税管理办法(试行)》的规定,自2015年5月1日起,从葡萄酒生产企业购进、进口葡萄酒连续生产应税葡萄酒的,准予从葡萄酒消费税应纳税额中扣除所耗用应税葡萄酒已纳消费税税款。如本期消费税应纳税额不足抵扣的,余额留待下期抵扣。

上述准予抵扣的情形仅限于进口或从同税目纳税人购进的应税消费品,即允许扣税的只涉及同一大税目中的应税消费品的连续加工,不能跨税目抵扣。从允许抵扣税额的税目大类上看,不包括酒(葡萄酒例外)、小汽车、摩托车、高档手表、游艇、电池、涂料,其余8个税目有扣税规定;从允许抵扣项目的子目上看,不包括雪茄烟、溶剂油、航空煤油。

纳税人应凭合法有效凭证抵扣消费税。

2. 外购应税消费品连续生产应税消费品的扣税计算:实耗扣税法

实耗扣税法是指按当期生产领用数量扣除其已纳消费税,不同于增值税按购进数量全额扣税。上述当期准予扣除外购应税消费品已纳消费税税款的计算公式为

$$当期准予扣除的外购应税消费品已纳税款=当期准予扣除的外购应税消费品买价×$$
$$外购应税消费品适用税率$$
$$当期准予扣除的外购应税消费品买价=期初库存的外购应税消费品的买价+当期外购的应税$$
$$消费品的买价-期末库存的外购应税消费品的买价$$

外购已税消费品的买价是指购货发票上注明的销售额(不包括增值税税款)。

3. 外购应税消费品连续生产应税消费品的扣税环节

工业企业生产制造环节准予扣除,批发、零售环节不得扣除。

(1) 对于在零售环节征收消费税的金银首饰(镶嵌首饰)、钻石及钻石饰品,一律不得扣除外购珠宝玉石的已纳税款。

(2) 对于双环节纳税的批发卷烟、零售超豪华小汽车,已纳消费税不得扣除。

4. 外购应税消费品后销售

对自己不生产应税消费品,而只是购进后再销售应税消费品的工业企业,其销售的高档化妆品、鞭炮和焰火、珠宝玉石,凡不能构成最终消费品直接进入消费品市场,而需进一步生产加工、包装、贴标的或者组合的,应当征收消费税,同时允许扣除上述外购应税消费品的已纳税款。

【例 3-20 计算题】某卷烟生产企业是增值税一般纳税人,用外购已税烟丝生产卷烟,2020 年 6 月共计销售 40 标准箱,开具增值税专用发票注明不含税销售额为 180 万元。当月初库存外购应税烟丝账面余额 50 万元,当月购进应税烟丝 150 万元(不含增值税),月末库存烟丝账面余额为 30 万元,其余被当月生产卷烟领用。请计算该企业当月销售卷烟应纳消费税税款。

准予扣除外购烟丝已纳税款=(50+150-30)×30%=51(万元)

实际应纳消费税税额=180×56%+40×0.015-51=101.4-51=50.4(万元)

(1 800 000÷(40×250)=180 元/标准条,大于 70 元/标准条,其属甲类卷烟)

(二) 委托加工收回的应税消费品连续生产应税消费品已纳税款的扣除

委托加工收回的应税消费品，委托方用于连续生产应税消费品的，所纳消费税税款准予按规定抵扣。

1. 委托加工收回应税消费品连续生产应税消费品的扣除范围

(1) 以委托加工收回的已税烟丝为原料生产的卷烟；

(2) 以委托加工收回的已税高档化妆品为原料生产的高档化妆品；

(3) 以委托加工收回的已税珠宝玉石为原料生产的贵重首饰及珠宝玉石；

(4) 以委托加工收回的已税鞭炮、焰火为原料生产的鞭炮、焰火；

(5) 以委托加工收回的已税杆头、杆身和握把为原料生产的高尔夫球杆；

(6) 以委托加工收回的已税木制一次性筷子为原料生产的木制一次性筷子；

(7) 以委托加工收回的已税实木地板为原料生产的实木地板；

(8) 以委托加工收回的已税汽油、柴油、石脑油、燃料油、润滑油用于连续生产应税成品油；

(9) 以委托加工收回的已税摩托车连续生产应税摩托车(如用外购两轮摩托车改装三轮摩托车)。

可见，上述扣除范围除(9)与外购应税消费品连续生产应税消费品完全一致。

2. 委托加工收回应税消费品连续生产应税消费品的扣税计算：实耗扣税法

上述当期准予扣除委托加工收回的应税消费品已纳消费税税款的计算公式为

当期准予扣除的委托加工应税消费品已纳税款=期初库存的委托加工应税消费品已纳税款+当期收回的委托加工应税消费品已纳税款−期末库存的委托加工应税消费品已纳税款

可见，上述扣税计算方法与外购应税消费品连续生产应税消费品完全一致。

3. 委托加工收回应税消费品连续生产应税消费品的扣税环节

委托加工收回应税消费品连续生产应税消费品扣税环节与外购应税消费品连续生产应税消费品完全一致。

【例 3-21 计算题】 甲地板厂为增值税一般纳税人，2020 年 6 月外购木材，委托乙木板厂加工素板一批，乙木板厂同类售价 30 万元(不含增值税)。当月委托加工素板全部收回，甲地板厂将其中的 60%用于继续生产实木地板。已知实木地板当月销售额为 60 万元(不含增值税)，计算甲地板厂应纳消费税税额。

受托方代收代缴的消费税=30×5%=1.5(万元)

甲地板厂应纳消费税税额=60×5%−1.5×60%=3−0.9=2.1(万元)

五、零售环节金银首饰应纳消费税的计算

金银首饰、铂金首饰、钻石及钻石饰品在零售环节按 5%的税率征收消费税，其他贵重首饰和珠宝玉石在生产环节按 10%的税率征收消费税。

对既销售金银首饰，又销售其他贵重首饰和珠宝玉石等非金银首饰的生产、经营单位，应将两类商品划分清楚，分别核算销售额。凡划分不清楚或不能分别核算的，在生产环节销售的，一律从高适用税率(10%)征收消费税；在零售环节销售的，一律按金银首饰征收消费税(5%)。

1. **计税依据一般规定：不含增值税的销售额**

$$不含增值税的销售额 = 含税销售额 \div (1+13\%)$$

2. **计税依据具体规定**

(1) 金银首饰与其他产品组成成套消费品销售的，应按销售额全额征收消费税。

(2) 金银首饰连同包装物销售的，无论包装是否单独计价，也无论会计上如何核算，均应并入金银首饰的销售额计征消费税。

(3) 带料加工的金银首饰，应按受托方销售同类金银首饰的销售价格确定计税依据征收消费税。没有同类金银首饰销售价格的，按照组成计税价格计算纳税。

(4) 纳税人采用以旧换新(含翻新改制)方式销售的金银首饰,应按实际收取的不含增值税的全部价款确定计税依据征收消费税。

【例3-22 计算题】某百货商场为增值税一般纳税人，2020年12月份零售金银首饰取得含税销售额25万元(包括以旧换新首饰的含税销售额7万元)。在以旧换新业务中，旧首饰作价的含税金额为4.5万元，百货商场实际收取的含税金额为2.5万元。则该商场12月份零售金银首饰的增值税销项税额和应纳的消费税分别是多少？

增值税销项税额 = [(25−7)+2.5]÷(1+13%)×13% ≈ 2.36(万元)

应纳消费税税额 = [(25−7)+2.5]÷(1+13%)×5% ≈ 0.91(万元)

六、特殊环节加征应纳消费税的计算

(一) 卷烟批发环节应纳消费税的计算

为完善烟产品消费税制度，并适当增加财政收入，自2009年5月1日起，在卷烟批发环节加征一道从价税。自2015年5月10日起，卷烟批发环节在原基础上又增加从量税，具体规定如下。

1. 纳税义务人

在中华人民共和国境内从事卷烟批发业务的单位和个人。

(1) 纳税人销售给纳税人以外的单位和个人的卷烟于销售时纳税。

(2) 纳税人之间销售的卷烟不缴纳消费税。

2. 征收范围

纳税人批发销售的所有牌号、规格的卷烟。

3. 适用税率

卷烟批发环节应纳消费税从价税税率为11%，从量税税率为0.005元/支。

4. 计税依据

纳税人批发卷烟的销售额(不含增值税)、销售数量。

(1) 纳税人应将卷烟销售额与其他商品销售额分开核算，未分开核算的，一并征收消费税。

(2) 纳税人兼营卷烟批发和零售业务的，应当分别核算批发和零售环节的销售额、销售数量；未分别核算批发和零售环节的销售额、销售数量的，按照全部销售额、销售数量计征批发环节消费税。

(3) 卷烟消费税在生产和批发两个环节征收后，批发企业在计算纳税时不得扣除已含的生产环节的消费税税款。

5. 应纳税额的计算

应纳消费税=销售额(不含增值税)×11%+销售数量×250元/箱

6. 纳税义务发生时间

纳税人收讫销售款或者取得索取销售款凭据的当天。

7. 纳税地点

卷烟批发企业的机构所在地，总机构与分支机构不在同一地区的，由总机构申报纳税。

【例3-23 计算题】 A企业为增值税一般纳税人，主要经营卷烟批发，2020年11月批发销售卷烟800箱，其中零售专卖店200箱、批发给另一卷烟批发企业400箱、个体烟摊110箱。每箱不含税批发价格为1.5万元。请计算A企业应缴纳的消费税。

A企业应缴纳的消费税=1.5×(200+110)×11%+(200+110)×250÷10 000=58.9(万元)

(二) 超豪华小汽车零售环节应纳消费税的计算

为限制不良消费，实现节能减排，自2016年12月1日起，对超豪华小汽车在生产(进口)环节按现行税率征收消费税基础上，在零售环节加征一道消费税，具体规定如下。

1. 征收范围

每辆零售价格130万元(不含增值税)及以上的乘用车和中轻型商用客车，即乘用车和中轻型商用客车子税目中的超豪华小汽车。

2. 纳税义务人

将超豪华小汽车销售给消费者的单位和个人。

3. 适用税率

超豪华小汽车零售环节应纳消费税税率为10%。

4. 应纳税额的计算

(1) 经销商销售给消费者：

应纳税额=零售环节销售额(不含增值税)×10%

(2) 国内汽车生产企业直接销售给消费者：

国内汽车生产企业直接销售给消费者的超豪华小汽车，消费税税率按照生产环节税率和零售环节税率加总计算。其消费税应纳税额的计算公式为

应纳税额=生产环节销售额(不含增值税)×(生产环节税率+10%)

七、消费税出口退(免)税的计算

纳税人出口应税消费品，免征消费税，国务院另有规定的除外。

(一) 出口免税并退税

应税消费品出口免税并退税，需依据其实际出口数量免征消费税，同时办理退还消费税。

1. 适用范围

(1) 有出口经营权的外贸企业购进应税消费品直接出口。

(2) 外贸企业受其他外贸企业委托代理出口应税消费品。

外贸企业只有受其他外贸企业委托，代理出口应税消费品才可办理退税，外贸企业受其他企业(主要是非生产性的商贸企业)委托，代理出口应税消费品是不予退(免)税的。

2. 应退消费税的计算

出口货物的消费税应退税额的计税依据，按购进出口货物的消费税专用缴款书和海关进口消费税专用缴款书确定。

(1) 从价定率计征消费税。

属于从价定率计征消费税的，为已征且未在内销应税消费品应纳税额中抵扣的购进出口货物金额。

$$应退消费税=购进出口货物金额×消费税比例税率$$

(2) 从量定额计征消费税。

属于从量定额计征消费税的，为已征且未在内销应税消费品应纳税额中抵扣的购进出口货物数量。

$$应退消费税=购进出口货物数量×消费税定额税率$$

(3) 复合计征消费税。

属于复合计征消费税的，按从价定率和从量定额的计税依据分别确定。

$$消费税应退税额=从价定率计征消费税的退税计税依据×消费税比例税率$$
$$+从量定额计征消费税的退税计税依据×消费税定额税率$$

(二) 出口免税但不退税

应税消费品出口免税但不退税，需依据其实际出口数量免征消费税，不予办理退还消费税，应税消费品出口免税但不退税的适用范围是：

(1) 有出口经营权的生产性企业自营出口；

(2) 生产企业委托外贸企业代理出口自产的应税消费品。

免征消费税是指对生产性企业按其实际出口数量免征生产环节的消费税。不予办理退还消费税，是因为已免征生产环节的消费税，该应税消费品出口时本身不含有消费税，所以无须退税。

(三) 出口不免税也不退税

除生产企业、外贸企业外的其他企业，具体是指一般商贸企业，这类企业委托外贸企业代理出口应税消费品一律不予退(免)税。

第五节 征收管理

一、征税环节

(一) 单一纳税环节

1. 一般情况

消费税的征收主要分布于三个环节——生产、委托加工和进口，体现从无到有的过程，消费税具有单一环节征税的特点，不重复征收，因此，一般在生产销售环节征税以后，流通环节(批发和零售环节)不用再缴纳消费税。

工业企业以外的单位和个人的下列行为视为应税消费品的生产行为，按规定征收消费税：

(1) 将外购的消费税非应税产品以消费税应税产品对外销售的；

(2) 将外购的消费税低税率应税产品以高税率应税产品对外销售的。

如果企业在生产经营的过程中，将应税消费品移送用于其他方面，则应对移送部分征收消费税。

2. 特殊情况

零售环节缴纳消费税，经国务院批准，自 1995 年 1 月 1 日起，金银首饰消费税由生产销售环节征收改为零售环节征收，也体现了单一环节计税。改在零售环节征收消费税的金银首饰仅限于：

(1) 金银首饰、金基、银基合金首饰，以及金基、银基合金的镶嵌首饰；

(2) 铂金首饰；

(3) 钻石及钻石饰品。

上述首饰进口环节暂不征收进口消费税，零售环节缴纳消费税，适用税率 5%。其他贵重首饰及珠宝玉石，依然在生产、委托加工、进口环节缴纳消费税，适用税率 10%。

(二) 双纳税环节

1. 卷烟——批发环节加征

(1) 正常缴纳消费税：与其他消费税应税商品一样，卷烟在生产、委托加工、进口环节正常征收消费税。

(2) 加征消费税：与其他消费税应税商品不同的是，卷烟除了在生产、委托加工、进口环节正常征收消费税外，还在批发环节再征收一次消费税。而且，只有纳税人销售给纳税人以外的单位和个人的卷烟于销售时纳税；纳税人之间销售的卷烟不缴纳消费税。

2. 超豪华小汽车——零售环节加征

(1) 正常缴纳消费税：与其他消费税应税商品一样，超豪华小汽车在生产和进口环节正常征收消费税。

(2) 加征消费税：与其他消费税应税商品不同的是，超豪华小汽车除了在生产和进口环节正常征收消费税外，还在零售环节再征收一次消费税。

二、纳税义务发生时间

消费税纳税义务发生的时间，以货款结算方式或行为发生时间分别确定，基本同增值税是一致的。

(1) 纳税人销售的应税消费品，其纳税义务的发生时间如下。

① 纳税人采取赊销和分期收款结算方式的，为书面合同约定的收款日期的当天，书面合同没有约定收款日期或者无书面合同的，为发出应税消费品的当天。

② 纳税人采取预收货款结算方式的，为发出应税消费品的当天。

③ 纳税人采取托收承付和委托银行收款方式销售的应税消费品，为发出应税消费品并办妥托收手续的当天。

④ 纳税人采取其他结算方式的，为收讫销售款或者取得索取销售款凭据的当天。

(2) 纳税人自产自用的应税消费品，为移送使用的当天。

(3) 纳税人委托加工的应税消费品，为纳税人提货的当天。

(4) 纳税人进口的应税消费品，为报关进口的当天。

三、纳税期限

1. 纳税期限

按照《消费税暂行条例》规定，消费税的纳税期限分别为 1 日、3 日、5 日、10 日、15 日、1 个月或者 1 个季度。纳税人的具体纳税期限，由主管税务机关根据纳税人应纳税额的大小分别核定；不能按照固定纳税期限纳税的，可以按次纳税。

2. 缴库期限

纳税人以 1 个月或者 1 个季度为一个纳税期限的，自期满之日起 15 日内申报纳税；以 1 日、3 日、5 日、10 日或者 15 日为一个纳税期限的，自期满之日起 5 日内预缴税款，于次月 1 日起 15 日内申报纳税并结清上月应纳税款。

纳税人进口应税消费品，应当自海关填发海关进口消费税专用缴款书之日起 15 日内缴纳税款。

四、纳税地点

消费税具体纳税地点按下列规定确定。

(1) 纳税人销售应税消费品的，以及自用应税消费品的，除国务院财政、税务主管部门另有规定外，应当向纳税人机构所在地或者居住地的主管税务机关申报纳税。

(2) 委托加工的应税消费品，除受托方为个人外，由受托方向机构所在地或者居住地的主管税务机关解缴消费税税款。委托个人加工的应税消费品，由委托方向其机构所在地或者居住地的主管税务机关申报纳税。

(3) 进口应税消费品的,由进口人或者其代理人向报关地海关申报纳税。

(4) 纳税人到外县(市)销售或者委托外县(市)代销自产应税消费品的,于应税消费品销售后,向机构所在地或者居住地的主管税务机关申报纳税。

纳税人的总机构与分支机构不在同一县(市),但在同一省(自治区、直辖市)范围内,经省(自治区、直辖市)财政厅(局)、国家税务总局审批同意,可以由总机构汇总向总机构所在地的主管税务机关申缴纳消费税。省(自治区、直辖市)财政厅(局)、国家税务总局应将审批同意的结果上报财政部、国家税务总局备案。

(5) 纳税人销售的应税消费品,因质量等原因发生退货的,其已缴纳的消费税税款可予以退还。纳税人办理退税手续时,应将开具的红字增值税发票、退税证明等资料报主管税务机关备案。主管税务机关核对无误后办理退税。

(6) 纳税人直接出口的应税消费品办理免税后,发生退关或者国外退货,复进口时已予以免税的,可暂不办理补税,待其转为国内销售的当月申报缴纳消费税。

五、纳税申报

消费税的纳税申报表主要包括以下几项。

(1) 单独应税消费品消费税纳税申报表:《酒类应税消费品消费税纳税申报表》(见表 3-4)、《烟类应税消费品消费税纳税申报表》(略)、《小汽车消费税纳税申报表》(略)、《电池消费税纳税申报表》(略)、《成品油消费税纳税申报表》(略)、《卷烟批发环节消费税纳税申报表》(略)。

(2) 其他应税消费品消费税纳税申报表:限高档化妆品、贵重首饰及珠宝玉石、鞭炮焰火、摩托车(排量>250 毫升)、摩托车(排量=250 毫升)、高尔夫球及球具、高档手表、游艇、木制一次性筷子、实木地板、超豪华小汽车等消费税纳税人使用,如表 3-5 所示。

表3-4 酒类应税消费品消费税纳税申报表

税款所属期: 年 月 日至 年 月 日

纳税人名称(公章): 纳税人识别号:□□□□□□□□□□□□□□□□□

填表日期: 年 月 日 金额单位:元(列至角分)

应税消费品名称	适用税率		项目		
	定额税率	比例税率	销售数量	销售额	应纳税额
粮食白酒	0.5 元/斤	20%			
薯类白酒	0.5 元/斤	20%			
啤酒	250 元/吨	—			
啤酒	220 元/吨	—			
黄酒	240 元/吨				
其他酒	—	10%			
合计	—	—			

(续表)

本期准予抵减税额:	声明
本期减(免)税额:	此纳税申报表是根据国家税收法律的规定填报的,我确定它是真实的、可靠的、完整的。
期初未缴税额:	经办人(签章): 财务负责人(签章): 联系电话:
本期缴纳前期应纳税额:	(如果你已委托代理人申报,请填写) 授权声明
本期预缴税额:	为代理一切税务事宜,现授权_____
本期应补(退)税额:	_____(地址)_____
期末未缴税额:	_____为本纳税人的代理申报人,任何与本申报表有关的往来文件,都可寄予此人。 授权人签章:

以下由税务机关填写

受理人(签章):　　　　受理日期:　年　月　日　　　　受理税务机关(章):

国家税务总局监制

表3-5　其他应税消费品消费税纳税申报表

税款所属期:　　年　月　日至　　年　月　日
纳税人名称(公章):　　　　纳税人识别号:□□□□□□□□□□□□□□□□□
填表日期:　　年　月　日　　　　　　　　金额单位:元(列至角分)

| 应税消费品名称 | 项目 | | | |
	适用税率	销售数量	销售额	应纳税额
合计	——	——	——	

（续表）

本期准予抵减税额：	声明
本期减(免)税额：	此纳税申报表是根据国家税收法律的规定填报的，我确定它是真实的、可靠的、完整的。
期初未缴税额：	经办人(签章)： 财务负责人(签章)： 联系电话：
本期缴纳前期应纳税额：	(如果你已委托代理人申报，请填写)
本期预缴税额：	授权声明
本期应补(退)税额：	为代理一切税务事宜，现授权_____ _____(地址)
期末未缴税额：	_____为本纳税人的代理申报人，任何与本申报表有关的往来文件，都可寄予此人。 授权人签章：

以下由税务机关填写

受理人(签章)：　　　　受理日期：　　年　月　日　　　受理税务机关(章)：

国家税务总局监制

本 章 小 结

1. 在境内销售、委托加工和进口应税消费品的单位和个人，是消费税的纳税人。消费税税目共计 15 个，酒类产品中的啤酒和黄酒 2 个子税目和成品油税目的 7 个子税目适用定额税率，卷烟和白酒适用复合税率，其他适用比例税率。

2. 消费税的计税依据包括从价计税按销售额确定、从量计税按销售数量确定、复合计税按销售额和销售数量确定，另外还有计税依据的特殊规定。

3. 生产销售环节应纳消费税的计算包括直接对外销售和自产自用两种情况。直接对外销售分别按照从价计税、从量计税和复合计税计算应纳税额；自产自用若用于连续生产应税消费品不缴税，于最终应税消费品销售时缴税，可抵扣上一环节已纳税款；若用于其他方面要视同销售，按同类售价、组成计税价格的顺序计算确定消费税。

4. 委托加工环节应纳消费税的计算要明确委托加工的含义、代收代缴税款的规定、应纳税额的计算和委托加工应税消费品的收回。只有委托方提供原料和主要材料、受托方收取加工费并代垫部分辅助材料的方式才是真正意义的委托加工；受托方(个人除外)负有法定义务代收代缴税款；委托方是纳税人，按受托方同类售价、组成计税价格的顺序计算缴纳消费税；收回后以不高于受托方计税价格销售的，不再缴纳消费税。

5. 单位和个人进口属于消费税征税范围的货物,在进口环节要缴纳消费税;进口应税消费品的收货人或办理报关手续的单位和个人是纳税人;按照组成计税价格和国内应税消费品相同税率依从价、从量和复合计税方法计征消费税;由海关代征,于报关进口时缴纳消费税。

6. 将外购应税消费品和委托加工收回的应税消费品连续生产应税消费品销售的,可以将外购应税消费品和委托加工收回应税消费品已缴纳的消费税给予扣除,具体包括允许扣除的范围、扣除方法(实耗扣税法)、扣税环节和外购或委托加工收回应税消费品后销售。

7. 金银首饰(金银首饰、金基、银基合金首饰以及金基、银基合金的镶嵌首饰)、铂金首饰、钻石及钻石饰品零售环节征税。上述首饰进口环节暂不征收进口消费税,零售环节缴纳消费税,适用税率5%,除以旧换新业务其计税依据与一般应税消费品相同,其他贵重首饰及珠宝玉石,依然在生产、委托加工、进口环节缴纳消费税,适用税率10%。

8. 特殊环节加征应纳消费税的计算包括卷烟批发环节和超豪华小汽车零售环节应纳消费税的计算。

9. 消费税的征收管理包括征税环节、纳税义务发生时间、纳税期限、纳税地点和纳税申报。

第四章

企业所得税法

第一节　企业所得税法概述

一、企业所得税的概念

企业所得税是对我国境内的企业和其他取得收入的组织的生产经营所得和其他所得征收的所得税。企业所得税在国际上又称公司税、公司所得税、法人税、法人所得税，1909年起源于英国，目前世界上有200多个国家和地区开征企业所得税。

企业分为居民企业和非居民企业。居民企业，是指依法在中国境内成立，或者依照外国(地区)法律成立，但实际管理机构在中国境内的企业；非居民企业，是指依照外国(地区)法律成立，在中国境内设立机构、场所的，但该机构不是实际管理机构的企业，或者在中国境内未设立机构、场所，但有来源于中国境内所得的企业。

在税款的征收方面，居民企业就其来源于境内外的所得都征税，非居民企业仅就来源于中国境内的所得和与境内机构有联系的境外所得征税。

二、企业所得税的特点

企业所得税的特点主要有以下几个方面：其一，企业所得税以企业净所得为征税对象；其二，企业所得税以应纳税所得额为计税依据；其三，企业所得税纳税人和实际负担人是一致的，企业所得税为直接税；其四，企业所得税征税范围广，企业和其他取得收入的组织都是企业所得税的纳税义务人；其五，企业所得税计税基础宽泛，既对生产经营所得征税，也对其他所得征税，具有征收上的广泛性，其六，企业所得税税收优惠力度较大。

企业所得税的计税依据是企业应纳税所得额，而非收入或会计利润，在实践操作中，通常以会计利润为基础计算企业应纳税所得额，根据税法与企业准则对同一事项的不同规定进行调整。因此，企业所得税的计算比较复杂，涉及纳税人的收入总额、成本费用支出、税金及附加支出、损失等各方面的核算。

在征收企业所得税的过程中，为了发挥其对经济的调控作用，我国出台了各种税收优惠政策，如支持小微企业发展和鼓励企业创新等的一系列优惠措施，可以引导企业发展方向、促进产业结构调整与升级。

三、企业所得税的作用

企业所得税是对我国境内的企业和其他取得收入的组织的生产经营所得和其他所得征收的一种税，有所得者缴税，无所得者不缴税，所得多者多缴，所得少者少缴，既保证了税负公平，又保证了国家的财政收入。企业所得税的作用体现在以下几个方面。

(一) 有利于保证国家筹集财政资金

政府财政收入主要来源于税收。随着我国经济的发展，企业的数量不断增多、盈利水平不断提高，企业所得税占全部税收收入的比重越来越高，成为我国四大主体税种之一。在 2000—2019 年这 20 年中，我国企业所得税的收入逐渐增多，其占税收收入总额的比重从 13.89%提高到 23.61%，具体情况见表 4-1。

表4-1　2000—2019年企业所得税的收入情况及占税收收入总额的比重

年　度	税收收入总额(亿元)	企业所得税收入数额(亿元)	企业所得税占税收收入总额的比重
2000	12 665.80	1 770.7	13.98%
2001	15 165.50	2 634.5	17.37%
2002	16 996.60	2 588.6	15.23%
2003	20 466.10	3 047.6	14.89%
2004	25 718.00	4 074.2	15.84%
2005	30 865.80	5 510.82	17.85%
2006	37 636.30	7 080.7	18.81%
2007	49 449.29	9 674.93	19.57%
2008	54 219.62	11 174.66	20.61%
2009	63 104.00	12 157.00	19.27%
2010	77 390.00	14 637.01	18.91%
2011	95 729.00	19 716.05	20.60%
2012	100 600.88	19 653.56	19.54%
2013	110 497.33	22 415.76	20.29%
2014	119 158.00	24 632.00	20.67%
2015	124 892.00	27 125.00	21.72%
2016	130 354.00	28 850.00	22.13%
2017	144 360.00	32 111.00	22.24%
2018	152 981.00	35 322.10	23.09%
2019	157 992.00	37 300.00	23.61%

(二) 有利于促进产业结构调整

所得税的调节作用在于公平税负、量能负担,虽然所得税采用的是比例税率,在一定程度上削弱了所得税的调控功能,但是,企业所得税的税率主要包括 25%、20%、15%三档,规定了各项税收优惠政策、所得额计算中不得扣除项目和限额扣除等,发挥了其对纳税人投资、调整产业结构、保护环境、创新发展、节约能源、扶持小微企业发展等方面的调控作用。

(三) 有利于督促企业改善经营管理水平

由于企业所得税是对企业应纳税所得额征税,主要采用比例税率形式进行征收,因此,在税率不变的情况下,盈利能力强的企业扣除固定费用支出后产生的所得较多。企业获利能力越强,所得税的税收负担相对来讲就越小。因此,企业在生产经营过程中,会积极改善企业经营管理活动状况,提高盈利能力,降低税收负担。

四、我国企业所得税法的发展历程

中国所得税制度的创建受欧美和日本等国的影响,始议于 20 世纪初,1910 年清政府有关部门曾草拟《所得税章程》,包括对企业所得和个人所得征税的内容,但未能公布实施。1912年,"中华民国"成立后,于 1914 年公布了《所得税条例》,但由于社会动乱,也未真正实施。下面主要介绍新中国成立之后我国企业所得税的发展历程。

(一) 1949—1977年工商业税(所得税前身)设立并发展

1949 年的首届全国税务会议通过了统一全国税收政策的基本方案,其中包括对企业所得和个人所得征税的办法。

1950 年,政务院发布了《全国税政实施要则》,规定全国设置 14 种税收,主要征税对象是私营企业、集体企业和个体工商户的应税所得。而国营企业不缴纳所得税,实行利润上缴制度。

1958 年和 1973 年我国进行了两次重大的税制改革,其核心是简化税制,其中的工商业税(所得税部分)主要还是对集体企业和国营企业征收。当时国营企业上缴的利润仍是国家财政收入主要来源之一。

(二) 1978—1982年企业所得税法初步设立

1980 年 9 月,第五届全国人民代表大会第三次会议通过了《中华人民共和国中外合资经营企业所得税法》并公布施行。企业所得税税率确定为 30%,同时按应纳所得税额附征 10%的地方所得税。

1981 年 12 月,第五届全国人民代表大会第四次会议通过了《中华人民共和国外国企业所得税法》,实行 20%～40%的五级超额累进税率,同时按应纳所得税额附征 10%的地方所得税。

(三) 1983—1990年企业所得税法得到进一步发展

1983 年,国务院决定在全国试行国营企业"利改税",即将国营企业向国家上缴利润的制度改为缴纳企业所得税的制度。

1984 年 9 月，国务院发布了《中华人民共和国国营企业所得税条例(草案)》和《国营企业调节税征收办法》。实行独立经济核算的国营企业为国营企业所得税的纳税人，税率为比例税率，按企业规模大小，大中型企业实行 55%的比例税率，小型企业等适用 10%～55%的八级超额累进税率。

1985 年 4 月，国务院发布了《中华人民共和国集体企业所得税暂行条例》，原来对集体企业征收工商税改为实行企业所得税，税率为 10%～55%的八级超额累进税率。

1988 年 6 月，国务院发布了《中华人民共和国私营企业所得税暂行条例》，税率为 35%。这一阶段我国企业所得税制度的出台，重新确定了国家与企业的分配关系，使我国的企业所得税制建设进入健康发展的新阶段。

(四) 1991—2007年企业所得税法实现内外资企业统一

为进一步扩大改革开放，适应中国建立社会主义市场经济体制的新形势，按照"统一税法、简化税制、公平税负、促进竞争"的原则，国家先后完成了外资企业所得税和内资企业所得税的统一。

1991 年 4 月，第七届全国人民代表大会将《中华人民共和国中外合资经营企业所得税法》与《中华人民共和国外国企业所得税法》合并，制定了《中华人民共和国外商投资企业和外国企业所得税法》，并于 1991 年 7 月 1 日起施行。

1993 年 12 月 13 日，国务院将《中华人民共和国国营企业所得税条例(草案)》《国营企业调节税征收办法》《中华人民共和国集体企业所得税暂行条例》和《中华人民共和国私营企业所得税暂行条例》进行整合，制定了《中华人民共和国企业所得税暂行条例》，自 1994 年 1 月 1 日起施行。《中华人民共和国企业所得税暂行条例》的实施，标志着中国的所得税制度朝着法制化、规范化和科学化迈出了重要的步伐。

2007 年 3 月 16 日，第十届全国人民代表大会第五次会议通过了《中华人民共和国企业所得税法》，并于 2008 年 1 月 1 日开始实行。内、外资企业从此实行统一的企业所得税法。2017 年 2 月 24 日第十二届全国人民代表大会常务委员会第二十六次会议对《中华人民共和国企业所得税法》进行了第一次修改。

(五) 2008年迄今企业所得税法不断完善

2008 年，根据新的《中华人民共和国所得税法》规定一般企业所得税的税率为 25%，非居民企业适用税率为 20%。符合条件的小型微利企业，减按 20%的税率征收企业所得税。国家需要重点扶持的高新技术企业，减按 15%的税率征收企业所得税。

从 2016 年开始，国家为了扶持企业发展，一直主张降低企业负担，减税降费，财税〔2016〕122 号和财税〔2018〕44 号文中提出，自 2018 年 1 月 1 日起对经认定的技术先进型服务企业(服务贸易类)，减按 15%的税率征收企业所得税。2018 年，财税〔2018〕54 号文中规定企业在 2018 年 1 月 1 日至 2020 年 12 月 31 日期间新购进的设备、器具，单位价值不超过 500 万元的，允许一次性计入当期成本费用在计算应纳税所得额时扣除。2018 年 12 月 29 日，《中华人民共和国企业所得税法》立法，随后，2019 年 4 月 23 日，《中华人民共和国企业所得税法实施条例》公布。2020 年，财税〔2019〕13 号和国家税务总局 2020 年第 2 号文，提出了小型微利企业的具体优惠策略。一系列减税降费的法律制度的推出，促进了企业所得税的不断完善和发展。

第二节 纳税义务人、征税对象与税率

一、纳税义务人

在我国，企业所得税的纳税义务人一般是指企业和其他取得收入的组织。但个人独资企业、合伙企业不适用企业所得税法，个人独资企业和合伙企业在所得税的缴纳方面只缴纳个人所得税。我国企业所得税在管辖权方面采用地域管辖权和居民管辖权的双重管辖权标准，既保障了我国税收管辖权的有效行使，又避免了对企业和组织进行双重课税。

【例 4-1 多选题】根据企业所得税法律制度的规定，下列依照中国法律、行政法规成立的公司、企业中，属于企业所得税纳税人的有(　　)。

    A. 一人有限责任公司　　　　　　　B. 合伙企业

    C. 个人独资企业　　　　　　　　　D. 集体企业

【答案】AD

【分析】合伙企业、个人独资企业不属于企业所得税的纳税人，只缴纳个人所得税。

(一) 居民企业

居民企业，是指依照我国的法律在中国境内成立的企业，或者依照外国(地区)法律成立，但实际管理机构在中国境内的企业。这里的实际管理机构，是指对企业的生产经营、人员、账务、财产等实施实质性全面管理和控制的机构。这里的企业包括股份制企业、国有企业、集体企业、联营企业、私营企业、外国企业、外商投资企业，以及取得所得的经国家有关部门批准，依法注册、登记的事业单位、社会团体等组织。

(二) 非居民企业

非居民企业，是指依照外国(地区)法律成立，在中国境内设立非实际管理机构、场所的企业，或者未在中国境内设立机构、场所，但有来源于中国境内所得的企业。

这里的机构、场所，是指在中国境内从事生产经营活动的机构、场所，包括各种营业管理和办事机构、工厂和开采自然资源的场所、提供各种劳务的场所、从事建筑安装和修理修配等工程作业的场所，以及其他从事生产经营活动的机构、场所。

非居民企业委托营业代理人在中国境内从事生产经营活动的，包括委托单位或者个人经常代其签订合同，或者储存、交付货物等，该营业代理人被视为非居民企业在中国境内设立的机构、场所。

【例 4-2 单选题】下列选项中，属于企业所得税居民企业的是(　　)。

    A. 依照英国法律成立且实际管理机构在英国，但在中国境内设立机构和场所的企业

    B. 依照英国法律成立且实际管理机构在英国，但在中国境内从事修理修配劳务的企业

    C. 依照英国法律成立且实际管理机构在英国，在中国境内未设立机构、场所，但有来源于中国境内的所得

    D. 依照中国法律成立的企业

【答案】D

【分析】选项 A、B、C 属于非居民企业。居民企业是指依法在中国境内成立，或者依

照外国(地区)法律成立，但实际管理机构在中国境内的企业。

二、征税对象

企业所得税的征税对象是指企业取得的各种所得，包括生产经营所得、其他所得和清算所得。不同的企业所得税纳税义务人的类型不同，征税对象也不同。

(一) 居民企业的征税对象

居民企业的征税对象为来源于中国境内、境外的所得。这里的所得，包括销售货物所得、提供劳务所得、转让财产所得、租金所得、特许权使用费所得、股息红利等权益性投资所得、利息所得、接受捐赠所得和其他所得。

(二) 非居民企业的征税对象

非居民企业在中国境内设立机构、场所的，其征税对象为来源于中国境内的所得，以及取得的与中国境内设立的机构、场所有实际联系的境外所得；非居民企业在中国境内未设立机构、场所的，其征税对象为来源于中国境内的所得。

(三) 所得来源地的确定

企业所得税依照《中华人民共和国企业所得税法》(简称《企业所得税法》)及《中华人民共和国企业所得税法实施条例》(简称《企业所得税法实施条例》)的规定，所得来源地的确定有如下方法。

(1) 销售货物所得，按照交易活动发生地确定。

(2) 提供劳务所得，按照劳务发生地确定。

(3) 转让财产所得。①转让动产所得按照转让动产的企业或者机构、场所所在地确定；②转让不动产所得按照不动产所在地确定；③转让权益性投资资产所得按照被投资企业所在地确定。

(4) 股息、红利等权益性投资所得，按照分配所得的企业所在地确定。

(5) 利息所得、租金所得、特许权使用费所得，按照负担、支付所得的企业或者机构、场所所在地确定，或者按照负担、支付所得的个人的住所地确定。

(6) 其他所得，由国务院财政、税务主管部门确定。

【例4-3 单选题】下列所得按转让货物或资产的企业所在地确定所得来源地的是(　　)。

A. 转让动产所得 　　　　　　　　B. 提供劳务所得

C. 转让不动产所得 　　　　　　　D. 股息、红利所得

【答案】A

【分析】选项B，提供劳务所得，按照劳务发生地确定；选项C，转让不动产所得，按照不动产所在地确定；选项D，股息、红利等权益性投资所得，按照分配所得的企业所在地确定。

三、税率

企业所得税税率是体现国家与企业之间分配关系的核心要素，我国企业所得税实行比例税

率，执行 25%、20%、15%三档税率。

(1) 25%的基本税率。基本税率主要适用于居民企业所取得的境内外所得，以及在中国境内设有机构、场所且所得与机构、场所有关联的非居民企业取得的境内外所得。

(2) 20%的低税率。低税率适用于两种情况，其一为符合条件的小型微利企业；其二为在中国境内未设立机构、场所的非居民企业取得的境内所得，以及虽设立机构、场所，但取得的所得与其所设机构、场所没有实际联系的非居民企业取得的境内所得。针对非居民企业的境内所得名义税率为 20%，实际适用税率为 10%。

(3) 15%的优惠税率。优惠税率适用于高新技术企业、技术先进型服务企业、集成电路和软件产业、从事污染防治的第三方企业，以及西部地区鼓励类产业企业所取得的所得。

① 国家重点扶持的高新技术企业的所得税税率减按 15%执行。

② 自 2018 年 1 月 1 日起，对经认定的技术先进型服务企业(服务贸易类)，减按 15%的税率征收企业所得税。

③《财政部 国家税务总局关于进一步鼓励软件产业和集成电路产业发展企业所得税政策的通知》(财税〔2012〕27 号)第二条规定，线宽小于 0.25 微米的集成电路生产企业或者投资额超过 80 亿元的集成电路生产企业减按 15%的税率征收企业所得税。

④ 2020 年 1 月 1 日至 2021 年 12 月 31 日，对符合条件的从事污染防治的第三方企业减按15%的税率征收企业所得税。第三方防治企业是指受排污企业或政府委托，负责环境污染治理设施(包括自动连续监测设施)运营维护的企业。

⑤ 对设在西部地区以《西部地区鼓励类产业目录》中新增鼓励类产业项目为主营业务，且其当年度主营业务收入占企业收入总额70%以上的企业，自 2014 年 10 月 1 日起，可减按 15%的税率缴纳企业所得税。

【例 4-4 单选题】在中国境内设立机构、场所的非居民企业取得的下列所得，按照名义税率 20%征收企业所得税的是(   )。

A. 取得的与中国境内设立的机构、场所有实际联系的境内所得

B. 取得的与中国境内设立的机构、场所有实际联系的境外所得

C. 取得的与中国境内设立的机构、场所没有实际联系的境内所得

D. 取得的与中国境内设立的机构、场所没有实际联系的境外所得

【答案】C

【分析】非居民企业在中国境内未设立机构、场所的，其取得的与中国境内设立的机构、场所无联系的境内所得，或者虽设立机构、场所，但从境内取得的与其所设机构、场所没有实际联系的境内所得，减按 20%的名义税率征收企业所得税。

第三节　应纳税所得额的确定

应纳税所得额是企业所得税的计税依据，按照《企业所得税法》的规定，应纳税所得额为企业在一个纳税年度内所取得的收入总额，扣除不征税收入、免税收入、允许扣除的各项费用以及以前年度亏损后的余额。企业应纳税所得额的计算，除特殊规定外，以权责发生制为原则，即属于当期的收入和费用，不论款项是否收付，均作为当期的收入和费用进行核算。

一、收入总额

企业取得的收入包括销售货物收入，提供劳务收入，提供服务收入，转让财产收入，特许权使用费收入，租金收入，利息收入，股息、红利等权益性投资收益，接受捐赠收入及其他收入。

企业取得收入的形式包括货币形式和非货币形式。货币形式取得的收入，包括现金、银行存款、应收票据、应收账款、准备持有至到期的投资等。非货币形式取得的收入，包括固定资产、无形资产、股权投资、存货、不准备持有至到期的投资等。

(一) 一般收入的确认

(1) 销售货物收入，是指企业销售库存商品、半成品、原材料、包装物、低值易耗品等取得的收入。

(2) 提供劳务收入，是指企业加工、修理修配劳务活动取得的收入。企业加工、修理修配的对象应为有形动产。

(3) 提供服务收入，是指企业提供交通服务、建筑服务、金融服务、邮政服务、电信服务、现代服务以及生活服务取得的收入。

(4) 转让财产收入，是指企业转让固定资产、无形资产、生物资产、股权、债权等财产取得的收入。企业转让股权收入，应于转让协议生效且完成股权变更手续时，确认收入的实现，按照转让股权收入扣除为取得该股权所发生的成本后的余额确认股权转让所得。

(5) 特许权使用费收入，是指企业提供专利权、非专利技术、商标权、著作权，以及其他特许权的使用权取得的收入。特许权使用费收入，按照合同约定的特许权使用人应付特许权使用费的日期确认收入的实现。

(6) 租金收入，是指企业提供固定资产、包装物或者其他有形资产的使用权取得的收入。租金收入，按照合同约定的承租人应付租金的日期确认收入的实现。

【例4-5 单选题】某公司将一套设备出租，合同约定租期从2020年1月1日到2022年12月31日，每年不含税租金480万元，2020年1月1日一次性收取3年租金1 440万元。下列关于该租赁业务收入确认的说法，正确的是(   )。

  A. 2020年增值税应确认的租赁收入为480万元

  B. 2020年企业所得税应确认的租赁收入为1 440万元

  C. 2020年企业所得税应确认的租赁收入为480万元

  D. 2020年企业所得税应确认的租赁收入为160万元

【答案】C

【分析】租金收入，按照合同约定的承租人应付租金的日期确认收入的实现，因此，2020年1月1日应确认租金收入。由于租赁期限跨年度且租金提前一次性支付，按照收入与费用配比的原则，企业应在租赁期内分期均匀计入相关年度收入，因此2020年可确认企业所得税收入480万元。纳税人提供租赁服务采取预收款方式的，增值税纳税义务发生时间为收到预收款的当天，所以2020年应确认增值税的计税收入为1 440万元。

(7) 利息收入，是指企业将资金提供给他人使用，或者因他人占用本企业资金取得的收入，包括银行存款利息、贷款利息、企业债券利息、加息罚息等收入。利息收入按照合同约定的债务人应付利息的日期确认收入的实现。

(8) 股息、红利等权益性投资收益，是指企业因权益性投资从被投资方取得的收入。股息、红利等权益性投资收益，应以被投资企业做出利润分配的日期确认收入的实现。

(9) 接受捐赠收入，是指企业接受的来自其他企业、组织或者个人无偿给予的货币性资产、非货币性资产。接受捐赠收入，按照实际收到捐赠资产的日期确认收入的实现。

(10) 其他收入，是指企业取得的除上述收入外的其他收入，包括违约金收入、逾期未退包装物押金收入、企业资产溢余收入、债务重组收入、补贴收入等。

【例4-6 计算题】某公司2020年10月接受捐赠的原材料一批，取得增值税专用发票，注明价款10万元、增值税额1.3万元。

要求：说明这一业务对企业所得税应纳税所得额和增值税的影响。

根据这笔业务，企业应做会计分录为：

借：原材料　　　　　　　　　　　　　　　　　100 000
　　应交税费——应交增值税(进项税额)　　　　　13 000
　　　贷：营业外收入　　　　　　　　　　　　　　113 000

应纳税所得额=10+1.3=11.3(万元)

进项税额为1.3万元

(二) 特殊收入的确认

(1) 以分期收款方式销售货物的，按照合同约定的收款日期确认收入的实现。不论现实中是否支付，也不论现实中是否按照合同约定的数额足额支付，均按照合同约定的日期与金额确认收入的实现。

(2) 企业受托加工制造飞机船舶、大型机械设备，以及从事建筑、安装、装配工程业务或者提供其他劳务等，持续时间超过12个月的，按照纳税年度内完工进度或者完成的工作量确认收入的实现。

(3) 采取产品分成方式取得收入的，按照企业实际分得产品的日期确认收入的实现，其收入按照产品的公允价值进行确认。

(4) 企业发生非货币性资产交换，以及将货物、财产、劳务用于捐赠、偿债、赞助、集资、广告、样品、职工福利或者利润分配等用途的，应当视同销售货物、转让财产或者提供劳务，但国务院财政、税务主管部门另有规定的除外。

(5) 对企业因投资取得的2019—2023年发行的铁路债券利息收入，减半征收企业所得税。铁路债券是指以中国铁路总公司为发行和偿还主体的债券，包括中国铁路建设债券、中期票据、短期融资券等债务融资工具。

【例4-7 单选题】依据企业所得税的相关规定，下列关于收入确认时间的说法正确的是（　　）。

A. 接受捐赠收入，按照合同约定的捐赠日期确认收入的实现

B. 租金收入，以实际取得租金收入的日期确认收入的实现

C. 股息、红利等权益性投资收益，以投资方实际取得分红的日期确认收入

D. 采取产品分成方式取得收入的，按照企业分得产品的日期确认收入的实现

【答案】D

【分析】选项A，接受捐赠收入，按照实际收到捐赠资产的日期确认收入的实现；选项B，租金收入，按照合同约定的支付租金的日期确认收入的实现；选项C，股息、红利等权

益性投资收益，除另有规定外，按照被投资企业股东会或股东大会做出利润分配或转股决定的日期确认收入的实现。

(三) 处置资产收入的确认

企业发生的资产处置事项，可以分两种情况进行税务处理。

(1) 不确认收入。这种情况主要针对资产所有权属在形式和实质上均不发生改变的事项，该事项可作为内部处置资产，不视同销售确认收入(但是将资产转移至境外除外)。具体事项包括：

① 将资产用于生产加工另一产品；
② 改变资产外观、结构或性能；
③ 改变资产用途；
④ 将资产在总分机构之间以及分支机构之间转移；
⑤ 其他不改变资产所有权属的用途。

(2) 视同销售确认收入。这种情况主要针对资产所有权属已发生改变的事项，该事项按规定应视同销售确认收入。具体事项包括：

① 用于企业市场宣传或推广销售；
② 用于企业的交际应酬；
③ 用于奖励职工或职工福利；
④ 用于分配股东股息、红利；
⑤ 用于对外捐赠；
⑥ 其他改变资产所有权属的事项。

如果资产属于企业自制的资产，应按企业同类资产同期对外销售价格确认销售收入；如果资产属于外购的资产，应按照该资产的公允价值确认销售收入。

【例4-8 多选题】企业发生的下列资产处置行为，按照税法规定应视同销售确认收入的有(　　)。

A. 将资产用于企业市场宣传或推广销售
B. 将资产用于企业的交际应酬
C. 将资产用于奖励职工或职工福利
D. 将资产用于分配股东股息、红利

【答案】ABCD

【例4-9 计算题】某生产企业2020年的会计利润为300万元，该企业将自产的设备通过市政府捐赠给贫困山区用于公共设施建设。已知该设备的生产成本为50万元，不含增值税市场售价为70万元。

要求：计算上述业务应调整的应纳税所得额。

首先，该笔捐赠行为在企业所得税中应视同销售确认收入，同时扣除相应的生产成本，因此，应调增的应纳税所得额=70-50=20(万元)

同时，该笔捐赠金额应计入"营业外支出"科目中，"营业外支出"科目金额=50+70×13%=59.1(万元)，而通过非营利性第三方进行公益性捐赠的扣除限额=300×12%=36(万元)，税法上允许扣除的捐赠支出=70+70×13%=79.1(万元)，超过了扣除限额36万元，应该按照36万元扣除。所以，应调增的应纳税所得额=20+59.1-36=43.1(万元)。

二、不征税收入和免税收入

国家针对企业所取得的一些特殊事项的收入，采取不征税或免征税的规定，以减轻企业的税收负担，引导、扶持企业健康发展。

(一) 不征税收入

(1) 财政拨款。

财政拨款是指各级人民政府对纳入预算管理的事业单位、社会团体等组织拨付的财政资金，但国务院和国务院财政、税务主管部门另有规定的除外。

(2) 依法收取并纳入财政管理的行政事业性收费、政府性基金。

行政事业性收费是指依照法律法规等有关规定，按照国务院规定程序批准，在实施社会公共管理，以及在向公民、法人或者其他组织提供特定公共服务的过程中，向特定对象收取并纳入财政管理的费用。政府性基金是指企业依照法律、行政法规等有关规定，代政府收取的具有专项用途的财政资金。

(3) 国务院规定的其他不征税收入。

国务院规定的其他不征税收入是指企业取得的，由国务院财政、税务主管部门规定专项用途并经国务院批准的财政性资金，主要是指企业取得的来源于政府及其有关部门的补助及各类财政专项资金，如财政补助、补贴、贷款贴息，以及直接减免、先征后退、先征后返和即征即退的增值税。

上述不征税收入用于支出所形成的费用，在计算应纳税所得额时不允许扣除；用于支出所形成的资产，其对应的折旧、摊销在计算应纳税所得额时不允许扣除。

(二) 免税收入

(1) 国债利息收入。企业在持有国债期间，无论是持有至到期还是到期前转让国债，其所取得的国债利息收入，免征企业所得税。企业购买国债持有至到期的，应按国债发行时约定的应付利息的日期，确认国债利息收入的实现。

(2) 符合条件的居民企业之间的股息、红利等权益性投资收益。该收益是指居民企业因投资于其他居民企业，据以取得相应的股息、红利等投资收益。

(3) 在中国境内设立机构、场所的非居民企业从居民企业取得与该机构、场所有实际联系的股息、红利等权益性投资收益。该收益不包括连续持有居民企业公开发行并上市流通的股票不足 12 个月取得的投资收益。

(4) 符合条件的非营利组织的收入。符合条件的非营利组织是指：

① 依法履行非营利组织登记手续；

② 从事公益性或者非营利性活动；

③ 财产及其孳生息不用于分配；

④ 投入人对投入该组织的财产不保留或者享有任何财产权利；

⑤ 工作人员工资福利开支控制在规定的比例内，不变相分配该组织的财产；

⑥ 按照登记核定或者章程规定，该组织注销后的剩余财产用于公益性或者非营利性目的，或者由登记管理机关转赠给与该组织性质、宗旨相同的组织，并向社会公告；

⑦ 取得的收入除用于与该组织有关的、合理的支出外，全部用于登记核定或者章程规定的公益性或者非营利性事业；

⑧ 国务院财政、税务主管部门规定的其他条件。

【例4-10 计算题】某居民企业为增值税一般纳税人，2020年从其他居民企业A公司取得股息收入500万元，A公司为小型微利企业，适用20%的企业所得税税率。

要求：计算该业务应调整的应纳税所得额。

根据我国相关法律制度的规定，从A公司分回的股息免税，应调减应纳税所得额500万元。

【例4-11 单选题】根据企业所得税相关规定，下列收入属于居民企业不征税收入的是(   )。

A. 国债利息收入

B. 接受企业的捐赠收入

C. 取得的居民企业间权益性投资收益

D. 依法收取并纳入财政管理的行政事业性收费

【答案】D

【分析】财政拨款、依法收取并纳入财政管理的行政事业性收费、政府性基金都属于不征税收入。选项A和C属于免税收入。选项B属于应税收入。

三、准予扣除项目

(一) 扣除项目的原则

企业在计算应纳税所得额时，允许扣除的项目首先要确保其真实性和合法性，其次要确保税法的法律法规效力，若税法的法律法规与其他法律法规的规定不一致，应以税收法律法规的规定为标准。

扣除项目在税前扣除时，一般应遵循以下原则。

(1) 权责发生制原则。

企业发生的各项支出，无论款项是否实际支付，均应在发生的所属期扣除，而不是在实际支付时确认扣除。

(2) 配比原则。

企业发生的费用应与收入期间相匹配，不得提前或滞后申报扣除。如果收入是不征税收入，则费用也不允许扣除。

(3) 确定性原则。

企业发生的费用要明确哪些是可以扣除的，哪些是不得扣除的，可扣除的费用不论何时支付，其金额必须是确定的。

(4) 相关性原则

企业可扣除的费用必须与取得应税收入直接相关，与经营收入无关的支出不允许扣除。

(5) 合理性原则。

企业允许扣除的费用支出均属于符合生产经营活动常规，应当计入当期损益或者有关资产成本的必要和正常的支出。

(二) 扣除项目的范围

在计算企业应纳税所得额时，企业允许扣除实际发生的与取得收入有关的、合理的支出，具体包括成本、费用、税金、损失和其他支出。

1. 成本

成本是指企业在生产经营活动中发生的生产成本、销货成本以及其他支出，即企业销售商品(产成品、半成品、原材料、边角废料等)、提供劳务、转让固定资产、无形资产等的成本。

2. 费用

费用是指在相应的会计年度内，为取得经营收入所发生的销售费用、管理费用和财务费用。

3. 税金

企业允许扣除的税金主要指计入"税金及附加"科目中的各项税费，包括消费税、城市维护建设税、关税、资源税、土地增值税、房产税、车船税、土地使用税、印花税、教育费附加、地方教育费附加。企业所得税、增值税、企业代扣代缴的个人所得税不允许扣除。耕地占用税、车辆购置税、契税等直接计入相关资产的成本中，不计入"税金及附加"科目进行核算。

4. 损失

损失是指企业在生产经营活动中发生的固定资产和存货的盘亏、毁损、报废损失，转让财产损失，坏账损失，自然灾害等不可抗力因素造成的损失，以及其他损失。这里要区分增值税不得扣除的非正常损失，由于管理不善等原因发生的非正常损失在计算企业应纳税所得额时允许扣除。

企业发生的损失，减除责任人赔偿和保险赔款后的余额进行扣除。企业因行政违法或违规行为发生的没收违法所得、没收财产等损失不得扣除。

5. 其他支出

除成本、费用、税金、损失外，企业在生产经营活动中发生的与生产经营活动有关的、合理的支出，在计算应纳税所得额时允许扣除。

【例 4-12 计算题】某企业在购进原材料过程中发生非正常损失，损失的不含增值税的原材料成本为 55 万元(其中含运费金额 5 万元)，保险公司赔偿 15 万元，司机赔偿 2 万元。计算该企业应纳税所得额允许扣除的资产损失金额。

进项税额转出=(55−5)×13%+5×9%=6.5+0.45=6.95(万元)

允许扣除的资产损失=55+6.95−15−2=44.95(万元)

(三) 扣除项目及其标准

1. 工资薪金支出

(1) 企业发放给职工的工资可以根据实际发放的金额扣除。工资包括基本工资、岗位工资、劳动分红、各种津贴和补贴，以及满勤奖、月度奖、季度奖、年终加薪等。工资的发放形式既可以是现金形式，也可以是非现金形式。工资的发放对象，既可以是与公司有长期、稳定雇用关系的员工，也可以是临时工、实习生等。

国有性质的企业工资薪金的扣除有一定限额，超过限额的部分，在计算企业应纳税所得额时不得扣除。

(2) 股权激励。上市公司实施的股权激励方式主要包括授予限制性股票、股票期权。

① 对股权激励计划实行后立即可以行权的,上市公司将实际行权时该股票的公允价格(实际行权日该股票的收盘价格确定)与激励对象实际行权支付价格的差额,确认为对职工的工资薪金支出,可以在计算企业应纳税所得额时扣除。

② 对股权激励计划实行后非立即行权的,公司等待期内相关成本费用,在计算企业应纳税所得额时不得扣除。在股权激励计划达到行权条件后,上市公司应将该股票实际行权时的公允价格(实际行权日该股票的收盘价格确定)与激励对象实际行权支付价格的差额,确认为对职工的工资薪金支出,可以在计算企业应纳税所得额时扣除。

(3) 企业接受外部劳务派遣用工所发生的费用支出,应分两种情况在税前进行扣除:①按照协议(合同)约定支付给工人的工资直接支付给劳务派遣公司,而非直接发放给员工的费用,应作为劳务费支出;②按照协议(合同)约定直接支付给员工个人的费用,应作为工资薪金支出。作为工资薪金支出的费用,准予计入企业实际发放的工资薪金总额,作为计算其他各项相关费用扣除的依据。而直接支付给劳务派遣公司的劳务费用,不得计入工资薪金总额。

2. 职工福利费、工会经费、职工教育经费

(1) 企业发生的职工福利费支出实行限额扣除办法,扣除限额为实际发放的工资薪金总额的14%,超过部分不得扣除。若实际发生的职工福利费未超过限额,则据实扣除。企业职工福利费包括以下内容。

① 企业内设职工食堂、职工浴室、理发室、医务所、托儿所、疗养院等集体福利部门所发生的设备、设施及维修保养费用和福利部门工作人员的工资薪金、劳务费、社会保险费、住房公积金等支出。

② 职工生活、住房、交通、卫生保健等方面的各项补贴,包括供暖费补贴、职工防暑降温费、职工困难补贴、伙食补贴、交通补贴,以及职工因公外地就医费用、未实行医疗统筹企业职工医疗费用等。

③ 按照规定发生的其他职工福利费,包括丧葬补助费、抚恤费、安家费、探亲假路费等。

(2) 企业拨缴的工会经费实行限额扣除办法,扣除限额为实际发放的工资薪金总额的2%,超过部分不得扣除。若实际发生的工会经费未超过限额,准予凭工会组织开具的《工会经费收入专用收据》按实际发生金额扣除。自2010年1月1日起,在委托税务机关代收工会经费的地区,企业拨缴的工会经费,也可凭合法、有效的工会经费代收凭据依法在税前扣除。

(3) 企业发生的职工教育经费支出实行限额扣除办法,扣除限额为实际发放的工资薪金总额的8%,超过部分准予在以后纳税年度结转扣除。若实际发生的职工福利费未超过限额,则据实扣除。

软件生产企业发生应计入职工教育经费中的职工培训费用,可以按照实际发生额全额在企业所得税前扣除。对于不能准确核算企业职工培训费支出的,一律按照工资薪金总额8%的比例扣除。

核力发电企业为培养核电厂操纵员发生的培养费用,应单独核算,不计入职工教育经费中,并作为企业的发电成本按照实际发生金额在税前全额扣除。

上述计算职工福利费、工会经费、职工教育经费的工资薪金总额,是指企业实际发放的工资薪金总和,不包括由企业支付的基本养老保险费、基本医疗保险费、失业保险费、工伤保险费、生育保险费等社会保险费和住房公积金,以及"三项经费"本身的金额。

【例 4-13 计算题】某企业 2020 年全年实发工资总额为 500 万元，实际发生职工福利费 50 万元、工会经费 16 万元、职工教育经费 15 万元，上年度结转职工教育经费 5 万元。

(1) 职工福利费：实际发生 50 万元，扣除限额=500×14%=70(万元)，税前可以扣除职工福利费 50 万元，不需调整；

(2) 工会经费：实际发生 16 万元，扣除限额=500×2%=10(万元)，税前可以扣除工会经费 10 万元，调增所得额=16-10=6(万元)；

(3) 职工教育经费：一共发生 20 万元，扣除限额=500×8%=40(万元)，税前可以扣除职工教育经费 20 万元，由于上年度结转职工教育经费 5 万元，因此本年应调减所得额 5 万元。

3. 社会保险费

(1) 企业按照规定的标准为职工支付的五险一金，即基本养老保险费、基本医疗保险费、失业保险费、工伤保险费、生育保险费等基本社会保险费和住房公积金，准予按照实际发生额全额扣除。

(2) 企业为投资者或者职工支付的补充养老保险费、补充医疗保险费，可以按照一定的比例准予扣除。企业依照国家有关规定为特殊工种职工支付的人身安全保险费和符合规定的商业保险费准予扣除。

(3) 企业参加财产保险所支付的保险费准予扣除，企业为投资者或者职工个人支付的商业保险费不得扣除。

4. 利息费用

企业在生产经营活动中因为占用资金而发生的利息支出，按下列规定扣除。

(1) 非金融企业向金融企业借款的利息支出、金融企业的存款利息支出和同业拆借利息支出、经批准发行企业债券所产生的利息支出，可以根据实际发生额进行扣除。

金融企业主要包括以下几种类型的机构。

① 各类银行。银行主要包括国家专业银行、区域性银行、股份制银行、中外合资银行、外资银行以及其他银行。

② 保险公司。保险公司主要包括全国性保险企业、区域性保险企业、股份制保险企业、中外合资保险企业以及其他保险企业。

③ 经中国人民银行批准从事金融业务的非银行金融机构。非银行金融机构主要包括各类财务公司、农村信用社，以及从事信托投资、租赁等业务的专业和综合性非银行金融机构。

(2) 非金融企业向非金融企业借款的利息支出，以不超过同期同类金融企业贷款利率计算的利息作为扣除限额，超过限额的利息支出不允许扣除。

同期同类金融企业贷款利率是指在贷款期限、贷款金额、贷款担保以及企业信誉等条件基本相同下，金融企业提供贷款的利率，既可以是金融企业对某些企业提供的实际贷款利率，也可以是金融企业公布的同期同类平均利率。

(3) 关联企业利息费用的扣除。企业从其关联方取得借款而发生的利息支出，要按照从其关联方接受的债权性投资与权益性投资的规定比例进行扣除，超过规定标准而发生的利息支出，在计算应纳税所得额时不允许扣除。

① 在计算应纳税所得额时，企业实际支付给关联方的利息支出要求满足的扣除比例，除符合下面第②条规定外，其接受关联方债权性投资与其权益性投资比例为：金融企业 5∶1；其他企业 2∶1。

②　企业如果能够按照税法及其实施条例的有关规定提供相关资料，并证明相关交易活动符合独立交易原则的，或者该企业的实际税负不高于境内关联方的，其实际支付给境内关联方的利息支出，在计算应纳税所得额时准予扣除。

③　企业同时从事金融业务和非金融业务，其实际支付给关联方的利息支出，应按照合理方法分开计算；没有按照合理方法分开计算的，一律按前述第①条有关其他企业的比例计算准予税前扣除的利息支出。

④　企业自关联方取得的不符合规定的利息收入应按照有关规定缴纳企业所得税。

(4)　企业向自然人借款的利息支出在企业所得税前扣除。

①　企业向股东或其他与企业有关联关系的自然人借款的利息支出，应根据《企业所得税法》第四十六条及《财政部　国家税务总局关于企业关联方利息支出税前扣除标准有关税收政策问题的通知》(财税〔2008〕121号)规定的条件，计算企业所得税扣除额。

②　企业向除①规定以外的内部职工或其他人员借款的利息支出，其借款情况同时符合以下条件的，其利息支出在不超过按照金融企业同期同类贷款利率计算的数额的部分，准予扣除。

条件一：企业与个人之间的借贷是真实、合法、有效的，并且不具有非法集资目的或其他违反法律、法规的行为；

条件二：企业与个人之间签订了借款合同。

【例4-14 计算题】某企业2020年"财务费用"账户列支500万元，其中，4月1日向银行借款600万元用于厂房扩建，期限为1年，于年底向银行支付了3个季度的借款利息36万元，该厂房12月31日竣工结算并交付使用。该企业9月1日经批准向其他企业借款300万元，期限为1年，年利率为12%，按月付息，本年实际支付利息12万元。

要求：计算该企业所得税允许扣除的财务费用。

允许扣除的财务费用=[500−(36+12)]+300×[(36×4÷3)÷600]÷12×4=460(万元)

【例4-15 计算题】甲公司和乙公司均为非金融企业，甲公司向乙公司投资100万元，占股比例为20%，乙公司向甲公司借款300万元，年利率为10%，已知：银行同期贷款利率为8%。计算纳税调整金额。

实际利息支出：300×10%=30(万元)，扣除标准：100×2×8%=16(万元)，超过的14万元为纳税调整金额。

5. 借款费用

(1)　企业在生产经营活动中发生的合理的不需要资本化的借款费用，准予扣除。

(2)　企业为购置、建造固定资产、无形资产和经过12个月以上的建造才能达到预定可销售状态的存货发生借款的，在有关资产购置、建造期间发生的合理的借款费用，应予以资本化，作为资本性支出计入有关资产的成本；有关资产交付使用后发生的借款利息，可在发生当期扣除。

(3)　企业通过发行债券、取得贷款、吸收保户储金等方式融资而发生的合理的费用支出，符合资本化条件的，应计入相关资产成本；不符合资本化条件的，应作为财务费用，准予在企业所得税前据实扣除。

6. 汇兑损失

企业在货币交易中及纳税年度终了时将人民币以外的货币性资产、负债按照期末即期人民币汇率中间价折算为人民币时产生的汇兑损失，除已经计入有关资产成本以及与向所有者进行利润分配相关的部分外，准予扣除。

7. 业务招待费

(1) 企业发生的与生产经营活动有关的业务招待费支出，按照发生额的 60% 扣除，但最高不得超过当年销售(营业)收入的 5‰。

(2) 对从事股权投资业务的企业(包括集团公司总部、创业投资企业等)，其从被投资企业所分配的股息、红利以及股权转让收入，可以按规定的比例计算业务招待费扣除限额。

(3) 企业在筹建期间发生的与筹办活动有关的业务招待费支出，可按实际发生额的 60% 计入企业筹办费，并按有关规定在税前扣除。

8. 广告费和业务宣传费

(1) 企业发生的符合条件的广告费和业务宣传费支出，除国务院财政、税务主管部门另有规定外，不超过当年销售(营业)收入 15% 的部分，准予扣除；超过部分，准予结转以后纳税年度扣除。

(2) 自 2016 年 1 月 1 日起至 2020 年 12 月 31 日止，对化妆品制造或销售、医药制造和饮料制造(不含酒类制造)企业发生的广告费和业务宣传费支出，不超过当年销售(营业)收入 30% 的部分，准予扣除；超过部分，准予在以后纳税年度结转扣除。

(3) 对签订广告费和业务宣传费分摊协议(以下简称分摊协议)的关联企业，其中一方发生的不超过当年销售(营业)收入税前扣除限额比例的广告费和业务宣传费支出可以在本企业扣除，也可以将其中的部分或全部按照分摊协议归集至另一方扣除。另一方在计算本企业广告费和业务宣传费支出企业所得税税前扣除限额时，可将按照上述办法归集至本企业的广告费和业务宣传费不计算在内。

(4) 企业在筹建期间发生的广告费和业务宣传费，可按实际发生额计入企业筹办费，可按上述规定在税前扣除。

(5) 烟草企业的烟草广告费和业务宣传费支出，一律不得在计算应纳税所得额时扣除。企业应将申报扣除的广告费支出与赞助支出严格区分开。企业申报扣除的广告费支出必须符合下列条件：广告是通过工商部门批准的由专门机构制作的；已实际支付费用，并已取得相应发票；通过一定的媒体传播。

【例 4-16 单选题】甲企业 2020 年实现商品销售收入 2 000 万元，发生现金折扣 200 万元，取得厂房租金收入 300 万元。该企业当年实际发生业务招待费 50 万元，广告费 200 万元，业务宣传费 100 万元。则 2020 年度该企业可税前扣除的业务招待费、广告费、业务宣传费合计( )万元。

    A. 330   B. 311.5   C. 355   D. 285

【答案】B

【分析】销售商品涉及现金折扣的，应当按扣除现金折扣前的金额确认销售商品收入金额，厂房租金收入应作为业务招待费和广告费、业务宣传费的扣除基础。业务招待费=(2000+300)×5‰=11.5(万元)，50×60%=30(万元)，按 11.5 万元扣除。广告费和业务宣传费的扣除限额=(2000+300)×15%=345(万元)，实际发生额 300 万元(200+100)小于扣除限额，按实际发生额 300 万元扣除。2020 年度该企业可税前扣除的业务招待费、广告费、业务宣传费合计为 11.5+300=311.5(万元)。

【例4-17 单选题】2020年，甲企业实现销售收入2 000万元，当年发生广告费200万元，上年度结转未扣除广告费30万元。已知广告费不超过当年销售收入15%的部分，准予扣除。甲企业在计算2020年度企业所得税应纳税所得额时，准予扣除的广告费金额为( )万元。

    A. 440   B. 230   C. 300   D. 490

【答案】B

【分析】扣除限额=2 000×15%=300(万元)；本年实际发生200万元与上年结转未扣除广告费30万元均可以全额扣除，合计可以扣除230万元。

9. 环境保护专项资金

企业依照法律、行政法规有关规定提取的用于环境保护、生态恢复等方面的专项资金，准予扣除。上述专项资金提取后改变用途的不得扣除。

10. 保险费

企业参加财产保险，按照规定缴纳的保险费准予扣除。

11. 租赁费

企业根据生产经营活动的需要租入固定资产支付的租赁费，按照以下方法扣除。

(1) 以经营租赁方式租入固定资产发生的租赁费支出，按照租赁期限均匀扣除。经营性租赁是指所有权不转移的租赁。

(2) 以融资租赁方式租入固定资产发生的租赁费支出，按照规定构成融资租入固定资产价值的部分应当提取折旧费用，分期扣除。融资租赁是指在实质上转移与一项资产所有权有关的全部风险和报酬的一种租赁。

12. 劳动保护费

企业发生的合理的劳动保护支出，准予扣除。自2011年7月1日起，企业根据其工作性质和特点，由企业统一制作并要求员工工作时统一着装所发生的工作服饰费用，根据《企业所得税法实施条例》第二十七条的规定，可以作为企业合理的支出给予税前扣除。

13. 公益性捐赠支出

公益性捐赠，是指企业通过公益性社会团体或者县级(含县级)以上人民政府及其部门，用于公益事业的捐赠。企业发生的公益性捐赠支出，不超过年度利润总额12%的部分，准予扣除。超过年度利润总额12%的部分，准予以后三年内在计算应纳税所得额时结转扣除。企业发生的公益性捐赠支出未在当年税前扣除的部分，自2017年1月1日起准予向以后年度结转扣除，但结转年限自捐赠发生年度的次年起计算最长不得超过三年。企业在对公益性捐赠支出计算扣除时，应先扣除以前年度结转的捐赠支出，再扣除当年发生的捐赠支出。

(1) 用于公益事业的捐赠支出，是指《中华人民共和国公益事业捐赠法》规定的向公益事业的捐赠支出，具体包括以下事项。

① 救助灾害、救济贫困、扶助残疾人等困难的社会群体和个人的活动。

② 教育、科学、文化、卫生、体育事业。

③ 环境保护、社会公共设施建设。

④ 促进社会发展和进步的其他社会公共和福利事业。

(2) 公益性社会团体，是指同时符合下列条件的基金会、慈善组织等社会团体。

① 依法登记，具有法人资格。

② 以发展公益事业为宗旨，且不以营利为目的。

③ 全部资产及其增值为该法人所有。

④ 收益和营运结余主要用于符合该法人设立目的的事业。

⑤ 终止后的剩余财产不归属任何个人或者营利组织。

⑥ 不经营与其设立目的无关的业务。

⑦ 有健全的财务会计制度。

⑧ 捐赠者不以任何形式参与社会团体财产的分配。

(3) 公益性社会团体和县级(含县级)以上人民政府及其组成部门和直属机构在接受捐赠时，捐赠资产的价值，按以下原则确认。

① 接受捐赠的货币性资产，应当按照实际收到的金额计算。

② 接受捐赠的非货币性资产，应当以其公允价值计算。

捐赠方在向公益性社会团体和县级(含县级)以上人民政府及其组成部门和直属机构捐赠时，应当提供注明捐赠非货币性资产公允价值的证明，如果不能提供上述证明，公益性社会团体和县级(含县级)以上人民政府及其组成部门和直属机构不得向其开具公益性捐赠票据。

【例 4-18 单选题】某企业 2020 年度实现利润总额 1 000 万元，"营业外支出"账户列支了通过当地政府部门向贫困地区的捐款 20 万元，直接向某市一所大学捐款 10 万元。在计算该企业 2020 年度应纳税所得额时，允许扣除的捐款数额为(   )万元。

A. 25   B. 12   C. 20   D. 18

【答案】C

【分析】直接向某市一所大学捐款 10 万元不允许扣除，通过当地政府部门向贫困地区的捐款 20 万元，扣除标准=1 000×12%=120(万元)，120 万元>20 万元，允许扣除 20 万元。

【例 4-19 计算题】某企业 2020 年的会计利润 5 000 万元，当年将 10 台设备通过市政府捐赠给贫困地区用于公共设施建设。"营业外支出"列支捐赠支出 339 万元，10 台设备的成本为 300 万元。10 台设备市场售价为 400 万元(不含税价)。

要求：计算上述业务应调整的应纳税所得额。

(1) 捐赠设备视同销售处理：

视同销售收入应调增的应纳税所得额=400-300=100(万元)

(2) 公益性捐赠的处理：

公益性捐赠的扣除限额=5 000×12%=600(万元)

税法允许扣除的实物捐赠支出=400+400×13%=452(万元)

452 万元<600 万元，税前可扣除捐赠支出 452 万元

合计调整应纳税所得额=100+339-452=-13(万元)

14. 有关资产的费用

企业转让各类固定资产发生的费用，允许扣除。企业按规定计算的固定资产折旧费、无形资产和递延资产的摊销费，准予扣除。

15. 总机构分摊的费用

非居民企业在中国境内设立的机构、场所，就其中国境外总机构发生的与该机构、场所生产经营有关的费用，能够提供总机构出具的费用汇集范围、定额、分配依据和方法等证明文件，并合理分摊的，准予扣除。

16. 资产损失

企业当期发生的固定资产和流动资产盘亏、毁损净损失，由其提供清查盘存资料经主管税务机关审核后，准予扣除。

17. 准予扣除的其他项目

准予扣除的其他项目包括会员费、合理的会议费、差旅费、违约金、诉讼费用等。

18. 手续费及佣金支出

(1) 企业发生的与生产经营有关的手续费及佣金支出，不超过以下规定计算限额的部分，准予扣除；超过部分，不得扣除。

① 保险企业：财产保险企业按当年全部保费收入扣除退保金等后余额的15%(含本数)计算限额，在计算应纳税所得额时准予扣除；超过部分，允许结转以后年度扣除；人身保险企业按当年全部保费收入扣除退保金等后余额的10%计算限额。

② 其他企业：按与具有合法经营资格的中介服务机构或个人(不含交易双方及其雇员、代理人和代表人等)所签订服务协议或合同确认的收入金额的5%计算限额。

(2) 企业应与具有合法经营资格的中介服务企业或个人签订代办协议或合同，并按国家有关规定支付手续费及佣金。除委托个人代理外，企业以现金等非转账方式支付的手续费及佣金不得在税前扣除。企业为发行权益性证券支付给有关证券承销机构的手续费及佣金不得在税前扣除。

(3) 电信企业在发展客户、拓展业务等过程中，需向经纪人、代办商支付手续费及佣金的，其实际发生的相关手续费及佣金支出，不超过企业当年收入总额5%的部分，准予在企业所得税前据实扣除。

(4) 从事代理服务、主营业务收入为手续费、佣金的企业，其为取得该类收入而实际发生的营业成本，准予在企业所得税前据实扣除。

19. 企业维简费支出

企业实际发生的维简费支出属于收益性支出的，可作为当期费用在税前扣除；属于资本性支出的，应计入有关资产成本，并按规定计提折旧或摊销费用，在税前扣除。

自2013年1月1日起，除煤矿企业外，其他企业按以下规定执行。

(1) 企业按照有关规定预提的维简费，不得在当期税前扣除。

(2) 本规定实施前，企业按照有关规定提取且已在当期税前扣除的维简费，按以下规定处理。

① 尚未使用的维简费未做纳税调整的，可不做纳税调整，应首先抵减2013年实际发生的维简费，仍有余额的，继续抵减以后年度实际发生的维简费，余额为零时，企业方可按收益性支出、资本性支出各自的规定处理；已做纳税调整的，不再调回，直接按收益性支出、资本性支出各自的规定处理。

② 已用于资产投资并形成相关资产全部成本的，该资产提取的折旧或费用摊销额，不得税前扣除；已用于资产投资并形成相关资产部分成本的，该资产提取的折旧或费用摊销额中与该部分成本对应的部分，不得税前扣除；已税前扣除的，应调整作为2013年度应纳税所得额。

20. 企业参与政府统一组织的棚户区改造支出

企业参与政府统一组织的工矿(含中央下放煤矿)棚户区改造、林区棚户区改造、垦区危房改造并同时符合以下条件的棚户区改造支出，准予在企业所得税前扣除：

(1) 棚户区位于远离城镇、交通不便，且市政公用、教育医疗等社会公共服务缺乏城镇依托的独立矿区、林区或垦区；

(2) 该独立矿区、林区或垦区不具备商业性房地产开发条件；

(3) 棚户区市政排水、给水、供电、供暖、供气、消防等市政服务或公共配套设施不齐全；

(4) 棚户区房屋集中连片不少于 50 户，其中，实际在该棚户区居住且在本地区无其他住房的职工占总户数的比例不低于 75%；

(5) 棚户区房屋评定属于危险房屋、严重损坏房屋的套内面积不低于该片棚户区建筑面积的 25%；

(6) 棚户区改造已纳入地方政府保障性安居工程建设规划和年度计划，并由地方政府牵头按照保障性住房标准组织实施；在异地建设的，原棚户区土地由地方政府统一规划使用或者按规定实行土地复垦、生态恢复。

21. 金融企业贷款损失准备金企业所得税税前扣除有关政策

自 2020 年 1 月 1 日起至 2023 年 12 月 31 日，金融企业贷款(涉农贷款和中小企业贷款除外)损失准备金企业所得税税前扣除按以下规定处理。

(1) 准予税前提取贷款损失准备金的贷款资产包括贷款、银行卡透支、贴现、信用垫款、进出口押汇、同业拆出、应收融资租赁款、国际金融组织贷款、外国买方信贷、外国政府贷款、日本国际协力银行不附条件贷款和外国政府混合贷款等。

(2) 金融企业准予当年税前扣除的贷款损失准备金计算公式如下：

准予当年税前扣除的贷款损失准备金=本年末准予提取贷款损失准备金的贷款资产余额×1%-截至上年末已在税前扣除的贷款损失准备金的余额

金融企业按上述公式计算的数额如为负数，应当相应调增当年应纳税所得额。

(3) 金融企业的委托贷款、代理贷款、国债投资、应收股利、上交央行准备金以及金融企业剥离的债权和股权、应收财政贴息、央行款项等不承担风险和损失的资产，不得提取贷款损失准备金在税前扣除。

(4) 金融企业发生的符合条件的贷款损失，应先冲减已在税前扣除的贷款损失准备金，不足冲减部分可据实在计算当年应纳税所得额时扣除。

四、不得扣除项目

在计算应纳税所得额时，下列支出不得扣除。

(1) 向投资者支付的股息、红利等权益性投资收益款项。

(2) 企业所得税税款。

(3) 税收滞纳金。税收滞纳金是指纳税人违反税收法规，被税务机关收取的滞纳金。

(4) 罚金、罚款和被没收财物的损失。罚金、罚款和被没收财物的损失是指纳税人违反国家有关法律、法规规定，被有关部门收取的罚款，以及被司法机关收取的罚金和被没收财物。

(5) 超过规定标准的捐赠支出。

(6) 赞助支出。赞助支出是指企业发生的与生产经营活动无关的各种非广告性质支出。

(7) 未经核定的准备金支出。未经核定的准备金支出是指不符合国务院财政、税务主管部门规定的各项资产减值准备、风险准备等准备金支出。

(8) 企业之间支付的管理费、企业内营业机构之间支付的租金和特许权使用费，以及非银行企业内营业机构之间支付的利息，不得扣除。

(9) 与取得收入无关的其他支出。

五、亏损弥补

(1) 亏损，是指企业依照《企业所得税法》及《企业所得税法实施条例》的规定，将每一纳税年度的收入总额减除不征税收入、免税收入和各项扣除后小于零的数额。税法规定，企业某一纳税年度发生的亏损可以用下一年度的所得弥补，下一年度的所得不足以弥补的，可以逐年延续弥补，但最长不得超过 5 年。而且，企业在汇总计算缴纳企业所得税时，其境外营业机构的亏损不得抵减境内营业机构的盈利。

(2) 自 2018 年 1 月 1 日起，当年具备高新技术企业或科技型中小企业资格(以下统称资格)的企业，其具备资格年度之前 5 个年度发生的尚未弥补完的亏损，准予结转以后年度弥补，最长结转年限由 5 年延长至 10 年。

上述所称高新技术企业，是指按照《科技部 财政部 国家税务总局关于修订印发〈高新技术企业认定管理办法〉的通知》(国科发火〔2016〕32 号)规定认定的高新技术企业；上述所称科技型中小企业，是指按照《科技部 财政部 国家税务总局关于印发〈科技型中小企业评价办法〉的通知》(国科发政〔2017〕115 号)规定取得科技型中小企业登记编号的企业。

(3) 企业筹办期间不计算为亏损年度，企业开始生产经营的年度为开始计算企业损益的年度。企业从事生产经营之前进行筹办活动期间发生筹办费用支出，不得计算为当期的亏损，企业可以在开始经营之日的当年一次性扣除，也可以按照税法有关长期待摊费用的处理规定处理，但一经选定，不得改变。

(4) 税务机关对企业以前年度纳税情况进行检查时调增的应纳税所得额，凡企业以前年度发生亏损且该亏损属于企业所得税法规定允许弥补的，应允许调增的应纳税所得额弥补该亏损。弥补该亏损后仍有余额的，按照企业所得税法规定计算缴纳企业所得税。对检查调增的应纳税所得额，应根据其情节，依照《税收征管法》有关规定进行处理或处罚。

(5) 对企业发现以前年度实际发生的、按照税收规定应在企业所得税前扣除而未扣除或者少扣除的支出，企业做出专项申报及说明后，准予追补至该项目发生年度计算扣除，但追补确认期限不得超过 5 年。

企业由于上述原因多缴的企业所得税税款，可以在追补确认年度企业所得税应纳税款中抵扣，不足以抵扣的，可以向以后年度递延抵扣或申请退税。亏损企业追补确认以前年度未在企业所得税前扣除的支出，或盈利企业经过追补确认后出现亏损的，应首先调整该项支出所属年度的亏损额，然后再按照弥补亏损的原则计算以后年度多缴的企业所得税税款，并按前款规定处理。

【例 4-20 单选题】甲居民企业 2016 年设立，2016—2020 年未弥补亏损前的所得情况如表 4-2 所示。

表4-2　未弥补亏损前的所得情况

年　份	2016年	2017年	2018年	2019年	2020年
未弥补亏损前的所得/万元	−30	50	−230	150	200

假设无其他纳税调整项目，甲居民企业 2020 年度企业所得税应纳税所得额为( )万元。

    A. 200   B. 120   C. 270   D. 210

【答案】B

【分析】2016 年 30 万元的亏损 2017 年可以弥补。2018 年的亏损 2019 年弥补 150 万元，2020 年可以弥补 2018 年的亏损 80 万元。

2020 年应纳税所得额=200－80=120(万元)

第四节　资产的税务处理

资产是由于企业的资本性投资而形成的，资本性支出不允许计入期间费用，在发生当期一次性扣除，只能在以后的年度通过折旧或摊销的方式进行扣除。按照税法的规定，允许纳入税务处理的资产主要包括固定资产、无形资产、生物资产、长期待摊费用、存货等。资产的计税基础为取得该项资产时实际支付的成本，即历史成本。

一、固定资产的税务处理

固定资产是指企业为生产产品、提供劳务、出租或者经营管理而持有的、使用时间超过 12 个月的，价值达到一定标准的非货币性资产，包括房屋、建筑物、机器、机械、运输工具以及其他与生产经营活动有关的设备、器具、工具等。

(一) 固定资产折旧的范围

在计算应纳税所得额时，企业的固定资产可以在相应的折旧年限范围内计提折旧，折旧数额可以在当年度内扣除。下列固定资产不得计算折旧扣除。

(1) 未投入使用的固定资产(房屋、建筑物除外)。

(2) 已足额提取折旧仍继续使用的固定资产。

(3) 以融资租赁方式租出的固定资产。

(4) 以经营租赁方式租入的固定资产。

(5) 单独估价，作为固定资产入账的土地。

(6) 与经营活动无关的固定资产。

(7) 其他不得计算折旧扣除的固定资产。

(二) 固定资产计税的基础

(1) 外购的固定资产的计税基础：固定资产的买价、支付的相关税费和使该资产达到预定用途所发生的其他支出。

(2) 自行建造的固定资产的计税基础：竣工结算前发生的所有支出。

(3) 融资租入的固定资产的计税基础：租赁合同中约定的付款总额和发生的相关税费；若租赁合同中未约定付款总额的，计税基础为该资产的公允价值和支付的相关税费。

(4) 盘盈的固定资产的计税基础：同类固定资产的重置完全价值。

(5) 通过捐赠、投资、非货币性资产交换、债务重组等方式取得的固定资产的计税基础：资产的公允价值和支付的相关税费。

(6) 改建的固定资产的计税基础：以改建过程中发生的改建支出增加计税基础。对于已足额提取折旧的固定资产的改建支出应计入待摊费用，按照不少于 3 年的时间进行摊销。

(三) 固定资产折旧的计提方法

(1) 固定资产应在投入使用月份的次月起计提折旧，投入的当月不计提折旧；停止使用的当月不停止计提折旧，自停止使用的次月起停止计提折旧。

(2) 企业应当根据固定资产的性质和使用情况确定固定资产的残值率或净残值，一经确定，不得变更。

(3) 固定资产计提折旧的基本方法为直线法，符合加速折旧的固定资产可以采用加速折旧法。

【例 4-21 单选题】 2020 年 6 月，甲公司从国内购入 2 台生产设备并于当月投入使用，增值税专用发票注明价款 1 200 万元，进项税额 156 万元。企业采用直线法计提折旧，折旧年限为 5 年，预计残值率为 8%(经税务机构认可)。按照税法规定，生产设备折旧年限为 10 年。则在计算应纳税所得额时，该生产设备折旧费用应调整的金额为( )万元。

  A. 110.4   B. 55.2   C. 27.8   D. 45.7

【答案】 B

【分析】 会计上计提的折旧=1 200×(1-8%)÷5÷12×6=110.4(万元)

所得税允许扣除的折旧=1 200×(1-8%)÷10÷12×6=55.2(万元)

所以应调增的应纳税所得额=110.4-55.2=55.2(万元)。

(四) 固定资产折旧的计提年限

除国务院财政、税务主管部门另有规定外，税法规定固定资产计算折旧的最低年限如下所示。

(1) 房屋、建筑物，为 20 年。

(2) 飞机、火车、轮船、机器、机械和其他生产设备，为 10 年。

(3) 与生产经营活动有关的器具、工具、家具等，为 5 年。

(4) 飞机、火车、轮船以外的运输工具，为 4 年。

(5) 电子设备，为 3 年。

(五) 固定资产折旧的税务处理

(1) 在计算企业应纳税所得额时，如果会计计提折旧的方法与税法规定的计提折旧的方法不一致，或者会计计提折旧的年限与税法规定的计提折旧的年限不一致，导致会计折旧金额大于税法规定折旧金额，则应以税法规定为准。

(2) 如果固定资产会计计提折旧的年限长于税法规定的最低折旧年限，其折旧应按会计计提折旧年限计算扣除，税法另有规定除外。

(3) 企业按会计规定提取的固定资产减值准备，在计算应纳税所得额时不允许扣除，其折旧依然按税法确定的固定资产计税基础计算。

(4) 企业按税法规定符合加速折旧条件的，其按加速折旧办法计算的折旧额可全额在税前扣除。

(六) 固定资产改扩建的税务处理

自 2011 年 7 月 1 日起,企业对房屋、建筑物固定资产,在未足额提取折旧前进行改扩建的税务处理如下。

(1) 推倒重建的,以该固定资产原值减除提取折旧后的净值,并入重建后的固定资产计税成本中,作为重建后固定资产的计税基础,在该固定资产投入使用后的次月起,按照税法规定的折旧年限计提折旧。

(2) 仅提升功能或增加面积的,以该固定资产的改扩建支出,增加固定资产的计税基础,并从改扩建完工投入使用后的次月起,重新按税法规定的该固定资产折旧年限计提折旧。如改扩建后的固定资产尚可使用的年限低于税法规定的最低年限的,可以按尚可使用的年限计提折旧。

二、无形资产的税务处理

无形资产,是指企业长期使用,但没有实物形态的资产,包括专利权、商标权、著作权、土地使用权、非专利技术、商誉等。

(一) 无形资产摊销的范围

企业在计算应纳税所得额时,按照规定计算的无形资产摊销费用,准予扣除。除下列无形资产不得计算摊销费用扣除外,其他无形资产均可按照税法规定进行扣除。

(1) 自行开发的无形资产支出已在计算应纳税所得额时扣除的无形资产。

(2) 自创商誉。

(3) 与经营活动无关的无形资产。

(4) 其他不得计算摊销费用扣除的无形资产。

(二) 无形资产的计税基础

(1) 外购的无形资产的计税基础:购买价款、支付的相关税费和使该资产达到预定用途发生的其他支出。

(2) 自行开发的无形资产的计税基础:开发过程中该资产符合资本化条件后至达到预定用途前发生的支出。

(3) 通过捐赠、投资、非货币性资产交换、债务重组等方式取得的无形资产的计税基础:资产的公允价值和支付的相关税费。

(三) 无形资产的摊销

税法规定,无形资产的摊销方法为直线法,摊销年限不得低于 10 年。作为投资或者受让的无形资产,有关法律规定或者合同约定了使用年限的,可以按照有关规定或者合同约定的使用年限进行摊销。外购商誉的支出,不得进行摊销,只能在企业整体转让或者清算时扣除。

【例 4-22 单选题】2020 年 1 月某公司购进一项专利权,价款 60 万元,符合无形资产确认条件,按照无形资产进行核算。则该公司 2020 年计算应纳税所得额时摊销金额是( )万元。

    A. 6   B. 10   C. 30   D. 60

【答案】A

【分析】无形资产的摊销方法为直线法，摊销年限不得低于 10 年，所以，该公司计算应纳税所得额时摊销无形资产费用的金额=60÷10=6(万元)

三、生物资产的税务处理

生物资产，是指有生命的动物和植物。生物资产分为消耗性生物资产、生产性生物资产和公益性生物资产。消耗性生物资产，是指为出售而持有的或在将来收获为农产品的生物资产，包括生长中的农田作物、蔬菜、用材林以及存栏待售的牲畜等。生产性生物资产，是指为产出农产品、提供劳务或出租等目的而持有的生物资产，包括经济林、薪炭林、产畜和役畜等。公益性生物资产，是指以防护、环境保护为主要目的的生物资产，包括防风固沙林、水土保持林和水源涵养林等。这里需要计提折旧的资产主要是指生产性生物资产。

(一) 生产性生物资产的计税基础

(1) 外购的生产性生物资产的计税基础：购买价款和支付的相关税费。

(2) 通过捐赠、投资、非货币性资产交换、债务重组等方式取得的生产性生物资产的计税基础：该资产的公允价值和支付的相关税费。

(二) 生产性生物资产的折旧方法及年限

生产性生物资产的折旧方法为直线法，生产性生物资产投入使用的当月不计提折旧，次月起计提折旧；停止使用的生产性生物资产当月不停止计提折旧，自停止使用月份的次月起停止计提折旧。

企业应当根据生产性生物资产的性质和使用情况，合理确定生产性生物资产的预计净残值。生产性生物资产的预计净残值一经确定，不得变更。

生产性生物资产计算折旧的最低年限如下所示。

(1) 林木类生产性生物资产，为 10 年。

(2) 畜类生产性生物资产，为 3 年。

四、长期待摊费用的税务处理

长期待摊费用，是指不能全部计入当年损益，应当在以后年度分期摊销的各项费用，包括开办费、固定资产修理支出、租入固定资产的改良支出及摊销期限在一年以上的其他待摊费用。开办费、固定资产修理支出、租入固定资产的改良支出及摊销期限在一年以上的其他待摊费用，均需按规定进行摊销。

在计算企业应纳税所得额时，发生的下列支出作为长期待摊费用，按照规定摊销的，准予扣除。

(1) 开办费。

(2) 已足额提取折旧的固定资产的改建支出。

(3) 租入固定资产的改建支出。

(4) 固定资产的大修理支出。

(5) 其他应当作为长期待摊费用的支出。

所谓开办费是指企业在筹建期间发生的费用，包括人员工资、办公费、培训费、差旅费、印刷费、注册登记费以及不计入固定资产价值的借款费用等，按照不少于 3 年的年限进行摊销。

固定资产的改建支出，是指改变房屋或者建筑物结构、延长使用年限等发生的支出。已足额提取折旧的固定资产的改建支出，按照预计尚可使用年限进行摊销。

经营性租赁租入固定资产的改建支出，按照合同约定的剩余租赁期限分期摊销。

改建的固定资产延长使用年限的，除已足额提取折旧的固定资产、租入固定资产的改建支出外，其他的固定资产发生改建支出，应当适当延长折旧年限。

《企业所得税法》所指固定资产的大修理支出，是指同时符合下列条件的支出：

(1) 修理支出达到取得固定资产时的计税基础 50%以上；

(2) 修理后固定资产的使用年限延长 2 年以上。

大修理支出，按照固定资产尚可使用年限分期摊销。企业发生的固定资产的日常修理支出可在发生当期直接扣除。

企业的固定资产改良支出，如已足额提取折旧，可作为长期待摊费用，在规定的期间平均摊销，摊销年限不得低于 3 年。

五、存货的税务处理

存货，是指企业持有以备出售的产品或者商品、处在生产过程中的在产品、在生产或者提供劳务过程中耗用的材料和物料等。

(一) 存货的计税基础

(1) 通过支付现金方式取得的存货的计税基础：购买价款和支付的相关税费。

(2) 通过支付现金以外的方式取得的存货的计税基础：存货的公允价值和支付的相关税费。

(3) 生产性生物资产收获的农产品，以产出或者采收过程中发生的材料费、人工费和分摊的间接费用的计税基础：发生的必要支出。

(二) 存货的成本计算方法

企业存货的成本计算方法，可以采用先进先出法、加权平均法或者个别计价法，加权平均法包括月末一次加权平均和移动加权平均，计价方法一经选用，不得随意变更。

第五节　应纳税额的计算

一、居民企业应纳税额的计算

居民企业应缴纳所得税额的基本计算公式如下：

$$应纳税额=应纳税所得额×适用税率-减免税额-抵免税额$$

根据计算公式可以看出，应纳税额的大小，主要取决于应纳税所得额和适用税率两个因素。在实际操作过程中，应纳税所得额的计算一般有两种方法。

(一) 直接计算法

在直接计算法下，应纳税所得额为企业每一纳税年度的收入总额减除不征税收入、免税收入、各项扣除以及允许弥补的以前年度亏损后的余额：

应纳税所得额=收入总额−不征税收入−免税收入−允许扣除的项目−允许弥补的以前年度亏损

(二) 间接计算法

在间接计算法下，应纳税所得额为在会计利润总额的基础上，调增或调减按照税法与会计不同规定计算的差额。计算公式为：

应纳税所得额=会计利润总额±纳税调整项目金额

纳税调整项目金额包括两方面的内容：一是税法规定的范围与会计规定不一致的应予以调整的金额；二是税法规定的扣除标准与会计规定不一致的应予以调整的金额。

【例4-23 计算题】某企业为居民企业，2020年发生的经营业务如下：

(1) 取得产品销售收入5 000万元；

(2) 产品销售成本2 000万元；

(3) 发生销售费用700万元(其中广告费600万元)；管理费用400万元(其中业务招待费50万元)；向银行借款发生的财务费用100万元；

(4) 销售税金200万元(含增值税120万元)；

(5) 营业外收入150万元，营业外支出80万元(含通过公益性社会团体向贫困地区捐款40万元，支付税收滞纳金40万元)；

(6) 计入成本、费用中的实发工资总额200万元、拨缴职工工会经费10万元、发生职工福利费30万元、发生职工教育经费12万元。

要求：计算该企业2020年度实际应纳的企业所得税。

(1) 会计利润总额=5 000+150−2 000−700−400−100−(200−120)−80=1 790(万元)

(2) 广告费和业务宣传费扣除限额=5 000×15%=750(万元)

(3) 实际发生600万元，未超过扣除限额，不需要调整。

(4) 业务招待费扣除限额：25万元

50×60%=30(万元)，5 000×0.5%=25(万元)，业务招待费调增所得额=50−25=25 (万元)。

捐赠支出扣除限额=1 790×12%=214.8(万元)。

实际发生金额为40万元<扣除限额214.8万元，未超过扣除限额，不需要调整。

支付税收滞纳金40万元，不得扣除，应调增所得额40万元。

(5) 工会经费应调增所得额=10−200×2%=6(万元)

(6) 职工福利费应调增所得额=30−200×14%=2(万元)

(7) 职工教育经费扣除限额=200×8%=16(万元)

实际发生额小于扣除限额，不做纳税调整。

(8) 应纳税所得额=1 790+25+40+6+2=1 863(万元)

(9) 2020年应缴企业所得税=1 863×25%=465.75(万元)

【例4-24 计算题】某居民企业2020年度发生的经营业务如下：全年取得产品销售收入6 000万元，发生产品销售成本4 000万元；其他业务收入为1 000万元，其他业务成本为700万元；取得购买国债的利息收入100万元；缴纳非增值税销售税金及附加500万元；发生的管理费用为 900 万元，其中新技术的研究开发费用 300 万元、业务招待费用 80 万元；发生财务费用 300 万元；取得直接投资其他居民企业的权益性收益 200 万元(已在投资方所在地按 15% 的税率缴纳了所得税)；取得营业外收入 300 万元，发生营业外支出 500 万元(其中含公益捐赠 100 万元)。

要求：计算该企业 2020 年应纳的企业所得税。

(1) 利润=6 000+1 000+100+200+300-4 000-700-500-900-300-500=700(万元)

(2) 国债利息收入免征企业所得税，应调减所得额 100 万元。

(3) 技术开发费调减所得额=300×75%=225(万元)

(4) 按实际发生业务招待费的 60% 计算=80×60%=48(万元)

按销售(营业)收入的 5‰ 计算=(6 000+1 000)×5‰=35(万元)

按照规定税前扣除限额应为 35 万元，实际应调增应纳税所得额=80-35=45(万元)

(5) 取得直接投资其他居民企业的权益性收益属于免税收入，应调减应纳税所得额 200 万元。

(6) 捐赠扣除标准=700×12%=84(万元)

实际捐赠额 100 万元，超过扣除限额 84 万元，可按实际限额 84 万元扣除，调增应纳税所得额=100-84=16(万元)。

(7) 应纳税所得额=700-100-225+45-200+16=236(万元)

(8) 该企业 2020 年应缴纳企业所得税=236×25%=59(万元)

【例 4-25 计算题】某科技型中小企业职工有 120 人，资产总额为 2 000 万元，2020 年度生产经营业务如下：

(1) 取得产品销售收入 3 000 万元、国债利息收入 50 万元；

(2) 与产品销售收入配比的成本为 2 300 万元；

(3) 发生销售费用 200 万元、管理费用 300 万元(其中业务招待费 50 万元、新产品研发费用 100 万元)；

(4) 向非金融企业借款 200 万元，支付年利息费用 15 万元(注：金融企业同期同类借款年利息率为 6%)；

(5) 企业所得税前准许扣除的税金及附加为 30 万元；

(6) 12 月购进符合《环境保护专用设备企业所得税优惠目录》的专用设备，取得增值税专用发票，注明金额 30 万元、增值税进项税额 3.9 万元，该设备当月投入使用；

(7) 计入成本、费用中的实发工资总额为 200 万元，拨缴职工工会经费 5 万元，发生职工福利费 36 万元，发生职工教育经费 10 万元。

要求：计算该企业 2020 年度应纳的企业所得税。

(1) 会计利润总额=3 000+50-2 300-200-300-15-30=205(万元)

(2) 国债利息收入免征企业所得税，应调减所得额 50 万元

(3) 业务招待费应调增所得额=50-15=35(万元)，50×60%=30(万元)，3 000×5‰=15(万元)，30 万元>15 万元

(4) 新产品研发费用应调减所得额=100×75%=75(万元)

(5) 利息费用支出应调增所得额=15-200×6%=3(万元)

(6) 工会经费应调增所得额=5-200×2%=1(万元)

(7) 职工福利费应调增所得额=36-200×14%=8(万元)

(8) 职工教育经费扣除限额=200×8%=16(万元)

职工教育经费实际发生额小于扣除限额，不用做纳税调整。

(9) 应纳税所得额=205-50+35-75+3+1+8=127(万元)

(10) 该企业 2020 年度应缴企业所得税=100×25%×20%+(127-100)×50%×20%-30×10%= 5+2.7-3=4.7(万元)

二、境外所得抵扣税额的计算

自 2008 年 1 月 1 日起，居民企业以及非居民企业在中国境内设立的机构、场所且所得与境内设立的机构、场所有联系的境外所得，应在其应纳税额中抵免在境外缴纳的所得税额，按以下规定执行。

(一) 境外应纳税所得额

(1) 居民企业在境外设立的不具有独立法人资格的分支机构，以境外收入总额扣除与之相关的各项合理支出后的余额为应纳税所得额。各项境外所得无论是否汇回中国境内，均应计入该企业取得的境外应纳税所得额总额。

(2) 居民企业应就其来源于境外的股息、红利等权益性投资收益，以及利息、租金、特许权使用费、转让财产等收入，扣除与取得该项收入有关的合理支出后的余额为应纳税所得额。

来源于境外的股息、红利等权益性投资收益，应按被投资方做出利润分配决定的日期确认收入实现；来源于境外的利息、租金、特许权使用费、转让财产等收入，应按有关合同约定应付交易对价款的日期确认收入实现。

(3) 非居民企业在境内设立机构、场所的，其取得的与境内所设机构、场所有实际联系的各项境外所得，扣除与取得该项收入有关的合理支出后的余额为应纳税所得额。

(4) 在计算境外应纳税所得额时，企业为取得境内、境外所得而在境内、境外发生的共同支出，与取得境外应税所得有关的、合理的部分，应在境内、境外(按国别)应税所得之间，按照合理比例进行分摊后扣除。

(5) 在汇总计算境外应纳税所得额时，企业在境外同一国家设立的不具有法人资格的分支机构之间的亏损，可以相互弥补，但是不得与其境内或他国相互弥补亏损。

(二) 企业抵免境外所得税额后实际应纳所得税额的计算

企业实际应纳所得税额=企业境内外所得应纳税总额-
企业所得税减免、抵免优惠税额-境外所得税抵免额

【例 4-26 计算题】某企业 2020 年度境内应纳税所得额为 300 万元，适用 25%的企业所得税税率。另外，该企业分别在 A、B 两国设有分支机构(我国与 A、B 两国已经缔结避免双重征税协定)，在 A 国的分支机构的应纳税所得额为 60 万元，A 国税率为 20%；在 B 国的分支机构的应纳税所得额为 80 万元，B 国税率为 30%。假设该企业在 A、B 两国所得按我国税法计算的应纳税所得额和按 A、B 两国税法计算的应纳税所得额一致，两个分支机构在 A、B 两国分别缴纳了 12 万元和 24 万元的企业所得税。

要求：计算该企业 2020 年度汇总时在我国应缴纳的企业所得税。

(1) 该企业按我国税法计算的境内、境外所得的应纳税额：

应纳税额=(300+60+80)×25%=110(万元)

(2) A、B 两国的扣除限额：

A 国扣除限额=110×[60÷(300+60+80)]=15(万元)

B 国扣除限额=110×[80÷(300+60+80)]=20(万元)

在 A 国缴纳的所得税为 12 万元，低于扣除限额 15 万元，可全额扣除。

在 B 国缴纳的所得税为 24 万元，高于扣除限额 20 万元，其超过扣除限额的部分 4 万元当年不能扣除。

(3) 2020 年汇总时在我国应缴纳的所得税=110-12-20=78(万元)。

三、居民企业核定征收应纳税额的计算

为了加强企业所得税征收管理，保障国家税款及时足额入库，对于企业不满足查账征收条件的，应采用核定征收的方式由税务机关核定应纳税所得额。

(一) 核定征收企业所得税的范围

居民企业纳税人具有下列情形之一的，税务机关可以采用核定征收的方式征收企业所得税。

(1) 依照法律、行政法规的规定可以不设置账簿的。

(2) 依照法律、行政法规的规定应当设置但未设置账簿的。

(3) 擅自销毁账簿或者拒不提供纳税资料的。

(4) 虽设置账簿，但账目混乱或者成本资料、收入凭证、费用凭证残缺不全，难以查账的。

(5) 发生纳税义务，未按照规定的期限办理纳税申报，经税务机关责令限期申报，逾期仍不申报的。

(6) 申报的计税依据明显偏低，又无正当理由的。

对依法按核定应税所得率方式核定征收企业所得税的企业，取得的转让股权(股票)收入等转让财产收入，应全额计入应税收入额，按照主营项目(业务)确定适用的应税所得率计算征税；若主营项目(业务)发生变化，应在当年汇算清缴时，按照变化后的主营项目(业务)重新确定适用的应税所得率计算征税。

(二) 核定征收的办法

1. 核定其应税所得率的情形

(1) 能正确核算(查实)企业收入总额，但不能正确核算(查实)企业成本费用总额的。

(2) 能正确核算(查实)企业成本费用总额，但不能正确核算(查实)企业收入总额的。

(3) 能够通过合理方法，计算或推定纳税人收入总额或成本费用总额的。

2. 核定方法

(1) 参照当地同行业或者类似行业中经营规模和收入水平较为接近的纳税人的税负进行核定。

(2) 按照应税收入额或成本费用支出额适用一定所得率核定所得额。

(3) 按照企业实际耗用的原材料、燃料、动力等材料的消耗推算或测算核定。

(4) 按照其他合理方法核定。

应纳所得税额计算公式如下：

$$应纳所得税额＝应纳税所得额×适用税率$$
$$应纳税所得额＝应税收入额×应税所得率$$
$$或：应纳税所得额＝成本(费用)支出额÷(1-应税所得率)×应税所得率$$

采用上述其中一种核定方法无法正确核定应纳税所得额或应纳税额的，可以同时采用两种以上的方法进行核定。采用两种以上方法测算的应纳税额不一致时，按照应纳税额较高的结果确定。

实行核定征收企业所得税的纳税人经营多种业务的，无论其各项经营项目是否单独核算，均由税务机关统一按照主营项目确定适用的应税所得率。主营项目是指在纳税人所有经营项目中，收入总额或者成本(费用)支出额或者耗用原材料、燃料、动力数量所占比重最高的项目。应税所得率根据不同行业，具体标准如表4-3所示。

表4-3 应税所得率的幅度标准

行业	应税所得率
农、林、牧、渔业	3%～10%
制造业	5%～15%
批发和零售贸易业	4%～15%
交通运输业	7%～15%
建筑业	8%～20%
饮食业	8%～25%
娱乐业	15%～30%
其他行业	10%～30%

纳税人的生产经营范围、主营业务发生重大变化，或者其他事项导致企业应纳税所得额变化幅度达到20%的，应及时向税务机关申报并调整。

四、非居民企业应纳税额的计算

对于在中国境内未设立机构、场所的，或者虽设立机构、场所，但取得的所得与其所设机构、场所没有实际联系的非居民企业的所得，按照下列方法计算应纳税所得额。

1. 股息、红利、利息、租金和特许权使用费所得

股息、红利等权益性投资收益和利息、租金、特许权使用费所得，以收入全额为应纳税所得额，不允许扣除费用。

2. 转让财产所得

以财产转让收入全额减除财产净值后的余额为应纳税所得额。财产净值是指财产的计税基础减除已经按照规定扣除的折旧、折耗、摊销等后的余额。

转让财产所得包含转让股权等权益性投资资产所得。股权转让收入减除股权投资成本的余额为股权转让所得应纳税所得额。股权转让收入是指股权转让人转让股权所收取的对价，包括货币形式和非货币形式的各种收入。

股权投资成本是指股权转让人投资入股时向中国居民企业实际支付的出资成本，或购买该项股权时向该股权的原转让人实际支付的股权受让成本。企业在计算股权转让所得时，不得扣除被投资企业未分配利润等股东留存收益中按该项股权所可能分配的金额。

多次投资或收购的同一公司股权发生部分转让的，应按照转让比例计算被转让股权对应的成本。

3. 其他所得

参照上述第 1、2 项规定的方法计算应纳税所得额。

4. 扣缴企业所得税应纳税额的计算

$$扣缴企业所得税应纳税额=应纳税所得额×实际征收率$$

(1) 扣缴义务人扣缴企业所得税的，应当按照扣缴义务发生之日人民币汇率中间价折合成人民币，计算非居民企业应纳税所得额。

(2) 取得收入的非居民企业在主管税务机关责令限期缴纳税款前自行申报缴纳应源泉扣缴税款的，应当按照填开税收缴款书之日前一日人民币汇率中间价折合成人民币，计算非居民企业应纳税所得额。

(3) 主管税务机关责令取得收入的非居民企业限期缴纳应源泉扣缴税款的，应当按照主管税务机关做出限期缴税决定之日前一日人民币汇率中间价折合成人民币，计算非居民企业应纳税所得额。

五、非居民企业所得税核定征收办法

非居民企业因会计账簿不健全、会计资料残缺难以查账或者其他原因不能准确计算并据实申报其应纳税所得额的，税务机关有权采取以下方法核定其应纳税所得额。

1. 按收入总额核定应纳税所得额

适用于能够正确核算收入，但不能正确核算成本费用的非居民企业。计算公式如下：

$$应纳税所得额=收入总额×经税务机关核定的利润率$$

2. 按成本费用核定应纳税所得额

适用于能够正确核算成本费用，但不能正确核算收入总额的非居民企业。计算公式如下：

$$应纳税所得额=成本费用总额÷(1-经税务机关核定的利润率)×经税务机关核定的利润率$$

3. 按经费支出换算收入核定应纳税所得额

适用于能够正确核算经费支出总额，但不能正确核算收入总额和成本费用的非居民企业。计算公式如下：

$$应纳税所得额=经费支出总额÷(1-经税务机关核定的利润率)×经税务机关核定的利润率$$

4. 税务机关可按照以下标准确定非居民企业的利润率

(1) 从事承包工程作业、设计和咨询劳务的，利润率为 15%～30%。

(2) 从事管理服务的，利润率为 30%～50%。

(3) 从事其他劳务或劳务以外经营活动的，利润率不低于 15%。

税务机关有根据认为非居民企业的实际利润率明显高于上述标准的，可以结合实际情况适当提高核定的利润率标准。

第六节 税收优惠

税收优惠，是指国家对某一部分特定企业和课税对象给予减轻或免除税收负担的一种措施。税法规定的企业所得税的税收优惠方式包括免税、减税、加计扣除、加速折旧、减计收入、税额抵免等。

一、免征与减征优惠

企业除从事国家限制和禁止发展的项目外，企业取得的下列所得，可以免征、减征企业所得税。

(一) 从事农、林、牧、渔业项目的所得

企业从事农、林、牧、渔业项目的所得可以免征和减征企业所得税。

1. 免征企业所得税项目

(1) 蔬菜、谷物、薯类、油料、豆类、棉花、麻类、糖料、水果、坚果的种植。

(2) 农作物新品种的选育。

(3) 中药材的种植。

(4) 林木的培育和种植。

(5) 牲畜、家禽的饲养。

(6) 林产品的采集。

(7) 灌溉、农产品初加工、兽医、农技推广、农机作业和维修等农、林、牧、渔服务业项目。

(8) 远洋捕捞。

2. 减半征收企业所得税项目

(1) 花卉、茶以及其他饮料作物和香料作物的种植。

(2) 海水养殖、内陆养殖。

(二) 从事国家重点扶持的公共基础设施项目投资经营的所得

国家重点扶持的公共基础设施项目，是指《公共基础设施项目企业所得税优惠目录》规定的港口码头、机场、铁路、公路、电力、水利等项目。

(1) 企业从事国家重点扶持的公共基础设施项目的投资经营的所得，自项目取得第一笔生产经营收入所属纳税年度起，享受"三免三减半"的税收优惠，即第1年至第3年免征企业所得税，第4年至第6年减半征收企业所得税。

(2) 企业投资经营符合《公共基础设施项目企业所得税优惠目录》规定的港口码头、泊位、航站楼、跑道、路段、发电机组等项目，采用一次核准、分批次建设的，凡同时符合以下条件的，可以每一批次为单位计算所得，并享受企业所得税"三免三减半"优惠：

其一，不同批次在空间上相互独立；

其二，每一批次自身具备取得收入的功能；

其三，以每一批次为单位进行会计核算，单独计算所得，并合理分摊期间费用。

企业承包经营、承包建设和内部自建自用第(二)项规定的项目，不得享受第(二)项规定的企业所得税优惠。

(三) 从事符合条件的环境保护、节能节水项目的所得

符合条件的环境保护、节能节水项目，主要是指公共污水处理、公共垃圾处理、沼气综合开发利用、节能减排技术改造、海水淡化等项目。企业从事符合条件的环境保护、节能节水项目的所得，自项目取得第一笔生产经营收入起，享受"三免三减半"的税收优惠。

若享受以上减免税优惠的项目，在减免税期限内转让的，受让方自受让之日起，可以在剩余期限内继续享受规定的减免税优惠，转让方与受让方可以享受的税收优惠期间合计不超过6年。

(四) 符合条件的技术转让所得

符合条件的技术转让所得，主要是指居民企业转让专利技术、计算机软件著作权、集成电路布图设计权、植物新品种、生物医药新品种、5 年(含)以上非独占许可使用权，以及国家税务总局和财政部确定的其他技术所取得的所得。根据企业所得税相关规定，在一个纳税年度内，居民企业转让技术所有权所得不超过 500 万元的部分，免征企业所得税；超过 500 万元的部分，减半征收企业所得税。符合条件的技术转让所得的计算方法为

$$技术转让所得=技术转让收入-技术转让成本-相关税费$$
$$或技术转让所得=技术转让收入-无形资产摊销费用-相关税费-应分摊期间费用$$

(1) 技术转让收入是指当事人履行技术转让合同后获得的价款，不包括销售或转让设备、仪器、零部件、原材料等非技术性收入。不属于与技术转让项目密不可分的技术咨询、技术服务、技术培训等收入，不得计入技术转让收入。

可以计入技术转让收入的技术咨询、技术服务、技术培训收入，是指转让方为使受让方掌握所转让的技术投入使用、实现产业化而提供的必要的技术咨询、技术服务、技术培训所产生的收入，并应同时符合以下条件：

① 在技术转让合同中约定与该技术转让相关的技术咨询、技术服务、技术培训；

② 技术咨询、技术服务、技术培训收入与该技术转让项目收入一并收取价款。

(2) 技术转让成本是指转让的无形资产的净值，即该无形资产的计税基础减除在资产使用期间按照规定计算的摊销扣除额后的余额。

(3) 相关税费是指技术转让过程中实际发生的有关税费，包括除企业所得税和允许抵扣的增值税以外的各项税金及其附加、合同签订费用、律师费等相关费用及其他支出。

二、高新技术企业税收优惠

(一) 高新技术企业的认定

国家需要重点扶持的高新技术企业，是指拥有核心自主知识产权，并同时符合下列条件的企业。

(1) 企业申请认定为高新技术企业时须注册一年以上。

(2) 对企业主要产品(服务)发挥核心支持作用的技术属于《国家重点支持的高新技术领域》规定的范围。

(3) 企业通过自主研发、并购、受让等方式,获得对其主要产品(服务)在技术上发挥核心支持作用的知识产权的所有权。

(4) 企业从事研发和技术创新活动的人员占企业当年职工总人数的比例不低于10%。

(5) 近一年高新技术产品(服务)收入占企业同期总收入的比例不低于60%。

(6) 企业近三年(若实际经营期不满三年,则按实际经营时间计算)的研究开发费用支出占同期销售收入的比例符合以下条件:

① 最近一年销售收入小于5 000万元(含)的企业,研究开发费用支出占同期销售收入的比例不低于5%;

② 最近一年销售收入在5 000万元至2亿元(含)的企业,研究开发费用支出占同期销售收入的比例不低于4%;

③ 最近一年销售收入在2亿元以上的企业,研究开发费用支出占同期销售收入的比例不低于3%。

其中,企业在中国境内发生的研究开发费用总额占全部研究开发费用总额的比例不低于60%。

(7) 企业申请认定前一年内未发生重大安全、重大质量事故或严重环境违法行为。

(8) 企业创新能力评价应达到相应要求。

(二) 高新技术适用税率

国家需要重点扶持的境内高新技术企业享受优惠税率15%。如果企业在申请认定高新技术企业时,采用的是境内、境外全部生产经营活动有关的研究开发费用总额、总收入、销售收入总额、高新技术产品(服务)收入等指标,则其来源于境外的所得可以享受高新技术企业所得税优惠政策,即对其来源于境外所得可以按照15%的优惠税率计算。

企业在计算境外所得的所得税抵免限额时,可按照15%的优惠税率计算境内外应纳税总额。高新技术企业境外所得税收抵免的其他事项,仍按照财税〔2009〕125号文件的有关规定执行。

三、技术先进型服务企业税收优惠

(一) 技术先进型服务企业的认定

按照税法相关规定,技术先进型服务企业必须同时符合以下条件。

(1) 在中国境内(不包括港、澳、台地区)注册的法人企业。

(2) 从事《技术先进型服务业务认定范围(试行)》中的一种或多种技术先进型服务业务,生产经营过程中采用先进技术或自身具备较强的研发能力。

(3) 具有大专以上学历的员工人数占企业职工总人数的50%以上。

(4) 从事《技术先进型服务业务认定范围(试行)》中的技术先进型服务业务取得的收入占企业当年总收入的50%以上。

(5) 离岸服务外包业务收入不低于企业当年总收入的35%。

(二) 技术先进型服务企业的优惠税率

自 2017 年 1 月 1 日起，在全国范围内对经认定的技术先进型服务企业，减按 15% 的税率征收企业所得税。

四、小型微利企业税收优惠

(一) 小型微利企业的认定

小型微利企业按不同的企业类型，需要满足以下条件。

(1) 工业企业，年度应纳税所得额不超过 50 万元，从业人数不超过 100 人，资产总额不超过 3 000 万元。

(2) 其他企业，年度应纳税所得额不超过 50 万元，从业人数不超过 80 人，资产总额不超过 1 000 万元。

从业人数，不仅包括与企业建立劳动关系的职工人数，还包括企业接受的劳务派遣用工人数。从业人数和资产总额指标，应按企业全年的季度平均值确定。具体计算公式如下：

$$季度平均值=(季初值+季末值)÷2$$
$$全年季度平均值=全年各季度平均值之和÷4$$

年度中间开业或者终止经营活动的，以其实际经营期作为一个纳税年度确定上述相关指标。仅就来源于我国所得、负有我国纳税义务的非居民企业，不适用小型微利企业认定规定。小型微利企业减按 20% 的税率征收企业所得税。

(二) 小型微利企业2020年1月1日至2021年12月31日优惠政策

国家为了扶持小型微利企业的发展，在 2020 年 1 月 1 日至 2021 年 12 月 31 日期间，给予了小型微利企业特殊的优惠。针对同时满足年度应纳税所得额不超过 300 万元、从业人数不超过 300 人、资产总额不超过 5 000 万元三个条件的企业，给予 20% 的优惠税率，同时在所得额方面，也给予了一定的优惠，年应纳税所得额不超过 100 万元的部分，减按 25% 计入应纳税所得额，对年应纳税所得额超过 100 万元但不超过 300 万元的部分，减按 50% 计入应纳税所得额。

五、加计扣除优惠

加计扣除是指在对企业支出项目按照实际发生额全部扣除的基础上，再按规定的比例给予税前追加扣除。符合加计扣除优惠的包括以下四项内容。

(一) 一般企业的研究开发费用

自 2018 年至 2020 年 12 月 31 日，研究开发费用支出未形成无形资产计入当期损益的，可以全部在发生当期扣除，在据实扣除的基础上，再按照研究开发费用实际发生额的 75% 加计扣除；形成无形资产的，在无形资产的摊销期内，按照无形资产成本的 175% 摊销。

从 2017 年 1 月 1 日起，可以加计扣除的研究开发费用主要包括以下几个方面的支出。

1. 人员人工费用

能够享受加计扣除的人员主要是指直接从事研发活动的人员，包括研究人员、技术人员、辅助人员及外聘研发人员。研究人员是指主要从事研究开发项目的专业人员；技术人员是指具有工程技术、自然科学和生命科学中一个或一个以上领域的技术知识和经验，在研究人员指导下参与研发工作的人员；辅助人员是指参与研究开发活动的技工。外聘研发人员是指与本企业或劳务派遣企业签订劳务用工协议(合同)和临时聘用的研究人员、技术人员、辅助人员。

研发活动人员的人工费用是指直接从事研发活动人员的工资薪金(含股权激励)，以及为员工支付的基本养老保险费、基本医疗保险费、失业保险费、工伤保险费、生育保险费和住房公积金等"五险一金"，同时也包括外聘研发人员的劳务费用。

2. 直接投入费用

直接投入费用包括研发活动直接消耗的材料、燃料和动力费用；用于中间试验和产品试制的模具、工艺装备开发及制造费，不构成固定资产的样品、样机及一般测试手段购置费，试制产品的检验费；用于研发活动的仪器、设备的运行维护、调整、检验、维修等费用，以及通过经营租赁方式租入的用于研发活动的仪器、设备租赁费。

产品销售与对应的材料费用发生在不同纳税年度且材料费用已计入研发费用的，可在销售当年以对应的材料费用发生额直接冲减当年的研发费用，不足以冲减的，结转以后年度继续冲减。

3. 折旧费用

折旧费用是指用于研发活动的仪器、设备的折旧费。用于研发活动的仪器、设备，同时用于非研发活动的，企业应将其实际发生的折旧费按实际工时占比等合理方法在研发费用和生产经营费用间分配，未分配的不得加计扣除。企业用于研发活动的仪器、设备，符合税法规定可以选择加速折旧优惠政策的，既可以享受研发费用税前加计扣除政策，也可以就税前扣除的折旧部分计算加计扣除。

4. 无形资产摊销费用

无形资产摊销费用是指用于研发活动的软件、专利权、非专利技术的摊销费用。用于研发活动的无形资产，同时用于非研发活动的，企业应将其实际发生的摊销费按实际工时占比等合理方法在研发费用和生产经营费用间分配，未分配的不得加计扣除。用于研发活动的无形资产，符合税法规定可以选择缩短摊销年限的，既可以享受研发费用税前加计扣除政策，也可以就税前扣除的摊销部分计算加计扣除。

5. 新产品设计费、新工艺临床试验费和现场试验费

新产品设计费、新工艺临床试验费和现场试验费是指企业在新产品设计、新工艺规程制定、新药研制的临床试验、勘探开发技术的现场试验过程中发生的与开展该项活动有关的各类费用。

6. 其他相关费用

其他相关费用是指与研发活动直接相关的其他费用，如技术图书资料费，资料翻译费，专家咨询费，高新科技研发保险费，研发成果的检索、论证、鉴定、评审、评估、验收费用，知识产权的申请费、注册费，会议费，职工福利费，补充养老保险费，补充医疗保险费等。此类费用不得超过可加计扣除研发费用总额的10%。

(二) 高科技型中小企业的研究开发费用

科技型中小企业开展研发活动过程中实际发生的研发费用，未形成无形资产计入当期损益的，在按规定据实扣除的基础上，在 2017 年 1 月 1 日至 2020 年 12 月 31 日期间，再按照实际发生额的 75%在税前加计扣除；形成无形资产的，在上述期间按照无形资产成本的 175%在税前摊销。根据财税〔2018〕99 号文，该研发费用加计扣除政策适用时限延长至 2020 年 12 月 31 日。

(三) 企业委托境外研究开发费用与税前加计扣除

企业委托境外的研发费用按照费用实际发生额的 80%计入委托方的委托境外研发费用，不超过境内符合条件的研发费用 2/3 的部分，可以按规定在企业所得税前加计扣除。

(四) 企业安置残疾人员所支付的工资

企业安置残疾人员的，在按照支付给残疾人员实际工资全额扣除的基础上，再按照实际工资总额加计 100%扣除。企业安置国家鼓励安置的其他就业人员所支付的工资的加计扣除办法，由国务院另行规定。

六、创业投资企业优惠

创业投资企业采取股权投资方式直接投资于初创科技型企业满 2 年的，在股权持有满 2 年的当年，可以按照其投资额的 70%，抵扣该创业投资企业的应纳税所得额；当年不足以抵扣的，可以结转到以后纳税年度继续抵扣。

七、加速折旧优惠

(一) 可以加速折旧的固定资产

如果企业的固定资产属于技术进步、产品更新换代较快的或者常年处于强震动、高腐蚀状态的类型，则可以缩短折旧年限或者采取加速折旧的方法计提折旧。采取缩短折旧年限方法的，最低折旧年限不得低于规定折旧年限的 60%；采取加速折旧方法的，可以采取双倍余额递减法或者年数总和法。

(二) 六大行业加速折旧的相关规定

(1) 自 2014 年 1 月 1 日起，生物药品制造业，专用设备制造业，铁路、船舶、航空航天和其他运输设备制造业，计算机、通信和其他电子设备制造业，仪器仪表制造业，信息传输、软件和信息技术服务业 6 个行业新购进的固定资产，可缩短折旧年限或采用加速折旧的方法计提折旧，但最低折旧年限不得低于《企业所得税法实施条例》规定的折旧年限的 60%。

(2) 自 2014 年 1 月 1 日起，上述 6 个行业的小型微利企业新购进的研发和生产经营共用的仪器、设备，单位价值不超过 100 万元的，在计算企业应纳税所得额时，允许按照发生额一次性扣除；单位价值超过 100 万元的，可缩短折旧年限或采取加速折旧的方法计提折旧，但最低折旧年限不得低于《企业所得税法实施条例》规定的折旧年限的 60%。

(3) 对所有行业企业持有的单位价值不超过 5 000 元的固定资产，或者 2014 年 1 月 1 日后新购进的专门用于研发的仪器、设备，单位价值不超过 100 万元的，在计算企业应纳税所得额时，允许按照发生额一次性扣除；单位价值超过 100 万元的，可采用缩短折旧年限或加速折旧的方法计提折旧，但最低折旧年限不得低于《企业所得税法实施条例》规定的折旧年限的 60%。

财政部和国家税务总局 2020 年 4 月 23 日发布公告规定，自 2020 年 1 月 1 日起，适用《财政部 国家税务总局关于完善固定资产加速折旧企业所得税政策的通知》(财税〔2014〕75 号)和《财政部 国家税务总局关于进一步完善固定资产加速折旧企业所得税政策的通知》(财税〔2015〕106 号)规定的固定资产加速折旧优惠的行业范围，扩大至全部制造业领域。

(三) 轻工、纺织、机械、汽车四个领域重点行业加速折旧规定

自 2015 年 1 月 1 日起，轻工、纺织、机械、汽车四个领域重点行业企业新购进以及自建的固定资产，允许缩短折旧年限或采取加速折旧方法。四个领域重点行业企业是指以上述行业业务为主营业务，其固定资产投入使用当年的主营业务收入占企业收入总额 50%(不含)以上的企业。

自 2015 年 1 月 1 日起，四个领域重点行业小型微利企业新购进的研发和生产经营共用的仪器、设备，单位价值不超过 100 万元(含)的，在计算企业应纳税所得额时，允许按照发生额一次性扣除；单位价值超过 100 万元的，允许缩短折旧年限或采取加速折旧方法，但最低折旧年限不得低于《企业所得税法实施条例》规定的折旧年限的 60%。对其购置的已使用过的固定资产，最低折旧年限不得低于《企业所得税法实施条例》规定的最低折旧年限减去已使用年限后剩余年限的 60%。最低折旧年限一经确定，不得改变。采取加速折旧方法的，可以采用双倍余额递减法或者年数总和法。加速折旧方法一经确定，不得改变。

(四) 设备、器具等固定资产一次性扣除规定

企业在 2018 年 1 月 1 日至 2020 年 12 月 31 日期间新购进的设备、器具(指除房屋、建筑物以外的固定资产)，单位价值不超过 500 万元的，在计算企业应纳税所得额时，允许按照发生额一次性扣除；单位价值超过 500 万元的，仍按《企业所得税法实施条例》《财政部 国家税务总局关于完善固定资产加速折旧企业所得税政策的通知》(财税〔2014〕75 号)、《财政部 国家税务总局关于进一步完善固定资产加速折旧企业所得税政策的通知》(财税〔2015〕106 号)等相关规定执行。

八、减计收入优惠

综合利用资源，是指企业以《资源综合利用企业所得税优惠目录》规定的资源作为主要原材料，生产国家非限制和禁止并符合国家和行业相关标准的产品取得的收入，减按 90%计入收入总额。但是原材料占生产产品材料的比例不得低于《资源综合利用企业所得税优惠目录》规定的标准。

九、税额抵免优惠

企业购置并实际使用《安全生产专用设备企业所得税优惠目录》《环境保护专用设备企业所得税优惠目录(2017 年版)》和《节能节水专用设备企业所得税优惠目录(2017 年版)》规定的

安全生产、环境保护、节能节水等专用设备的，可以按照专用设备投资额的10%抵免应纳税额；当年应纳税额不足以抵免的，可以在以后5个纳税年度结转抵免。享受前述的企业所得税优惠的企业在5年内转让、出租的，应当停止享受企业所得税优惠，并补缴已经抵免的企业所得税税款。转让的受让方可以按照该专用设备投资额的10%抵免当年企业所得税应纳税额；当年应纳税额不足以抵免的，可以在以后5个纳税年度结转抵免。如增值税进项税额允许抵扣，其专用设备投资额不包括进项税额，如增值税进项税额不允许抵扣，其专用设备投资额应为增值税专用发票上注明的价税合计金额，即价税合计金额。

十、非居民企业优惠

非居民企业在中国境内未设立机构、场所的，或者虽设立机构、场所，但取得的所得与其所设机构、场所没有实际联系的企业取得的所得，减按10%的税率征收企业所得税。该类非居民企业取得外国政府向中国政府提供贷款取得的利息所得、国际金融组织向中国政府和居民企业提供优惠贷款取得的利息所得等免征企业所得税。

十一、其他优惠

(一) 鼓励集成产业电路和软件产业的发展

(1) 国家鼓励的集成电路线宽小于28纳米(含)，且经营期在15年以上的集成电路生产企业或项目，第1年至第10年免征企业所得税；国家鼓励的集成电路线宽小于65纳米(含)，且经营期在15年以上的集成电路生产企业或项目，第1年至第5年免征企业所得税，第6年至第10年按照25%的法定税率减半征收企业所得税；国家鼓励的集成电路线宽小于130纳米(含)，且经营期在10年以上的集成电路生产企业或项目，第1年至第2年免征企业所得税，第3年至第5年按照25%的法定税率减半征收企业所得税。

对于按照集成电路生产企业享受税收优惠政策的，优惠期自获利年度起计算；对于按照集成电路生产项目享受税收优惠政策的，优惠期自项目取得第一笔生产经营收入所属纳税年度起计算，集成电路生产项目需单独进行会计核算、计算所得，并合理分摊期间费用。

国家鼓励的集成电路生产企业或项目清单由国家发展改革委、工业和信息化部会同财政部、国家税务总局等相关部门制定。

(2) 国家鼓励的线宽小于130纳米(含)的集成电路生产企业，属于国家鼓励的集成电路生产企业清单年度之前5个纳税年度发生的尚未弥补完的亏损，准予向以后年度结转，总结转年限最长不得超过10年。

(3) 国家鼓励的集成电路设计、装备、材料、封装、测试企业和软件企业，自获利年度起，第1年至第2年免征企业所得税，第3年至第5年按照25%的法定税率减半征收企业所得税。

国家鼓励的集成电路设计、装备、材料、封装、测试企业和软件企业条件，由工业和信息化部会同国家发展改革委、财政部、国家税务总局等相关部门制定。

(4) 国家鼓励的重点集成电路设计企业和软件企业，自获利年度起，第1年至第5年免征企业所得税，接续年度减按10%的税率征收企业所得税。

国家鼓励的重点集成电路设计企业和软件企业清单由国家发展改革委、工业和信息化部会同财政部、国家税务总局等相关部门制定。

(5) 符合原有政策条件且在 2019 年(含)之前已经进入优惠期的企业或项目，2020 年(含)起可按原有政策规定继续享受至期满为止，如也符合第(1)项至第(4)项规定，可按规定享受相关优惠，其中定期减免税优惠，可按规定计算优惠期，并就剩余期限享受优惠至期满为止。符合原有政策条件，2019 年(含)之前尚未进入优惠期的企业或项目，2020 年(含)起不再执行原有政策。

(6) 集成电路企业或项目、软件企业按照规定同时符合多项定期减免税优惠政策条件的，由企业选择其中一项政策享受相关优惠。其中，已经进入优惠期的，可由企业在剩余期限内选择其中一项政策享受相关优惠。

(7) 规定的优惠，采取清单进行管理的，由国家发展改革委、工业和信息化部于每年 3 月底前按规定向财政部、国家税务总局提供上一年度可享受优惠的企业和项目清单；不采取清单进行管理的，税务机关按照财税〔2016〕49 号第十条的规定转请国家发展改革委、工业和信息化部进行核查。

(8) 集成电路企业或项目、软件企业按照原有政策规定享受优惠的，税务机关按照财税〔2016〕49 号第十条的规定转请国家发展改革委、工业和信息化部门进行核查。

(9) 原有政策包括：《财政部　国家税务总局关于进一步鼓励软件产业和集成电路产业发展企业所得税政策的通知》(财税〔2012〕27 号)、《财政部　国家税务总局　发展改革委　工业和信息化部关于进一步鼓励集成电路产业发展企业所得税政策的通知》(财税〔2015〕6 号)、《财政部　国家税务总局　发展改革委　工业和信息化部关于软件和集成电路产业企业所得税优惠政策有关问题的通知》(财税〔2016〕49 号)、《财政部　税务总局　国家发展改革委　工业和信息化部关于集成电路生产企业有关企业所得税政策问题的通知》(财税〔2018〕27 号)、《财政部　税务总局关于集成电路设计和软件产业企业所得税政策的公告》(财政部　税务总局公告 2019 年第 68 号)、《财政部　税务总局关于集成电路设计企业和软件企业 2019 年度企业所得税汇算清缴适用政策的公告》(财政部　税务总局公告 2020 年第 29 号)。

(10) 财税〔2012〕27 号文件第二条中"经认定后，减按 15%的税率征收企业所得税"的规定和第四条"国家规划布局内的重点软件企业和集成电路设计企业，如当年未享受免税优惠的，可减按 10%的税率征收企业所得税"同时停止执行。

(二) 鼓励证券投资基金发展

国家鼓励证券市场的发展，以下三个方面的收入，暂不征收企业所得税。

(1) 证券投资基金从证券市场中取得的收入，包括买卖股票、债券的差价收入，股权的股息、红利收入，债券的利息收入及其他收入。

(2) 投资者从证券投资基金分配中取得的收入。

(3) 证券投资基金管理人运用基金买卖股票、债券的差价收入。

(三) 节能服务公司的优惠政策

自 2011 年 1 月 1 日起，对符合条件的节能服务公司实施合同能源管理项目，符合《企业所得税法》有关规定的，自项目取得第一笔生产经营收入所属纳税年度起，享受"三免三减半"的税收优惠，即第 1 年至第 3 年免征企业所得税，第 4 年至第 6 年按照 25%的法定税率减半征收企业所得税。

(四) 电网企业电网新建项目

居民企业从事符合《公共基础设施项目企业所得税优惠目录(2008 年版)》规定条件和标准的电网(输变电设施)的新建项目，可依法享受"三免三减半"的企业所得税优惠政策，即第 1 年至第 3 年免征企业所得税，第 4 年至第 6 年按照 25%的法定税率减半征收企业所得税。基于企业电网新建项目的核算特点，以企业新增输变电固定资产原值占企业总输变电固定资产原值的比例，合理计算电网新建项目的应纳税所得额，并据此享受"三免三减半"的企业所得税优惠政策。

(五) 从事污染防治的第三方企业

从事污染防治的第三方企业(以下称第三方防治企业)是指受排污企业或政府委托，负责环境污染治理设施运营维护的企业。第三方防治企业应当同时符合以下条件：

(1) 在中国境内(不包括港、澳、台地区)依法注册的居民企业；

(2) 具有 1 年以上连续从事环境污染治理设施运营实践，且能够保证设施正常运行；

(3) 从事环境保护设施运营服务的年度营业收入占总收入的比例不低于 60%；

(4) 保证其运营的环境保护设施正常运行，使污染物排放指标能够连续稳定达到国家或者地方规定的排放标准要求；

(5) 具有至少 5 名从事本领域工作且具有环保相关专业中级及以上技术职称的技术人员，或者至少 2 名从事本领域工作且具有环保相关专业高级及以上技术职称的技术人员；

(6) 具备检验能力，拥有自有实验室，仪器配置可满足运行服务范围内常规污染物指标的检测需求；

(7) 具有良好的纳税信用，近 3 年内纳税信用等级未被评定为 C 级或 D 级。

2020 年 1 月 1 日至 2021 年 12 月 31 日，对符合条件的第三方防治企业减按 15%的税率征收企业所得税。

(六) 西部大开发的税收优惠

1. 适用范围

适用范围包括内蒙古自治区、广西壮族自治区、重庆市、四川省、贵州省、云南省、西藏自治区、陕西省、甘肃省、青海省、宁夏回族自治区、新疆维吾尔自治区和新疆生产建设兵团。湖南省湘西土家族苗族自治州、湖北省恩施土家族苗族自治州、吉林省延边朝鲜族自治州和江西省赣州市，可以比照西部地区的企业所得税政策执行。

2. 具体内容

2021 年 1 月 1 日至 2030 年 12 月 31 日，对设在西部地区的鼓励类产业企业减按 15%的税率征收企业所得税。鼓励类产业企业是指以《西部地区鼓励类产业目录》中规定的产业项目为主营业务，且其主营业务收入占企业收入总额 60%以上的企业。

3. 后续管理

税务机关在后续管理中，不能准确判定企业主营业务是否属于国家鼓励类产业项目时，可提请发展改革委等相关部门出具意见。对不符合税收优惠政策规定条件的，由税务机关按《税收征管法》有关规定进行相应处理。具体办法由省级发展改革委、税务部门另行制定。

(七) 对海南自由贸易港企业所得税的优惠政策

(1) 对注册在海南自由贸易港并实质性运营的鼓励类产业企业，减按 15%的税率征收企业所得税。

适用对象主要是以《海南自由贸易港鼓励类产业目录》中规定的产业项目为主营业务，且其主营业务收入占企业收入总额 60%以上的企业。实质性运营，是指企业的实际管理机构设在海南自由贸易港，并对企业生产经营、人员、账务、财产等实施实质性全面管理和控制。不符合实质性运营的企业，不得享受优惠。

《海南自由贸易港鼓励类产业目录》包括《产业结构调整指导目录(2019 年本)》《鼓励外商投资产业目录(2019 年版)》和海南自由贸易港新增鼓励类产业目录。

对总机构设在海南自由贸易港的符合条件的企业，仅就其设在海南自由贸易港的总机构和分支机构的所得，适用 15%税率；对总机构设在海南自由贸易港以外的企业，仅就其设在海南自由贸易港内的符合条件的分支机构的所得，适用 15%税率。具体征管办法按照税务总局有关规定执行。

(2) 对在海南自由贸易港设立的旅游业、现代服务业、高新技术产业企业新增境外直接投资取得的所得，免征企业所得税。

新增境外直接投资所得应当符合以下条件。

第一，从境外新设分支机构取得的营业利润；或从持股比例超过 20%(含)的境外子公司分回的，与新增境外直接投资相对应的股息所得。

第二，被投资国(地区)的企业所得税法定税率不低于 5%。

旅游业、现代服务业、高新技术产业，按照《海南自由贸易港鼓励类产业目录》执行。

(3) 对在海南自由贸易港设立的企业，新购置(含自建、自行开发)固定资产或无形资产，单位价值不超过 500 万元(含)的，允许一次性计入当期成本费用在计算应纳税所得额时扣除，不再分年度计算折旧和摊销；新购置(含自建、自行开发)固定资产或无形资产，单位价值超过 500 万元的，可以缩短折旧、摊销年限或采取加速折旧、摊销的方法。

固定资产，是指除房屋、建筑物以外的固定资产。

第七节 征收管理

一、纳税期限

企业所得税按年计征，分月或者分季预缴，年终汇算清缴，多退少补。

企业所得税的纳税年度，自公历 1 月 1 日起至 12 月 31 日止。企业在一个纳税年度的中间开业，或者由于合并、关闭等原因终止经营活动，使该纳税年度的实际经营期不足 12 个月的，应当以其实际经营期为 1 个纳税年度。企业清算时，应当以清算期间作为 1 个纳税年度。

自年度终了之日起 5 个月内，向税务机关报送年度企业所得税纳税申报表，并汇算清缴，结清应缴应退税款。企业在年度中间终止经营活动的，应当自经营终止之日起 60 日内，向税务机关办理当期企业所得税汇算清缴。

二、纳税地点

(一) 居民企业纳税地点

(1) 除税收法律、行政法规另有规定外，居民企业以企业登记注册地为纳税地点；但登记注册地在境外的，以实际管理机构所在地为纳税地点。

(2) 居民企业在中国境内设立不具有法人资格的营业机构的，应当汇总计算并缴纳企业所得税。企业汇总计算并缴纳企业所得税时，应当统一核算应纳税所得额。

(二) 非居民企业纳税地点

(1) 非居民企业在中国境内设立机构、场所的，应当就其所设机构、场所取得的来源于中国境内的所得，以及发生在中国境外，但与其所设机构、场所有实际联系的所得，以机构、场所所在地为纳税地点。

(2) 非居民企业在中国境内设立两个或者两个以上机构、场所的，经税务机关审核批准，可以选择由其主要机构、场所汇总缴纳企业所得税。

(3) 非居民企业在中国境内未设立机构、场所的，或者虽设立机构、场所，但取得的所得与其所设机构、场所没有实际联系的所得，以扣缴义务人所在地为纳税地点。

三、汇总、合并纳税

(一) 基本原则和适用范围

1. 基本原则

属于中央与地方共享范围的跨省市总分机构企业缴纳的企业所得税，按照统一规范、兼顾总机构和分支机构所在地利益的原则，实行"统一计算、分级管理、就地预缴、汇总清算、财政调库"的处理办法，总分机构统一计算的当期应纳税额的地方分享部分中，25%由总机构所在地分享，50%由各分支机构所在地分享，25%按一定比例在各地间进行分配。

居民企业应统一计算包括各个不具有法人资格营业机构在内的企业全部应纳税所得额、应纳税额。总机构和分支机构适用税率不一致的，应分别按适用税率计算应纳所得税额。企业总机构、分支机构，应按规定的比例分别就地按月或者按季向所在地主管税务机关申报、预缴企业所得税。年度终了后，总分机构企业根据统一计算的年度应纳税所得额、应纳所得税额，抵减总机构、分支机构当年已就地分期预缴的企业所得税款后，多退少补。

2. 适用范围

总机构和具有主体生产经营职能的二级分支机构就地预缴企业所得税。

按照现行财政体制的规定，国有邮政企业(包括中国邮政集团公司及其控股公司和直属单位)、中国工商银行股份有限公司、中国农业银行股份有限公司、中国银行股份有限公司、国家开发银行股份有限公司、中国农业发展银行、中国进出口银行、中国投资有限责任公司、中国建设银行股份有限公司、中国建银投资有限责任公司、中国信达资产管理股份有限公司、中国石油天然气股份有限公司、中国石油化工股份有限公司、海洋石油天然气企业(包括中国海洋石油总公司、中海石油(中国)有限公司、中海油田服务股份有限公司、海洋石油工程股份有限公司)、中国长江电力股份有限公司等企业总分机构缴纳的企业所得税(包括滞纳金、罚款收入)为中央收入,全额上缴中央国库。

(二) 税款预缴

由总机构统一计算企业应纳税所得额和应纳所得税额,并分别由总机构、分支机构按月或按季就地预缴。

1. 分支机构分摊预缴税款

总机构在每月或每季终了之日起 10 日内,按照上年度各省市分支机构的营业收入、职工薪酬和资产总额三个因素,将统一计算的企业当期应纳税额的 50%在各分支机构之间进行分摊,各分支机构根据分摊税款就地办理缴库,所缴纳税款收入由中央与分支机构所在地按60:40 分享。分摊时三个因素权重依次为 0.35、0.35 和 0.3。当年新设立的分支机构第 2 年起参与分摊,当年撤销的分支机构自办理注销税务登记之日起不参与分摊。

分支机构营业收入,是指分支机构销售商品、提供劳务、让渡资产使用权等日常经营活动实现的全部收入。分支机构职工薪酬,是指分支机构为获得职工提供的服务而给予职工的各种形式的报酬。分支机构资产总额,是指分支机构在资产负债表日拥有或者控制的资产合计额。

各分支机构分摊预缴额按下列公式计算:

$$某分支机构分摊税款=所有分支机构分摊税款总额×该分支机构分摊比例$$

其中:

$$所有分支机构分摊税款总额=汇总纳税企业当期应纳所得税额×50\%$$

该分支机构分摊比例=(该分支机构营业收入÷各分支机构营业收入之和)×0.35+(该分支机构职工薪酬÷各分支机构职工薪酬之和)×0.35+(该分支机构资产总额÷各分支机构资产总额之和)×0.30

2. 总机构就地预缴税款

总机构应将统一计算的企业当期应纳税额的 25%就地办理缴库,所缴纳税款收入由中央与总机构所在地按 60:40 分享。

3. 总机构预缴中央国库税款

总机构应将统一计算的企业当期应纳税额的剩余 25%就地全额缴入中央国库,所缴纳税款收入的 60%为中央收入,40%由财政部按照 2004—2006 年各省市三年实际分享企业所得税占地方分享总额的比例定期向各省市分配。

(三) 汇总清算

企业总机构汇总计算企业年度应纳所得税额,扣除总机构和各境内分支机构已预缴的税款,计算出应补应退税款,分别由总机构和各分支机构就地办理税款缴库或退库。

(1) 补缴的税款按照预缴的分配比例,50%由各分支机构就地办理缴库,所缴纳税款收入由中央与分支机构所在地按 60:40 分享;25%由总机构就地办理缴库,所缴纳税款收入由中央与总机构所在地按 60:40 分享;其余 25%就地全额缴入中央国库,所缴纳税款收入的 60%为中央收入,40%由财政部按照 2004—2006 年各省市三年实际分享企业所得税占地方分享总额的比例定期向各省市分配。

(2) 多缴的税款按照预缴的分配比例，50%由各分支机构就地办理退库，所退税款由中央与分支机构所在地按 60∶40 分担；25%由总机构就地办理退库，所退税款由中央与总机构所在地按 60∶40 分担；其余 25%就地从中央国库退库。

四、源泉扣缴

(一) 扣缴义务人

(1) 对非居民企业在中国境内未设立机构、场所的，或者虽设立机构、场所，但取得的所得与其所设机构、场所没有实际联系的所得，其应缴纳的所得税，以支付人为扣缴义务人。税款由扣缴义务人在每次支付或者到期应支付时，从支付或者到期应支付的款项中扣缴。

(2) 对非居民企业在中国境内取得工程作业和劳务所得应缴纳的所得税，税务机关可以指定工程价款或者劳务费的支付人为扣缴义务人。

(二) 扣缴方法

(1) 扣缴义务人扣缴税款时，按前述第五节中非居民企业应纳税额的计算方法计算税款。

(2) 应当扣缴的所得税，扣缴义务人未依法扣缴或者无法履行扣缴义务的，由企业在所得发生地缴纳。企业未依法缴纳的，税务机关可以从该企业在中国境内其他收入项目的支付人应付的款项中，追缴该企业的应纳税款。

(3) 税务机关在追缴该企业应纳税款时，应当将追缴理由、追缴数额、缴纳期限和缴纳方式等告知该企业。

(4) 扣缴义务人每次代扣的税款，应当自代扣之日起 7 日内缴入国库，并向所在地的税务机关报送扣缴企业所得税报告表。

五、纳税申报

企业在纳税年度内无论盈利或者亏损，都应当向税务机关报送预缴企业所得税纳税申报表、年度企业所得税纳税申报表、财务会计报告和税务机关规定应当报送的其他有关资料。按月或按季预缴的，应当自月份或者季度终了之日起 15 日内，向税务机关报送预缴企业所得税纳税申报表，预缴税款。企业应当在办理注销登记前，就其清算所得向税务机关申报并依法缴纳企业所得税。企业所得税的纳税申报表及附表主要包括以下几项。

(1) 查账征收的企业所得税纳税申报表及附表。

《A200000 中华人民共和国企业所得税月(季)度预缴纳税申报表(A 类)》的格式与内容见表 4-4，适用于实行查账征收企业所得税的居民企业纳税人在月(季)度预缴纳税申报时填报。执行《跨地区经营汇总纳税企业所得税征收管理办法》(国家税务总局公告 2012 年第 57 号发布，2018 年第 31 号修改)的跨地区经营汇总纳税企业的分支机构，除预缴纳税申报时填报外，在年度纳税申报时也填报此表。省(自治区、直辖市和计划单列市)税务机关对仅在本省(自治区、直辖市和计划单列市)内设立不具有法人资格分支机构的企业，参照《跨地区经营汇总纳税企业所得税征收管理办法》征收管理的，企业的分支机构在除预缴纳税申报时填报外，在年度纳税申报时也应填报此表。

附表包括《A201010 免税收入、减计收入、所得减免等优惠明细表》(略)、《A201020 资产加速折旧、摊销(扣除)优惠明细表》(略)、《A201030 减免所得税优惠明细表》(略)和《A202000 企业所得税汇总纳税分支机构所得税分配表》(略)等。

表4-4 A200000 中华人民共和国企业所得税月(季)度预缴纳税申报表(A类)

税款所属期间: 年 月 日至 年 月 日

纳税人识别号(统一社会信用代码): □□□□□□□□□□□□□□□□□□

纳税人名称: 金额单位: 人民币元(列至角分)

预缴方式	□按照实际利润额预缴	□按照上一纳税年度应纳税所得额平均额预缴	□按照税务机关确定的其他方法预缴
企业类型	□一般企业	□跨地区经营汇总纳税企业总机构	□跨地区经营汇总纳税企业分支机构

按 季 度 填 报 信 息

项 目	一季度		二季度		三季度		四季度		季度平均值
	季初	季末	季初	季末	季初	季末	季初	季末	
从业人数									
资产总额(万元)									
国家限制或禁止行业	□ 是 □ 否				小型微利企业				□是 □否

预缴税款计算

行次	项 目	本年累计金额
1	营业收入	
2	营业成本	
3	利润总额	
4	加: 特定业务计算的应纳税所得额	
5	减: 不征税收入	
6	减: 免税收入、减计收入、所得减免等优惠金额(填写 A201010)	
7	减: 资产加速折旧、摊销(扣除)调减额(填写 A201020)	
8	减: 弥补以前年度亏损	
9	实际利润额(3+4-5-6-7-8) ＼ 按照上一纳税年度应纳税所得额平均额确定的应纳税所得额	
10	税率(25%)	
11	应纳所得税额(9×10)	
12	减: 减免所得税额(填写 A201030)	
13	减: 实际已缴纳所得税额	
14	减: 特定业务预缴(征)所得税额	
L15	减: 符合条件的小型微利企业延缓缴纳所得税额(是否延缓缴纳所得税 □是 □否)	
15	本期应补(退)所得税额(11-12-13-14-L15) ＼ 税务机关确定的本期应纳所得税额	

(续表)

行次		项　　目	本年累计金额
		汇总纳税企业总分机构税款计算	
16	总机构填报	总机构本期分摊应补(退)所得税额(17+18+19)	
17		其中：总机构分摊应补(退)所得税额(15×总机构分摊比例__%)	
18		财政集中分配应补(退)所得税额(15×财政集中分配比例__%)	
19		总机构具有主体生产经营职能的部门分摊所得税额(15×全部分支机构分摊比例__%×总机构具有主体生产经营职能部门分摊比例__%)	
20	分支机构填报	分支机构本期分摊比例	
21		分支机构本期分摊应补(退)所得税额	

附报信息

高新技术企业	□是　□否	科技型中小企业	□是　□否
技术入股递延纳税事项	□是　□否		

谨声明：本纳税申报表是根据国家税收法律法规及相关规定填报的，是真实的、可靠的、完整的。

纳税人(签章)：　　　　　　　年　月　日

经办人： 经办人身份证号： 代理机构签章： 代理机构统一社会信用代码：	受理人： 受理税务机关(章)： 受理日期：　　年　月　日

国家税务总局监制

(2) 核定征收的企业所得税纳税申报表。《B100000 中华人民共和国企业所得税月(季)度预缴和年度纳税申报表(B 类，2018 年版)》的格式与内容见表 4-5，适用于实行核定征收企业所得税的居民企业纳税人在月(季)度预缴纳税申报时填报。此外，实行核定应税所得率方式的纳税人在年度纳税申报时填报本表。

表4-5　B100000 中华人民共和国企业所得税月(季)度预缴和年度纳税申报表(B类，2018年版)

税款所属期间：　　年　月　日至　　年　月　日

纳税人识别号(统一社会信用码)：□□□□□□□□□□□□□□□□□□

纳税人名称：　　　　　　　　　　　　　　　金额单位：人民币元(列至角分)

核定征收方式	□ 核定应税所得率(能核算收入总额的)　□ 核定应税所得率(能核算成本费用总额的) □ 核定应纳所得税额

按季度填报信息

项　　目	一季度		二季度		三季度		四季度		季度平均值
	季初	季末	季初	季末	季初	季末	季初	季末	
从业人数									
资产总额(万元)									
国家限制或禁止行业	□是　□否				小型微利企业	□是　□否			

（续表）

按年度填报信息

从业人数(填写平均值)		资产总额(填写平均值，单位：万元)	
国家限制或禁止行业	□是 □否	小型微利企业	□是 □否

行次	项　目	本年累计金额
1	收入总额	
2	减：不征税收入	
3	减：免税收入(4+5+10+11)	
4	国债利息收入免征企业所得税	
5	符合条件的居民企业之间的股息、红利等权益性投资收益免征企业所得税(6+7.1+7.2+8+9)	
6	其中：一般股息、红利等权益性投资收益免征企业所得税	
7.1	通过沪港通投资且连续持有 H 股满 12 个月取得的股息、红利所得免征企业所得税	
7.2	通过深港通投资且连续持有 H 股满 12 个月取得的股息、红利所得免征企业所得税	
8	居民企业持有创新企业 CDR 取得的股息、红利所得免征企业所得税	
9	符合条件的居民企业之间属于股息、红利性质的永续债利息收入免征企业所得税	
10	投资者从证券投资基金分配中取得的收入免征企业所得税	
11	取得的地方政府债券利息收入免征企业所得税	
12	应税收入额(1−2−3)\ 成本费用总额	
13	税务机关核定的应税所得率(%)	
14	应纳税所得额(第 12×13 行)\ [第 12 行÷(1−第 13 行)×第 13 行]	
15	税率(25%)	
16	应纳所得税额(14×15)	
17	减：符合条件的小型微利企业减免企业所得税	
18	减：实际已缴纳所得税额	
L19	减：符合条件的小型微利企业延缓缴纳所得税额(是否延缓缴纳所得税 ☑是 □否)	
19	本期应补(退)所得税额(16−17−18−L19)\ 税务机关核定本期应纳所得税额	
20	民族自治地方的自治机关对本民族自治地方的企业应缴纳的企业所得税中属于地方分享的部分减征或免征(□免征　　□减征:减征幅度____%)	
21	本期实际应补(退)所得税额	

谨声明：本纳税申报表是根据国家税收法律法规及相关规定填报的，是真实的、可靠的、完整的。

纳税人(签章)：　　　年　月　日

经办人： 经办人身份证号： 代理机构签章： 代理机构统一社会信用代码：	受理人： 受理税务机关(章)： 受理日期：　　年　月　日

国家税务总局监制

本 章 小 结

1. 企业所得税是对我国境内的企业和其他取得成本的组织的生产经营所得和其他所得征收的所得税。企业所得税的纳税人分为居民企业和非居民企业。

2. 企业所得税主要是对企业的生产经营所得、其他所得和清算所得来征税。

3. 在实际工作中，应纳税所得额的计算方法是以企业按照会计制度核算的会计利润为基础，依照税法的规定做相应调整后确定(即间接法)的，用公式表示为：应纳税所得额=利润总额(会计利润)±按税法调增或调减的应纳税所得额。

4. 纳税人的境外所得在境外已缴纳所得税额，在抵免限额以内的部分，据实作为抵免税额扣除；在境外已纳所得额大于抵免限额的，按抵免限额作为抵免税额扣除。境外已纳税额超过扣除限额的部分，不得从当期应纳所得税额中抵免，也不得列入费用支出，但可以用以后年度的抵免限额的余额继续抵免，但抵免期最长不得超过5年。

5. 企业所得税实行按年计征，分月或季预缴，年终汇算清缴，多退少补。企业应当自月份或者季度终了之日起15日内，向税务机关报送预缴企业所得税纳税申报表，预缴税款。企业应当自年度终了之日起5日内，向税务机关报送年度企业所得税纳税申报表，并汇算清缴，结清应缴税款。

第五章

个人所得税法

第一节　个人所得税法概述

一、个人所得税的概念

个人所得税是以个人取得的各项应税所得为征税对象所征收的一种税。

作为征税对象的个人所得，有广义和狭义之分。广义的个人所得，是指个人在一定期间内，通过各种方式所获得的一切利益，而不论这种利益是偶然的，还是经常的，是货币、有价证券，还是实物。狭义的个人所得，仅限于每年经常、反复发生的所得。目前，世界各国所实行的个人所得税，大多以广义解释的个人所得概念为基础。

二、个人所得税的特点

我国现行个人所得税主要有以下特点。

(一) 实行混合征收方式

目前，个人所得税的征收大体可分为三种类型：分类征收制、综合征收制和混合征收制。分类征收制，是对个人不同来源、性质的所得项目，分别规定不同的费用减除标准、税率和计税方法，分别计算课征；综合征收制，是对个人全年的各项所得加以汇总，就其总额进行统一计算课征；混合征收制，是对个人不同来源、性质的所得进行分类，分别按照不同计税方法计算课征。

我国 2018 年 12 月 31 日之前的个人所得税，采用的是分类征收制，将个人取得的应税所得划分为 11 类，分别计算、分别课征。自 2020 年 1 月 1 日起，我国个人所得税采用混合征收制，将个人取得的应税所得划分为 9 类，工资、薪金所得，劳务报酬所得，稿酬所得，特许权使用费所得采用综合征收制，除这些之外的其他各项所得采用分类征收制。

(二) 允许扣除费用包括内容比较宽泛

我国本着费用扣除从宽、从简的原则，对费用扣除采用定额扣除、定率扣除和核算扣除等方法。例如，居民纳税义务人的综合所得，以每一纳税年度的收入额减除费用 60 000 元以及专项扣除、专项附加扣除和依法规定的其他扣除后的余额，为应纳税所得额；财产租赁所得，每次收入不超过 4 000 元的，定额扣除费用 800 元；每次收入超过 4 000 元的，定率减除 20% 的费用。个体工商户的生产经营所得，以会计核算为基础的全年收入总额减除成本、费用以及损失后的余额，为应纳税所得额。

(三) 税率形式多样化

比例税率计算简便，便于实行源泉扣缴；超额累进税率可以合理调节收入分配，体现公平。我国现行个人所得税根据各类个人所得的不同性质和特点，将这两种形式的税率综合运用于个人所得税制。其中，对综合所得(含工资、薪金所得，劳务报酬所得，稿酬所得，特许权使用费所得)、经营所得采用超额累进税率，实现量能负担；对其他各项应税所得采用比例税率。

(四) 纳税申报方式比较灵活

我国个人所得税的纳税方法，有自行申报纳税和全员全额扣缴申报两种。对凡是可以在应税所得的支付环节扣缴个人所得税的，均由扣缴义务人履行代扣代缴义务；对于没有扣缴义务人的，以及取得综合所得(含工资、薪金所得，劳务报酬所得，稿酬所得，特许权使用费所得)需要办理汇算清缴的，由纳税人自行申报纳税和年终汇算清缴。此外，对其他不便于扣缴税款的，亦规定由纳税人自行申报纳税。

(五) 计算方法比较复杂

我国个人所得税自 2020 年 1 月 1 日起采用混合征收模式，对综合所得和经营所得的费用扣除既采取总额扣除法，又采取分类分项的多种扣除方法。例如，专项附加扣除在同一个家庭中需区分为不同的纳税主体分别扣除，在按月或按次预缴的基础上，年终还需要进行汇算清缴，增加了税款计算的复杂程度和税务机关征收管理的难度。

三、个人所得税的作用

(一) 有助于纳税人实现利益最大化

纳税义务人在不违反国家税法的前提下提出多个方案，通过比对选择税负最少、对自己最有利的方案，这样可以减少个人所得税缴纳的税金，还可以延迟现金流出的时间，从而获得货币的时间价值，提高资金的使用效率，实现经济利益的最大化，这正是个人所得税纳税筹划要达到的最终目的。

(二) 有助于纳税人增强纳税意识

纳税人依法纳税，接受监督，运用税法知识，采用合理的方法对个人所得进行筹划，减少税金的缴纳，维护自身利益，因此，合理运用个人所得税纳税筹划是纳税人税收意识增强的表现。

(三) 有助于国家不断完善税收政策

个人所得税纳税筹划是针对税法中尚未明确规定的行为及税法中优惠政策而进行的，是纳税人对国家税法以及有关税收政策的反馈。充分利用纳税人纳税筹划行为反馈来的信息，可以完善现行法律法规和改进有关税收政策，进而可以不断完善和健全我国的税法和税收制度。

四、我国个人所得税法的发展历程

1950 年 7 月，政务院公布的《税政实施要则》中，就曾列举有对个人所得课税的税种，当时定名为"薪给报酬所得税"。但由于我国生产力和人均收入水平低，实行低工资制，虽然设立了税种，却一直没有开征。

1980 年 9 月 10 日，第五届全国人民代表大会第三次会议通过并公布了《中华人民共和国个人所得税法》。个税起征点设置为 800 元，我国的个人所得税制度至此方始建立。

1993 年 10 月 31 日，第八届全国人民代表大会常务委员会第四次会议通过了《关于修改〈中华人民共和国个人所得税法〉的决定》的修正案，规定不分内、外，所有中国居民和有来源于中国所得的非居民，均应依法缴纳个人所得税。同日发布了新修改的《中华人民共和国个人所得税法》。

2005 年 10 月 27 日，第十届全国人大常委会第十八次会议再次审议《个人所得税法修正案(草案)》，会议表决通过全国人大常委会《关于修改〈中华人民共和国个人所得税法〉的决定》，免征额由 800 元调整为 1 600 元，2006 年 1 月 1 日起施行。

2007 年 12 月 29 日，第十届全国人大常委会第三十一次会议表决通过了《关于修改〈中华人民共和国个人所得税法〉的决定》。个人所得税免征额自 2008 年 3 月 1 日起由 1 600 元提高到 2 000 元。

2008 年暂免征收储蓄存款利息所得个人所得税。2009 年取消"双薪制"计税办法。2010 年对个人转让上市公司限售股取得的所得征收个人所得税。

2011 年 6 月 30 日，第十一届全国人大常委会第二十一次会议表决通过了全国人大常委会《关于修改〈中华人民共和国个人所得税法〉的决定》。个人所得税免征额从 2 000 元提高到 3 500 元，同时，将个人所得税第 1 级税率由 5%修改为 3%，9 级超额累进税率修改为 7 级，取消 15%和 40%两档税率，扩大 3%和 10%两个低档税率的适用范围。

2018 年 8 月 31 日，《中华人民共和国个人所得税法》修订通过，起征点确定为每月 5 000 元，自 9 月 1 日起施行。同年 12 月 13 日、12 月 18 日和 12 月 21 日，《国务院关于印发个人所得税专项附加扣除暂行办法的通知》(国发〔2018〕41 号)和《中华人民共和国个人所得税法实施条例》(国令第 707 号)以及《国家税务总局关于发布〈个人所得税专项附加扣除操作办法(试行)〉的公告》(国税发〔2018〕60 号)相继公布，自 2019 年 1 月 1 日起施行。《中华人民共和国个人所得税法》规定，一是居民纳税义务人的综合所得，以每一纳税年度的收入额减除费用 60 000 元以及专项扣除、专项附加扣除和依法确定的其他扣除后的余额，为应纳税所得额。二是减税向中低收入倾斜。《中华人民共和国个人所得税法》规定，历经此次修法，个税的部分税率级距进一步优化调整，扩大 3%、10%、20%三档低税率的级距，缩小 25%税率的级距，30%、35%、45%三档较高税率级距不变。三是多项支出可抵税。以后计算个税，在扣除基本减除费用标准和"三险一金"等专项扣除外,还增加了专项附加扣除项目。专项附加扣除包括子女教育、继续教育、大病医疗、住房贷款利息或者住房租金、赡养老人等支出,具体范围、标准和实施步骤由国务院确定,并报全国人大常委会备案。

第二节 纳税义务人、征税范围和税率

一、个人所得税的纳税义务人

个人所得税的纳税义务人,包括中国公民、个体工商户、个人独资企业、合伙企业投资者、在中国有所得的外籍人员(包括无国籍人员,下同)和香港、澳门、台湾同胞。上述纳税义务人依据住所和居住时间两个标准,分为居民纳税义务人和非居民纳税义务人,分别承担不同的纳税义务。

(一) 居民纳税义务人

根据《中华人民共和国个人所得税法》(简称《个人所得税法》)的规定,居民纳税义务人是指在中国境内有住所,或者无住所而一个纳税年度在中国境内居住累计满 183 天的个人。

在中国境内有住所的个人,是指因户籍、家庭、经济利益关系,在中国境内习惯性居住的个人。这里所说的习惯性居住,是指个人因学习、工作、探亲等原因消除之后,没有理由在其他地方继续居留时,所要回到的地方,而不是指实际居住或在某一个特定时期内的居住地。

一个纳税年度在中国境内居住累计满 183 天,是指在一个纳税年度(即公历 1 月 1 日起至 12 月 31 日止,下同)内,在中国境内居住累计满 183 天。境内无住所的某人在一个纳税年度内无论出境多少次,只要在我国境内累计住满 183 天,就可判定为我国的居民纳税义务人。

居民纳税义务人负有无限纳税义务。其所取得的应纳税所得,无论是来源于中国境内还是中国境外任何地方,都要在中国缴纳个人所得税。

(二) 非居民纳税义务人

《个人所得税法》规定,非居民纳税义务人是在中国境内无住所又不居住,或者无住所而一个纳税年度内在中国境内居住累计不满 183 天的个人。也就是说,非居民纳税义务人,是指习惯性居住地不在中国境内,而且不在中国居住;或者在一个纳税年度内,在中国境内居住累计不满 183 天的个人。

自 2020 年 1 月 1 日起,无住所个人一个纳税年度内在中国境内累计居住天数,按照个人在中国境内累计停留的天数计算。在中国境内停留的当天满 24 小时的,计入中国境内居住天数,在中国境内停留的当天不足 24 小时的,不计入中国境内居住天数。

非居民纳税义务人承担有限纳税义务,即仅就其来源于中国境内的所得,向中国缴纳个人所得税。

二、所得来源地的确定

除国务院财政、税务主管部门另有规定外，下列所得不论支付地点是否在中国境内，均为来源于中国境内的所得。

(1) 因任职、受雇、履约等而在中国境内提供劳务取得的所得。

(2) 将财产出租给承租人在中国境内使用而取得的所得。

(3) 转让中国境内的不动产等财产或者在中国境内转让其他财产取得的所得。

(4) 许可各种特许权在中国境内使用而取得的所得。

(5) 从中国境内企业、事业单位、其他组织以及居民纳税义务人取得的利息、股息、红利所得。

三、征税范围

居民纳税义务人取得下列第(一)项至第(四)项所得，为综合所得，按纳税年度合并计算个人所得税；非居民纳税义务人取得下列第(一)项至第(四)项所得，按月或者按次分项计算个人所得税。纳税人取得下列第(五)项至第(九)项所得，分项计算个人所得税。

(一) 工资、薪金所得

工资、薪金所得，是指个人因任职或者受雇而取得的工资、薪金、奖金、年终加薪、劳动分红、津贴、补贴以及与任职或者受雇有关的其他所得。

1. 工资、薪金所得涵盖范围

一般来说，工资、薪金所得属于非独立个人劳动所得。所谓非独立个人劳动，是指个人所从事的是由他人指定、安排并接受管理的劳动，工作或服务于公司、工厂、行政事业单位的人员(私营企业主除外)均为非独立劳动者。除工资、薪金以外，奖金、年终加薪、劳动分红、津贴、补贴也被确定为工资、薪金范畴。其中，年终加薪、劳动分红不分种类和取得情况，一律按工资、薪金所得征税。

公司职工取得的用于购买企业国有股权的劳动分红，按工资、薪金所得计征个人所得税；出租汽车经营单位对出租车驾驶员采取单车承包或承租方式运营，出租车驾驶员从事客货营运取得的收入，按工资、薪金所得征税。

2. 不计入工资、薪金所得的项目

下列这些项目不计入工资、薪金所得计征个人所得税。

(1) 独生子女补贴。

(2) 执行公务员工资制度未纳入基本工资总额的补贴、津贴差额和家属成员的副食品补贴。

(3) 托儿补助费。

(4) 差旅费津贴、误餐补助。其中，误餐补助是指按照财政部规定，个人因公在城区、郊区工作，不能在工作单位或返回就餐的，根据实际误餐顿数，按规定的标准领取的误餐费。

(5) 外国来华留学生领取的生活津贴费、奖学金，不属于工资、薪金范畴，不征个人所得税。

(二) 劳务报酬所得

劳务报酬所得，是指个人独立从事各种非雇用的劳务所取得的所得，包括以下内容。

(1) 设计，是指按照客户的要求，代为制定工程、工艺等各类设计业务。

(2) 装潢，是指接受委托，对物体进行装饰、修饰，使之美观或具有特定用途的作业。

(3) 安装，是指按照客户要求，对各种机器、设备的装配、安置，以及与机器、设备相连的附属设施的装设和被安装机器设备的绝缘、防腐、保温、油漆等工程作业。

(4) 咨询，是指对客户提出的政治、经济、科技、法律、会计、文化等方面的问题进行解答、说明的业务。

(5) 制图，是指受托按实物或设想物体的形象，依体积、面积、距离等，用一定比例绘制成平面图、立体图、透视图等的业务。

(6) 化验，是指受托用物理或化学的方法，检验物质的成分和性质等业务。

(7) 测试，是指利用仪器仪表或其他手段代客对物品的性能和质量进行检测试验的业务。

(8) 医疗，是指从事各种病情诊断、治疗等医护业务。

(9) 法律，是指受托担任辩护律师、法律顾问，撰写辩护词、起诉书等法律文书的业务。

(10) 会计，是指受托从事会计核算的业务。

(11) 讲学，是指应邀(聘)进行讲课、做报告、介绍情况等业务。

(12) 翻译，是指受托从事中、外语言或文字的翻译(包括笔译和口译)的业务。

(13) 审稿，是指对文字作品或图形作品进行审查、核对的业务。

(14) 书画，是指按客户要求，或自行从事书法、绘画、题词等业务。

(15) 雕刻，是指代客镌刻图章、牌匾、碑、玉器、雕塑等业务。

(16) 影视，是指应邀或应聘在电影、电视节目中出任演员，或担任导演、音响、化妆、道具、制作、摄影等与拍摄影视节目有关的业务。

(17) 录音，是指用录音器械代客录制各种音响带的业务，或者应邀演讲、演唱、采访而被录音的服务。

(18) 录像，是指用录像器械代客录制各种图像、节目的业务，或者应邀表演、采访被录像的业务。

(19) 演出，是指参加戏剧、音乐、舞蹈、曲艺等文艺演出活动的业务。

(20) 表演，是指从事杂技、体育、武术、健美、时装、气功，以及其他技巧性表演活动的业务。

(21) 广告，是指利用图书、报纸、杂志、广播、电视、电影、招贴、路牌、橱窗、霓虹灯、灯箱、墙面及其他载体，为介绍商品、经营服务项目、文体节目或通告、声明等事项所做的宣传和提供相关服务的业务。

(22) 展览，是指举办或参加书画展、影展、盆景展、邮展、个人收藏品展、花鸟虫鱼展等各种展示活动的业务。

(23) 技术服务，是指利用一技之长而进行技术指导、提供技术帮助的业务。

(24) 介绍服务，是指介绍供求双方商谈，或者介绍产品、经营服务项目等服务的业务。

(25) 经纪服务，是指经纪人通过居间介绍，促成各种交易和提供劳务等服务的业务。

(26) 代办服务，是指代委托人办理受托范围内的各项事宜的业务。

个人在公司任职、受雇，同时兼任董事、监事的，应将董事费、监事费与个人工资收入合并，统一按工资、薪金所得项目缴纳个人所得税。

个人不在公司任职、受雇，仅担任董事、监事职务所取得的董事费、监事费收入，属于劳务报酬所得性质，按照劳务报酬所得项目征收个人所得税。

(三) 稿酬所得

稿酬所得，是指个人因其作品以图书、报刊形式出版、发表而取得的所得。将稿酬所得独立划归一个征税项目，而将不以图书、报刊形式出版、发表的翻译、审稿、书画所得归为劳务报酬所得。

(四) 特许权使用费所得

特许权使用费所得，是指个人提供专利权、商标权、著作权、非专利技术以及其他特许权的使用权取得的所得。

专利权，是由国家专利主管机关依法授予专利申请人或其权利继承人在一定期间内实施其发明创造的专有权。商标权，即商标注册人享有的商标专用权。著作权，即版权，是作者依法对文学、艺术和科学作品享有的专有权。

(五) 经营所得

经营所得，是指个体工商户从事生产、经营活动取得的所得，以及个人独资企业投资人、合伙企业的个人合伙人来源于境内注册的个人独资企业、合伙企业生产、经营的所得，主要包括以下几项。

(1) 个人对客户提出的政治、经济、科技、法律、会计、文化等方面的问题进行解答、说明的咨询业务。

(2) 个人依法从事办学、医疗、咨询以及其他有偿服务活动取得的所得。

(3) 个人对企业、事业单位承包经营、承租经营以及转包、转租取得的所得。

(4) 个人从事其他生产、经营活动取得的所得。例如，个人因从事彩票代销业务而取得的所得；或者出租车属个人所有，但挂靠出租汽车经营单位或企事业单位，驾驶员向挂靠单位缴纳管理费的，或出租汽车经营单位将出租车所有权转移给驾驶员的，都应按照"经营所得"项目计征个人所得税。

个人独资企业、合伙企业的个人投资者以企业资金为本人、家庭成员及其相关人员支付与企业生产经营无关的消费性支出及购买汽车、住房等财产性支出，视为企业对个人投资者利润分配，支出不得扣除，同时应并入生产经营所得，依照"经营所得"项目计征个人所得税。

(六) 利息、股息、红利所得

利息、股息、红利所得，是指个人拥有债权、股权而取得的利息、股息、红利所得。

除个人独资企业、合伙企业以外的其他企业的个人投资者，以企业资金为本人、家庭成员及其相关人员支付与企业生产经营无关的消费性支出及购买汽车、住房等财产性支出，不允许在所得税前扣除，同时视为企业对个人投资者的红利分配，依照"利息、股息、红利所得"项目计征个人所得税。

纳税年度内个人投资者从其投资企业(个人独资企业、合伙企业除外)借款，在该纳税年度终了后既不归还又未用于企业生产经营的，其未归还的借款可视为企业对个人投资者的红利分配，依照"利息、股息、红利所得"项目计征个人所得税。

(七) 财产租赁所得

财产租赁所得，是指个人出租不动产、机器设备、车船以及其他财产取得的所得。个人取得的财产转租收入，属于"财产租赁所得"的征税范围，由财产转租人缴纳个人所得税。

(八) 财产转让所得

财产转让所得，是指个人转让有价证券、股权、合伙企业中的财产份额、不动产、机器设备、车船以及其他财产取得的所得。

1. 股票转让所得

根据《中华人民共和国个人所得税法实施条例》(简称《个人所得税法实施条例》)的规定，鉴于我国证券市场发育还不成熟，股份制改革仍需完善，对我国股票转让所得暂不征收个人所得税。

2. 量化资产股份转让

集体所有制企业在改制为股份合作制企业时，对职工个人以股份形式取得的拥有所有权的企业量化资产，暂缓征收个人所得税；待个人将股份转让时，就其转让收入额，减除个人取得该股份时实际支付的费用支出和合理转让费用后的余额，按"财产转让所得"项目计征个人所得税。

(九) 偶然所得

偶然所得，是指个人得奖、中奖、中彩以及其他偶然性质的所得。得奖是指参加各种有奖竞赛活动，取得名次得到的奖金；中奖、中彩是指参加各种有奖活动，如有奖销售、有奖储蓄或者购买彩票，经过规定程序，抽中、摇中号码而取得的奖金。偶然所得应缴纳的个人所得税税款，一律由发奖单位或机构代扣代缴。

【例 5-1 单选题】居民纳税义务人的下列所得，不并入综合所得计税的是(　　)。

A. 财产租赁所得　　　　　　　　B. 工资、薪金所得

C. 稿酬所得　　　　　　　　　　D. 特许权使用费所得

【答案】A

【分析】综合所得包含工资、薪金所得，劳务报酬所得，稿酬所得，特许权使用费所得。

【例 5-2 单选题】个人取得的下列报酬，应按"稿酬所得"缴纳个人所得税的是(　　)。

A. 李某为某建筑公司提供设计

B. 杂志社记者在本社刊物发表文章取得的报酬

C. 出版社的专业作者翻译的小说由该出版社出版取得的报酬

D. 李某为某杂志社审稿取得的报酬

【答案】C

【分析】选项 B，应按"工资、薪金所得"项目缴纳个人所得税；选项 A、D，均应按"劳务报酬所得"项目缴纳个人所得税。

【例5-3 多选题】 下列各项中,应按照"工资、薪金所得"项目征收个人所得税的有( )。

A. 李某取得的年底加薪

B. 企业支付给不在本企业任职董事长的董事费

C. 企业支付给在本企业任职董事长的董事费

D. 企业支付给职工的供暖补贴

【答案】 ACD

【分析】 选项B,按照"劳务报酬所得"项目计征个人所得税。

四、个人所得税的税率

(一) 综合所得适用税率

居民纳税义务人每一纳税年度内取得的综合所得包括:工资、薪金所得,劳务报酬所得,稿酬所得和特许权使用费所得。

综合所得适用七级超额累进税率,税率为 3%～45%(见表 5-1)。由于综合所得在纳税时执行预缴税款,年终再按照综合所得汇算清缴,因此此表适用于年终汇算时使用。居民纳税义务人分月或分次取得工资、薪金所得,劳务报酬所得,稿酬所得,特许权使用费所得时,支付单位预扣预缴个人所得税的预扣率,"工资、薪金所得"在计算预缴税款时,适用 3%～45%的七级超额累进预扣率(见表 5-2)。劳务报酬所得适用三级超额累进税率(见表 5-3),稿酬所得和特许权使用费所得的税率为 20%。

表5-1 个人所得税税率表(一)

(综合所得适用)

级 数	全年应纳税所得额	税率	速算扣除数
1	不超过 36 000 元的部分	3%	0
2	超过 36 000 元至 144 000 元的部分	10%	2 520
3	超过 144 000 元至 300 000 元的部分	20%	16 920
4	超过 300 000 元至 420 000 元的部分	25%	31 920
5	超过 420 000 元至 660 000 元的部分	30%	52 920
6	超过 660 000 元至 960 000 元的部分	35%	85 920
7	超过 960 000 元的部分	45%	181 920

表 5-1 所称全年应纳税所得额是指依照税法的规定,居民纳税义务人取得综合所得以每一纳税年度收入额减除费用 60 000 元以及专项扣除、专项附加扣除和依法确定的其他扣除后的余额。

非居民纳税义务人取得工资、薪金所得,劳务报酬所得,稿酬所得和特许权使用费所得,依照本表按月换算后计算应纳税额。

表5-2 个人所得税税率表(二)

(居民纳税义务人工资、薪金所得预扣预缴适用)

级数	累计预扣预缴应纳税所得额	预扣率	速算扣除数
1	不超过 36 000 元的部分	3%	0
2	超过 36 000 元至 144 000 元的部分	10%	2 520
3	超过 144 000 元至 300 000 元的部分	20%	16 920
4	超过 300 000 元至 420 000 元的部分	25%	31 920
5	超过 420 000 元至 660 000 元的部分	30%	52 920
6	超过 660 000 元至 960 000 元的部分	35%	85 920
7	超过 960 000 元的部分	45%	181 920

表5-3 个人所得税税率表(三)

(居民纳税义务人劳务报酬所得预扣预缴适用)

级 数	预扣预缴应纳税所得额	预扣率	速算扣除数
1	不超过 20 000 元的部分	20%	0
2	超过 20 000 元至 50 000 元的部分	30%	2 000
3	超过 50 000 元的部分	40%	7 000

(二) 经营所得适用税率

经营所得包括个体工商户生产经营所得、个人独资企业生产经营所得、合伙企业生产经营所得、对企事业单位的承租承包经营所得,这几项经营所得统一按照经营所得适用五级超额累进税率,税率为 5%~35%(见表 5-4)。

表5-4 个人所得税税率表(四)

(经营所得适用)

级数	应纳税所得额	预扣率	速算扣除数
1	不超过 30 000 元的部分	5%	0
2	超过 30 000 元至 90 000 元的部分	10%	1 500
3	超过 90 000 元至 300 000 元的部分	20%	10 500
4	超过 300 000 元至 500 000 元的部分	30%	40 500
5	超过 500 000 元的部分	35%	65 500

(三) 其他所得适用税率

其他所得主要包括财产租赁所得,财产转让所得,利息、股息、红利所得,偶然所得,适用 20%的比例税率。

(四) 非居民纳税义务人适用税率

非居民纳税义务人取得工资、薪金所得,劳务报酬所得,稿酬所得,特许权使用费所得,不实行综合所得纳税制度,分所得项目按月或按次分别计算个人所得税,统一适用 3%~45%的七级超额累进税率,见表 5-5。

表5-5 个人所得税税率表(五)

(非居民纳税义务人工资、薪金所得,劳务报酬所得,稿酬所得,特许权使用费所得适用)

级 数	应纳税所得额	税率	速算扣除数
1	不超过 3 000 元的部分	3%	0
2	超过 3 000 元至 12 000 元的部分	10%	210
3	超过 12 000 元至 25 000 元的部分	20%	1 410
4	超过 25 000 元至 35 000 元的部分	25%	2 660
5	超过 35 000 元至 55 000 元的部分	30%	4 410
6	超过 55 000 元至 80 000 元的部分	35%	7 160
7	超过 80 000 元的部分	45%	15 160

【例5-4 多选题】下列各项中,适用 5%~35%的超额累进税率计征个人所得税的有(　　)。

A. 个体工商户的生产经营所得　　　　B. 个人独资企业的生产经营所得

C. 对企事业单位的承租承包经营所得　D. 合伙企业生产经营所得

【答案】ABCD

【分析】个体工商户的生产经营所得、个人独资企业的生产经营所得、对企事业单位的承租承包经营所得、合伙企业生产经营所得适用 3%~35%的七级超额累进税率。

第三节　应纳税所得额的确定

由于个人所得税的应税项目不同,并且取得某项所得所需费用也不相同,因此,计算个人应纳税所得额,需按不同应税项目分项计算。应纳税所得额以某项应税项目的收入额减去税法规定的该项目费用减除标准后的余额进行确认。两个以上的个人共同取得同一项目收入的,应先对每个人收入进行分配,再按照每个人取得的收入,分别按照《个人所得税法》的规定计算纳税。

一、综合所得应纳税所得额的确定

居民纳税义务人的综合所得,以每一纳税年度的收入额减除费用 60 000 元以及专项扣除、专项附加扣除和依法确定的其他扣除后的余额,为应纳税所得额。

综合所得的所得额=全年收入额-60 000 元-专项扣除-享受的专项附加扣除-其他扣除

(一) 收入的确定

工资、薪金所得全额计入收入额;而劳务报酬所得、特许权使用费所得的收入额为实际取得劳务报酬、特许权使用费收入的80%;此外,稿酬所得的收入额在扣除20%费用的基础上,再减按 70%计算,即稿酬所得的收入额为实际取得稿酬收入的 56%。

(二) 各项扣除项目的确定

1. 基本费用

为了保证居民纳税义务人的基本生活水平,允许扣除基本费用 60 000 元/年。

2. 专项扣除

专项扣除是指企业按照现行规定允许扣除的"三险一金",即居民纳税义务人按照国家规定的范围和标准缴纳的基本养老保险、基本医疗保险、失业保险和住房公积金。

3. 专项附加扣除标准

专项附加扣除是指按照税法规定允许扣除的子女教育、继续教育、大病医疗、住房贷款利息或者住房租金、赡养老人等 6 项支出,取得综合所得和经营所得的居民纳税义务人可以享受专项附加扣除。

(1) 子女教育。纳税人年满 3 岁的子女接受学前教育和学历教育的相关支出,按照每个子女每月 1 000 元(每年 12 000 元)的标准定额扣除。学前教育包括年满 3 岁至小学入学前教育;学历教育包括义务教育、高中阶段教育、高等教育。具体情况如表 5-6 所示。

表5-6　子女教育扣除标准表

学前教育	年满 3 岁至小学入学前(入学前一个月)教育	每个子女每月 1 000 元 (全年 12 000 元)
学历教育	义务教育(小学、初中教育)、高中阶段教育(普通高中、中等职业、技工教育)、高等教育(大学专科、大学本科、硕士研究生、博士研究生教育)——含入学当月、寒暑假以及因病和非主观因素保留学籍的休学期间	
可选择由其中一方按扣除标准的 100%扣除,也可分别按扣除标准的 50%扣除;具体扣除方式在一个纳税年度内不得变更		
纳税人子女在境外接受教育的,应留存境外学校录取通知书、留学签证等相关教育的证明资料备查;如果在境内接受教育,无须证明资料		

纳税人子女在中国境外接受教育的,纳税人应当留存境外学校录取通知书、留学签证等相关教育的证明资料备查。

(2) 继续教育。纳税人在中国境内接受学历(学位)继续教育的支出,在学历(学位)教育期间按照每月 400 元(每年 4 800 元)定额扣除。纳税人接受技能人员职业资格继续教育、专业技术人员职业资格继续教育支出,在取得相关证书的当年,按照 3 600 元定额扣除。纳税人接受技能人员职业资格继续教育、专业技术人员职业资格继续教育的,应当留存相关证书等资料备查。具体情况如表 5-7 所示。

表5-7　继续教育扣除标准表

类　型	扣除标准	享受扣除者
中国境内学历(学位)继续教育的支出	学历(学位)教育期间按照每月 400 元(每年 4800 元)定额扣除;同一学历(学位)继续教育扣除期不得超过 48 个月	本人接受本科及以下学历(学位)继续教育支出,可以选择由其父母扣除,也可以选择由本人扣除,但不得同时扣除
技能人员职业资格继续教育、专业技术人员职业资格继续教育支出	在取得相关证书的年度,按照 3 600 元定额扣除,留存相关证书等资料备查	由接受教育本人扣除

个人接受本科及以下学历(学位)继续教育,符合税法规定扣除条件的,可以选择由其父母扣除,也可以选择由本人扣除。

(3) 大病医疗。在一个纳税年度内,纳税人发生的医保范围内用药支出,扣除医保报销后个人负担(指医保目录范围内的自付部分)累计超过 15 000 元的部分,由纳税人在办年度汇算清缴时,在 80 000 元限额内据实扣除。纳税人应当留存医药服务收费及医保报销相关票据原件(或复印件)等资料备查。

纳税人发生的医药费用支出可以选择由本人或者其配偶扣除;未成年子女发生的医药费用支出可以选择由其父母一方扣除。

(4) 住房贷款利息。纳税人本人或配偶,单独或共同使用商业银行或住房公积金个人住房贷款,为本人或其配偶购买中国境内住房,发生的首套住房贷款利息支出,在实际发生贷款利息的年度,按照每月 1 000 元(每年 12 000 元)的标准定额扣除,扣除期限最长不超过 240 个月(20 年)。纳税人只能享受一套首套住房贷款利息扣除。所称首套住房贷款是指购买住房享受首套住房贷款利率的住房贷款。

夫妻双方婚前分别购买住房发生的首套住房贷款,其贷款利息支出,婚后可以选择其中一套购买的住房,由购买方按扣除标准的 100%扣除,也可以由夫妻双方对各自购买的住房分别按扣除标准的 50%扣除,具体扣除方式在一个纳税年度内不能变更。

(5) 住房租金。纳税人在主要工作城市没有自有住房而发生的住房租金支出,具体扣除标准如表 5-8 所示。

表5-8 住房租金扣除标准表

城市规模	扣除标准
直辖市、省会(首府)城市、计划单列市以及国务院确定的其他城市	1 500 元/月或 18 000 元/年
市辖区户籍人口超过 100 万的城市	1 100 元/月或 13 200 元/年
市辖区户籍人口不超过 100 万的城市	800 元/月或 9 600 元/年

所称主要工作城市是指纳税人任职受雇的直辖市、计划单列市、副省级城市、地级市(地区、州、盟)全部行政区域范围;纳税人无任职受雇单位的,为受理其综合所得汇算清缴的税务机关所在城市。夫妻双方主要工作城市相同的,只能由一方扣除住房租金支出。住房租金支出由签订租赁住房合同的承租人扣除。

纳税人及其配偶在一个纳税年度内只能选择按照住房贷款利息专项附加扣除或者住房租金专项附加扣除,不得同时别享受住房贷款利息专项附加扣除和住房租金专项附加扣除。

(6) 赡养老人。纳税人赡养一位及以上被赡养人的支出,可以按照标准定额扣除,被赡养人指年满 60 岁的父母以及子女均已去世的年满 60 岁的祖父母、外祖父母,可以扣除赡养老人支出的费用为被赡养人年满 60 周岁的当月至赡养义务终止的年末。具体扣除标准如表 5-9 所示。

表5-9 赡养老人扣除标准表

纳税人为独生子女的	每月 2 000 元(每年 24 000 元)
纳税人为非独生子女的	与其兄弟姐妹分摊每月 2 000 元(每年 24 000)的扣除额度,每人分摊的额度不得超过每月 1 000 元(每年 12 000 元); 分摊方式:赡养人均摊或约定分摊、被赡养人指定分摊。约定或指定分摊的须签订书面分摊协议。具体分摊方式在一个纳税年度内不得变更

【例5-5 多选题】下列关于个人所得税专项附加扣除的说法，正确的有(   )。

A. 子女教育支出按照子女数量扣除

B. 赡养老人支出按照被赡养人数量扣除

C. 大病医疗支出实行限额扣除

D. 大病医疗支出只能在汇算清缴时扣除

【答案】ACD

【分析】选项B，确定税前可以扣除的赡养老人支出时不考虑被赡养人的数量。

二、综合所得预缴税款时所得额的确定

综合所得在预缴税款时，分项按次计征，分别按照工资、薪金所得，劳务报酬所得，稿酬所得，特许权使用费所得进行计算。

(一) 工资、薪金所得的所得额的确定

工资、薪金所得预扣预缴时，所得额采用累计预扣法进行核算，具体计算公式如下：

累计预扣预缴应纳税所得额=累计收入−累计减除费用−累计专项扣除−累计专项附加扣除
−累计依法确定的其他扣除

累计减除费用，按照5 000元/月乘以纳税人当年截至本月在本单位的任职受雇月份数计算。

1. 收入的确定

工资、薪金所得收入为累计收入，即前几月收入(含本月收入)的总和。如本年度取得工资为从1月份开始的工资收入，则5月份的累计收入为1月份至5月份工资收入的总和。

2. 扣除项目的确定

工资、薪金所得扣除的项目为累计扣除额，即将前几个月的减除费用、专项扣除、专项附加扣除、其他扣除分别加总。如本年度取得工资为从1月份开始的工资收入，则5月份的累计扣除项目为1月份至5月份的累计减除费用、累计专项扣除、累计专项附加扣除和累计其他扣除的总和。

(二) 劳务报酬所得的所得额的确定

劳务报酬所得的所得额，要根据每次收入金额的大小来区分，具体应纳税所得额的确定方法如下：

每次收入≤4 000元时，应纳税所得额=收入−800

每次收入>4 000元时，应纳税所得额=收入×(1−20%)

1. 收入的确定

居民纳税义务人预缴税款时，其取得劳务报酬所得属于一次性收入的，以取得该项收入为一次。

个人从事设计、安装、装潢、制图、化验、测试等劳务取得的劳务报酬所得，完成一次劳务后取得收入，属于只有一次性的收入，应以每次提供劳务取得的全部收入为一次。如果一次性劳务报酬收入以分月支付方式取得，就适用同一事项连续取得收入，以1个月内取得的收入

为一次的规定。例如,某歌手与一卡拉 OK 厅签约,在一定时期内每天到卡拉 OK 厅演唱一次,每次演出后得到报酬 500 元。在计算其劳务报酬所得时,应以其 1 个月内取得的收入为一次计征个人所得税。

2. 扣除费用的确定

劳务报酬所得的扣除费用,依据收入的不同分为两档:当收入是 4 000 元以下时,扣除的费用为 800 元;当收入是 4 000 元以上时,扣除的费用为收入额的 20%。

(三) 稿酬所得的所得额的确定

稿酬所得的所得额,要根据每次收入金额的大小进行区分,具体应纳税所得额的确定方法如下:

$$每次收入 \leq 4\ 000\ 元时,应纳税所得额=收入-800$$
$$每次收入 > 4\ 000\ 元时,应纳税所得额=收入 \times (1-20\%)$$

1. 收入的确定

居民纳税义务人预缴税款时,其取得稿酬所得属于一次性收入的,以取得该项收入为一次。

个人出版、发表作品所取得的稿酬所得,不论出版单位是预付还是分笔支付稿酬,以每次出版、发表取得的收入为一次收入。同一作品先在报刊上连载,然后再出版,或先出版,再在报刊上连载的,应视为两次稿酬所得征税,即连载作为一次,出版作为另一次。同一作品在报刊上连载取得收入的,无论出版单位如何支付稿酬,均以连载完成后取得的所有收入合并计算为一次,计征个人所得税。同一作品出版、发表后,因添加印数而追加稿酬的,应与以前出版、发表时取得的稿酬合并计算为一次,计征个人所得税。在两处或两处以上出版、发表同一作品而取得稿酬所得,则可分别各处取得的所得按分次所得计征个人所得税。作者去世后,对取得其遗作稿酬的个人,按稿酬所得征收个人所得税。

2. 扣除费用的确定

稿酬所得的扣除费用,依据收入的不同分为两档:当收入是 4 000 元以下时,扣除的费用为 800 元;当收入是 4 000 元以上时,扣除的费用为收入额的 20%。

(四) 特许权使用费所得的所得额的确定

特许权使用费所得的所得额,要根据每次收入金额的大小进行区分,具体应纳税所得额的确定方法如下:

$$每次收入 \leq 4\ 000\ 元时,应纳税所得额=收入-800$$
$$每次收入 > 4\ 000\ 元时,应纳税所得额=收入 \times (1-20\%)$$

1. 收入的确定

居民纳税义务人预缴税款时,其取得特许权使用费所得属于一次性收入的,以取得该项收入为一次。

个人因转让某项特许权的使用权所取得的所得,以某项使用权的一次转让所取得的收入为一次。如果该次转让取得的收入是分笔支付的,则应将各笔收入相加为一次的收入,计征个人所得税。

2. 扣除费用的确定

特许权使用费所得的扣除费用，依据收入的不同分为两档：当收入是 4 000 元以下时，扣除的费用为 800 元；当收入是 4 000 元以上时，扣除的费用为收入额的 20%。

三、经营所得应纳税所得额的确定

经营项目所得包括个体工商户生产经营所得、对企事业单位承租承包经营所得、个人独资企业生产经营所得、合伙企业生产经营所得。其应纳税所得额的计算，以权责发生制为原则，属于当期的收入和费用，不论款项是否收付，均作为当期的收入和费用；不属于当期的收入和费用，即使款项已经在当期收付，均不作为当期的收入和费用。其中，个体工商户生产经营所得、个人独资企业生产经营所得、合伙企业生产经营所得应纳税所得额，以每一纳税年度的收入总额，减除成本、费用、税金、损失、其他支出以及允许弥补的以前年度亏损后的余额，为应纳税所得额。具体计算公式如下：

$$应纳税额=全年收入总额-成本、费用以及损失$$

对企事业单位承租承包经营所得，以每一纳税年度的收入总额，减除成本、费用、税金、损失、其他支出、弥补的以前年度亏损、上缴的承租或承包费后的余额，计算应纳税所得额。具体计算公式如下：

$$应纳税额=全年收入总额-成本、费用以及损失-承租或承包费$$

(一) 收入的确定

个体工商户生产经营所得、对企事业单位承租承包经营所得、个人独资企业生产经营所得、合伙企业从事生产经营以及与生产经营有关的活动(以下简称生产经营)取得的货币形式和非货币形式的各项收入，为收入总额，包括：销售货物收入、提供劳务收入、转让财产收入、利息收入、租金收入、接受捐赠收入、其他收入。

其他收入包括个体工商户资产溢余收入、逾期一年以上的未退包装物押金收入、确实无法偿付的应付款项、已做坏账损失处理后又收回的应收款项、债务重组收入、补贴收入、违约金收入、汇兑收益等。

(二) 各项扣除项目的范围确定

经营所得允许扣除与收入相关的成本、费用、税金和损失以及其他与生产经营活动有关的合理的支出。

(1) 成本，是指个体工商户在生产经营活动中发生的销售成本、销货成本、业务支出以及其他耗费。

(2) 费用，是指个体工商户在生产经营活动中发生的销售费用、管理费用和财务费用，已经计入成本的有关费用除外。

(3) 税金，是指个体工商户在生产经营活动中发生的除个人所得税和允许抵扣的增值税以外的各项税金及其附加。

(4) 损失，是指个体工商户在生产经营活动中发生的固定资产和存货的盘亏、毁损、报废损失，转让财产损失，坏账损失，自然灾害等不可抗力因素造成的损失以及其他损失。

(5) 其他支出,是指除成本、费用、税金、损失外,个体工商户在生产经营活动中发生的与生产经营活动有关的合理的支出。

(6) 个体工商户发生的支出应当区分收益性支出和资本性支出。收益性支出在发生当期直接扣除;资本性支出应当分期扣除或者计入有关资产成本,不得在发生当期直接扣除。

(三) 各项扣除项目的扣除标准

(1) 个体工商户实际支付给从业人员的合理的工资、薪金支出,准予扣除。

个体工商户业主的费用扣除标准,确定为 60 000 元/年。个体工商户业主的工资、薪金支出不得税前扣除。

(2) 个体工商户按照国务院有关主管部门或者省级人民政府规定的范围和标准为其业主和从业人员缴纳的基本养老保险费、基本医疗保险费、失业保险费、生育保险费、工伤保险费和住房公积金,准予扣除。

个体工商户为从业人员缴纳的补充养老保险费、补充医疗保险费,分别在不超过从业人员工资总额 5%标准内的部分据实扣除;超过部分,不得扣除。

个体工商户业主本人缴纳的补充养老保险费、补充医疗保险费,以当地(地级市)上年度社会平均工资的 3 倍为计算基数,分别在不超过该计算基数 5%标准内的部分据实扣除;超过部分,不得扣除。

(3) 除个体工商户依照国家有关规定为特殊工种从业人员支付的人身安全保险费和财政部、国家税务总局规定可以扣除的其他商业保险费外,个体工商户业主本人或者为从业人员支付的商业保险费,不得扣除。

(4) 个体工商户在生产经营活动中发生的合理的不需要资本化的借款费用,准予扣除。

个体工商户为购置、建造固定资产、无形资产和经过 12 个月以上的建造才能达到预定可销售状态的存货发生借款的,在有关资产购置、建造期间发生的合理的借款费用,应当作为资本性支出计入有关资产的成本,并依照规定扣除。

(5) 个体工商户在生产经营活动中发生的向金融企业借款的利息支出、向非金融企业和个人借款的利息支出,不超过按照金融企业同期同类贷款利率计算的数额的部分,准予扣除。

(6) 个体工商户在货币交易中,以及纳税年度终了时将人民币以外的货币性资产、负债按照期末即期人民币汇率中间价折算为人民币时产生的汇兑损失,除已经计入有关资产成本部分外,准予扣除。

(7) 个体工商户向当地工会组织拨缴的工会经费、实际发生的职工福利费支出、职工教育经费支出分别在工资、薪金总额的 2%、14%、2.5%的标准内据实扣除。

工资、薪金总额是指允许在当期税前扣除的工资、薪金支出数额。

职工教育经费的实际发生数额超出规定比例当期不能扣除的数额,准予在以后纳税年度结转扣除。

个体工商户业主本人向当地工会组织缴纳的工会经费、实际发生的职工福利费支出、职工教育经费支出,以当地(地级市)上年度社会平均工资的 3 倍为计算基数,在规定比例内据实扣除。

(8) 个体工商户发生的与生产经营活动有关的业务招待费,按照实际发生额的 60%扣除,但最高不得超过当年销售(营业)收入的 5%。

业主自申请营业执照之日起至开始生产经营之日止所发生的业务招待费，按照实际发生额的 60%计入个体工商户的开办费。

(9) 个体工商户每一纳税年度发生的与其生产经营活动直接相关的广告费和业务宣传费不超过当年销售(营业)收入 15%的部分，可以据实扣除；超过部分，准予在以后纳税年度结转扣除。

(10) 个体工商户代其从业人员或者他人负担的税款，不得税前扣除。

(11) 个体工商户按照规定缴纳的摊位费、行政性收费、协会会费等，按实际发生数额扣除。

(12) 个体工商户根据生产经营活动的需要租入固定资产支付的租赁费，按照以下方法扣除：以经营租赁方式租入固定资产发生的租赁费支出，按照租赁期限均匀扣除；以融资租赁方式租入固定资产发生的租赁费支出，按照规定构成融资租入固定资产价值的部分应当提取折旧费用，分期扣除。

(13) 个体工商户参加财产保险，按照规定缴纳的保险费，准予扣除。

(14) 个体工商户发生的合理的劳动保护支出，准予扣除。

(15) 个体工商户通过公益性社会团体或者县级以上人民政府及其部门，用于《中华人民共和国公益事业捐赠法》规定的公益事业捐赠，捐赠额不超过其应纳税所得额 30%的部分可据实扣除。

财政部、国家税务总局规定可以全额在税前扣除的捐赠支出项目，按有关规定执行。个体工商户直接对受益人的捐赠不得扣除。

四、财产租赁所得应纳税所得额的确定

财产租赁所得一般以个人每次取得的收入，定额或定率减除规定费用后的余额为应纳税所得额。每次收入不超过 4 000 元，定额减除费用 800 元后的余额为应纳税所得额；每次收入在 4 000 元以上，定率减除 20%的费用后的余额为应纳税所得额。财产租赁所得以 1 个月内取得的收入为一次。应纳税所得额的计算公式为：

① 每次(月)收入不超过 4 000 元的：

应纳税所得额=每次(月)收入额−准予扣除项目−修缮费用(800 元为限)−800 元

② 每次(月)收入超过 4 000 元的：

应纳税所得额=[每次(月)收入额−准予扣除项目−修缮费用(800 元为限)]×(1−20%)

(一) 收入的确定

财产租赁所得以 1 个月内取得租金的收入为一次性收入。

(二) 允许扣除费用的确定

在确定财产租赁的应纳税所得额时，准予扣除纳税人在出租财产过程中缴纳的税金和教育费附加，城建税和教育费附加也应为一个月的收入对应的城建税和教育费附加。准予扣除的项目除了规定费用和有关税费外，还准予扣除能够提供有效、准确凭证，证明由纳税人负担的该出租财产实际开支的修缮费用。允许扣除的修缮费用，以每次 800 元为限。一次扣除不完的，准予在下一次继续扣除，直到扣完为止。

具体扣除费用包括以下几项。

(1) 财产租赁过程中缴纳的税费；

(2) 由纳税人负担的该出租财产实际开支的修缮费用；

(3) 税法规定的费用扣除标准。

五、财产转让所得应纳税所得额的确定

个人转让财产，以转让财产的收入额减除财产原值和合理费用后的余额，为应纳税所得额。财产转让所得的计征方法为按次计征。财产转让所得应纳税所得额的具体计算公式如下：

$$应纳税所得额=收入总额-财产原值-费用$$

(一) 收入总额的确定

财产转让收入包括个人转让有价证券、股权、建筑物、土地使用权、机器设备、车船以及其他财产取得的收入。

(二) 允许扣除项目的确定

财产转让所得允许扣除财产原值和合理的相关费用，原值包括以下几项。

(1) 有价证券，为买入价以及买入时按照规定缴纳的有关费用。

(2) 建筑物，为建造费或者购进价格以及其他有关费用。

(3) 土地使用权，为取得土地使用权所支付的金额、开发土地的费用以及其他有关费用。

(4) 机器设备、车船，为购进价格、运输费、安装费以及其他有关费用。

(5) 其他财产，参照以上方法确定。

纳税义务人未提供完整、准确的财产原值凭证，不能正确计算财产原值的，由主管税务机关核定其财产原值。

合理的相关费用，是指卖出财产时按照规定支付的有关的手续费等支出。

六、利息、股息、红利所得和偶然所得应纳税所得额的确定

利息、股息、红利所得和偶然所得应纳税所得额为每一次所取得的收入。

七、非居民纳税义务人应纳税所得额的确定

非居民纳税义务人的工资、薪金所得，劳务报酬所得，稿酬所得，特许权使用费所得，分项计算所得额。

(一) 工资、薪金所得的所得额的确定

工资、薪金所得以每月收入额减除费用 5 000 元后的余额为应纳税所得额，具体计算公式如下：

$$应纳税所得额=每月工资收入-5\,000$$

1. 收入的确定

非居民纳税义务人工资、薪金所得的收入为每个月所取得的收入,外籍个人以下收入可以享受免税的优惠:

(1) 外籍个人以非现金形式或实报实销形式取得的住房补贴、伙食补贴、搬迁费、洗衣费;

(2) 外籍个人按合理标准取得的境内、外出差补贴;

(3) 外籍个人取得的探亲费、语言训练费、子女教育费等,经当地税务机关审核批准为合理的部分。

2. 扣除项目的确定

非居民纳税义务人工资、薪金所得每月固定扣除 5 000 元。

(二) 劳务报酬所得、稿酬所得、特许权使用费所得的所得额的确定

劳务报酬所得、稿酬所得、特许权使用费所得,以每次收入额为应纳税所得额,劳务报酬所得、稿酬所得、特许权使用费所得的确定如表 5-10 所示。

表5-10　劳务报酬所得、稿酬所得、特许权使用费所得的应纳税所得额确定表

税　　　目	应纳税所得额
劳务报酬所得	每次收入额×80%
稿酬所得	每次收入额×56%
特许权使用费所得	每次收入额×80%

第四节　应纳税额的计算

一、居民综合所得应纳税额的计算

居民纳税义务人综合所得应纳税额的计算公式为

$$应纳税额=\sum(每一级数的全年应纳税所得额\times对应级数的适用税率)$$
$$=\sum[每一级数(全年收入额-60\,000\,元-专项扣除-享受的专项附加扣除-$$
$$享受的其他扣除)\times对应级数的适用税率]$$

这里需要说明的是,因为居民纳税义务人的全年综合所得在计算应纳个人所得税额时,适用的是超额累进税率,所以计算比较烦琐。运用速算扣除数计算法,可以简化计算过程。速算扣除数是指在采用超额累进税率征税的情况下,根据超额累进税率表中划分的应纳税所得额级距和税率,先用全额累进方法计算出税额,再减去用超额累进方法计算的应征税额以后的差额。采用全额累进税率的方法,居民纳税义务人综合所得应纳税额的计算公式应为

$$应纳税额=全年应纳税所得额\times适用税率-速算扣除数$$
$$=(全年收入额-60\,000\,元-专项扣除-专项附加扣除-其他扣除)\times$$
$$适用税率-速算扣除数$$

【例 5-6 计算题】李某为居民纳税义务人纳税人,2020 年扣除"三险一金"后共取得含

税工资收入 12 万元。李某在省会城市生活，房屋每月租金 2 000 元，除此以外，该纳税人不享受其余专项附加扣除和税法规定的其他扣除。计算其当年应纳个人所得税税额。

(1) 全年应纳税所得额=120 000-60 000-1 500×12=42 000(元)

(2) 应纳税额=42 000×10%-2 520=1 680(元)

【例 5-7 计算题】李某为居民纳税义务人纳税人，独生子女，2020 年缴完社保和住房公积金后共取得税前工资收入 20 万元，当年取得劳务报酬 2 万元，获得稿酬共计两笔，每笔 1 万元。该纳税人有两个小孩且均由其扣除子女教育专项附加，纳税人的父母健在且均已年满 60 岁。计算其当年应纳个人所得税税额。

全年应纳税所得额=200 000+20 000×(1-20%)+20 000×70%×(1-20%)-60 000-12 000×2
　　　　　　　　-24 000=227 200-108 000=119 200(元)

应纳税额=119 200×10%-2 520=9 400(元)

【例 5-8 计算题】李某 2020 年收入情况如下：全年工资、薪金收入 36 万元，"三险一金"等专项扣除为 3 000 元/月，全年享受专项附加扣除共计 2.4 万元，全年取得劳务报酬收入 2 万元，稿酬收入 4 万元，无其他扣除项目。请计算李某全年应纳个人所得税税额。

(1) 全年收入额=360 000+20 000×(1-20%)+40 000×(1-20%)×70%=398 400(元)

(2) 全年减除费用标准为 6 万元

专项扣除=3000×12=36 000(元)

专项附加扣除为 24 000(元)

扣除项合计 60 000+36 000+24 000=120 000(元)

(3) 应纳税所得额=398 400-120 000=278 400(元)

(4) 全年应纳个人所得税税额=278 400×20%-16 920=38 760(元)

二、综合所得预缴税款时应纳税额的计算

(一) 工资、薪金所得应纳税额的计算

工资、薪金所得预扣预缴时，应纳税额的具体计算公式如下：

本月应纳税额=累计应纳税所得额×税率-速算扣除数-本年度累计已预缴税额

工资、薪金所得采用累计的方式预扣预缴个人所得税，纳税义务人在计算本月应缴纳税款时，应扣除以前月份预缴的税额。例如，李某 4 月份应预扣预缴的税款，应为 1—4 月的累计应纳税所得额乘以适用税率减去扣除数，再减去 1—3 月已预缴的个人所得税，余额为本月应纳个人所得税。

【例 5-9 计算题】杨某 2015 年入职，2020 年每月应发工资均为 35 000 元，"三险一金"等专项扣除为 4 500 元，享受专项附加扣除共计 3 000 元，没有减免收入及减免税额等情况，计算前 3 个月各月应预扣预缴税额和全年预扣预缴税额。

1 月份：(35 000-5 000-4 500-3 000)×3%=675(元)

2 月份：(35 000×2-5 000×2-4 500×2-3 000×2)×10%-2 520-675=1 305(元)

3 月份：(35 000×3-5 000×3-4 500×3-3 000×3)×10%-2 520-675-1 305=2 250(元)

全年累计预扣预缴税额=(35 000×12-5 000×12-4 500×12-3 000×12)×20%-16 920=37 080(元)

(二) 劳务报酬所得应纳税额的计算

劳务报酬所得采用三级超额累进税率计算应纳税额，应纳税额为应纳税所得额乘以适用税率减速算扣除数，具体应纳税额的计算公式如下：

$$劳务报酬所得应纳税额=应纳税所得额×税率-速算扣除数$$

【例5-10 计算题】杨某为居民纳税义务人，10月份取得劳务报酬所得32 000元，计算应预扣预缴税额。

应纳税所得额=收入×(1-20%)=32 000×(1-20%)=25 600(元)

应预扣预缴税额=25 600×30%-2 000=5 680(元)

(三) 稿酬所得应纳税额的计算

由于稿酬所得是一种依靠较高智力创作的精神产品，但是报酬相对偏低，因此，给予减征30%税额的优惠政策，具体应纳税额的计算公式如下：

$$稿酬所得应纳税额=应纳税所得额×税率×(1-30%)$$

【例5-11 单选题】李某为居民纳税义务人，一次性取得稿酬收入30 000元，按现行个人所得税的相关规定，其预扣预缴个人所得税的应纳税所得额是(　　)元。

　　A. 16 800　　　　　　B. 12 000　　　　　　C. 24 000　　　　　　D. 29 200

【答案】A

【分析】预扣预缴的应纳税所得额=30 000×(1-20%)×70%=16 800(元)。

(四) 特许权使用费所得应纳税额的计算

特许权使用费所得应纳税额为应纳税所得额乘以适用税率，具体计算公式如下：

$$特许权使用费所得应纳税额=应纳税所得额×税率$$

三、经营所得应纳税额的计算

经营所得应纳税额为所得额与税率的积：

$$应纳税额=\sum(每一级数的全年应纳税所得额×对应级数的适用税率)$$

由于计算比较烦琐，运用速算扣除数计算法可以简化计算过程，因此，经营所得应纳税额的计算公式可以简化为：

$$应纳税额=全年应纳税所得额×适用税率-速算扣除数$$

个体工商户生产经营所得、个人独资企业生产经营所得、合伙企业生产经营所得应纳税额的具体公式为：

$$应纳税额=(全年收入总额-成本、费用以及损失)×适用税率-速算扣除数$$

企事业单位承租承包经营所得应纳税额的具体公式为：

$$应纳税额=(全年收入总额-成本、费用以及损失-上交承租费或承包费)×适用税率-速算扣除数$$

个人独资企业和合伙企业生产经营所得应纳税额的计算有以下两种方法。

(一) 查账征税

(1) 自2020年1月1日起，个人独资企业和合伙企业投资者的生产经营所得依法计征个人所得税时，个人独资企业和合伙企业投资者本人的费用扣除标准统一确定为60 000元/年，即5 000元/月。投资者的工资不得在税前扣除。

(2) 企业向其从业人员实际支付的合理的工资、薪金支出，允许在税前据实扣除。

(3) 企业拨缴的工会经费、发生的职工福利费、职工教育经费支出分别在工资、薪金总额2%、14%、2.5%的标准内据实扣除。

(4) 每一纳税年度发生的广告费和业务宣传费用不超过当年销售(营业)收入15%的部分，可据实扣除；超过部分，准予在以后纳税年度结转扣除。

(5) 每一纳税年度发生的与其生产经营业务直接相关的业务招待费支出，按照发生额的60%扣除，但最高不得超过当年销售(营业)收入的5‰。

(6) 企业计提的各种准备金不得扣除。

(7) 投资者及其家庭发生的生活费用不允许在税前扣除。投资者及其家庭发生的生活费用与企业生产经营费用混合在一起，并且难以划分的，全部视为投资者个人及其家庭发生的生活费用，不允许在税前扣除。

(8) 企业生产经营和投资者及其家庭生活共用的固定资产，难以划分的，由主管税务机关根据企业的生产经营类型、规模等具体情况，核定准予在税前扣除的折旧费用的数额或比例。

(9) 投资者兴办两个或两个以上企业，并且企业性质全部是独资的，年度终了后，汇算清缴时，应纳税款的计算按以下方法进行：汇总其投资兴办的所有企业的经营所得作为应纳税所得额，以此确定适用税率，计算出全年经营所得的应纳税额，再根据每个企业的经营所得占所有企业经营所得的比例，分别计算出每个企业的应纳税额和应补缴税额。计算公式如下：

$$应纳税所得额=\sum 各个企业的经营所得$$
$$应纳税额=应纳税所得额×税率-速算扣除数$$
$$本企业应纳税额=应纳税额×本企业经营所得/\sum 各个企业的经营所得本企业应补缴的税额$$
$$=本企业应纳税额-本企业预缴的税额$$

根据前述规定准予扣除的个人费用，由投资者选择在其中一个企业的生产经营所得中扣除。企业经营过程中以前年度发生的亏损，可以向前弥补5年，但是企业的年度经营亏损不能跨企业弥补。

(二) 核定征收

核定征收方式包括定额征收、核定应税所得率征收以及其他合理的征收方式。

(1) 有下列情形之一的，主管税务机关应采取核定征收方式征收个人所得税。

① 企业依照国家有关规定应当设置但未设置账簿的。

② 企业虽设置账簿，但账目混乱或者成本资料、收入凭证、费用凭证残缺不全，难以查账的。

③ 纳税人发生纳税义务，未按照规定的期限办理纳税申报，经税务机关责令限期申报，逾期仍不申报的。

(2) 实行核定应税所得率征收方式的，应纳所得税额的计算公式如下：

$$应纳所得税额=应纳税所得额×适用税率$$
$$应纳税所得额=收入总额×应税所得率$$
$$或=成本费用支出额/(1-应税所得率)×应税所得率$$

应税所得率应按规定的标准执行(见表 5-11)。

表5-11　个人所得税核定征收应税所得率表

行　业	应税所得率
工业、交通运输业、商业	5%～20%
建筑业、房地产开发业	7%～20%
饮食服务业	7%～25%
娱乐业	20%～40%
其他行业	10%～30%

企业经营多业的，无论其经营项目是否单独核算，均应根据其主营项目确定其适用的应税所得率。

(3) 实行查账征收方式的个人独资企业和合伙企业改为核定征收方式后，在查账征收方式下认定的年度经营亏损未弥补完的部分，不得再继续弥补。

(4) 个体工商户、个人独资企业和合伙企业因在纳税年度中间开业、合并、注销及其他原因，导致该纳税年度的实际经营期不足 1 年的，对个体工商户业主、个人独资企业投资者与合伙企业自然人和合伙人的生产经营所得计算个人所得税时，以其实际经营期为 1 个纳税年度。投资者本人的费用扣除标准，应按照其实际经营月份数，以每月 5 000 元的减除标准确定。计算公式如下：

$$应纳税所得额=该年度收入总额-成本、费用及损失-当年投资者本人的费用扣除额$$
$$当年投资者本人的费用扣除额=月减除费用(5 000 元/月)×当年实际经营月份数$$
$$应纳税额=应纳税所得额×税率-速算扣除数$$

此外，无论是查账征收的，还是核定征收的个人独资企业和合伙企业，税法有以下规定。个人独资企业和合伙企业对外投资分回的利息或者股息、红利，并不并入企业的收入，而应单独按"利息、股息、红利所得"应税项目计算缴纳个人所得税。以合伙企业名义对外投资分回利息或者股息、红利的，应按个人独资企业的投资者以全部生产经营所得为应纳税所得额；合伙企业的投资者按照合伙企业的全部生产经营所得和合伙协议约定的分配比例确定应纳税所得额，合伙协议没有约定分配比例的，以全部生产经营所得和合伙人数量平均计算每个投资者的应纳税所得额，并分别按照"利息、股息、红利所得"计算应缴纳的个人所得税。

【例 5-12 多选题】下列各选项中，属于符合核定征收情形的是(　　)。

A. 企业依照国家有关规定应当设置但未设置账簿的

B. 企业虽设置账簿，但账目混乱或者成本资料、收入凭证、费用凭证残缺不全，难以查账的

C. 纳税人发生纳税义务，未按照规定的期限办理纳税申报，经税务机关责令限期申报，逾期仍不申报的

D. 纳税人发生纳税义务，未按照规定的期限办理纳税申报，经税务机关责令限期申报，逾期申报的

【答案】ABC

【例5-13 计算题】某小型公司系个体工商户，账证健全，采用查账征收的方法，2020年12月取得经营收入为310 000元，准许扣除的当月成本、费用(不含业主工资)及相关税金共计240 000元。1—11月累计应纳税所得额为88 400元(未扣除业主费用减除标准)，1—11月累计已预缴个人所得税10 200元。除经营所得外，业主本人没有其他收入。请计算该个体工商户2020年度全年应纳税所得额、全年应纳个人所得税，并根据全年应纳税额和当年已预缴税额计算出当年度应补(退)税额。

(1) 全年应纳税所得额=310 000−240 000+88 400−60 000=98 400(元)

(2) 全年应缴纳个人所得税=98 400×10%−1 500=8 340 (元)

(3) 该个体工商户2020年度应申请的个人所得税退税额=10 200−8 340=1 860(元)

【例5-14 多选题】下列说法中，正确的有(　　　)。

A. 个人独资企业计提的各种准备金不得税前扣除

B. 个人独资企业用于家庭的支出不得税前扣除

C. 投资者兴办两个或两个以上企业的，其年度经营亏损不可跨企业弥补

D. 个人独资企业发生的职工工资支出可以据实扣除

【答案】ABCD

【例5-15 单选题】2020年度某个人独资企业发生生产经营费用30万元，其中10万元与其家庭生活费用无法划分，则该个人独资企业允许税前扣除的生产经营费用为(　　　)万元。

A. 30　　　　　　　B. 0　　　　　　　C. 10　　　　　　　D. 20

【答案】D

【分析】个人独资企业投资者及其家庭发生的生活费用不允许在税前扣除。投资者及其家庭发生的生活费用与企业生产经营费用混合在一起，并且难以划分的，全部视为投资者个人及其家庭发生的生活费用，不允许在税前扣除。

四、财产租赁所得应纳税额的计算

(一) 财产租赁所得应纳税额的计算

财产租赁所得适用20%的比例税率。但对个人按市场价格出租的居民住房取得的所得，自2001年1月1日起暂减按10%的税率征收个人所得税。其应纳税额的计算公式为

$$应纳税额=应纳税所得额×适用税率$$

(二) 个人房屋转租应纳税额的计算

个人将承租房屋转租取得的租金收入，属于个人所得税应税所得，应按"财产租赁所得"项目计算缴纳个人所得税。具体规定有以下几项。

(1) 取得转租人向房屋原出租人支付的租金，凭房屋租赁合同和合法支付凭据允许在计算个人所得税时，从该项转租收入中扣除。

(2) 有关财产租赁所得个人所得税前扣除税费的扣除次序调整为：

① 向原出租方支付的租金；

② 财产租赁过程中缴纳的税费；

③ 由转租人负担的租赁财产实际开支的修缮费用；

④ 税法规定的费用扣除标准。

【例5-16计算题】李某于2020年1月将其自有的面积为120平方米的公寓按市场价出租给张某居住。李某每月取得租金收入5 000元，全年租金收入60 000元。计算李某全年租金收入应缴纳的个人所得税(不考虑其他税费)。

出租公寓住房，财产租赁收入以每月内取得的收入为一次，按市场价出租给个人居住适用10%的税率，因此，李某每月及全年应纳税额为：

(1) 每月应纳税额=5 000×(1-20%)×10%=400(元)

(2) 全年应纳税额=400×12=4 800(元)

【例5-17计算题】中国公民李某1月1日起将其位于市区的一套公寓住房按市价出租，每月收取租金3 600元。1月因卫生间漏水发生修缮费用1 200元，已取得合法有效的支出凭证。计算前两个月的应纳个人所得税。

应纳个人所得税=(3 600-800-800)×10%+(3 600-400-800)×10%=440(元)

五、财产转让所得应纳税额的计算

(一) 一般情况下财产转让所得应纳税额的计算

财产转让所得应纳税额为所得额乘以税率20%，具体的计算公式为

$$应纳税额=(收入总额-财产原值-合理税费)×20\%$$

【例5-18计算题】某个人建房一幢，造价300 000元，支付其他费用50 000元。该个人建成后将房屋出售，售价600 000元，在房屋买卖过程中支付交易费等相关税费30 000元，其应纳个人所得税税额的计算过程为：

(1) 应纳税所得额=财产转让收入-财产原值-合理费用

=600 000-(300 000+50 000)-30 000=220 000(元)

(2) 应纳税额=220 000×20%=44 000(元)

(二) 个人住房转让所得应纳税额的计算

自2006年8月1日起，个人转让住房所得应纳个人所得税的计算具体规定有以下几项。

(1) 以实际成交价格为转让收入。纳税人申报的住房成交价格明显低于市场价格且无正当理由的，征收机关有权核定其转让收入。

(2) 纳税人可凭原购房合同、发票等有效凭证，经税务机关审核后，允许从其转让收入中减除房屋原值、转让住房过程中缴纳的税金及有关合理费用。

房屋原值具体规定有以下几项。①商品房：购置该房屋时实际支付的房价款及相关税费。

②自建住房：实际发生的建造费用和实际缴纳的相关税费。③经济适用房：原购房人实际支付的房价款、相关税费及土地出让金。④已购公有住房：原购公有住房标准面积按当地经济适用房价格计算的房价款，加上原购公有住房超标准面积实际支付的房价款以及按规定向财政部门或原产权单位缴纳的所得收益及相关税费。⑤城镇拆迁安置住房：房屋拆迁取得货币补偿后购置房屋的，为购置该房屋实际支付的房价款及缴纳的相关税费；房屋拆迁采取产权调换方式的，所调换房屋原值为《房屋拆迁补偿安置协议》注明的价款及缴纳的相关税费；房屋拆迁采取产权调换方式，被拆迁人除取得所调换房屋，又取得部分货币补偿的，所调换房屋原值为《房屋拆迁补偿安置协议》注明的价款和缴纳的相关税费，减去货币补偿后的余额；房屋拆迁采取产权调换方式，被拆迁人取得所调换房屋，又支付部分货币补偿的，所调换房屋原值为《房屋拆迁补偿安置协议》注明的价款，加上所支付的货币及缴纳的相关税费。

转让过程中缴纳的税金是指纳税人在转让住房时实际缴纳的城市维护建设税、教育费附加、土地增值税、印花税等税金。

合理费用是指纳税人按照规定实际支付的住房装修费用、住房贷款利息、手续费、公证费等费用。对于住房装修费用，纳税人能提供实际支付装修费用的税务统一发票，并且发票上所列付款人姓名与转让房屋产权人一致的，其转让的住房在转让前实际发生的装修费用，可在以下规定比例内扣除：已购公有住房、经济适用房，最高扣除限额为房屋原值的15%；商品房及其他住房，最高扣除限额为房屋原值的10%，纳税人原购房为装修房，即合同注明房价款中含有装修费的，不得再重复扣除装修费用。对于住房贷款利息，纳税人出售以按揭贷款方式购置的住房，其向贷款银行实际支付的住房贷款利息，凭贷款银行出具的有效证明据实扣除。另外，纳税人按照有关规定实际支付的手续费、公证费等，凭有关部门出具的有效证明据实扣除。

(3) 纳税人未提供完整、准确的房屋原值凭证，不能正确计算房屋原值和应纳税额的，税务机关可对其实行核定征收方式，即按纳税人住房转让收入的一定比例核定应纳个人所得税额。具体比例由省级地方税务局或者省级地方税务局授权的地市级地方税务局按住房转让收入的1%～3%确定。

(三) 个人转让股权应纳税额的计算

自2015年1月1日起，按照国家税务总局发布的《股权转让所得个人所得税管理办法(试行)》计算个人转让股权应纳税额。

1. 基本概念

股权是指自然人股东(以下简称个人)投资于在中国境内成立的企业或组织(不包括个人独资企业和合伙企业)的股权或股份。

股权转让是指个人将股权转让给其他个人或法人的行为，包括以下情形。

(1) 个人出售股权。

(2) 因公司回购股权而转让。

(3) 发行人首次公开发行新股时，被投资企业股东将其持有的股份以公开发行方式一并向投资者发售。

(4) 股权被司法或行政机关强制过户。

(5) 以股权对外投资或进行其他非货币性交易。

(6) 以股权抵偿债务。

(7) 其他股权转移行为。

个人转让股权，按"财产转让所得"税目缴纳个人所得税，以股权转让收入减除股权原值和合理费用后的余额为应纳税所得额。个人股权转让所得个人所得税，以股权转让方为纳税人，以受让方为扣缴义务人。扣缴义务人应于股权转让相关协议签订后 5 个工作日内，将股权转让的有关情况报告主管税务机关。

2. 股权转让收入的确认

股权转让收入，是指转让方因股权转让而获得的现金、实物、有价证券和其他形式的经济利益。转让方取得与股权转让相关的各种款项，包括违约金、补偿金，以及其他名目的款项、资产、权益等，均应当并入股权转让收入。

符合下列情形之一的，主管税务机关可以核定股权转让收入。

(1) 申报的股权转让收入明显偏低且无正当理由的。

(2) 未按照规定期限办理纳税申报，经税务机关责令限期申报，逾期仍不申报的。

(3) 转让方无法提供或拒不提供股权转让收入的有关资料。

(4) 其他应核定股权转让收入的情形。

主管税务机关应依次按照下列方法核定股权转让收入。

(1) 净资产核定法。股权转让收入按照每股净资产或股权对应的净资产份额核定。

被投资企业的股权资产占企业总资产比例超过 20% 的，主管税务机关可参照纳税人提供的具有法定资质的中介机构出具的资产评估报告核定股权转让收入。6 个月内再次发生股权转让，同时被投资企业净资产未发生重大变化的，主管税务机关可参照上一次资产评估报告核定此次股权转让收入。

(2) 类比法。①参照相同或类似条件下同一企业同一股东或其他股东股权转让收入核定。②参照相同或类似条件下同类行业企业股权转让收入核定。

(3) 其他合理方法。

3. 股权原值的确认

(1) 以现金出资方式取得的股权的原值：实际支付的价款与取得股权直接相关的合理税费之和。

(2) 以非货币性资产出资方式取得的股权的原值：税务机关认可或核定的投资入股时非货币性资产价格与取得股权直接相关的合理税费之和。

(3) 通过无偿让渡方式取得股权的原值：如通过继承或将股权转让给配偶、父母、子女、祖父母、外祖父母、孙子女、外孙子女、兄弟姐妹以及对转让人承担直接抚养或者赡养义务的抚养人或者赡养人等方式转让股权的，原值为取得股权发生的合理税费与原持有人的股权原值之和。

(4) 被投资企业以资本公积、盈余公积、未分配利润转增股本，个人股东已依法缴纳个人所得税的，以转增额和相关税费之和确认其新转增股本的股权原值。

(5) 除以上情形外，由主管税务机关按照避免重复征收个人所得税的原则合理确认股权原值。

个人转让股权未提供完整、准确的股权原值凭证，不能正确计算股权原值的，由主管税务机关核定其股权原值。对个人多次取得同一被投资企业股权的，转让部分股权时，采用"加权平均法"确认其股权原值。

【例 5-19 单选题】老李 2020 年 6 月购买境内上市的某股票,2020 年 11 月初取得该公司股息收入 20 000 元,11 月底抛售该股票,老李取得股息收入应缴纳个人所得税( )元。

    A. 1 200   B. 0   C. 2 000   D. 4 000

【答案】C

【分析】应缴纳个人所得税=20 000×50%×20%=2 000(元)。持股期限超过 1 个月不足 1 年,按 50%计入应纳税所得额。

【例 5-20 单选题】2020 年 2 月中国公民李某买进某公司债券 40 000 份,每份买价 8 元,共支付手续费 1 000 元;11 月份卖出 20 000 份,每份卖价 8.5 元,共支付手续费 500 元;12 月底其余债券到期,取得债券利息 3 000 元。李某 2020 年的以上提到的收入应缴纳个人所得税( )元。

    A. 2 400   B. 2 300   C. 2 500   D. 2 800

【答案】A

【分析】应缴纳个人所得税=(20 000×8.5−20 000×8−1 000÷2−500)×20%+3 000×20%=2 400(元)

六、利息、股息、红利所得应纳税额的计算

利息、股息、红利所得应纳税额的计算公式为

$$应纳税额=应纳税所得额×适用税率=每次收入额×20\%$$

七、偶然所得应纳税额的计算

偶然所得应纳税额的计算公式为

$$应纳税额=应纳税所得额×适用税率=每次收入额×20\%$$

【例 5-21 计算题】居民纳税义务人张某 2020 年 12 月取得全年一次性奖金 240 000 元,张某采用单独核算,不并入综合所得,请依照现行税法规定计算张某 2020 年度全年一次性奖金应缴纳的个人所得税。

(1) 每月奖金=240 000÷12=20 000(元)

所以适用税率为 20%,速算扣除数为 1410。

(2) 全年一次性奖金应缴纳的个人所得税=240 000×20%−1 410=46 590(元)

八、非居民纳税义务人应纳税额的计算

非居民纳税义务人的工资、薪金所得应纳税额的计算公式如下:

$$工资、薪金所得应纳税额=所得额×税率−速算扣除数$$

非居民纳税义务人的劳务报酬所得、稿酬所得和特许权使用费所得应纳税额的计算公式

如下:

$$劳务报酬所得、稿酬所得和特许权使用费所得应纳税额=所得额×税率$$

【例 5-22 计算题】美国一专家(非居民纳税人)2020 年 2 月取得由该企业发放的税前工资收入 10 000 元, 此外还从别处取得劳务报酬 5 000 元。请计算当月其应纳个人所得税税额。

(1) 该非居民纳税义务人当月工资、薪金所得应纳税额=(10 000−5 000)×10%−210=290(元)

(2) 该非居民纳税义务人当月劳务报酬所得应纳税额=5 000×(1−20%)×10%−210=190(元)

九、应纳税额计算中的特殊问题

(一) 关于全年一次性奖金、中央企业负责人取得年度绩效薪金延期兑现收入和任期奖励的规定

1. 全年一次性奖金

全年一次性奖金是指行政机关、企事业单位等扣缴义务人根据其全年经济效益和对雇员全年工作业绩的综合考核情况, 向雇员发放的一次性奖金, 包括年终加薪、实行年薪制和绩效工资办法的年薪和绩效工资。在一个纳税年度内, 对每一个纳税人, 全年一次性奖金计税办法只允许采用一次。

自 2022 年 1 月 1 日起, 居民纳税义务人取得全年一次性奖金, 应并入当年综合所得计算缴纳个人所得税。在 2021 年 12 月 31 日前, 可选择不并入当年综合所得, 单独计算, 具体计算办法如下。

首先将居民纳税义务人取得的全年一次性奖金除以 12 个月, 按其商数依照按月换算后的综合所得税率表确定适用税率和速算扣除数, 再用全年一次性奖金全额乘以适用税率减去速算扣除数, 得到的金额为全年一次性奖金应纳税额。

实行年薪制和绩效工资办法的单位, 居民纳税义务人取得年终兑现的年薪和绩效工资按上述方法执行。居民纳税义务人取得全年一次性奖金, 也可以选择并入当年综合所得计算纳税。

【例 5-23 计算题】中国居民纳税义务人李某 2020 年在我国境内 1—12 月每月的工资为 7 800 元, 12 月 31 日取得年终奖金 72 000 元。假如李某选择单独核算, 请计算李某取得年终奖金应缴纳的个人所得税。

(1) 年终奖金适用的税率和速算扣除数为

按 12 个月分摊后, 每月的奖金=72 000÷12=6 000(元), 根据工资、薪金所得月度税率表找到适用的税率和速算扣除数分别为 10%、210 元。

(2) 年终奖金应缴纳个人所得税为

应纳税额=年终奖金收入×适用的税率−速算扣除数=72 000×10%−210=6 990(元)

2. 中央企业负责人取得年度绩效薪金延期兑现收入和任期奖励的规定

国资委管理的中央企业名单中的下列人员, 在 2021 年 12 月 31 日前, 中央企业负责人任期结束后取得的绩效薪金 40%部分和任期奖励, 参照上述居民纳税义务人取得全年一次性奖金的计税规定执行; 2022 年 1 月 1 日之后的政策另行明确。

(1) 国有独资企业和未设董事会的国有独资公司的总经理(总裁)、副总经理(副总裁)、总会计师。

(2) 设董事会的国有独资公司(国资委确定的董事会试点企业除外)的董事长、副董事长、董事、总经理(总裁)、副总经理(副总裁)、总会计师。

(3) 国有控股公司国有股权代表出任的董事长、副董事长、董事、总经理(总裁),列入国资委党委管理的副总经理(副总裁)、总会计师。

(4) 国有独资企业、国有独资公司和国有控股公司党委(党组)书记、副书记、常委(党组成员)、纪委书记(纪检组长)。

(二) 对在中国境内无住所的个人一次取得数月奖金或年终加薪、劳动分红的计税方法

对在中国境内无住所的个人取得的奖金,可单独作为 1 个月的工资、薪金所得计算纳税。由于对每月的工资、薪金所得计税时已按月扣除了费用,因此,对上述奖金不再减除费用,全额作为应纳税所得额直接按适用税率计算应纳税款,并且不再按居住天数进行划分计算。上述个人应在取得奖金月份的次月 7 日内申报纳税。但有一种特殊情况,即:在中国境内无住所的个人在担任境外企业职务的同时,兼任该外国企业在华机构的职务,但并不实际或不经常到华履行该在华机构职务,对其一次取得的数月奖金中属于全月未在华的月份奖金,依照劳务发生地原则,可不作为来源于中国境内的奖金收入计算纳税。对其取得的有到华工作天数的各月份奖金,应全额依照上述方法计算。

(三) 自主择业的军队转业干部和随军家属就业(自主就业退役士兵创业就业)有关个人所得税的规定

(1) 对从事个体经营的军队转业干部和随军家属,自领取税务登记证之日起,3 年内免征个人所得税。

(2) 每一名随军家属只能享受一次上述免税政策。

(3) 2020 年 1 月 1 日至 2021 年 12 月 31 日,对自主就业退役士兵从事个体经营的,自办理个体工商户登记当月起,在 3 年(36 个月,下同)内按每户每年 12 000 元为限额依次扣减其当年实际应缴纳的增值税、城市维护建设税、教育费附加、地方教育附加和个人所得税。限额标准最高可上浮 20%,各省、自治区、直辖市人民政府可根据本地区实际情况在此幅度内确定具体限额标准。

纳税人年度应缴纳税款小于上述扣减限额的,减免税额以其实际缴纳的税款为限;大于上述扣减限额的,以上述扣减限额为限。纳税人的实际经营期不足 1 年的,应当按月换算其减免税限额。换算公式为

$$减免税限额=年度减免税限额÷12×实际经营月数$$

(4) 到 2021 年 12 月 31 日,从事个体经营的自主就业退役士兵享受上述税收优惠未享受满 3 年的,可继续享受至 3 年期满为止。

(四) 房屋赠与个人所得税的计算

(1) 以下情形的房屋产权无偿赠与,对当事双方不征收个人所得税。

① 将房屋产权无偿赠与配偶、父母、子女、祖父母、外祖父母、孙子女、外孙子女、兄

弟姐妹。

② 将房屋产权无偿赠与对其承担直接抚养或者赡养义务的抚养人或者赡养人。

③ 房屋产权所有人死亡，依法取得房屋产权的法定继承人、遗嘱继承人或者受遗赠人。

(2) 除上述情形以外，房屋产权所有人将房屋产权无偿赠与他人的，受赠人因无偿受赠房屋取得的受赠所得，按照"偶然所得"项目缴纳个人所得税。

(3) 对受赠人无偿受赠房屋计征个人所得税时，其应纳税所得额为房地产赠与合同上标明的赠与房屋价值减除相关税费后的余额。房地产赠与合同上未标明赠与房屋价值的或价值明显低于市场价格，税务机关可按市场评估价格或其他合理方式确定应纳税所得额。

(4) 受赠人转让受赠房屋的，以其获取的转让收入减除原捐赠人取得该房屋的实际购置成本以及赠与和转让过程中支付的相关税费后的余额为所得额，按照"财产转让所得"计征个人所得税。受赠人转让受赠房屋价格明显偏低且无正当理由的，税务机关可以依据市场评估价格或其他合理方式确定其转让收入。

(五) 公务交通、通信补贴收入的征税问题

个人因公务交通和通信制度改革而取得的公务交通、通信补贴收入，扣除一定标准的公务费用后，按照"工资、薪金所得"项目计征个人所得税。按月发放的，并入当月"工资、薪金所得"计征个人所得税；不按月发放的，分配到所属月份，与该份"工资、薪金所得"合并，计征个人所得税。

(六) 无住所个人工资、薪金所得收入额的计算

1. 无住所的非居民纳税义务人工资、薪金所得收入额的计算

对于非居民纳税义务人而言，工资、薪金所得仍需分项按月计算。非居民纳税义务人取得工资、薪金所得，需要区分非居民纳税义务人为高管和非高管两种情形计算。

(1) 非居民纳税义务人为高管人员。

非居民纳税义务人为高管人员的，境内所取得所有收入都要纳税，具体收入额的确定还要根据其在境内累计居住时间按不同方法计算。

① 高管人员在境内居住时间累计不超过 90 天。

在一个纳税年度内，在境内累计居住不超过 90 天的高管人员，仅就其在境内取得的工资、薪金所得计算缴纳个人所得税；不是在境内取得的工资、薪金所得，不缴纳个人所得税。其收入额的计算公式如下：

$$当月工资、薪金收入额=当月境内外工资、薪金总额×当月境内支付工资、薪金数÷当月境内外工资、薪金总额$$

② 高管人员在境内居住时间累计超过 90 天但不满 183 天。

在一个纳税年度内，在境内累计居住超过 90 天但不满 183 天的高管人员，其取得的工资、薪金所得，除在境外工作期间且境外雇主支付或者负担的部分外，其余取得的收入均应当征收个人所得税。当月工资、薪金收入额计算公式如下：

$$当月工资、薪金收入额=当月境内外薪金总额×[1-(当月境内支付工资、薪金数额÷当月境内外薪金总额)×(当月工资、薪金所属工作期间境外工作天数÷当月工资、薪金所属工作期间公历天数)]$$

(2) 非居民纳税义务人为非高管人员。

非居民纳税义务人为非高管人员的，境内取得所有收入都要纳税，具体收入额的确定还要根据其在境内累计居住时间按不同方法计算。

① 非居民纳税义务人在境内居住时间累计不超过 90 天。

在一个纳税年度内，在境内累计居住不超过 90 天的非居民纳税义务人，仅就其在境内工作期间并由境内雇主支付或者负担的工资、薪金所得计算缴纳个人所得税，其余所得均不征收个人所得税。当月工资、薪金收入额的计算公式如下：

当月工资、薪金收入额=当月境内外工资、薪金总额×当月境内支付工资、薪金数÷

当月境内外工资、薪金总额×当月工资、薪金所属工作期间境内工作天数÷

当月工资、薪金所属工作期间公历天数

② 非居民纳税义务人在境内居住时间累计超过 90 天但不满 183 天。

在一个纳税年度内，在境内累计居住超过 90 天但不满 183 天的非居民纳税义务人，取得归属于境内工作期间的工资、薪金所得，无论由谁支付，取得的收入均应当计算缴纳个人所得税；其取得归属于境外工作期间的工资、薪金所得，无论由谁支付，取得的收入不征收个人所得税。当月工资、薪金收入额的计算公式如下：

当月工资、薪金收入额=当月境内外工资、薪金总额×

当月工资、薪金所属工作期间境内工作天数÷当月工资、薪金所属工作期间公历天数

计算得出当月工资、薪金收入额之后，非居民纳税义务人以每月收入额减除费用 5 000 元后的余额为应纳税所得额，查找综合所得按月换算后的税率表，计算出应纳税额。

2. 无住所的居民纳税义务人工资、薪金所得收入额的计算

对于居民纳税义务人而言，工资、薪金所得要并入综合所得按年计算。在一个纳税年度内，在境内累计居住满 183 天的无住所居民纳税义务人取得工资、薪金所得，当月工资、薪金收入额按照以下规定计算。

(1) 在境内居住累计满 183 天的年度连续不满 6 年或满 6 年存在单次离境超过 30 天。

居民纳税义务人取得的全部工资、薪金所得，除在境外工作期间且由境外单位或者个人支付的工资、薪金所得部分外，其余所得均应计算缴纳个人所得税。工资、薪金收入额计算公式如下：

当月工资、薪金收入额=当月境内外工资、薪金总额×(1−当月境外支付工资、薪金数÷

当月境内外工资、薪金总额×当月工资、薪金所属工作期间境外工作天数÷

当月工资、薪金所属工作期间公历天数)

境内所得不管境内支付还是境外支付均应并入综合所得征税；境外所得境内支付的部分应并入综合所得征税，境外所得境外支付的部分，经过备案可以免税。

(2) 无住所居民纳税义务人在境内居住累计满 183 天的年度连续满 6 年。

居民纳税义务人从境内、境外取得的全部工资、薪金所得均应计算缴纳个人所得税。工资、薪金收入额计算公式如下：

当月工资、薪金收入额=当月境内外工资、薪金总额

(七) 无住所个人应纳税额的计算

1. 无住所居民纳税义务人应纳税额的计算

无住所居民纳税义务人取得综合所得，有扣缴义务人的，由扣缴义务人按月或者按次预扣预缴税款；需要办理汇算清缴的，年度终了后，按照规定办理汇算清缴，年度综合所得应纳税额计算公式如下：

$$年度综合所得应纳税额=(年度工资、薪金收入额+年度劳务报酬收入额+年度稿酬收入额+$$
$$年度特许权使用费收入额-减除费用60\,000元-专项扣除-专项附加扣除-$$
$$依法确定的其他扣除)×适用税率-速算扣除数$$

劳务报酬所得、稿酬所得、特许权使用费所得以收入减除20%的费用后的余额为所得额，劳务报酬所得适用20%~40%税率；稿酬所得、特许权使用费所得适用20%税率。其中，稿酬所得的应纳税额减按70%计算。

2. 非居民纳税义务人应纳税额的计算

(1) 非居民纳税义务人当月取得工资、薪金所得，以当月收入额减去税法规定的减除费用后的余额为应纳税所得额，适用个人所得税月度税率表计算应纳税额。

$$应纳税额=(每月收入额-5\,000元)×适用税率-速算扣除数$$

(2) 非居民纳税义务人一个月内取得数月奖金，单独按照相关规定计算当月收入额，不与当月其他工资、薪金合并，按6个月分摊计税，不减除费用，适用月度税率表计算应纳税额，在一个公历年度内，对每一个非居民纳税义务人，该计税办法只允许适用一次。计算公式如下：

$$当月数月奖金应纳税额=[(数月奖金收入额÷6)×适用税率-速算扣除数]×6$$

在境内无住所的居民纳税人，一个月内取得数月奖金，直接并入当月工资、薪金所得计税。

(3) 非居民个人取得来源于境内的劳务报酬所得、稿酬所得、特许权使用费所得，以税法规定的每次收入额为应纳税所得额，适用月度税率表计算应纳税额。

$$应纳税额=每次收入额×适用税率-速算扣除数$$

劳务报酬所得、稿酬所得、特许权使用费所得以收入减除20%的费用后的余额为收入额，其中，稿酬所得的收入额减按70%计算。

(八) 个人因解除劳动合同取得经济补偿金的征税问题

自2001年10月1日起，个人与用人单位解除劳动关系取得的一次性补偿收入，按以下规定处理。

(1) 企业宣告破产，职工从该破产企业取得的一次性安置费收入，免征个人所得税。

(2) 个人因与用人单位解除劳动关系而取得的一次性补偿收入，包括经济补偿金、生活补助费和其他补助费用，不超过当地上年职工平均工资3倍数额的部分，免征个人所得税；超过3倍数额的部分，单独适用综合所得税率表，计算应纳税额。

(3) 个人领取一次性补偿收入时，按规定的比例实际缴纳的基本养老保险费、医疗保险费、失业保险费、住房公积金，在计征其一次性补偿收入应纳个人所得税时可以扣除。

(九) 实行内部退养办法人员取得收入的问题

实行内部退养的个人在其办理内部退养手续后至法定离退休年龄之间从原任职单位取得的一次性收入，按"工资、薪金所得"项目计征个人所得税。应将其取得的一次性收入按办理内部退养手续后至法定离退休年龄之间的所属月份进行平均，然后与领取当月的"工资、薪金所得"合并后减除当月费用扣除标准为所得额，并据此确定适用税率，再将一次性收入与当月工资、薪金的合计额，减去费用扣除标准，按适用税率计征个人所得税。

个人在办理内部退养手续后至法定离退休年龄期间，重新就业取得的工资、薪金所得，应与其从原任职单位取得的同一月份的工资、薪金所得合并，计算缴纳个人所得税。

(十) 个人提前退休取得补贴收入的征税规定

(1) 机关、企事业单位对未达到法定退休年龄、正式办理提前退休手续的个人，按照统一标准向提前退休工作人员支付一次性补贴，应按照"工资、薪金所得"项目征收个人所得税。

(2) 个人因办理提前退休手续而取得的一次性补贴收入，应按照办理提前退休手续至法定退休年龄之间所属月份平均分摊计算个人所得税。计税公式如下：

应纳税额=[(一次性补贴收入÷办理提前退休手续至法定退休年龄的实际月份数–费用扣除标准)×适用税率–速算扣除数]×办理提前退休手续至法定退休年龄的实际月份数

(十一) 企业年金、职业年金个人所得税的规定

企业年金，是指企业及其职工在依法参加基本养老保险的基础上自愿建立的补充养老保险制度。职业年金是指事业单位及其工作人员在依法参加基本养老保险的基础上建立的补充养老保险制度。

企业年金和职业年金个人所得税的计算征收按以下规定执行。

1. 企业年金和职业年金缴费的个人所得税处理办法

(1) 企业和事业单位为本单位的全体职工缴付的企业年金或职业年金单位缴费部分，在计入个人账户时，根据国家有关政策，个人暂不缴纳个人所得税。

(2) 个人根据国家有关政策规定缴付的年金个人缴费部分，在不超过本人缴费工资计税基数4%标准内的部分，暂从个人当期的应纳税所得额中扣除。

(3) 超过上述第(1)项和第(2)项规定的标准缴付的年金单位缴费和个人缴费部分，应并入个人当期的工资、薪金所得，依法计征个人所得税。

(4) 企业年金个人缴费工资计税基数为本人上一年度月平均工资。月平均工资超过职工所在市区上一年度职工月平均工资300%以上的部分，不计入个人缴费工资计税基数。

(5) 职业年金个人缴费工资计税基数为职工岗位工资和薪级工资之和。职工岗位工资和薪级工资之和超过职工工作地所在设区城市上一年度职工月平均工资300%以上的部分，不计入个人缴费工资计税基数。

2. 年金基金投资运营收益的个人所得税处理

年金基金投资运营收益分配计入个人账户时，个人暂不缴纳个人所得税。

3. 领取年金的个人所得税处理

(1) 个人达到国家规定的退休年龄，领取的企业年金、职业年金，不并入综合所得，全额

单独计算应纳税款。按月领取的,适用个人所得税月度税率表计算纳税;按季领取的,平均分摊计入各月,按每月领取的,适用个人所得税月度税率表计算纳税;按年领取的,适用个人所得税综合所得税率表计算纳税。

(2) 个人因出境定居而一次性领取的年金个人账户资金,或个人死亡后,其指定的受益人或法定继承人一次性领取的年金个人账户余额,适用个人所得税综合所得税率表计算纳税。对个人除上述特殊原因外一次性领取年金个人账户资金或余额的,适用个人所得税月度税率表计算个人所得税。

(3) 个人领取年金时,其应纳税款由受托人代表委托人委托托管人代扣代缴。年金账户管理人应及时向托管人提供个人年金缴费及对应的个人所得税纳税明细。托管人根据受托人指令及账户管理人提供的资料,按照规定计算扣缴个人当期领取年金待遇的应纳税款,并向托管人所在地主管税务机关申报解缴。

(4) 建立年金计划的单位、年金托管人,应按照规定实行全员全额扣缴明细申报。受托人应协调相关管理人依法向税务机关办理扣缴申报、提供相关资料。

(十二) 办理补充养老保险退保和提供担保的征税方法

单位为职工个人购买商业性补充养老保险等,在办理投保手续时,应作为个人所得税的"工资、薪金所得"项目,征收个人所得税;因各种原因退保,个人未取得实际收入的,已缴纳的个人所得税应予以退回。

(十三) 个人兼职和退休人员再任职取得收入个人所得税的征税方法

个人兼职取得的收入应按照"劳务报酬所得"应税项目缴纳个人所得税;退休人员再任职取得的收入,按"工资、薪金所得"计算应纳个人所得税,取得的收入减除按《个人所得税法》规定的费用扣除标准为应纳税所得额,按照三级超额累进税率计算应纳个人所得税。

(十四) 企业为股东个人购买汽车的个人所得税征税方法

企业为股东购买车辆并将车辆所有权办到股东个人名下,应按照"利息、股息、红利所得"征收个人所得税,但是允许合理减除部分所得,减除的具体数额由主管税务机关进行确定。

第五节 税收优惠

一、免税优惠

(1) 省级人民政府、国务院部委和中国人民解放军军以上单位,以及外国组织颁发(颁布)的科学、教育、技术、文化、卫生、体育、环境保护等方面的奖金(奖学金),免征个人所得税。

(2) 对于个人取得的国债和国家发行的金融债券利息免征个人所得税。国债利息,是指个人持有中华人民共和国财政部发行的债券而取得的利息所得和 2012 年及以后年度发行的地方政府债券利息所得;国家发行的金融债券利息,是指个人持有经国务院批准发行的金融债券而取得的利息所得。

(3) 按照国务院规定发给的政府特殊津贴、院士津贴,免征个人所得税。

(4) 根据国家有关规定，个人取得的企业、事业单位和国家机关、社会团体提留的福利费或者工会经费中支付给个人的生活补助费以及各级人民政府民政部门支付给个人的生活困难补助费，免征个人所得税。

(5) 保险赔款，免征个人所得税。

(6) 对退役士兵按照《退役士兵安置条例》规定取得的一次性退役金以及地方政府发放的一次性经济补助，免征个人所得税。

(7) 按照国家统一规定发给干部、职工的安家费、退休工资、离休工资、离休生活补助费、退职费，免征个人所得税。

(8) 依照我国有关法律规定应予免税的各国驻华使馆、领事馆的外交代表、领事官员和其他人员所取得的，依照《中华人民共和国外交特权与豁免条例》和《中华人民共和国领事特权与豁免条例》规定免税的所得，免征个人所得税。

(9) 对乡、镇(含乡、镇)以上人民政府或经县(含县)以上人民政府主管部门批准成立的有机构、有章程的见义勇为基金或者类似性质组织奖励见义勇为者的奖金或奖品，免征个人所得税。

(10) 企业和个人按照省级以上人民政府规定的比例缴付的基本养老保险金、基本医疗保险金、失业保险金、住房公积金，允许在个人应纳税所得额中扣除，免予征收个人所得税。超过规定比例的部分，应并入个人当期的工资、薪金所得，计征个人所得税。

(11) 个人取得的教育储蓄存款利息所得以及国务院财政部门确定的其他专项储蓄存款或者储蓄性专项基金存款的利息所得，免征个人所得税。对个人取得的居民储蓄存款利息，暂免征收个人所得税。

(12) 纳税义务人取得的生育津贴、生育医疗费或其他属于生育保险性质的津贴、补贴，免征个人所得税。

(13) 工伤职工按规定取得的一次性伤残补助金、伤残津贴、工伤医疗待遇、一次性伤残就业补助金、一次性工伤医疗补助金、住院伙食补助费、工伤康复费用、外地就医交通食宿费用、辅助器具费用、生活护理费等，以及职工因工死亡，其近亲属按照规定取得的丧葬补助金、供养亲属抚恤金和一次性工亡补助金等，免征个人所得税。

(14) 对个体工商户或个人，以及个人独资企业和合伙企业从事种植业、养殖业、饲养业和捕捞业取得的所得，暂不征收个人所得税。

(15) 个人举报、协查各种违法、犯罪行为而获得的奖金，免征个人所得税。

(16) 个人转让自用达 5 年以上且唯一的家庭居住用房取得的所得，免征个人所得税。

(17) 外籍个人从外商投资企业取得的股息、红利所得，免征个人所得税。

(18) 自 2008 年 10 月 9 日起，对证券市场个人投资者取得的证券交易结算资金利息所得，暂免征收个人所得税。

(19) 个人从公开发行和转让市场取得的上市公司股票，持股期限在 1 个月以内(含 1 个月)的，其股息、红利、所得全额计入应纳税所得额；持股期限在 1 个月以上至 1 年(含 1 年)的，暂减按 50%计入应纳税所得额；上述所得统一适用 20%的税率计征个人所得税。

(20) 单张有奖发票奖金所得不超过 800 元(含 800 元)的，暂免征收个人所得税；个人取得单张有奖发票奖金所得超过 800 元的，应全额按照《个人所得税法》规定的"偶然所得"项目征收个人所得税。购买社会福利有奖募捐奖券、体育彩票一次中奖收入不超过 10 000 元的，暂免征收个人所得税，对一次中奖收入超过 10 000 元的，应按税法规定全额征税。

二、减征优惠

(1) 个人投资者取得 2019—2023 年由中国铁路总公司发行的中国铁路建设债券、中期票据、短期融资券等债务融资工具的利息收入，减按 50%计入应纳税所得额计算征收个人所得税。

(2) 自 2020 年 1 月 1 日起至 2023 年 12 月 31 日，一个纳税年度内在船航行时间累计满 183 天的远洋船员，其取得的工资、薪金收入减按 50%计入应纳税所得额，依法缴纳个人所得税。

(3) 残疾、孤老人员和烈属的所得以及因严重自然灾害造成重大损失的，可以减征个人所得税，具体幅度和期限由省、自治区、直辖市人民政府规定，并报同级人民代表大会常务委员会备案。

三、外籍个人有关的津贴、补贴的政策

(1) 外籍个人符合居民纳税义务人条件的，在 2020 年 1 月 1 日至 2021 年 12 月 31 日期间，可以选择享受个人所得税专项附加扣除，也可以选择享受住房补贴、语言训练费、子女教育费等津补贴免税优惠政策，但只能选择其中之一。自 2022 年 1 月 1 日起，外籍个人不再享受住房补贴、语言训练费、子女教育费等津补贴免税优惠政策，应按规定享受专项附加扣除。外籍个人一经选择，在一个纳税年度内不得变更。

(2) 上述可以享受免税优惠的外籍个人津补贴包括以下几项。

① 外籍个人以非现金形式或实报实销形式取得的住房补贴、伙食补贴、搬迁费、洗衣费。外籍个人按合理标准取得的境内外出差补贴。外籍个人取得的探亲费、语言训练费、子女教育费等，经当地税务机关审核批准为合理的部分。

② 受雇于我国境内企业的外籍个人，因家庭等原因居住在香港、澳门，每个工作日往返于内地与香港、澳门等地区，由此境内企业给予其在香港或澳门住房、伙食、洗衣、搬迁等非现金形式或实报实销形式的补贴。

③ 受雇于我国境内企业的外籍个人就其在香港或澳门进行语言培训、子女教育而取得的费用补贴，凡能提供有效支出凭证等材料的，经主管税务机关审核确认为合理的部分。

第六节　征收管理

一、自然人纳税人识别号

自然人纳税人识别号，是自然人纳税人办理各类涉税事项的唯一代码标识。有中国公民身份号码的，以其中国公民身份号码作为纳税人识别号；没有中国公民身份号码的，由税务机关赋予其纳税人识别号。纳税人首次办理涉税事项时，应当向税务机关或者扣缴义务人出示有效身份证件，并报送相关基础信息。有效身份证件是指居民身份证、护照、通行证、居住证等。自然人纳税人办理纳税申报、税款缴纳、申请退税、开具完税凭证、纳税查询等涉税事项时应当向税务机关或扣缴义务人提供纳税人识别号。

二、源泉扣缴

源泉扣缴是指以支付人为扣缴义务人，由支付人在每次向纳税人支付所得时，代为扣缴税款的做法。扣缴义务人向个人支付所得时，应当依照《个人所得税法》规定预扣或者代扣税款，按时缴库，并专项记载备查。

(一) 扣缴义务人和代扣预扣税款的范围

(1) 扣缴义务人，是指向个人支付所得的单位或者个人。支付的形式包括现金支付、汇拨支付、转账支付和有价证券、实物以及其他支付形式。

(2) 实行个人所得税全员全额扣缴申报的应税所得包括：

① 工资、薪金所得；

② 劳务报酬所得；

③ 稿酬所得；

④ 特许权使用费所得；

⑤ 利息、股息、红利所得；

⑥ 财产租赁所得；

⑦ 财产转让所得；

⑧ 偶然所得。

(二) 不同项目所得扣缴方法

(1) 工资、薪金所得的扣缴。

扣缴义务人向居民纳税义务人支付工资、薪金所得时，应当按照累计预扣法计算预扣税款，并按月办理扣缴申报。

扣缴义务人在扣缴税款时，采用累计预扣法，以纳税人在本单位截至当前月份工资、薪金所得累计收入减除累计免税收入、累计减除费用、累计专项扣除、累计专项附加扣除和累计依法确定的其他扣除后的余额，乘以年度工资、薪金所得对应的税率，计算累计应预扣预缴税额，再减除累计减免税额和累计已预扣预缴税额，其余额为本期应预扣预缴税额。余额为负值时，暂不退税。年底汇算清缴，年度值为负值时，可以申请退税。

具体计算公式如下：

本期应预扣预缴税额=累计预扣预缴应纳税所得额×预扣率−速算扣除数−
累计减免税额−累计已预扣预缴税额

累计预扣预缴应纳税所得额=累计收入−累计免税收入−累计减除费用−
累计专项扣除−累计专项附加扣除−累计依法确定的其他扣除

居民纳税义务人向扣缴义务人提供有关信息并依法办理专项附加扣除的，扣缴义务人应当按照规定在工资、薪金所得按月预扣预缴税款时予以扣除，不得拒绝。

【例5-24 计算题】居民纳税义务人李某2020年每月取得工资收入10 000元，每月缴纳社保费用和住房公积金1 200元，享受住房贷款利息专项附加扣除，请计算李某工资、薪金扣缴义务人2020年每月应代扣代缴的税款金额。

① 1月：

累计预扣预缴应纳税所得额=10 000-5 000-1 200-1 000=2 800(元)

本期应预扣预缴税额=2 800×3%=84(元)

② 2月：

累计预扣预缴应纳税所得额=20 000-10 000-2 400-2 000=5 600(元)

本期应预扣预缴税额=5 600×3%-84=84(元)

③ 2020年12月：

累计预扣预缴应纳税所得额=120 000-60 000-14 400-12 000=336 000(元)

本期应预扣预缴税额=33 600×3%-84×11=84(元)

此外，国家税务总局最新发布了关于优化两类纳税人的预扣预缴方法。自2021年1月1日起，对上一完整纳税年度内每月均在同一单位预扣预缴工资、薪金所得个人所得税且全年工资、薪金收入不超过6万元的居民个人，扣缴义务人在预扣预缴本年度工资、薪金所得个人所得税时，累计减除费用自1月份起直接按照全年6万元计算扣除，即在纳税人累计收入不超过6万元的月份，暂不预扣预缴个人所得税；在其累计收入超过6万元的当月及年内后续月份，再预扣预缴个人所得税。

扣缴义务人应当按规定办理全员全额扣缴申报，并在《个人所得税扣缴申报表》相应纳税人的备注栏注明"上年各月均有申报且全年收入不超过6万元"字样。

对按照累计预扣法预扣预缴劳务报酬所得个人所得税的居民个人，扣缴义务人比照上述规定执行。

(2) 对于居民纳税义务人劳务报酬所得、稿酬所得、特许权使用费所得，扣缴义务人应当按照以下方法按次或者按月预扣预缴税款。

劳务报酬所得每次收入不超过4 000元的，按照减除费用800元后的余额为所得额；每次收入为4 000元以上的，按照减除收入20%后的余额为应纳税所得额。应纳税额计算适用20%～40%的三级超额累进税率。

稿酬所得、特许权使用费所得每次收入不超过4 000元的，按照减除费用800元后的余额为所得额；每次收入为4 000元以上的，按照减除收入20%后的余额为应纳税所得额。适用税率均为20%。其中，稿酬所得应纳税额减按70%计算。

预扣预缴税额计算公式为：

劳务报酬所得应预扣预缴税额=预扣预缴应纳税所得额×预扣率-速算扣除数

稿酬所得、特许权使用费所得应预扣预缴税额=预扣预缴应纳税所得额×20%

居民纳税义务人办理年度综合所得汇算清缴时，应当依法计算劳务报酬所得、稿酬所得、特许权使用费所得的收入额，并入年度综合所得计算应纳税款，税款多退少补。

【例5-25】歌手刘某一次取得表演收入50 000元，扣除20%的费用后，应纳税所得额为40 000元。请计算其应预扣预缴个人所得税税额。

应预扣预缴税额=50 000×(1-20%)×30%-2 000=10 000(元)

【例5-26】赵某为居民纳税义务人，2020年3月取得税前稿酬收入15 000元，请计算其应预扣预缴的个人所得税税额。

应预扣预缴税额=15 000×(1-20%)×20%×(1-30%)=1 680(元)

(3) 非居民纳税义务人取得工资、薪金所得，劳务报酬所得，稿酬所得和特许权使用费所得，有扣缴义务人的，由扣缴义务人分项按月或者按次代扣代缴税款。

非居民纳税义务人的工资、薪金所得，以每月收入额减除费用 5 000 元后的余额为应纳税所得额，适用七级超额累计月度税率表。

劳务报酬所得、稿酬所得、特许权使用费所得，以收入扣除 20%的费用后的余额为所得额；劳务报酬所得适用税率为 20%～40%的三级超额累进税率。稿酬所得、特许权使用费所得适用 20%的税率。稿酬所得应纳税额减按 70%计算。

税款扣缴计算公式为：

$$工资、薪金所得应纳税额=应纳税所得额×税率-速算扣除数$$
$$劳务报酬所得应预扣预缴税额=预扣预缴应纳税所得额×预扣率-速算扣除数$$
$$稿酬所得、特许权使用费所得应预扣预缴税额=预扣预缴应纳税所得额×20\%$$

非居民纳税义务人在一个纳税年度内税款扣缴方法保持不变，达到居民纳税义务人条件时，应当告知扣缴义务人基础信息变化情况，年度终了后按照居民纳税义务人有关规定办理汇算清缴。

(4) 扣缴义务人支付利息、股息、红利所得，财产租赁所得，财产转让所得或者偶然所得时，应当依法按次或者按月代扣代缴税款。

(5) 纳税人需要享受税收协定待遇的，应当在取得应税所得时主动向扣缴义务人提出，并提交相关信息、资料，扣缴义务人代扣代缴税款时按照享受税收协定待遇有关办法办理。

(三) 代扣代缴期限

扣缴义务人首次向纳税人支付所得时，应当按照纳税人提供的纳税人识别号等基础信息，填写《个人所得税基础信息表(A 表)》，并于次月扣缴申报时向税务机关报送。扣缴义务人每月或者每次预扣、代扣的税款，应当在次月 15 日内扣缴税款，并向税务机关报送《个人所得税扣缴申报表》。扣缴义务人对纳税人向其报告的相关基础信息变化情况，应当于次月扣缴申报时向税务机关报送。

三、自行申报纳税

自行申报纳税，是由纳税人自行在税法规定的纳税期限内，如实填写个人所得税纳税申报表，并按照税法规定计算应纳税额，据此缴纳个人所得税的一种方法。

(一) 依法自行办理的纳税申报

有下列情形之一的，纳税人应当依法自行办理纳税申报。
(1) 取得综合所得需要办理汇算清缴。
(2) 取得应税所得没有扣缴义务人。
(3) 取得应税所得，扣缴义务人未扣缴税款。
(4) 取得境外所得。
(5) 因移居境外注销中国户籍。
(6) 非居民纳税义务人在中国境内从两处以上取得工资、薪金所得。

(7) 国务院规定的其他情形。

(二) 取得综合所得需要办理汇算清缴的纳税申报

符合下列情形之一的，应当办理汇算清缴。

(1) 从两处以上取得综合所得，且综合所得年收入额减除专项扣除后的余额超过 6 万元。

(2) 取得劳务报酬所得、稿酬所得、特许权使用费所得中一项或者多项所得，且综合所得年收入额减除专项扣除的余额超过 6 万元。

(3) 纳税年度内预缴税额低于应纳税额。

(4) 纳税人申请退税。

2020 年度的综合所得汇算清缴时，居民纳税义务人年度综合所得收入不超过 12 万元或者年度汇算清缴补税金额不超过 400 元的，居民纳税义务人可免于办理个人所得税综合所得汇算清缴。

办理汇算清缴的，应当在取得所得的次年 3 月 1 日至 6 月 30 日内，向任职、受雇单位所在地主管税务机关办理纳税申报。纳税人在两处以上任职或受雇的，选择向其中一处任职、受雇单位所在地主管税务机关办理纳税申报；纳税人没有任职、受雇单位的，向纳税义务人的户籍所在地或经常居住地主管税务机关办理纳税申报。

纳税人办理综合所得汇算清缴，应当准备与收入、专项扣除、专项附加扣除、依法确定的其他扣除、捐赠、享受税收优惠等相关的资料，并按规定留存备查或报送。

(三) 取得经营所得的纳税申报

个体工商户业主、个人独资企业投资者、合伙企业个人合伙人、承包承租经营者个人以及其他从事生产、经营活动的个人取得经营所得，纳税人取得经营所得，按年计算个人所得税，由纳税人在月度或季度终了后 15 日内，向经营管理所在地主管税务机关办理预缴纳税申报，并报送《个人所得税经营所得纳税申报表(A 表)》。

(四) 扣缴义务人未扣缴税款的纳税申报

纳税人取得应税所得，扣缴义务人未扣缴税款的，应当按以下情形办理纳税申报。

(1) 居民纳税义务人取得综合所得的，且符合自行申报办理情形的，应当依法办理汇算清缴。

(2) 非居民纳税义务人取得工资、薪金所得，劳务报酬所得，稿酬所得，特许权使用费所得的，应当在取得所得的次年 6 月 30 日前，向扣缴义务人所在地主管税务机关办理纳税申报。有两个以上扣缴义务人但是扣缴义务人均未扣缴税款的，可以选择向其中一处扣缴义务人所在地主管税务机关办理纳税申报。

(3) 纳税人取得利息、股息、红利所得，财产租赁所得，财产转让所得和偶然所得的，应当在取得所得的次年 6 月 30 日前，按相关规定向主管税务机关办理纳税申报。应税所得没有扣缴义务人的，应当在取得所得的次月 15 日内向税务机关报送纳税申报表，并缴纳税款。

(五) 取得境外所得的纳税申报

居民纳税义务人从中国境外取得所得的，应当在次年 3 月 1 日至 6 月 30 日内，向中国境内任职、受雇单位所在地主管税务机关办理纳税申报；在中国境内没有任职、受雇单位的，向户籍所在地或境内经常居住地主管税务机关办理纳税申报。

(六) 纳税申报方式

纳税人可以采用远程办税端、邮寄等方式申报，也可以直接到主管税务机关申报。

四、办理个人所得税综合所得汇算清缴事项的规定

(一) 汇算清缴的内容

依据税法规定，年度终了后，居民纳税人需要汇总全年取得的工资、薪金，劳务报酬，稿酬，特许权使用费等四项收入额，减除费用 6 万元以及专项扣除、专项附加扣除和其他扣除后，适用个人所得税综合所得税率并减去速算扣除数，计算本年度最终应纳税额，再减去已预缴税额，得出本年度应退或应补税额，向税务机关申报并办理退税或补税。具体计算公式如下：

年度汇算应退或应补税额=(综合所得收入额−60 000 元−"三险一金"等专项扣除−子女教育
等专项附加扣除−依法确定的其他扣除)×适用税率−速算扣除数−已预缴税额

依据税法规定，年度汇算仅计算并结清本年度综合所得的应退或应补税款，不涉及以前或往后年度，也不涉及财产租赁等分类所得，以及纳税人按规定选择不并入综合所得计算纳税的全年一次性奖金等所得。

(二) 无须办理年度汇算的纳税人

依据税法规定，纳税人在 2020 年度已依法预缴个人所得税且符合下列情形之一的，无须办理年度汇算：

(1) 纳税人年度汇算需补税，但年度综合所得不超过 12 万元的；

(2) 纳税人年度汇算需补税金额不超过 400 元的；

(3) 纳税人已预缴税额与年度应纳税额一致或者不申请年度汇算退税的。

(三) 可享受的税前扣除

下列未申报扣除或未足额扣除的税前扣除项目，纳税人可在年度汇算期间办理扣除或补充扣除。

(1) 纳税人及其配偶、未成年子女在 2020 年度发生的符合条件的大病医疗支出；

(2) 纳税人在 2020 年度未申报享受或未足额享受的子女教育、继续教育、住房贷款利息或住房租金、赡养老人专项附加扣除，以及减除费用、专项扣除、依法确定的其他扣除；

(3) 纳税人在 2020 年度发生的符合条件的捐赠支出。

(四) 办理方式

纳税人可自主选择下列办理方式。

(1) 自行办理年度汇算。纳税人可以在税务机关、网上税务局(包括手机个人所得税 APP)自行申报纳税。

(2) 取得工资、薪金或连续性取得劳务报酬所得的纳税义务人，可以向扣缴义务人提出代办要求的，扣缴义务人应当代为办理。由扣缴义务人代为办理的，纳税人应在次年 4 月 30 日

前与扣缴义务人进行书面确认，补充提供其当年度在本单位以外取得的综合所得收入、相关扣除、享受税收优惠等信息资料。

(3) 委托涉税专业服务机构或其他单位及个人(以下称受托人)办理，受托人需与纳税人签订授权书。

扣缴义务人或受托人为纳税人办理年度汇算后，应当及时将办理情况告知纳税人。纳税人发现申报信息存在错误的，可以要求扣缴义务人或受托人办理更正申报，也可自行办理更正申报。

(五) 办理渠道

为便利纳税人，税务机关为纳税人提供高效、快捷的网络办税渠道。纳税人可优先通过网上税务局(包括手机个人所得税 App)办理年度汇算，税务机关将按规定为纳税人提供申报表预填服务；不方便通过上述方式办理的，也可以通过邮寄方式或到办税服务厅办理。

选择邮寄申报的，纳税人需将申报表寄送至任职受雇单位(没有任职受雇单位的，为户籍或者经常居住地)所在省、自治区、直辖市、计划单列市税务局公告指定的税务机关。

(六) 年度汇算的退税、补税

纳税人可以在次年 3 月 1 日至 5 月 31 日期间，通过简易申报表办理年度汇算退税。纳税人申请年度汇算退税，应当提供其在中国境内开设的符合条件的银行账户。税务机关按规定审核后，在税务机关所在地办理退税。为方便纳税人获取退税，纳税人年度综合所得收入额不超过 6 万元且已预缴个人所得税的，税务机关在网上税务局(包括手机个人所得税 APP)提供便捷退税功能。

五、纳税申报

个人所得税的纳税申报表主要包括以下几项。

(1) 《个人所得税基础信息表(A 表)》(见表 5-12)，适用于扣缴义务人办理全员全额扣缴申报时，填报其支付所得的纳税人的基础信息。

(2) 《个人所得税基础信息表(B 表)》(见表 5-13)，适用于自然人纳税人基础信息的填报。

(3) 《个人所得税扣缴申报表》(见表 5-14)，适用于扣缴义务人向居民个人支付工资、薪金所得，劳务报酬所得，稿酬所得和特许权使用费所得的个人所得税全员全额预扣预缴申报；向非居民个人支付工资、薪金所得，劳务报酬所得，稿酬所得和特许权使用费所得的个人所得税全员全额扣缴申报；向纳税人(居民个人和非居民个人)支付利息、股息、红利所得，财产租赁所得，财产转让所得和偶然所得的个人所得税全员全额扣缴申报。

(4) 《个人所得税自行纳税申报表(A 表)》(见表 5-15)，适用于居民个人取得应税所得，扣缴义务人未扣缴税款，非居民个人取得应税所得，扣缴义务人未扣缴税款，非居民个人在中国境内从两处以上取得工资、薪金所得等情形在办理自行纳税申报时，向税务机关报送。

表5-12 个人所得税基础信息表(A表)

(适用于扣缴义务人填报)

扣缴义务人名称：

扣缴义务人编码：□□□□□□□□□□□□□□□

序号	纳税人基本信息(带*必填)					任职受雇从业信息				联系方式					银行账户		投资信息		其他信息			华侨、港澳台、外籍个人信息(带*必填)				备注
	纳税人识别号	*纳税人姓名	*身份证件类型	*身份证件号码	*出生日期	*国籍(地区)	类型	职务	学历	任职受雇从业日期	离职日期	手机号码	户籍所在地	经常居住地	联系地址	电子邮箱	开户银行	银行账号	投资额(元)	投资比例	是否残疾/孤老/烈属	残疾/烈属/孤老证号	*出生地	*性别	*首次入境时间	*预计离境时间	*涉税事由	
1	2	3	4	5	6	7	8	9	10	11	12	13	14	15	16	17	18	19	20	21	22	23	24	25	26	27	28	29

谨声明：本表是根据国家税收法律法规及相关规定填报的，是真实的、可靠的、完整的。

扣缴义务人签字：

经办人签字：

经办人身份证件号码：

代理机构签章：

代理机构统一社会信用代码：

受理人：

受理税务机关(章)：

受理日期： 年 月 日

扣缴义务人签字：

年 月 日

国家税务总局监制

纳税人识别号: □□□□□□□□□□□□□□□□□□

表5-13 个人所得税基础信息表(B表)
(适用于自然人填报)

基本信息(带*必填)

基本信息	*纳税人姓名	中文名		英文名	
	*身份证件	证件类型一		证件号码	
		证件类型二		证件号码	
	*国籍/地区			*出生日期	年 月 日
联系方式	户籍所在地	省(区、市)　市　区(县)　街道(乡、镇)			
	经常居住地	省(区、市)　市　区(县)　街道(乡、镇)			
	联系地址	省(区、市)　市　区(县)　街道(乡、镇)			
	*手机号码			电子邮箱	
	开户银行			银行账号	
其他信息	学历	□研究生　□大学本科　□大学本科以下			
	特殊情形	□残疾　残疾证号_____　□烈属　烈属证号_____　□孤老			

任职、受雇、从业信息

任职受雇从业单位一	名称		国家/地区		
	纳税人识别号(统一社会信用代码)		任职受雇从业日期 年 月	离职日期 年 月	
	类型	□雇员 □保险营销员 □证券经纪人 □其他	职务	□高层 □其他	
任职受雇从业单位二	名称		国家/地区		
	纳税人识别号(统一社会信用代码)		任职受雇从业日期 年 月	离职日期 年 月	
	类型	□雇员 □保险营销员 □证券经纪人 □其他	职务	□高层 □其他	

该栏仅由投资者纳税人填写			
被投资单位一	名称		
	纳税人识别号（统一社会信用代码）		
	国家/地区		投资比例
	投资额（元）		
被投资单位二	名称		
	纳税人识别号（统一社会信用代码）		
	国家/地区		投资比例
	投资额（元）		

该栏仅由中华侨、港澳台、外籍个人填写（带*必填）

*出生地	
*性别	
*首次入境时间	年 月 日
*预计离境时间	年 月 日
*涉税事由	□任职受雇 □提供临时劳务 □转让财产 □从事投资和经营活动 □其他

谨声明：本表是根据国家税收法律法规及相关规定填报的，是真实的、可靠的、完整的。

纳税人（签字）： 年 月 日

经办人签字：

经办人身份证件号码：

代理机构签章：

代理机构统一社会信用代码：

受理人：

受理税务机关（章）：

受理日期： 年 月 日

国家税务总局监制

表5-14 个人所得税扣缴申报表

税款所属期： 年 月 日至 年 月 日

扣缴义务人名称：

扣缴义务人纳税人识别号(统一社会信用代码)：□□□□□□□□□□□□□□□□□□

金额单位：人民币元(列至角分)

序号	姓名	身份证件类型	身份证件号码	纳税人识别号	是否为非居民纳税义务人	所得项目	本月(次)情况 收入额计算				本月(次)情况 专项扣除				本月(次)情况 其他扣除						累计情况			累计情况 累计专项附加扣除								税款计算							备注
							收入	费用	免税收入	减除费用	基本养老保险费	基本医疗保险费	失业保险费	住房公积金	年金	商业健康保险	税延养老保险	财产原值	允许扣除的税费	其他	累计收入额	累计减除费用	累计专项扣除	子女教育	赡养老人	住房贷款利息	住房租金	继续教育	累计其他扣除	减按计税比例	准予扣除的捐赠额	应纳税所得额	税率/预扣率	速算扣除数	应纳税额	减免税额	已缴税额	应补/退税额	
1	2	3	4	5	6	7	8	9	10	11	12	13	14	15	16	17	18	19	20	21	22	23	24	25	26	27	28	29	30	31	32	33	34	35	36	37	38	39	40
1																																							
合计 合计																																							

谨声明：本表是根据国家税收法律法规及相关规定填报的，是真实的、可靠的、完整的。

经办人签字：

经办人身份证件号码：

代理机构签章：

代理机构统一社会信用代码：

扣缴义务人(签章)：

受理人：

受理税务机关章：

受理日期： 年 月 日

年 月 日

国家税务总局监制

表5-15　个人所得税自行纳税申报表(A表)

税款所属期：　　　年　月　日　至　　　年　月　日

纳税人姓名：

纳税人识别号：□□□□□□□□□□□□□□□□□□□□

金额单位：人民币元(列至角分)

自行申报情形：
□居民个人取得应税所得，扣缴义务人未扣缴税款
□非居民个人取得应税所得，扣缴义务人未扣缴税款
□非居民个人在中国境内从两处以上取得工资、薪金所得　　□其他

| 是否为非居民个人 | □是 □否 |
| 非居民个人本年度境内居住天数 | □不超过90天 □超过90天不超过183天 |

序号	所得项目	收入额计算			专项扣除				其他扣除				减按计税比例	准予扣除的捐赠额	税款计算							备注
		收入	费用	免税收入	减除费用	基本养老保险费	基本医疗保险费	失业保险费	住房公积金	财产原值	允许扣除的税费	其他			应纳税所得额	税率	速算扣除数	应纳税额	减免税额	已缴税额	应补/退税额	
	1	2	3	4	5	6	7	8	9	10	11	12	13	14	15	16	17	18	19	20	21	22	23

谨声明：本表是根据国家税收法律法规及相关规定填报的，是真实的、可靠的、完整的。

纳税人签字：　　　　年　月　日

经办人签字：

经办人身份证件号码：

代理机构签章：

代理机构统一社会信用代码：

受理人：

受理税务机关(章)：

受理日期：　　　年　月　日

国家税务总局监制

(5)《个人所得税年度自行纳税申报表(A 表)》(见表 5-16),适用于居民个人纳税年度内仅从中国境内取得工资、薪金所得,劳务报酬所得,稿酬所得,特许权使用费所得(以下称"综合所得"),按照税法规定进行个人所得税综合所得汇算清缴。

表5-16　个人所得税年度自行纳税申报表(A表)

(仅取得境内综合所得年度汇算适用)

税款所属期:　　　年　　月　　日至　　　年　　月　　日

纳税人姓名:

纳税人识别号:□□□□□□□□□□□□□□□□□□　　　　　金额单位:人民币元(列至角分)

基本情况					
手机号码		电子邮箱		邮政编码	□□□□□□
联系地址	＿＿省(区、市)＿＿市＿＿区(县)＿＿＿街道(乡、镇)＿＿＿＿＿				

纳税地点(单选)

1. 有任职受雇单位的,需选本项并填写"任职受雇单位信息":		□任职受雇单位所在地
任职受雇单位信息	名称	
	纳税人识别号	□□□□□□□□□□□□□□□□□□
2. 没有任职受雇单位的,可以从本栏次选择一地:	□ 户籍所在地　　　□经常居住地	
户籍所在地/经常居住地	＿＿＿省(区、市)＿＿＿市＿＿＿区(县)＿＿＿街道(乡、镇)＿＿＿＿	

申报类型(单选)

□首次申报	□更正申报

综合所得个人所得税计算

项目	行次	金额
一、收入合计(第 1 行=第 2 行+第 3 行+第 4 行+第 5 行)	1	
(一) 工资、薪金	2	
(二) 劳务报酬	3	
(三) 稿酬	4	
(四) 特许权使用费	5	
二、费用合计 [第 6 行=(第 3 行+第 4 行+第 5 行)×20%]	6	
三、免税收入合计(第 7 行=第 8 行+第 9 行)	7	
(一) 稿酬所得免税部分[第 8 行=第 4 行×(1−20%)×30%]	8	
(二) 其他免税收入(附报《个人所得税减免税事项报告表》)	9	
四、减除费用	10	
五、专项扣除合计(第 11 行=第 12 行+第 13 行+第 14 行+第 15 行)	11	
(一) 基本养老保险费	12	
(二) 基本医疗保险费	13	
(三) 失业保险费	14	
(四) 住房公积金	15	

(续表)

项目	行次	金额
六、专项附加扣除合计(附报《个人所得税专项附加扣除信息表》) (第 16 行=第 17 行+第 18 行+第 19 行+第 20 行+第 21 行+第 22 行)	16	
(一) 子女教育	17	
(二) 继续教育	18	
(三) 大病医疗	19	
(四) 住房贷款利息	20	
(五) 住房租金	21	
(六) 赡养老人	22	
七、其他扣除合计(第 23 行=第 24 行+第 25 行+第 26 行+第 27 行+第 28 行)	23	
(一) 年金	24	
(二) 商业健康保险(附报《商业健康保险税前扣除情况明细表》)	25	
(三) 税延养老保险(附报《个人税收递延型商业养老保险税前扣除情况明细表》)	26	
(四) 允许扣除的税费	27	
(五) 其他	28	
八、准予扣除的捐赠额 (附报《个人所得税公益慈善事业捐赠扣除明细表》)	29	
九、应纳税所得额 (第 30 行=第 1 行-第 6 行-第 7 行-第 10 行-第 11 行-第 16 行-第 23 行-第 29 行)	30	
十、税率(%)	31	
十一、速算扣除数	32	
十二、应纳税额(第 33 行=第 30 行×第 31 行-第 32 行)	33	
<center>全年一次性奖金个人所得税计算</center>		
(无住所居民纳税义务人预判为非居民纳税义务人取得的数月奖金,选择按全年一次性奖金计税的填写本部分)		
一、全年一次性奖金收入	34	
二、准予扣除的捐赠额 (附报《个人所得税公益慈善事业捐赠扣除明细表》)	35	
三、税率(%)	36	
四、速算扣除数	37	
五、应纳税额[第 38 行=(第 34 行-第 35 行)×第 36 行-第 37 行]	38	
<center>税额调整</center>		
一、综合所得收入调整额(需在"备注"栏说明调整具体原因、计算方式等)	39	
二、应纳税额调整额	40	
<center>应补/退个人所得税计算</center>		
一、应纳税额合计(第 41 行=第 33 行+第 38 行+第 40 行)	41	
二、减免税额(附报《个人所得税减免税事项报告表》)	42	
三、已缴税额	43	
四、应补/退税额(第 44 行=第 41 行-第 42 行-第 43 行)	44	
<center>无住所个人附报信息</center>		

(续表)

项目			行次	金额
纳税年度内在中国境内居住天数		已在中国境内居住年数		
退税申请				

(应补/退税额小于 0 的填写本部分)

□申请退税(需填写"开户银行名称""开户银行省份""银行账号")		□放弃退税	
开户银行名称		开户银行省份	
银行账号			

备注

谨声明:本表是根据国家税收法律法规及相关规定填报的,本人对填报内容(附带资料)的真实性、可靠性、完整性负责。

纳税人签字:　　　　　年　月　日

经办人签字:	受理人:
经办人身份证件类型:	
经办人身份证件号码:	
代理机构签章:	受理税务机关(章):
代理机构统一社会信用代码:	受理日期:　　年　月　日

国家税务总局监制

(6) 《个人所得税年度自行纳税申报表(B 表)》(见表 5-17),适用于居民个人纳税年度内取得境外所得,按照税法规定办理取得境外所得个人所得税自行申报。申报本表时应当一并附报《境外所得个人所得税抵免明细表》。

表5-17　个人所得税年度自行纳税申报表(B表)

(居民纳税义务人取得境外所得适用)

税款所属期:　　年　月　日至　　年　月　日

纳税人姓名:

纳税人识别号:□□□□□□□□□□□□□□□□□□　　　　金额单位:人民币元(列至角分)

基本情况					
手机号码		电子邮箱		邮政编码	□□□□□□
联系地址	____省(区、市)____市____区(县)_____街道(乡、镇)_____				
纳税地点(单选)					
1. 有任职受雇单位的,需选本项并填写"任职受雇单位信息":		□任职受雇单位所在地			

(续表)

任职受雇单位信息	名称			
	纳税人识别号			

2. 没有任职受雇单位的,可以从本栏次选择一地: □户籍所在地 □ 经常居住地

户籍所在地/经常居住地 　　　省(区、市)　　　市　　　区(县)　　　街道(乡、镇)　　　　

申报类型(单选)

□首次申报 □更正申报

综合所得个人所得税计算

项目	行次	金额
一、境内收入合计(第1行=第2行+第3行+第4行+第5行)	1	
(一) 工资、薪金	2	
(二) 劳务报酬	3	
(三) 稿酬	4	
(四) 特许权使用费	5	
二、境外收入合计(附报《境外所得个人所得税抵免明细表》) (第6行=第7行+第8行+第9行+第10行)	6	
(一) 工资、薪金	7	
(二) 劳务报酬	8	
(三) 稿酬	9	
(四) 特许权使用费	10	
三、费用合计[第11行=(第3行+第4行+第5行+第8行+第9行+第10行)×20%]	11	
四、免税收入合计(第12行=第13行+第14行)	12	
(一) 稿酬所得免税部分[第13行=(第4行+第9行)×(1−20%)×30%]	13	
(二) 其他免税收入(附报《个人所得税减免税事项报告表》)	14	
五、减除费用	15	
六、专项扣除合计(第16行=第17行+第18行+第19行+第20行)	16	
(一) 基本养老保险费	17	
(二) 基本医疗保险费	18	
(三) 失业保险费	19	
(四) 住房公积金	20	
七、专项附加扣除合计(附报《个人所得税专项附加扣除信息表》) (第21行=第22行+第23行+第24行+第25行+第26行+第27行)	21	
(一) 子女教育	22	
(二) 继续教育	23	
(三) 大病医疗	24	
(四) 住房贷款利息	25	

(续表)

项目	行次	金额
(五) 住房租金	26	
(六) 赡养老人	27	
八、其他扣除合计(第28行=第29行+第30行+第31行+第32行+第33行)	28	
(一) 年金	29	
(二) 商业健康保险(附报《商业健康保险税前扣除情况明细表》)	30	
(三) 税延养老保险(附报《个人税收递延型商业养老保险税前扣除情况明细表》)	31	
(四) 允许扣除的税费	32	
(五) 其他	33	
九、准予扣除的捐赠额 (附报《个人所得税公益慈善事业捐赠扣除明细表》)	34	
十、应纳税所得额(第35行=第1行+第6行−第11行−第12行−第15行−第16行−第21行−第28行−第34行)	35	
十一、税率(%)	36	
十二、速算扣除数	37	
十三、应纳税额(第38行=第35行×第36行−第37行)	38	

除综合所得外其他境外所得个人所得税计算

(无相应所得不填本部分,有相应所得另需附报《境外所得个人所得税抵免明细表》)

项目		行次	金额
一、经营所得	(一) 经营所得应纳税所得额(第39行=第40行+第41行)	39	
	其中:境内经营所得应纳税所得额	40	
	境外经营所得应纳税所得额	41	
	(二) 税率(%)	42	
	(三) 速算扣除数	43	
	(四) 应纳税额(第44行=第39行×第42行−第43行)	44	
二、利息、股息、红利所得	(一) 境外利息、股息、红利所得应纳税所得额	45	
	(二) 税率(%)	46	
	(三) 应纳税额(第47行=第45行×第46行)	47	
三、财产租赁所得	(一) 境外财产租赁所得应纳税所得额	48	
	(二) 税率(%)	49	
	(三) 应纳税额(第50行=第48行×第49行)	50	
四、财产转让所得	(一) 境外财产转让所得应纳税所得额	51	
	(二) 税率(%)	52	
	(三) 应纳税额(第53行=第51行×第52行)	53	
五、偶然所得	(一) 境外偶然所得应纳税所得额	54	
	(二) 税率(%)	55	
	(三) 应纳税额(第56行=第54行×第55行)	56	

(续表)

项目		行次	金额
六、其他所得	(一)其他境内、境外所得应纳税所得额合计(需在"备注"栏说明具体项目)	57	
	(二)应纳税额	58	

股权激励个人所得税计算

(无境外股权激励所得不填本部分，有相应所得另需附报《境外所得个人所得税抵免明细表》)

	行次	金额
一、境内、境外单独计税的股权激励收入合计	59	
二、税率(%)	60	
三、速算扣除数	61	
四、应纳税额(第 62 行=第 59 行×第 60 行−第 61 行)	62	

全年一次性奖金个人所得税计算

(无住所个人预判为非居民纳税义务人取得的数月奖金，选择按全年一次性奖金计税的填写本部分)

	行次	金额
一、全年一次性奖金收入	63	
二、准予扣除的捐赠额 (附报《个人所得税公益慈善事业捐赠扣除明细表》)	64	
三、税率(%)	65	
四、速算扣除数	66	
五、应纳税额[第 67 行=(第 63 行−第 64 行)×第 65 行−第 66 行]	67	

税额调整

	行次	金额
一、综合所得收入调整额(需在"备注"栏说明调整具体原因、计算方法等)	68	
二、应纳税额调整额	69	

应补/退个人所得税计算

	行次	金额
一、应纳税额合计(第 70 行=第 38 行+第 44 行+第 47 行+第 50 行+第 53 行+第 56 行+第 58 行+第 62 行+第 67 行+第 69 行)	70	
二、减免税额(附报《个人所得税减免税事项报告表》)	71	
三、已缴税额(境内)	72	
其中：境外所得境内支付部分已缴税额	73	
境外所得境外支付部分预缴税额	74	
四、境外所得已纳所得税抵免额(附报《境外所得个人所得税抵免明细表》)	75	
五、应补/退税额(第 76 行=第 70 行−第 71 行−第 72 行−第 75 行)	76	

无住所个人附报信息

纳税年度内在中国境内居住天数		已在中国境内居住年数	

退税申请

(应补/退税额小于 0 的填写本部分)

□ 申请退税(需填写"开户银行名称""开户银行省份""银行账号") □ 放弃退税

开户银行名称		开户银行省份	
银行账号			

(续表)

备注	

谨声明：本表是根据国家税收法律法规及相关规定填报的，本人对填报内容(附带资料)的真实性、可靠性、完整性负责。

纳税人签字：　　　　　年　　月　　日

经办人签字： 经办人身份证件类型： 经办人身份证件号码： 代理机构签章： 代理机构统一社会信用代码：	受理人： 受理税务机关(章)： 受理日期：　　　年　　月　　日

国家税务总局监制

(7)《个人所得税生产经营所得纳税申报表(A 表)》(见表 5-18)，适用于查账征收和核定征收的个体工商户业主、个人独资企业投资人、合伙企业个人合伙人、承租承包经营者个人，以及其他从事生产、经营活动的个人在中国境内取得经营所得，办理个人所得税预缴纳税申报时向税务机关报送。

表5-18　个人所得税生产经营所得纳税申报表(A表)

税款所属期：　　年　　月　　日至　　　年　　月　　日

纳税人姓名：

纳税人识别号：□□□□□□□□□□□□□□□□　　　　　金额单位：人民币元(列至角分)

被投资单位信息

名　称	
纳税人识别号(统一社会信用代码)	□□□□□□□□□□□□□□□□□

征收方式(单选)

□查账征收(据实预缴)　　　□查账征收(按上年应纳税所得额预缴)　　　□核定应税所得率征收

□核定应纳税所得额征收　　　□税务机关认可的其他方式 _____

个人所得税计算

项目	行次	金额/比例
一、收入总额	1	
二、成本费用	2	
三、利润总额(第 3 行=第 1 行−第 2 行)	3	
四、弥补以前年度亏损	4	
五、应税所得率(%)	5	
六、合伙企业个人合伙人分配比例(%)	6	

(续表)

项目	行次	金额/比例
七、允许扣除的个人费用及其他扣除(第7行=第8行+第9行+第14行)	7	
(一) 投资者减除费用	8	
(二) 专项扣除(第9行=第10行+第11行+第12行+第13行)	9	
1. 基本养老保险费	10	
2. 基本医疗保险费	11	
3. 失业保险费	12	
4. 住房公积金	13	
(三) 依法确定的其他扣除(第14行=第15行+第16行+第17行)	14	
1.	15	
2.	16	
3.	17	
八、准予扣除的捐赠额(附报《个人所得税公益慈善事业捐赠扣除明细表》)	18	
九、应纳税所得额	19	
十、税率(%)	20	
十一、速算扣除数	21	
十二、应纳税额(第22行=第19行×第20行−第21行)	22	
十三、减免税额(附报《个人所得税减免税事项报告表》)	23	
十四、已缴税额	24	
十五、应补/退税额(第25行=第22行−第23行−第24行)	25	
备注		

谨声明：本表是根据国家税收法律法规及相关规定填报的，本人对填报内容(附带资料)的真实性、可靠性、完整性负责。

纳税人签字：　　　年　　月　　日

经办人签字：
经办人身份证件类型：
经办人身份证件号码：
代理机构签章：
代理机构统一社会信用代码：

受理人：

受理税务机关(章)：
受理日期：　　　年　　月　　日

国家税务总局监制

(8)《个人所得税生产经营所得纳税申报表(B 表)》(见表 5-19),适用于个体工商户业主、个人独资企业投资人、合伙企业个人合伙人、承租承包经营者个人以及其他从事生产、经营活动的个人在中国境内取得经营所得,且查账征收的,在办理个人所得税汇算清缴纳税申报时向税务机关报送。

表5-19　个人所得税生产经营所得纳税申报表(B表)

税款所属期:　　　　年　　月　　日至　　　　年　　月　　日

纳税人姓名:

纳税人识别号:□□□□□□□□□□□□□□□□□□　　　　　金额单位: 人民币元(列至角分)

被投资单位信息	名称		纳税人识别号 (统一社会信用代码)		
项目				行次	金额/比例
一、收入总额				1	
其中: 国债利息收入				2	
二、成本费用(3=4+5+6+7+8+9+10)				3	
(一) 营业成本				4	
(二) 营业费用				5	
(三) 管理费用				6	
(四) 财务费用				7	
(五) 税金				8	
(六) 损失				9	
(七) 其他支出				10	
三、利润总额(11=1-2-3)				11	
四、纳税调整增加额(12=13+27)				12	
(一) 超过规定标准的扣除项目金额 (13=14+15+16+17+18+19+20+21+22+23+24+25+26)				13	
1. 职工福利费				14	
2. 职工教育经费				15	
3. 工会经费				16	
4. 利息支出				17	
5. 业务招待费				18	
6. 广告费和业务宣传费				19	
7. 教育和公益事业捐赠				20	
8. 住房公积金				21	
9. 社会保险费				22	
10. 折旧费用				23	
11. 无形资产摊销				24	
12. 资产损失				25	

(续表)

项目	行次	金额/比例
13. 其他	26	
(二) 不允许扣除的项目金额(27=28+29+30+31+32+33+34+35+36)	27	
1. 个人所得税税款	28	
2. 税收滞纳金	29	
3. 罚金、罚款和被没收财物的损失	30	
4. 不符合扣除规定的捐赠支出	31	
5. 赞助支出	32	
6. 用于个人和家庭的支出	33	
7. 与取得生产经营收入无关的其他支出	34	
8. 投资者工资薪金支出	35	
9. 其他不允许扣除的支出	36	
五、纳税调整减少额	37	
六、纳税调整后所得(38=11+12−37)	38	
七、弥补以前年度亏损	39	
八、合伙企业个人合伙人分配比例(%)	40	
九、允许扣除的个人费用及其他扣除(41=42+43+48+55)	41	
(一) 投资者减除费用	42	
(二) 专项扣除(43=44+45+46+47)	43	
1. 基本养老保险费	44	
2. 基本医疗保险费	45	
3. 失业保险费	46	
4. 住房公积金	47	
(三) 专项附加扣除(48=49+50+51+52+53+54)	48	
1. 子女教育	49	
2. 继续教育	50	
3. 大病医疗	51	
4. 住房贷款利息	52	
5. 住房租金	53	
6. 赡养老人	54	
(四)依法确定的其他扣除(55=56+57+58+59)	55	
1. 商业健康保险	56	
2. 税延养老保险	57	
3.	58	
4.	59	
十、投资抵扣	60	

(续表)

项目	行次	金额/比例
十一、准予扣除的个人捐赠支出	61	
十二、应纳税所得额(62=38-39-41-60-61)或[62=(38-39)×40-41-60-61]	62	
十三、税率(%)	63	
十四、速算扣除数	64	
十五、应纳税额(65=62×63-64)	65	
十六、减免税额(附报《个人所得税减免税事项报告表》)	66	
十七、已缴税额	67	
十八、应补/退税额(68=65-66-67)	68	

谨声明：本表是根据国家税收法律法规及相关规定填报的，是真实的、可靠的、完整的。

纳税人签字：　　　　年　　月　　日

经办人：	受理人：
经办人身份证件号码：	
代理机构签章：	受理税务机关(章)：
代理机构统一社会信用代码：	受理日期：　　　年　　月　　日

国家税务总局监制

本 章 小 结

1. 个人所得税是对个人(自然人)取得的各项应税所得征收的一种税。个人所得税的纳税人包括中国公民、个体工商户(包括个人独资企业、合伙企业)，以及在中国有所得的外籍人员(包括无国籍人员)和香港、澳门、台湾同胞。

2. 征税范围个体工商户的生产、经营所得；对企事业单位的承包经营、承租经营所得；利息、股息、红利所得；财产租赁所得；财产转让所得；偶然所得；经国务院财政部门确定征税的其他所得。综合所得包括工资、薪金所得，劳务报酬所得，稿酬所得，特许权使用费所得四个方面。

3. 个人所得税对不同的项目分别适用不同的税率，主要有比例税率和超额累进税率两种形式。个人所得税的应纳税额，需按不同应税项目分项计算。某一应税项目的收入额减去税法规定的该项目费用扣除标准后的余额为应纳税所得额。

4. 个人将其所得通过中国境内的社会团体、国家机关向教育和其他社会公益事业以及遭受严重自然灾害地区、贫困地区的捐赠，捐赠额未超过纳税义务人申报的应纳税所得额30%的，可以从其应纳税所得额中扣除。

5. 纳税义务人从中国境外取得的所得，准予其在应纳税额中扣除已在境外缴纳的个人所得税税额，但扣除额不得超过该纳税义务人境外所得依照我国《个人所得税法》规定计算的应纳税额。

6. 个人所得税的纳税申报方法有自行申报和代扣代缴两种。个人所得税的纳税人和扣缴义务人必须在规定的纳税期限内缴纳个人所得税款，并向主管税务机关报送个人所得税纳税申报表和扣缴个人所得税报告表等有关资料。

第六章

其他税法

其他税法主要包括城市维护建设税法、烟叶税法、关税法、船舶吨税法、资源税法、环境保护税法、土地增值税法、城镇土地使用税法、耕地占用税法、房产税法、车船税法、车辆购置税法、契税法、印花税法等，它们是我国税法的重要组成部分。

第一节　城市维护建设税法和烟叶税法

一、城市维护建设税法概述

城市维护建设税是对从事工商经营，缴纳增值税、消费税的单位和个人，按其实际缴纳的增值税和消费税税额的一定比例所征收的一种税。

新中国成立以来，我国城市建设和维护取得了较大成绩，但国家在城市维护建设方面一直资金不足。1979 年以前，我国用于城市维护建设的资金由当时的工商税附加、城市公用事业附加和国家下拨城市维护费组成。1985 年 2 月 8 日国务院正式颁布了《中华人民共和国城市维护建设税暂行条例》，并于 1985 年 1 月 1 日在全国范围内施行。2010 年 10 月 18 日，国务院发布《关于统一内外资企业和个人城市维护建设税和教育费附加制度的通知》，决定统一内资、外资企业和个人的城市维护建设税，自 2010 年 12 月 1 日起，外商投资企业、外国企业及外籍个人适用《中华人民共和国城市维护建设税暂行条例》。2020 年 8 月 11 日，第十三届全国人民代表大会常务委员会第二十一次会议通过《中华人民共和国城市维护建设税法》，自 2021 年 9 月 1 日起实施，《中华人民共和国城市维护建设税暂行条例》同时废止。

城市维护建设税属于受益性质的行为税，具有以下特点。

(1) 征税范围广。增值税、消费税是我国税制的主体税种，其征税范围基本上包括了我国境内所有有经营行为的单位和个人。城市维护建设税以增值税、消费税税额为税基，意味着对所有纳税人都要征收城市维护建设税。因此，它的征税范围比其他税种都要广。

(2) 附加税性质。城市维护建设税是以纳税人实际缴纳的增值税、消费税税额为计税依据，随增值税、消费税同时征收，城市维护建设税没有特定的课税对象，其征管方法也完全比照增值税、消费税的有关规定执行。

(3) 税款专用性。我国税款收入都直接纳入国家预算，由中央和地方政府根据需要，统一安排到国家建设和事业发展的各个方面，税法没有规定各个税收收入的具体使用范围和方向。但城市维护建设的税收要求保证用于城市公用事业和公共设施的维护与建设。

(4) 税率差别化。城市维护建设税的负担水平，不是根据纳税人获取的利润水平或经营特点，而是依据纳税人所在城镇的规模及其资金需要设计的。城镇规模大的，税率高一些；反之，就要低一些。城市维护建设税的税率设计方法体现了受益原则。

二、纳税义务人

城市维护建设税的纳税义务人是指负有缴纳增值税、消费税义务的单位和个人。不论是国有企业、集体企业、私营企业、股份制企业、外国企业及外籍个人，还是其他单位及个人，只要缴纳了增值税或消费税，都必须同时缴纳城市维护建设税，都是城市维护建设税的纳税义务人。

城市维护建设税的代扣代缴、代收代缴，比照增值税、消费税的有关规定办理。增值税、消费税的代扣代缴、代收代缴义务人同时也是城市维护建设税的代扣代缴、代收代缴义务人。

三、税率、计税依据和应纳税额的计算

(一) 税率

城市维护建设税的税率是指纳税人应缴纳的城市维护建设税税额与纳税人实际缴纳的增值税、消费税税额之间的比率。不同地区的纳税人适用不同档次的税率，具体要求有以下几条。

(1) 纳税人所在地为市区的，税率为7%。

(2) 纳税人所在地为县城、镇的，税率为5%。撤县建市后，城市维护建设税适用税率为7%。

(3) 纳税人所在地不在市区、县城或者镇的，税率为1%；开采海洋石油资源的中外合作油(气)田所在地在海上，其城市维护建设税适用1%的税率。

城市维护建设税的适用税率，应当按纳税人所在地的规定税率执行。但是，对下列两种情况，可按缴纳增值税、消费税所在地的规定税率就地缴纳城市维护建设税：一是由受托方代扣代缴、代收代缴增值税、消费税的单位和个人，其代扣代缴、代收代缴的城市维护建设税按受托方所在地适用税率执行；二是流动经营等无固定纳税地点的单位和个人，在经营地缴纳增值税、消费税的，其城市维护建设税的缴纳按经营地适用税率执行。

(二) 计税依据

城市维护建设税的计税依据是纳税人依法实际缴纳的增值税、消费税税额，应当按照规定扣除期末留抵退税退还的增值税税额。纳税人违反增值税、消费税有关税法而加收的滞纳金和罚款，是税务机关对纳税人违法行为的经济制裁，不作为城市维护建设税的计税依据；但纳税人在被查补增值税、消费税和被处以罚款时，应同时对其偷漏的城市维护建设税进行补税、缴纳滞纳金和罚款。

城市维护建设税以增值税、消费税税额为计税依据并同时征收，如果要免征或者减征增值税、消费税，也就要同时免征或者减征城市维护建设税。

自2005年1月1日起，经国家税务总局正式审核批准的当期免抵的增值税税额应纳入城

市维护建设税和教育费附加的计征范围，分别按规定的税(费)率征收城市维护建设税和教育费附加。2005 年 1 月 1 日前，已按抵免的增值税税额征收的城市维护建设税和教育费附加不再退还，未征的不再补征。

(三) 应纳税额的计算

城市维护建设税的应纳税额大小是由纳税人实际缴纳的增值税、消费税税额决定的，其计算公式如下：

$$应纳税额=实际缴纳的增值税和消费税税额 \times 适用税率$$

【例 6-1 计算题】某企业位于县城，2019 年 9 月撤县设区，该企业 2019 年 10 月经营活动的增值税销项税额为 100 万元，当期取得增值税专用发票，注明进项税额 50 万元，上月账面期末留抵税额 30 万元符合增值税留抵税额的政策，10 月份已申请退还，当月实际缴纳消费税 40 万元。计算该企业 10 月份应缴纳的城市维护建设税税额。

① 该企业实际缴纳增值税税额=100−50=50(万元)

② 应缴纳的城市维护建设税税额=(实际缴纳的增值税+实际缴纳的消费税)×适用税率

=(50+40)×7%=6.3(万元)

四、税收优惠

由于城市维护建设税具有附加税性质，当增值税、消费税发生减免时，城市维护建设税也相应发生税收减免。城市维护建设税的税收减免具体规定有以下几项。

(1) 城市维护建设税按减免后实际缴纳的增值税、消费税税额计征，即随增值税、消费税的减免而减免。

(2) 对于因减免税而需进行增值税、消费税退库的，城市维护建设税也可同时退库。

(3) 海关对进口产品代征的增值税、消费税，不征收城市维护建设税。

(4) 对增值税、消费税实行先征后返、先征后退、即征即退办法的，除另有规定外，对随增值税、消费税附征的城市维护建设税和教育费附加，一律不退(返)还。

(5) 为支持国家重大水利工程建设，对国家重大水利工程建设基金免征城市维护建设税。

(6) 对实行增值税期末留抵退税的纳税人，允许其从城市维护建设税、教育费附加和地方教育附加的计税(征)依据中扣除退还的增值税税额。

五、征收管理

(一) 纳税环节

城市维护建设税的纳税环节，实际就是纳税人缴纳增值税、消费税的环节。纳税人只要发生增值税、消费税的纳税义务，就需在同样的环节计算缴纳城市维护建设税。

(二) 纳税地点

因为城市维护建设税分别与增值税和消费税同时缴纳，所以，纳税人缴纳增值税和消费税的地点，就是该纳税人缴纳城市维护建设税的地点。但是属于下列情况的，对于纳税地点有特殊规定。

(1) 代扣代缴、代收代缴增值税、消费税的单位和个人，同时也是城市维护建设税的代扣代缴、代收代缴义务人，其城市维护建设税的纳税地点在代扣代收地。

(2) 跨省开采的油田，下属生产单位与核算单位不在一个省内的，其生产的原油，在油井所在地缴纳增值税，其应纳税款由核算单位按照各油井的产量和规定税率，计算汇拨各油井缴纳。所以，各油井应纳的城市维护建设税，应由核算单位计算，随同增值税一并汇拨油井所在地，由油井在缴纳增值税的同时一并缴纳城市维护建设税。

(3) 纳税人跨地区提供建筑服务、销售和出租不动产的，应在建筑服务发生地、不动产所在地预缴增值税时，以预缴增值税税额为计税依据，并按预缴增值税所在地的城市维护建设税适用税率和教育费附加征收率就地计算缴纳城市维护建设税和教育费附加。

(4) 预缴增值税的纳税人在其机构所在地申报缴纳增值税时，以其实际缴纳的增值税税额为计税依据，并按机构所在地的城市维护建设税适用税率和教育费附加征收率就地计算缴纳城市维护建设税和教育费附加。

(5) 对流动经营等无固定纳税地点的单位和个人，应随同增值税、消费税在经营地按适用税率缴纳。

(三) 纳税期限

由于城市维护建设税是由纳税人在缴纳增值税、消费税时同时缴纳的，因此其纳税期限分别与增值税、消费税的纳税期限一致。根据增值税法和消费税法的规定，增值税、消费税的纳税期限分别为 1 日、3 日、5 日、10 日、15 日或者 1 个月。增值税、消费税的纳税人的具体纳税期限，由主管税务机关根据纳税人应纳税额大小分别核定；不能按照固定期限纳税的，可以按次纳税。

(四) 纳税申报

《城市维护建设税纳税申报表》见表 6-1。

表6-1　城市维护建设税纳税申报表

填表时期：　　年　月　日

纳税人识别号：　　　　　　　　　　　　　　　　　　　　　　金额单位：元(列至角分)

纳税人名称				税款所属时期	
计税依据	计税金额	税率	应纳税额	已纳税额	应补(退)税额
1	2	3	4=2×3	5	6=4-5
增值税					
消费税					
合　计					
如纳税人填报，由纳税人填写以下各栏		如委托代理人填报，由代理人填写以下各栏			备注
会计主管 (签章)	纳税人 (公章)	代理人名称		代理人 (公章)	
		代理人地址			
		经办人			
以下由税务机关填写					
收到申报表日期			接收人		

六、教育费附加

教育费附加是对缴纳增值税、消费税的单位和个人，就其实际缴纳的税额为计算依据征收的一种附加费。教育费附加是为加快地方教育事业，扩大地方教育经费的资金而征收的一项专用基金。1984 年，国务院颁布了《关于筹措农村学校办学经费的通知》，开征了农村教育事业经费附加。1985 年，中共中央发出《关于教育体制改革的决定》，指出必须在国家增拨教育基本建设投资和教育经费的同时，充分调动企事业单位和其他各种社会力量办学的积极性，开辟多种渠道筹措经费。为此，国务院于 1986 年 4 月 28 日颁布了《征收教育费附加的暂行规定》，决定从同年 7 月 1 日开始在全国范围内征收教育费附加。自 2006 年 9 月 1 日起施行的《中华人民共和国教育法》规定："税务机关依法足额征收教育费附加，由教育行政部门统筹管理，主要用于实施义务教育。省、自治区、直辖市人民政府根据国务院的有关规定，可以决定开征用于教育的地方附加费，专款专用。"2010 年财政部下发了《关于统一地方教育附加政策有关问题的通知》对各省、自治区、直辖市的地方教育附加进行了统一。

(一) 征收范围及计征依据

教育费附加对缴纳增值税、消费税的单位和个人征收，以其实际缴纳的增值税、消费税税款为计征依据，与增值税、消费税同时缴纳。

(二) 教育费附加计征比率

教育费附加计征比率历经多次变化，1986 年开征时，规定为 1%；1990 年 5 月《国务院关于修改〈征收教育费附加的暂行规定〉的决定》中规定为 2%；按照 1994 年 2 月 7 日《国务院关于教育费附加征收问题的紧急通知》的规定，现行教育费附加征收比率为 3%，地方教育附加征收比率从 2010 年起统一为 2%。

(三) 教育费附加的计算

教育费附加的计算公式如下：

应纳教育费附加或地方教育附加=实际缴纳的增值税和消费税税额×征收比率

【例 6-2 计算题】某企业 2020 年 5 月实际缴纳增值税 50 万元，缴纳消费税 30 万元。计算该企业应缴纳的教育费附加和地方教育附加。

① 应纳教育费附加=(实际缴纳的增值税+实际缴纳的消费税)×征收比率

=(50+30)×3%=2.4(万元)

② 应纳地方教育附加=(实际缴纳的增值税+实际缴纳的消费税)×征收比率

=(50+30)×2%=1.6(万元)

(四) 减免规定

教育费附加减免有如下规定。

(1) 对海关进口的产品征收的增值税、消费税，不征收教育费附加。

(2) 对由于减免增值税、消费税而发生退税的，可同时退还已征收的教育费附加。但对出口产品退还增值税、消费税的，不退还已征的教育费附加。

(3) 对国家重大水利工程建设基金免征教育费附加。

(4) 自 2016 年 2 月 1 日起，按月纳税的月销售额或营业额不超过 10 万元(按季度纳税的季度销售额或营业额不超过 30 万元)的缴纳义务人，免征教育费附加、地方教育附加。

七、烟叶税法

(一) 烟叶税法概述

烟叶税法是国家制定的用于调整烟叶税征收与缴纳之间权利及义务关系的法律规范。为了保持政策的连续性，充分兼顾地方利益、有利于烟叶产区可持续发展，国务院于 2006 年 4 月 28 日出台了《中华人民共和国烟叶税暂行条例》，开征烟叶税取代原烟叶特产农业税。现行烟叶税的基本规范是 2017 年 12 月 27 日第十二届全国人民代表大会常务委员会第三十一次会议通过的《中华人民共和国烟叶税法》，自 2018 年 7 月 1 日起施行。

(二) 纳税义务人与征税范围

1. 纳税义务人

烟叶税的纳税义务人为在中华人民共和国境内收购烟叶的单位。我国实行烟草专卖制度，因此烟叶税的纳税义务人具有特定性，一般是收购烟叶的烟草公司或其委托单位。

2. 征税范围

烟叶税的征税范围包括晾晒烟叶、烤烟叶。晾晒烟叶包括名晾晒烟叶和非名晾晒烟叶。

(三) 计税依据、税率、应纳税额的计算

1. 计税依据

烟叶税的计税依据为纳税人收购烟叶实际支付的价款总额，具体包括纳税人支付给烟叶销售者的烟叶收购价款和价外补贴。价外补贴统一暂按烟叶收购价款的 10% 计入实际支付的价款总额。

$$实际支付的价款总额=收购价款×(1+10\%)$$

2. 税率

烟叶税实行比例税率，税率为 20%。由于烟叶属于特殊的专卖品，因此烟叶税实行全国统一的税率，它的税率不宜存在地区间的差异，否则会形成各地之间的不公平竞争，不利于烟叶种植的统一规划和烟叶市场、烟叶收购价格的统一。

3. 应纳税额的计算

烟叶税应纳税额的计算公式为：

$$应纳税额=实际支付的价款总额×税率$$
$$=收购价款×(1+10\%)×税率$$

(四) 征收管理

1. 纳税义务发生时间

烟叶税的纳税义务发生时间为纳税人收购烟叶的当日。收购烟叶的当日是指纳税人向烟

销售者付讫收购烟叶款项或者开具收购烟叶凭据的当天。

2. 纳税期限

烟叶税按月计征，纳税人应当于纳税义务发生月终了之日起15日内申报并缴纳税款。

3. 纳税地点

纳税人应当向烟叶收购地的主管税务机关申报缴纳烟叶税。

第二节　关税法和船舶吨税法

一、关税法概述

关税法是指国家制定的用以调整关税征收与缴纳之间权利及义务关系的法律规范。现行关税法律规范，是1987年1月第六届全国人民代表大会第十九次会议通过的，并于2000年7月和2013年6月修订的《中华人民共和国海关法》(以下简称《海关法》)、国务院于2003年11月发布的《中华人民共和国进出口关税条例》(以下简称《进出口关税条例》)，以及国务院关税税则委员会于2020年12月审定的《中华人民共和国海关进出口税则(2021)》(以下简称《海关进出口税则》)和《中华人民共和国海关入境旅客行李物品和个人邮递物品征收进口税办法》。

我国关税具有以特点。

(1) 征税对象特定性。关税的征税对象是进出国境或关境的货物和物品。关税不同于流转税、财产税及所得税，是对特定的货物和物品途经海关通道进出口征税。

(2) 税率设置复式性。这个特点充分反映了关税具有维护国家主权、平等互利地发展国际贸易往来和经济技术合作的特点。税率的复式性通过关税的复式税则体现。

(3) 征税环节一次性。按照全国统一的《进出口关税条例》和《海关进出口税则》征收一次性关税后的货物和物品，在整个关境内流通不再重复征收进口关税。

(4) 课税管理权威性。关税的课税管理是通过专门负责进出口事务管理的海关执行。海关是设在关境上的国家行政管理机构，是贯彻执行国家有关进出口政策、法令和规章的重要部门。

(5) 税收政策涉外性。征收关税不单纯是为了满足政府的税收需要，更重要的是利用关税来贯彻执行统一的对外政策，实现国家的政治经济目的。

二、征税对象与纳税义务人

(一) 征税对象

关税是指海关根据国家制定的法律法规，以进出关境的货物和物品为征税对象，就其进出口流转额征收的一种税。所谓"关境"，亦称"税境""关税国境"，是指一个国家的海关征收关税的领域。通常关境与国境是一致的，但有时又不一致。如一些国家设有不受海关管辖的自由港以及可以不办进口手续、免税储存的保税区，其关境小于国境；缔结关税同盟的国家，因相互间的贸易不征关税，关境扩大到所有缔约国领土。根据《中华人民共和国香港特别行政区基本法》和《中华人民共和国澳门特别行政区基本法》，香港和澳门保持自由港地位，为我国单独的关税地区，即单独关境区，所以我国的关境小于国境。

关税的征税对象是准许进出境的货物和物品。货物是指贸易性商品；物品是指入境旅客随身携带的行李物品、个人邮递物品和各种运输工具上的服务人员携带进口的自用物品、馈赠物品，以及其他方式入境的个人物品。

(二) 纳税义务人

进口货物的收货人、出口货物的发货人、进出境物品的所有人，是关税的纳税义务人。进出境物品的所有人包括该物品的所有人和推定为所有人的人。通常情况下，对于携带进境的物品，推定其携带人为所有人；对分离运输的行李，推定相应的进出境旅客为所有人；对以邮递方式进境的物品，推定其收件人为所有人；以邮递或其他运输方式出境的物品，推定其寄件人或托运人为所有人。

三、进出口税则

(一) 税则概况

进出口税则是一国政府根据国家关税政策和经济政策，通过一定的立法程序制定公布实施的进出口货物和物品应税的关税税率表。进出口税则以税率表为主体，通常还包括实施税则的法令、使用税则的有关说明和附录等。《海关进出口税则》是我国海关凭以征收关税的法律依据，也是我国关税政策的具体体现。我国现行税则包括根据国家关税政策以及有关国际协定确定的进出口关税税目、税率及归类规则，是海关计征关税的依据。2021 年税则税目数共计 8580个，比 2020 年增加了 31 个。

税率表作为税则主体，包括税则商品分类目录和税率栏两大部分。税则商品分类目录是把种类繁多的商品加以综合，按照其不同特点分门别类地简化成数量有限的商品类目，分别编号按序排列，称为税则号列，并逐号列出该号中应列入的商品名称。商品分类的原则即归类规则，包括归类总规则和各类、章、目的具体注释。税率栏是按商品分类目录逐项定出的税率栏目。我国现行进口税则为四栏税率，出口税则为一栏税率。

按计征关税的方法，可以把关税分成从价税、从量税、复合税、选择税、滑准税。

(1) 从价税。从价税是以货物的价格或者价值为征税标准，以应征税额占货物价格或者价值的百分比为税率，价格越高，税额越高，它是一种最常用的关税计税标准。货物进口时，以此税率和海关审定的实际进口货物完税价格相乘计算应征税额。目前，我国海关计征关税标准主要是从价税。

(2) 从量税。从量税是以货物的数量、重量、体积、容量等计量单位为计税标准，以每计量单位货物的应征税额为税率。我国目前对原油、啤酒和胶卷等进口商品征收从量税。

(3) 复合税。复合税又称混合税，即订立从价、从量两种税率，随着完税价格和进口数量而变化，征收时两种税率合并计征。它是对某种进口货物混合使用从价税和从量税的一种关税计征标准。我国目前仅对录像机、放像机、摄像机、数字照相机和摄录一体机等进口商品征收复合税。

(4) 选择税。选择税是对一种进口商品同时定有从价税和从量税两种税率，但征税时选择其税额较高的一种征税。

(5) 滑准税。滑准税是根据货物的不同价格适用不同税率的一类特殊的从价关税。它是一种关税税率随进口货物价格由高至低而由低至高设置计征关税的方法。进口货物的价格越高，其进口关税税率越低；进口商品的价格越低，其进口关税税率越高。滑准税的特点是可保持实行滑准税商品的国内市场价格的相对稳定，而不受国际市场价格波动的影响。

(二) 税则归类

税则归类，就是按照税则的规定，将每项具体进出口商品按其特性在税则中找出其最适合的某一个税号，即"对号入座"，以便确定其适用的税率，计算关税税负。税则归类错误会导致关税的多征或少征，影响关税作用的发挥。因此，税则归类关系到关税政策的正确贯彻。税则归类一般按以下步骤进行。

(1) 了解需要归类的具体进出口商品的构成、材料属性、成分、特性、用途和功能。

(2) 查找有关商品在税则中拟归的类、章及税号。对于原材料性质的货品，应首先考虑按其属性归类；对于制成品，应首先考虑按其用途归类。

(3) 将考虑采用的有关类、章及税号进行比较，筛选出最为合适的税号。在比较、筛选时，首先看类、章的注释有无具体描述归类对象或其类似品，已具体描述的，按类、章的规定办理；其次是查阅《HS 注释》，确切地了解有关类、章及税号范围。

(4) 通过以上方法也难以确定的税则归类商品，可运用归类总规则的有关条款来确定其税号。如进口地海关无法解决的税则归类问题，应报海关总署明确。

(三) 关税税率

关税税率是通过《海关进出口税则》具体规定的，海关根据《海关进出口税则》中规定的税率征税。

1. 进口关税税率

在我国加入世界贸易组织(WTO)之前，我国进口税则设有两栏税率，即普通税率和优惠税率。对原产于与我国未订有关税互惠协议的国家或者地区的进口货物，按照普通税率征税；对原产于与我国订有关税互惠协议的国家或者地区的进口货物，按照优惠税率征税。在我国加入WTO 之后，为履行我国在加入 WTO 关税减让谈判中承诺的有关义务，享有 WTO 成员应有的权利，自 2002 年 1 月 1 日起，我国进口税则设有最惠国税率、协定税率、特惠税率、普通税率、关税配额税率等税率。对进口货物在一定期限内可以实行暂定税率。适用最惠国税率、协定税率、特惠税率的国家或者地区名单，由国务院关税税则委员会决定，报国务院批准后执行。

(1) 最惠国税率。它是指某国来自其最惠国的进口产品享有的关税税率，最惠国税率一般不得高于现在或将来来自第三国的同类产品所享受的关税税率。

(2) 协定税率。它是指一国根据与别国签订的贸易协定而制定的具体关税税率。协定税率适用原产于我国参加的含有关税优惠条款的区域性贸易协定的有关缔约方的进口货物。

(3) 特惠税率。该税率又称优惠税率，是指对某国或地区进口的全部商品或部分商品给予特别优惠的税率或免税待遇。特惠税率适用于原产于与我国签订特殊优惠关税协定的国家或地区的进口货物。

(4) 普通税率。该税率适用于原产于上述国家或地区以外的其他国家或地区的进口货物，以及原产地不明的进口货物。

(5) 关税配额税率。它是一种进口国限制进口货物数量的税率，在某一限额内进口的货物可以适用较低的税率或免税，但超过限额后进口的货物则适用较高或一般的税率。

2. 出口关税税率

我国出口税则为一栏税率，即出口税率。国家鼓励商品出口，对大多数出口商品实行出口退税，仅对少数资源性产品及易于竞相杀价、需要规范出口秩序的半制成品等征收出口关税。自 2021 年 1 月 1 日起继续对铬铁等 107 项商品征收出口关税，适用出口税率或出口暂定税率，征收商品范围和税率维持不变，其中，出口税率为 20%～50%，锑废碎料、锑粉末等 41 种商品的出口税率为 20%，锡矿砂及其精矿(税则号 26090000)的出口税率为 50%；暂定税率为 0～20%，未锻轧锑等 7 种商品暂定税率为 5%。

3. 特别关税

特别关税包括报复性关税、反倾销税与反补贴税、保障性关税。国务院关税税则委员会负责发布特别关税的货物、适用国别、税率、期限和征收办法等规定，海关总署负责实施。

4. 税率的运用

我国《进出口关税条例》和《中华人民共和国海关进出口货物征税管理办法》规定，进出口货物应当依照税则规定的归类原则归入合适的税号，并按照适用的税率征税。具体规定有以下几项。

(1) 进出口货物，应当适用海关接受该货物申报进口或者出口之日实施的税率。

(2) 进口货物到达前，经海关核准先行申报的，应当适用装载该货物的运输工具申报进境之日实施的税率。

(3) 进口转关运输货物，应当适用指运地海关接受该货物申报进口之日实施的税率；货物运抵指运地前，经海关核准先行申报的，应当适用装载该货物的运输工具抵达指运地之日实施的税率。

(4) 出口转关运输货物，应当适用启运地海关接受该货物申报出口之日实施的税率。

(5) 经海关批准，实行集中申报的进出口货物，应当适用每次货物进出口时海关接受该货物申报之日实施的税率。

(6) 因超过规定期限未申报而由海关依法变卖的进口货物，其税款计征应当适用装载该货物的运输工具申报进境之日实施的税率。

(7) 因纳税义务人违反规定需要追征税款的进出口货物，应当适用违反规定的行为发生之日实施的税率；行为发生之日不能确定的，适用海关发现该行为之日实施的税率。

(8) 补征和退还进出口货物关税，应当按照前述规定确定适用的税率。

四、完税价格与应纳税额的计算

(一) 原产地规定

确定进境货物原产国的主要原因之一，是便于正确运用《海关进出口税则》的各栏税率，对产自不同国家或地区的进口货物选择相应的关税税率。我国原产地规定基本上采用了"全部产地生产标准”"实质性加工标准"两种国际上通用的原产地标准。

1. 全部产地生产标准

全部产地生产标准是指进口货物"完全在一个国家内生产或制造",生产国或制造国为该货物的原产国。完全在一个国家内生产或制造的进口货物包括：

(1) 在该国领土或领海内开采的矿产品；

(2) 在该国领土上收获或采集的植物产品；

(3) 在该国领土上出生或由该国饲养的活动物及从其所得产品；

(4) 在该国领土上狩猎或捕捞所得的产品；

(5) 在该国的船只上卸下的海洋捕捞物，以及由该国船只在海上取得的其他产品；

(6) 在该国加工船加工上述第(5)项所列物品所得的产品；

(7) 在该国收集的只适用于做再加工制造的废碎料和废旧物品；

(8) 在该国完全使用上述第(1)～第(7)项所列产品加工成的制成品。

2. 实质性加工标准

实质性加工标准是适用于确定有两个或两个以上国家参与生产的产品的原产国的标准，它的基本含义是经过几个国家加工、制造的进口货物，以最后一个对货物进行经济上可以视为实质性加工的国家作为有关货物的原产国。"实质性加工"是指产品加工后，在《海关进出口税则》中四位数税号一级的税则归类已经有了改变，或者加工增值部分所占新产品总值的比例已超过30%及以上的。

3. 其他规定

对机器、仪器、器材或车辆所用零件、部件、配件、备件及工具，如果与主件同时进口且数量合理的，其原产地按主件的原产地确定，分别进口的则按各自的原产地确定。

(二) 关税完税价格

《海关法》规定，关税完税价格是海关计征关税价格，由海关以该货物的成交价格为基础审查确定，应当包括货物运抵中华人民共和国境内输入地点起卸前的运输及其相关费用、保险费。成交价格不能确定时，完税价格由海关依法估定。我国纳税人进出口货物的完税价格，由海关依据2014年2月1日起实施的《中华人民共和国海关审定进出口货物完税价格办法》(以下简称《完税价格办法》)审定。

1. 进口货物的成交价格方法

进口货物的成交价格，是指卖方向我国境内销售该货物时买方为进口该货物向卖方实付、应付的，并且按照《完税价格办法》有关规定调整后的价款总额，包括直接支付的价款和间接支付的价款。

进口货物的成交价格应当符合以下条件。

(1) 对买方处置或者使用进口货物不予限制，但是法律、行政法规规定实施的限制、对货物销售地域的限制和对货物价格无实质性影响的限制除外。有下列情形之一的，应当视为对买方处置或者使用进口货物进行了限制：

① 进口货物只能用于展示或者免费赠送的；

② 进口货物只能销售给指定第三方的；

　　③ 进口货物加工为成品后只能销售给卖方或者指定第三方的；

　　④ 其他经海关审查，认定买方对进口货物的处置或者使用受到限制的。

　　(2) 进口货物的价格不得受到使该货物成交价格无法确定的条件或者因素的影响。有下列情形之一的，应当视为进口货物的价格受到了使该货物成交价格无法确定的条件或者因素的影响：

　　① 进口货物的价格是以买方向卖方购买一定数量的其他货物为条件而确定的；

　　② 进口货物的价格是以买方向卖方销售其他货物为条件而确定的；

　　③ 其他经海关审查，认定货物的价格受到使该货物成交价格无法确定的条件或者因素影响的。

　　(3) 卖方不得直接或者间接获得因买方销售、处置或者使用进口货物而产生的任何收益，或者虽然有收益，但是能够按照《完税价格办法》的规定做出调整。

　　(4) 买卖双方之间没有特殊关系，或者虽然有特殊关系，但是按照规定未对成交价格产生影响。有下列情形之一的，应当认为买卖双方存在特殊关系：

　　① 买卖双方为同一家族成员的；

　　② 买卖双方互为商业上的高级职员或者董事的；

　　③ 一方直接或者间接地受另一方控制的；

　　④ 买卖双方都直接或者间接地受第三方控制的；

　　⑤ 买卖双方共同直接或者间接地控制第三方的；

　　⑥ 一方直接或者间接地拥有、控制或者持有对方 5%以上(含 5%)公开发行的有表决权的股票或者股份的；

　　⑦ 一方是另一方的雇员、高级职员或者董事的；

　　⑧ 买卖双方是同一合伙的成员的。

　　买卖双方在经营上相互有联系，一方是另一方的独家代理、独家经销或者独家受让人，如果符合前述规定，也应当视为存在特殊关系。

　　(5) 买卖双方之间存在特殊关系，但是纳税义务人能证明其成交价格与同时或者大约同时发生的下列任何一种价格相近的，应当视为特殊关系未对进口货物的成交价格产生影响：

　　① 向境内无特殊关系的买方出售的相同或者类似进口货物的成交价格；

　　② 按照倒扣价格估价方法所确定的相同或者类似进口货物的完税价格；

　　③ 按照计算价格估价方法所确定的相同或者类似进口货物的完税价格。

2. 进口货物海关估计方法

　　进口货物的成交价格不符合规定条件，或者成交价格不能确定的，在客观上无法采用货物实际成交价格的，海关经了解有关情况，并与纳税义务人进行价格磋商后，依次以相同货物成交价格估价方法、类似货物成交价格估价方法、倒扣价格估价方法、计算价格估价方法及其他合理方法审查确定该货物的完税价格。

　　(1) 相同货物成交价格估价方法。它是指海关以与进口货物同时或者大约同时向中华人民共和国境内销售的相同货物的成交价格为基础，审查确定进口货物的完税价格的估价方法。

　　按照该方法审查确定进口货物的完税价格时，应当使用与该货物具有相同商业水平且进口数量基本一致的相同货物的成交价格。使用上述价格时，应当以客观量化的数据资料，对该货物与相同货物之间由于运输距离和运输方式不同而在成本和其他费用方面产生的差异进行调整。在没有前述的相同货物的成交价格的情况下，可以使用不同商业水平或者不同进口数量的相同货物的成交价格。使用上述价格时，应当以客观量化的数据资料，对因商业水平、进口数量、运输距离和运输方式不同而在价格、成本和其他费用方面产生的差异做出调整。

按照该方法审查确定进口货物的完税价格时，首先使用同一生产商生产的相同货物的成交价格；没有同一生产商生产的相同货物的成交价格的，可以使用同一生产国或者地区其他生产商生产的相同货物的成交价格；如果有多个相同货物的成交价格，应当以最低的成交价格为基础审查确定进口货物的完税价格。

(2) 类似货物成交价格估价方法。它是指海关以与进口货物同时或者大约同时向中华人民共和国境内销售的类似货物的成交价格为基础，审查确定进口货物的完税价格的估价方法。

按照该方法审查确定进口货物的完税价格时，应当使用与该货物具有相同商业水平且进口数量基本一致的类似货物的成交价格。使用上述价格时，应当以客观量化的数据资料，对该货物与类似货物之间由于运输距离和运输方式不同而在成本和其他费用方面产生的差异进行调整。在没有前述的类似货物的成交价格的情况下，可以使用不同商业水平或者不同进口数量的类似货物的成交价格。使用上述价格时，应当以客观量化的数据资料，对因商业水平、进口数量、运输距离和运输方式不同而在价格、成本和其他费用方面产生的差异做出调整。

按照该方法审查确定进口货物的完税价格时，应当首先使用同一生产商生产的类似货物的成交价格；没有同一生产商生产的类似货物的成交价格的，可以使用同一生产国或者地区其他生产商生产的类似货物的成交价格；如果有多个类似货物的成交价格，应当以最低的成交价格为基础审查确定进口货物的完税价格。

(3) 倒扣价格估价方法。它是指海关以进口货物、相同或者类似进口货物在境内的销售价格为基础，扣除境内发生的有关费用后，审查确定进口货物完税价格的估价方法。该销售价格应当同时符合下列条件：

① 在该货物进口的同时或者大约同时，将该货物、相同或者类似进口货物在境内销售的价格；

② 按照货物进口时的状态销售的价格；

③ 在境内第一销售环节销售的价格；

④ 向境内无特殊关系方销售的价格；

⑤ 按照该价格销售的货物合计销售总量最大。

按照倒扣价格估价方法审查确定进口货物完税价格的，下列各项应当扣除：

① 同等级或者同种类货物在境内第一销售环节销售时，通常的利润和一般费用(包括直接费用和间接费用)以及通常支付的佣金；

② 货物运抵境内输入地点起卸后的运输及其相关费用、保险费；

③ 进口关税、进口环节海关代征税及其他国内税。

(4) 计算价格估价方法。它是指海关以下列各项的总和为基础，审查确定进口货物完税价格的估价方法。

① 生产该货物所使用的料件成本和加工费用；

② 向境内销售同等级或者同种类货物通常的利润和一般费用(包括直接费用和间接费用)；

③ 该货物运抵境内输入地点起卸前的运输及相关费用、保险费。

按照上述规定审查确定进口货物的完税价格时，海关在征得境外生产商同意并且提前通知有关国家或者地区政府后，可以在境外核实该企业提供的有关资料。

(5) 合理方法。它是指当海关不能根据成交价格估价方法、相同货物成交价格估价方法、类似货物成交价格估价方法、倒扣价格估价方法和计算价格估价方法确定完税价格时，海关遵循客观、公平、统一的原则，以客观量化的数据资料为基础审查确定进口货物完税价格的估价方法。海关在采用合理方法确定进口货物的完税价格时，不得使用以下价格：

① 境内生产的货物在境内的销售价格；

② 可供选择的价格中较高的价格；

③ 货物在出口地市场的销售价格；

④ 以计算价格估价方法规定之外的价值或者费用计算的相同或者类似货物的价格；

⑤ 出口到第三国或者地区的货物的销售价格；

⑥ 最低限价或者武断、虚构的价格。

3. 成交价格的调整项目

采用成交价格估价方法，以成交价格为基础审查确定进口货物的完税价格时，未包括在该货物实付、应付价格中的下列费用或者价值应当计入完税价格。

(1) 由买方负担的除购货佣金以外的佣金和经纪费。"购货佣金"指买方为购买进口货物向自己的采购代理人支付的劳务费用。"经纪费"指买方为购买进口货物向代表买卖双方利益的经纪人支付的劳务费用。

(2) 由买方负担的与该货物视为一体的容器费用。

(3) 由买方负担的包装材料费用和包装劳务费用。

(4) 与该货物的生产和向中华人民共和国境内销售有关的，由买方以免费或者以低于成本的方式提供并可以按适当比例分摊的料件、工具、模具、消耗材料及类似货物的价款，以及在境外开发、设计等相关服务的费用。

(5) 与该货物有关并作为卖方向我国销售该货物的一项条件，应当由买方向卖方或者有关方直接或间接支付的特许权使用费。"特许权使用费"是指进口货物的买方为取得知识产权权利人及权利人有效授权人关于专利权、商标权、专有技术、著作权、分销权或者销售权的许可或者转让而支付的费用。

(6) 卖方直接或间接从买方对该货物进口后转售、处置或使用所得中获得的收益。

纳税义务人应当向海关提供上列所述费用或者价值的客观量化数据资料。如果纳税义务人不能提供，海关与纳税义务人进行价格磋商后，按照《完税价格办法》列明的海关估价方法审查确定完税价格。

(7) 不计入完税价格的调整项目。进口货物的价款中单独列明的下列税收、费用，不计入该货物的完税价格。

① 厂房、机械或者设备等货物进口后发生的建设、安装、装配、维修或者技术援助费用，但是保修费用除外。

② 进口货物运抵中华人民共和国境内输入地点起卸后发生的运输及其相关费用、保险费。

③ 进口关税、进口环节海关代征税及其他国内税。

④ 为在境内复制进口货物而支付的费用。

⑤ 境内外技术培训及境外考察费用。

⑥ 同时符合下列条件的利息费用：利息费用是买方为购买进口货物而融资所产生的；有书面的融资协议的；利息费用单独列明的；纳税义务人可以证明有关利率不高于在融资当时当地此类交易通常应当具有的利率水平，且没有融资安排的相同或者类似进口货物的价格与进口货物的实付、应付价格非常接近的。

4. 进口货物核定相关费用

(1) 进口货物的运输及其相关费用，应当按照由买方实际支付或者应当支付的费用计算。如果进口货物的运输及其相关费用无法确定，海关应当按照该货物进口同期的正常运输成本审查确定。

(2) 运输工具作为进口货物，利用自身动力进境的，海关在审查确定完税价格时，不再另行计入运输及其相关费用。

(3) 进口货物的保险费，应当按照实际支付的费用计算。如果进口货物的保险费无法确定或者未实际发生，海关应当按照"货价加运费"两者总额的3%计算保险费，其计算公式如下：

$$保险费=(货价+运费)\times3\%$$

(4) 邮运进口的货物，应当以邮费作为运输及其相关费用、保险费。

(三) 应纳税额的计算

1. 从价税应纳税额的计算

$$关税税额=应税进(出)口货物数量\times单位完税价格\times税率$$

2. 从量税应纳税额的计算

$$关税税额=应税进(出)口货物数量\times单位货物税额$$

3. 复合税应纳税额的计算

$$关税税额=应税进(出)口货物数量\times单位货物税额+应税进(出)口货物数量\times单位完税价格\times税率$$

4. 滑准税应纳税额的计算

$$关税税额=应税进(出)口货物数量\times单位完税价格\times滑准税税率$$

现行税则《进(出)口商品从量税、复合税、滑准税税目税率表》后注明了滑准税税率的计算公式，该公式是一个与应税进(出)口货物完税价格相关的取整函数。

【例6-3 计算题】某大型商场于2020年5月进口一批高档皮包。该批货物在国外的售价为140万元，货物入关前发生的运输费、保险费和其他费用分别为9万元、6万元、5万元。货物报关后，该商场按规定缴纳了进口环节的增值税和消费税并取得了海关开具的缴款书。假定皮包进口关税税率为20%，增值税税率为13%，消费税税率为15%。要求：计算该批货物进口环节应缴纳的关税、增值税、消费税。

① 关税完税价格=140+9+6+5=160(万元)

② 应缴纳进口关税=160×20%=32(万元)

③ 组成计税价格=(160+32)÷(1-15%)≈225.88(万元)

④ 应缴纳增值税=225.88×13%≈29.36(万元)

⑤ 应缴纳消费税=225.88×15%≈33.88(万元)

五、关税减免

关税减免是对纳税人和征税对象给予鼓励和照顾的一种特殊调节手段。关税减免是贯彻国家关税政策的一项重要措施。关税减免分为法定减免税、特定减免税、暂时免税和临时减免税。根据《海关法》规定，除法定减免税外的其他减免税均由国务院决定。减征关税在我国加入世界贸易组织之前以税则规定税率为基准，在我国加入世界贸易组织之后以最惠国税率或者普通税率为基准。

(一) 法定减免税

《海关法》和《进出口关税条例》明确列出了减税或免税。符合税法规定可予减免税的进出口货物，纳税义务人无须提出申请，海关可按规定直接予以减免税。下列货物、物品予以减免关税。

(1) 关税税额在人民币 50 元以下的一票货物，可免征关税。

(2) 无商业价值的广告品和货样，可免征关税。

(3) 外国政府、国际组织无偿赠送的物资，可免征关税。

(4) 进出境运输工具装载的途中必需的燃料、物料和饮食用品，可予免税。

(5) 在海关放行前损失的货物，可免征关税。

(6) 在海关放行前遭受损坏的货物，可以根据海关认定的受损程度减征关税。

(7) 我国缔结或者参加的国际条约规定减征、免征关税的货物、物品，按照规定予以减免关税。

(8) 法律规定减征、免征关税的其他货物、物品。

(二) 特定减免税

特定减免税也称政策性减免税。在法定减免税之外，国家按照国际通行规则和我国实际情况，制定发布的有关进出口货物减免关税的政策，称为特定或政策性减免税。特定减免税货物一般有地区、企业和用途的限制，海关需要进行后续管理，也需要进行减免税统计。

(1) 科教用品。

(2) 残疾人专用品。

(3) 扶贫慈善捐赠物资。

(4) 加工贸易产品。

(5) 边境贸易进口物资。

(6) 保税区进出口货物。

(7) 出口加工区出口货物。

(8) 进口设备。

(9) 特定行业或用途的减免税政策，以及特定地区的减免税政策。

(三) 暂时免税

暂时进境或者暂时出境的下列货物，在进境或者出境时纳税义务人向海关缴纳相当于应纳税款的保证金或者提供其他担保的，可以暂不缴纳关税，并应当自进境或者出境之日起 6 个月内复运出境或者复运进境；需要延长复运出境或者复运进境期限的，纳税义务人应当根据海关总署的规定向海关办理延期手续。

(1) 在展览会、交易会、会议及类似活动中展示或者使用的货物。

(2) 文化、体育交流活动中使用的表演、比赛用品。

(3) 进行新闻报道或者摄制电影、电视节目使用的仪器、设备及用品。

(4) 开展科研、教学、医疗活动使用的仪器、设备及用品。

(5) 在上述第(1)项至第(4)项所列活动中使用的交通工具及特种车辆。

(6) 货样。

(7) 供安装、调试、检测设备时使用的仪器、工具。

(8) 盛装货物的容器。

(9) 其他用于非商业目的的货物。

(四) 临时减免税

临时减免税是指以上法定和特定减免税以外的其他减免税，即由国务院根据《海关法》对某个单位、某类商品、某个项目或某批进出口货物的特殊情况，给予特别照顾，一案一批，专文下达的减免税。一般有单位、品种、期限、金额或数量等限制，不能比照执行。

为推进贸易与环境协调发展，根据国务院全面禁止进口环境危害大、群众反映强烈的固体废物的有关精神，与进口废物管理目录的调整时间相衔接，自 2021 年 1 月 1 日起，金属废碎料等固体废物进口暂定税率，恢复执行最惠国税率。

为积极扩大进口，激发进口潜力，优化进口结构，自 2021 年 1 月 1 日起，我国将对 883 项商品实施低于最惠国税率的进口暂定税率。

根据我国与有关国家或地区签署的贸易协定或关税优惠安排，除此前已经国务院批准实施到位的协定税率外，自 2021 年 1 月 1 日起，对中国与新西兰、秘鲁、哥斯达黎加、瑞士、冰岛、澳大利亚、韩国、智利、格鲁吉亚、巴基斯坦的双边贸易协定和亚太贸易协定的协定税率进一步下调，其中，原产于蒙古的部分进口商品自 2021 年 1 月 1 日起适用亚太贸易协定税率。

六、征收管理

(一) 关税缴纳

进口货物自运输工具申报进境之日起 14 日内，出口货物在货物运抵海关监管区后、装货的 24 小时以前，应由进出口货物的纳税义务人向货物的进出境地海关申报，海关根据税则归类和完税价格计算应缴纳的关税和进口环节代征税，并填发税款缴款书。纳税义务人应当自海关填发税款缴款书之日起 15 日内，向指定银行缴纳税款。如关税缴款期限届满日遇星期六、星期日等休息日或者法定节假日，则关税缴纳期限顺延一个工作日。为方便纳税义务人，经申请且海关同意，进(出)口货物的纳税义务人可以在设有海关的指运地(启运地)办理海关申报、纳税手续。

关税纳税义务人因不可抗力或者在国家税收政策调整的情形下，不能按期缴纳税款的，经依法提供税款担保后，可以延期缴纳税款，但最长不得超过 6 个月。

(二) 关税的强制执行

纳税义务人未在关税缴纳期限内缴纳税款，即构成关税滞纳。为保证海关征收关税的有效性和及时性，《海关法》赋予海关对滞纳关税的纳税义务人强制执行的权力。强制措施主要有两类。

1. 征收关税滞纳金

滞纳金自关税缴纳期限届满滞纳之日起，至纳税义务人缴纳关税之日止，按滞纳税款万分之五的比例按日征收，周末或法定节假日不予扣除。具体计算公式为

$$关税滞纳金金额=滞纳关税税额×滞纳金征收比率×滞纳天数$$

2. 强制征收

如纳税义务人自缴纳税款期限届满之日起 3 个月仍未缴纳税款，经直属海关关长或者其授权的隶属海关关长批准，海关可以采取强制扣缴、变价抵缴等强制措施。强制扣缴是指海关书面通知纳税义务人开户银行或者其他金融机构从其存款中扣缴税款；变价抵缴是指海关将纳税义务人的应税货物依法变卖，或者扣留并依法变卖其价值相当于应纳税款的货物或者其他财产，以变卖所得抵缴税款。

(三) 关税退还

关税退还是指关税纳税义务人按海关核定的税额缴纳关税后，因某种原因的出现，海关将实际征收多于应当征收的税额(称为溢征关税)退还给原纳税义务人的一种行政行为。根据《海关法》和《进出口关税条例》的规定，海关多征的税款，海关发现后应当立即退还。

根据规定，有下列情形之一的，纳税义务人自缴纳税款之日起 1 年内，可以申请退还关税，并应当以书面形式向海关说明理由，提供原缴款凭证及相关资料：

(1) 已征进口关税的货物，因品质或者规格原因，原状退货复运出境的；

(2) 已征出口关税的货物，因品质或者规格原因，原状退货复运进境，并已重新缴纳因出口而退还的国内环节有关税收的；

(3) 已征出口关税的货物，因故未装运出口，申报退关的。

海关应当自受理退税申请之日起 30 日内查实并通知纳税义务人办理退还手续；纳税义务人应当自收到通知之日起 3 个月内办理有关退税手续。前述第(1)项和第(2)项规定强调的是，"因货物品质或者规格原因，原状退货复运进境或者出境的"。如果属于其他原因且不能以原状复运进境或者出境，不能退税。

(四) 关税补征和追征

补征和追征是指海关在关税纳税义务人按海关核定的税额缴纳关税后，发现实际征收税额少于应当征收的税额(称为短征关税)时，责令纳税义务人补缴所差税款的一种行政行为。《海关法》根据短征关税的原因，将海关征收原短征关税的行为分为补征和追征两种。由于纳税人违反海关规定造成短征关税的，称为追征；非因纳税人违反海关规定造成短征关税的，称为补征。区分关税追征和补征的目的是使不同情况适用不同的征收时效，超过时效规定的期限，海关就丧失了追补关税的权力。

根据《海关法》和《进出口关税条例》的规定，进出境货物和物品放行后，海关发现少征或者漏征税款，应当自缴纳税款或者货物、物品放行之日起 1 年内，向纳税义务人补征税款；因纳税义务人违反规定而造成的少征或者漏征的税款，海关可以自纳税义务人缴纳税款或者货物、物品放行之日起 3 年以内追征，并从缴纳税款或者货物、物品放行之日起按日加收少征或者漏征税款万分之五的滞纳金；海关发现其监管货物因纳税义务人违反规定造成少征或者漏征税款的，应当自纳税义务人应缴纳税款之日起 3 年内追征税款，并从应缴纳税款之日起按日加收少征或者漏征税款万分之五的滞纳金。

(五) 关税纳税争议的处理

为保护纳税人合法权益，我国《海关法》和《进出口关税条例》都规定了纳税义务人对海关确定的进出口货物的征税、减税、补税或者退税等有异议时，有提出申诉的权利。在纳税义务人同海关发生纳税争议时，可以向海关申请复议，但同时应当在规定期限内按海关核定的税额缴纳关税，逾期则构成滞纳，海关有权按规定采取强制执行措施。

纳税争议的内容一般为进出境货物和物品的纳税义务人对海关在原产地认定、税则归类、税率或汇率适用、完税价格确定，以及关税减征、免征、追征、补征和退还等征税行为是否合法或适当，是否侵害了纳税义务人的合法权益，而对海关征收关税的行为表示异议。

纳税争议的申诉程序：纳税义务人自海关填发税款缴款书之日起 60 日内，向原征税海关的上一级海关提出复议申请。逾期申请复议的，海关不予受理。海关行政复议机关应当自受理复议申请之日起 60 日内做出复议决定，并以复议决定书的形式正式答复纳税义务人；纳税义务人对海关复议决定仍然不服的，可以自收到复议决定书之日起 15 日内，向人民法院提起诉讼。

七、船舶吨税法

船舶吨税是指海关对自中华人民共和国境外港口进入境内港口的船舶所征收的一种税。现行船舶吨税的基本规范是 2017 年 12 月 27 日通过《中华人民共和国船舶吨税法》(中华人民共和国主席令第八十五号)，于 2018 年 7 月 1 日起施行。

(一) 征税范围和税率

1. 征税范围

船舶吨税的征收范围为自中华人民共和国境外港口进入境内港口的船舶(以下简称应税船舶)。船舶吨税的税目、税率依照《船舶吨税税目税率表》执行。

2. 税率

船舶吨税税率分为优惠税率和普通税率。中华人民共和国国籍的应税船舶、船籍国(地区)与中华人民共和国签订含有相互给予船舶税费最惠国待遇条款的条约或者协定的应税船舶，适用优惠税率。其他应税船舶，适用普通税率(见表 6-2)。

表 6-2　船舶吨税税目税率表

| 税目
(按船舶净吨位划分) | 税率(元/净吨) | | | | | | 备 注 |
| | 普通税率
(按执照期限划分) | | | 优惠税率
(按执照期限划分) | | | |
	1年	90日	30日	1年	90日	30日	
不超过 2 000 净吨	12.6	4.2	2.1	9.0	3.0	1.5	1. 拖船按照发动机功率每千瓦折合净吨位 0.67 吨。 2. 无法提供净吨位证明文件的游艇,按照发动机功率每千瓦折合净吨位 0.05 吨。 3. 拖船和非机动驳船分别按相同净吨位船舶税率的 50%计征税款
超过 2 000 净吨,但不超过 10 000 净吨	24.0	8.0	4.0	17.4	5.8	2.9	
超过 10 000 净吨, 但不超过 50 000 净吨	27.6	9.2	4.6	19.8	6.6	3.3	
超过 50 000 净吨	31.8	10.6	5.3	22.8	7.6	3.8	

注: 拖船是指专门用于拖(推)动运输船舶的专业作业船舶。

(二) 应纳税额的计算

船舶吨税按照船舶净吨位和吨税执照期限征收,应纳税额按照船舶净吨位乘以适用税率计算。净吨位是指由船籍国(地区)政府授权签发的船舶吨位证明书上标明的净吨位;吨税执照期限是指按照公历年、日计算的期间。应纳税额的计算公式为:

$$应纳税额=船舶净吨位×定额税率$$

应税船舶在进入港口办理入境手续时,应当向海关申报纳税领取吨税执照,或者交验吨税执照(或者申请核验吨税执照电子信息)。应税船舶在离开港口办理出境手续时,应当交验吨税执照(或者申请核验吨税执照电子信息)。

【例 6-4 计算题】B 国某运输公司一艘货轮驶入我国某港口,该货轮净吨位为 30 000 吨,货轮负责人已向我国该海关领取了吨税执照,在港口停留期限为 90 天,B 国已与我国签订有相互给予船舶税费最惠国待遇条款。请计算该货轮负责人应向我国海关缴纳的船舶吨税。(根据船舶吨税的相关规定,该货轮应享受优惠税率,每净吨位为 6.6 元。)

应缴纳船舶吨税=30 000×6.6=198 000(元)。

(三) 税收优惠

下列船舶免征船舶吨税:

(1) 应纳税额在人民币 50 元以下的船舶;

(2) 自境外以购买、受赠、继承等方式取得船舶所有权的初次进口到港的空载船舶;

(3) 吨税执照期满后 24 小时内不上下客货的船舶;

(4) 非机动船舶(不包括非机动驳船);

(5) 捕捞、养殖渔船;

(6) 避难、防疫隔离、修理、改造、终止运营或者拆解,并不上下客货的船舶;

(7) 军队、武装警察部队专用或者征用的船舶;

(8) 警用船舶;

(9) 依照法律规定应当予以免税的外国驻华使领馆、国际组织驻华代表机构及其有关人员的船舶；

(10) 国务院规定的其他船舶。

(四) 征收管理

船舶吨税由海关负责征收。海关征收吨税应当制发缴款凭证。应税船舶负责人缴纳吨税或者提供担保后，海关按照其申领的执照期限填发吨税执照。

(1) 吨税纳税义务发生时间为应税船舶进入港口的当日。应税船舶在吨税执照期满后尚未离开港口的，应当申领新的吨税执照，自上一次执照期满的次日起续缴吨税。

(2) 应税船舶负责人应当自海关填发吨税缴款凭证之日起 15 日内缴清税款。未按期缴清税款的，自滞纳税款之日起至缴清税款之日止，按日加收滞纳税款万分之五的税款滞纳金。

(3) 应税船舶到达港口前，经海关核准先行申报并办结出入境手续的，应税船舶负责人应当向海关提供与其依法履行吨税缴纳义务相适应的担保；应税船舶到达港口后，依照规定向海关申报纳税。

(4) 应税船舶在吨税执照期限内，因修理、改造导致净吨位变化的，吨税执照继续有效。

(5) 应税船舶在吨税执照期限内，因税目税率调整或者船籍改变而导致适用税率变化的，吨税执照继续有效。因船籍改变而导致适用税率变化的，应税船舶在办理出入境手续时，应当提供船籍改变的证明文件。

(6) 吨税执照在期满前毁损或者遗失的，应当向原发照海关书面申请核发吨税执照副本，不再补税。

(7) 海关发现少征或者漏征税款的，应当自应税船舶应当缴纳税款之日起 1 年内，补征税款。

(8) 应税船舶有下列行为之一的，由海关责令限期改正，处 2 000 元以上 30 000 元以下的罚款；不缴或者少缴应纳税款的，处不缴或者少缴税款 50% 以上 5 倍以下的罚款，但罚款不得低于 2 000 元：未按照规定申报纳税、领取吨税执照；未按照规定交验吨税执照(或者申请核验吨税执照电子信息)以及提供其他证明文件。

(9) 吨税税款、税款滞纳金、罚款以人民币计算。

第三节 资源税法和环境保护税法

一、资源税法概述

(一) 资源税的概念和特点

资源税法是指国家制定的用以调整资源税征收与缴纳之间权利及义务关系的法律规范。资源税是以自然资源为课税对象征收的一种税。我国资源税是对在我国领域及管辖海域从事开采应税矿产品和生产盐的单位及个人。

资源税具有以下特点。

(1) 征税范围较窄。目前我国的资源税征税仅将部分级差收入差异较大、资源较为普遍、易于征收管理的矿产品和盐列为征税范围。随着我国经济的快速发展，对自然资源的合理利用和有效保护将越来越重要，因此，资源税的征税范围应逐步扩大。

(2) 具有受益税的性质。国家既可以凭借对自然资源的所有权向资源的开发经营者收取占用费或租金，也可以凭借政治权力征税。因此，资源税的征收是国家政治权力和所有权的统一。单位或个人开发经营国有自然资源，既应当为拥有开发权而付出一定的代价，又因享受国有自然资源而有义务支付一定的费用。所以说我国现行资源税具有受益税的性质。

(3) 实行从量定额与从价定率相结合的征收方式。自然资源的贫富、品位的高低以及开采条件的优劣，给从事资源开发的不同企业带来不同的级差收入，因此，在资源税税率设计上，必须考虑开采条件、品位高低、稀缺性等各种因素，按照"资源条件好的多征、资源条件差的少征"的原则，确定相应的差别税率。在征收方法上，我国现行资源税以应税资源产品的销售额或者销售数量为计税依据，实行从价定率与从量定额相结合的征收方法。

(4) 实行一次课征收。我国现行的资源税对资源的开采者、生产者和收购者在生产环节、销售环节或收购环节征一次税，以后的流通环节不再征收资源税。

(二) 我国资源税法的发展历程

1984 年我国开征资源税时，普遍认为征收资源税主要依据的是受益原则、公平原则和效率原则三方面。1986 年 10 月 1 日，《中华人民共和国矿产资源法》施行，该法第五条进一步明确国家对矿产资源施行有偿开采。开采矿产资源，必须按照国家有关规定缴纳资源税和资源补偿费。1993 年 12 月国务院发布的《中华人民共和国资源税暂行条例》及财政部发布的《中华人民共和国资源税暂行条例实施细则》，将盐税并到资源税中，并将资源税征收范围扩大为原油、天然气、煤炭、其他非金属矿原矿、黑色金属矿原矿、有色金属矿原矿和盐 7 种，于 1994 年 1 月 1 日起不再按超额利润征税，而是按矿产品销售量征税。2010 年 6 月 1 日，在新疆对原油、天然气进行了资源税从价计征改革试点工作；2011 年国务院令第 605 号对《中华人民共和国资源税暂行条例》进行了修改，财政部令第 66 号对《中华人民共和国资源税暂行条例实施细则》进行了修订，并自 2011 年 11 月 1 日起施行。2014 年 12 月又对煤炭的资源税由从量计征改为从价计征，取得一定效果。根据党中央、国务院决策部署，2016 年全面推进资源税改革，财政部、国家税务总局 2016 年 5 月公布《关于全面推进资源税改革的通知》《关于资源税改革具体政策问题的通知》等，对绝大部分应税产品实行从价计征方式，对经营分散、多为现金交易且难以控管的黏土、砂石，按照便利征管原则，仍实行从量定额计征。同时在河北省开征水资源税试点工作，采取水资源费改税方式，将地表水和地下水纳入征税范围，实行从量定额计征。2017 年 12 月 1 日起，水资源税改革试点进一步扩大到北京、天津、山西、内蒙古、山东、河南、四川、陕西、宁夏等 9 个省(自治区、直辖市)。为了贯彻习近平生态文明思想、落实税收法定原则，2019 年 8 月 26 日第十三届全国人民代表大会常务委员会第十二次会议通过《中华人民共和国资源税法》，并于 2020 年 9 月 1 日起施行。

二、纳税义务人和扣缴义务人

(一) 纳税义务人

资源税的纳税义务人是指在中华人民共和国领域及管辖的其他海域开发应税资源的单位

和个人。其中，单位是指国有企业、集体企业、私营企业、股份制企业、其他企业和行政单位、事业单位、军事单位、社会团体及其他单位；个人是指个体经营者和其他个人。

需要明确以下内容。

(1) 资源税规定仅对在中国境内开采或生产应税产品的单位和个人征收，而对进口的矿产品和盐不征收资源税。相应地，对出口应税产品也不免征或退还已纳资源税。

(2) 单位和个人将应税产品投资、分配、抵债、赠与、以物易物等视同销售，应按规定计算缴纳资源税。

(3) 根据国务院的决定，开采海洋或陆上油气资源的中外合作油气田，在 2011 年 11 月 1 日前已签订的合同继续缴纳矿区使用费，不缴纳资源税；合同期满后，依法缴纳资源税。

(二) 扣缴义务人

独立矿山、联合企业和其他收购未税矿产品的单位为资源税的扣缴义务人。其中，独立矿山是指只有采矿或只有采矿和选矿的独立核算、自负盈亏的单位，其生产的原矿和精矿主要用于对外销售；联合企业是指采矿、选矿、冶炼(或加工)连续生产的企业或采矿、冶炼(或加工)连续生产的企业，其采矿单位一般是该企业的二级或二级以下核算单位；其他收购未税矿产品的单位是指自己并不生产应税矿产品，而从事矿产品原矿收购自用或卖给其他使用单位的矿产品收购单位。

资源税代扣代缴的适用范围应限定在除原油、天然气、煤炭以外的，税源小、零散、不定期开采等难以在采矿地申报缴纳资源税的矿产品。对已纳入开采地正常税务管理或者在销售矿产品时开具增值税发票的纳税人，不采用代扣代缴的征管方式。

三、税目、税率

(一) 税目

资源税税目包括 5 大类，分别是能源矿产、金属矿产、非金属矿产、水气矿产、盐。在 5 个税目下面又设有若干个子目。《中华人民共和国资源税法》所列的税目有 164 个，涵盖了所有已经发现的矿种和盐。

上述各税目征税时有的对原矿征税，有的对选矿征税，具体适用的征税对象按照《资源税税目税率表》的规定执行，主要包括以下三类：按原矿征税、按选矿征税、按原矿或者选矿征税。

(二) 税率

资源税按照《资源税税目税率表》实行从价计征或者从量计征，分别以应税产品的销售额乘以纳税人具体适用的比例税率或者以应税产品的销售数量乘以纳税人具体适用的定额税率计算，实施"级差调节"的原则。级差调节是指运用资源税对因资源贮存状况、开采条件、资源优劣、地理位置等客观存在的差别而产生的资源级差收入，通过实施差别税率或差别税额进行调节(见表 6-3)。

表 6-3　资源税税目税率表

序号	税目			征税对象	税率
1	能源矿产	原油		原矿	6%
2		天然气、页岩气、天然气水合物		原矿	6%
3		煤		原矿或者选矿	2%～10%
4		煤成(层)气		原矿	1%～2%
5		铀、钍		原矿	4%
6		油页岩、油砂、天然沥青、石煤		原矿或者选矿	1%～4%
7		地热		原矿	1%～20%或者每立方米1～30元
8	金属矿产	黑色金属	铁、锰、铬、钒、钛	原矿或者选矿	1%～9%
9		有色金属	铜、铅、锌、锡、镍、锑、镁、钴、铋、汞	原矿或者选矿	2%～10%
10			铝土矿	原矿或者选矿	2%～9%
11			钨	选矿	6.5%
12			钼	选矿	8%
13			金、银	原矿或者选矿	2%～6%
14			铂、钯、钌、锇、铱、铑	原矿或者选矿	5%～10%
15			轻稀土	选矿	7%～12%
16			中重稀土	选矿	20%
17			铍、锂、锆、锶、铷、铯、铌、钽、锗、镓、铟、铊、铪、铼、镉、硒、碲	原矿或者选矿	2%～10%
18	非金属矿产	矿物类	高岭土	原矿或者选矿	1%～6%
19			石灰岩	原矿或者选矿	1%～6%或者每吨(或者每立方米)1～10元
20			磷	原矿或者选矿	3%～8%
21			石墨	原矿或者选矿	3%～12%
22			萤石、硫铁矿、自然硫	原矿或者选矿	1%～8%
23			天然石英砂、脉石英、粉石英、水晶、工业用金刚石、冰洲石、蓝晶石、硅线石(矽线石)、长石、滑石、刚玉、菱镁矿、颜料矿物、天然碱、芒硝、钠硝石、明矾石、砷、硼、碘、溴、膨润土、硅藻土、陶瓷土、耐火黏土、铁矾土、凹凸棒石黏土、海泡石黏土、伊利石黏土、累托石黏土	原矿或者选矿	1%～12%

(续表)

序号	税目		征税对象	税率
24	矿物类	叶蜡石、硅灰石、透辉石、珍珠岩、云母、沸石、重晶石、毒重石、方解石、蛭石、透闪石、工业用电气石、白垩、石棉、蓝石棉、红柱石、石榴子石、石膏	原矿或者选矿	2%～12%
25	非金属矿产	其他黏土(铸型用黏土、砖瓦用黏土、陶粒用黏土、水泥配料用黏土、水泥配料用红土、水泥配料用黄土、水泥配料用泥岩、保温材料用黏土)	原矿或者选矿	1%～5%或者每吨(或者每立方米)0.1～5元
26		岩石类 大理岩、花岗岩、白云岩、石英岩、砂岩、辉绿岩、安山岩、闪长岩、板岩、玄武岩、片麻岩、角闪岩、页岩、浮石、凝灰岩、黑曜岩、霞石正长岩、蛇纹岩、麦饭石、泥灰岩、含钾岩石、含钾砂页岩、天然油石、橄榄岩、松脂岩、粗面岩、辉长岩、辉石岩、正长岩、火山灰、火山渣、泥炭	原矿或者选矿	1%～10%
27		砂石(天然砂、卵石、机制砂石)	原矿或者选矿	1%～5%或者每吨(或者每立方米)0.1～5元
28	宝玉石类	宝石、玉石、宝石级金刚石、玛瑙、黄玉、碧玺	原矿或者选矿	4%～20%
29	水气矿产	二氧化碳气、硫化氢气、氦气、氡气	原矿	2%～5%
30		矿泉水	原矿	1%～20%或者每立方米1～30元
31	盐	钠盐、钾盐、镁盐、锂盐	选矿	3%～15%
32		天然卤水	原矿	3%～15%或者每吨(或者每立方米)1～10元
33		海盐		2%～5%

　　上表中规定实行幅度比例税率的，其具体适用税率由省、自治区、直辖市人民政府统筹考虑该应税资源的品位、开采条件以及对生态环境的影响等情况，在规定的税率幅度内提出，报同级人民代表大会常务委员会决定，并报全国人民代表大会常务委员会和国务院备案。

　　纳税人开采或者生产不同税目应税产品的，应当分别核算不同税目应税产品的销售额或者销售数量；未分别核算或者不能准确提供不同税目应税产品的销售额或者销售数量的，从高适用税率。

四、计税依据和应纳税额的计算

(一) 计税依据

资源税采取从价定率或从量定额的办法征收，其计税依据是应税资源产品的销售额或课税数量。

1. 从价定率征收的计税依据

(1) 一般情况下销售额的确定。资源税实行从价定率征收的，其计税依据为纳税人销售应税产品的销售额。销售额是指纳税人销售应税产品向购买方收取的全部价款和价外费用，不包括增值税销项税额。

价外费用，包括价外向购买方收取的手续费、补贴、基金、集资费、返还利润、奖励费、违约金、滞纳金、延期付款利息、赔偿金、代收款项、代垫款项、包装费、包装物租金、储备费、优质费以及其他各种性质的价外收费。

但下列项目不包括在内：承运部门的运输费用发票开具给购买方的；纳税人将该项发票转交给购买方的；由国务院或者财政部批准设立的政府性基金，由国务院或者省级人民政府及其财政、价格主管部门批准设立的行政事业性收费；收取时开具省级以上财政部门印制的财政票据；所收款项全额上缴财政。

(2) 特殊情况下销售额的确定。纳税人开采应税矿产品由其关联单位对外销售的，按其关联单位的销售额征收资源税。纳税人既有对外销售应税产品，又有将应税产品用于除连续生产应税产品以外的其他方面的(包括用于非生产项目和生产非应税产品)，则自用的这部分应税产品按纳税人对外销售应税产品的平均价格计算销售额征收资源税。

纳税人申报的应税产品销售价格明显偏低且无正当理由的、有视同销售应税产品行为而无销售价格的，税务机关应按下列顺序确定其应税产品计税价格：

一是按纳税人最近时期同类产品的平均销售价格确定；

二是按其他纳税人最近时期同类产品的平均销售价格确定；

三是按应税产品组成计税价格确定。

$$组成计税价格=成本×(1+成本利润率)÷(1-资源税税率)$$

公式中的成本是指应税产品的实际生产成本。公式中的成本利润率由省、自治区、直辖市税务机关确定。

四是按后续加工非应税产品销售价格，减去后续加工环节的成本利润后确定。

五是按其他合理方法确定。

纳税人将其开采的应税产品直接出口的，按其离岸价格(不含增值税)计算销售额征收资源税。

纳税人核算并扣减当期外购已税产品购进金额，应依据外购已税产品的增值税发票、海关进口增值税专用缴款书或者其他合法有效凭据。

(3) 扣减运杂费用。对同时符合以下条件的运杂费用，纳税人在计算应税产品计税销售额时，可予以扣减：包含在应税产品销售收入中；属于纳税人销售应税产品环节发生的运杂费用，具体是指运送应税产品从坑口或者洗选(加工)地到车站、码头或者购买方指定地点的运杂费用；

取得相关运杂费用发票或者其他合法有效凭据；将运杂费用与计税销售额分别进行核算。

纳税人扣减的运杂费用明显偏高导致应税产品价格偏低且无正当理由的，主管税务机关可以合理调整计税价格。

(4) 应税稀土、钨、钼销售额的确定。为公平原矿与精矿之间的税负，对同一种应税产品，征税对象为精矿的，纳税人销售原矿时，应将原矿销售额换算为精矿销售额缴纳资源税；征税对象为原矿的，纳税人销售自采原矿加工的精矿，应将精矿销售额折算为原矿销售额缴纳资源税。换算比或折算率原则上应通过原矿售价、精矿售价和选矿比计算，也可通过原矿销售额、加工环节平均成本和利润计算。

精矿销售额不包括从洗选厂到车站、码头或用户指定运达地点的运输费用。

轻稀土精矿包括氟碳铈矿精矿、独居石精矿以及混合型稀土精矿等。

中重稀土精矿包括离子型稀土矿和磷钇矿精矿。

钨精矿按折 65% 三氧化钨的交易量和交易价计算确定销售额。

钼精矿按折 45% 钼金属的交易量和交易价计算确定销售额。

2. 从量定额征收的计税依据

实行从量定额征收的以销售数量为计税依据。销售数量的具体规定有以下几项。

(1) 销售数量，包括纳税人开采或者生产应税产品的实际销售数量和视同销售的自用数量。

(2) 纳税人不能准确提供应税产品销售数量的，以应税产品的产量或者主管税务机关确定的折算比换算成的数量为计征资源税的销售数量。

(3) 纳税人以自产的液体盐加工固体盐，按固体盐税额征税，以加工的固体盐数量为课税数量。纳税人以外购的液体盐加工固体盐，其加工固体盐所耗用液体盐的已纳税额准予抵扣。

(二) 应纳税额的计算

资源税的应纳税额，按照从价定率或者从量定额的办法，分别以应税产品的销售额乘以纳税人具体适用的比例税率，或者以应税产品的销售数量乘以纳税人具体适用的定额税率计算。

1. 从价定率方式应纳税额的计算

实行从价定率方式征收资源税的，根据应税产品的销售额和规定的适用税率计算应纳税额，具体计算公式为

$$应纳税额 = 销售额 \times 适用税率$$

【例6-5 计算题】某油田 2020 年 3 月销售原油 20 000 吨，开具增值税专用发票取得销售额 10 000 万元、增值税税额 1 700 万元，按《资源税税目税率幅度表》的规定，其适用的税率为 8%。请计算该油田 3 月应缴纳的资源税。

销售原油应纳税额 = 10 000 × 8% = 800(万元)

【例6-6 计算题】某石化公司为增值税一般纳税人，2020 年 5 月发生以下业务：

(1) 从国外某石油公司进口原油 50 000 吨，支付不含税价款折合人民币 9 000 万元，其中包含包装费及保险费折合人民币 10 万元。

(2) 开采原油 10 000 吨，并将开采的原油对外销售 6 000 吨，取得含税销售额 2 340 万元，同时向购买方收取延期付款利息 2.34 万元，包装费 1.17 万元，另外支付运输费用 7.02 万元。

(3) 用开采的原油 2 000 吨加工生产汽油 1 300 吨。

原油的资源税税率为 10%，计算该石化公司当月应纳资源税。

解析：

① 由于资源税仅对在中国境内开采或生产应税产品的单位和个人征收，因此业务(1)中该石化公司进口原油无须缴纳资源税。

② 业务(2)应缴纳的资源税=(2 340+2.34+1.17)÷(1+13%)×10%=207.39(万元)

③ 业务(3)应缴纳的资源税=(2 340÷6 000)×2 000÷(1+13%)×10%=69.03(万元)

④ 该石化公司当月应纳资源税=207.39+69.03=276.42(万元)

2. 从量定额方式应纳税额的计算

实行从量定额征收资源税的，根据应税产品的课税数量和规定的单位税额计算应纳税额，具体计算公式为

$$应纳税额=课税数量×单位税额$$

$$代扣代缴应纳税额=收购未税矿产品的数量×适用的单位税额$$

【例 6-7 计算题】某砂石开采企业 2020 年 3 月销售砂石 3 000 立方米，资源税税率为 2 元/立方米。请计算该企业 3 月应纳资源税税额。

销售砂石应纳税额=课税数量×单位税额=3 000×2=6 000(元)

3. 煤炭资源税计算方法

为规范煤炭资源税从价计征管理，国家税务总局制定了《煤炭资源税征收管理办法(试行)》，自 2015 年 8 月 1 日起施行。

(1) 基本计征方式。应税煤炭包括原煤和以未税原煤加工的洗选煤。煤炭资源税实行从价定率计征，应纳税额的计算公式如下：

$$应纳税额=应税煤炭销售额×适用税率$$

(2) 应税销售额的确定。纳税人开采原煤直接对外销售的，以原煤销售额作为应税煤炭销售额计算缴纳资源税。计算公式为

$$原煤应纳税额=原煤销售额×适用税率$$

原煤销售额是指纳税人销售原煤向购买方收取的全部价款和价外费用，不包括收取的增值税销项税额以及从坑口到车站、码头或购买方指定地点的运输费用。

纳税人将其开采的原煤加工为洗选煤销售的，以洗选煤销售额乘以折算率作为应税煤炭销售额计算缴纳资源税。计算公式为

$$洗选煤应纳税额=洗选煤销售额×折算率×适用税率$$

洗选煤销售额是指纳税人销售洗选煤向购买方收取的全部价款和价外费用，包括洗选副产品的销售额，不包括收取的增值税销项税额以及从洗选煤厂到车站、码头或购买方指定地点的运输费用。

(3) 洗选煤折算率计算方法。折算率可通过洗选煤销售额扣除洗选环节成本、利润计算，也可通过洗选煤市场价格与其所用同类原煤市场价格的差额及综合回收率计算。折算率由省、自治区、直辖市财税部门或其授权地市级财税部门确定。洗选煤折算率一经确定，原则上在一

个纳税年度内保持相对稳定，但在煤炭市场行情、洗选成本等发生较大变化时可进行调整。

洗选煤折算率计算公式如下：

公式一：

$$洗选煤折算率=(洗选煤平均销售额-洗选环节平均成本-洗选环节平均利润)$$
$$\div洗选煤平均销售额\times100\%$$

洗选煤平均销售额、洗选环节平均成本、洗选环节平均利润可按照上年当地行业平均水平测算确定。

公式二：

$$洗选煤折算率=原煤平均销售额\div(洗选煤平均销售额\times综合回收率)\times100\%$$

原煤平均销售额、洗选煤平均销售额可按照上年当地行业平均水平测算确定。

$$综合回收率=洗选煤数量\div入洗前原煤数量\times100\%$$

(4) 视同销售。纳税人将其开采的原煤，自用于连续生产洗选煤的，在原煤移送使用环节不缴纳资源税；自用于其他方面的，视同销售原煤。纳税人将其开采的原煤加工为洗选煤自用的，视同销售洗选煤。

(5) 特殊情形下销售额的确定。纳税人申报的原煤或洗选煤销售价格明显偏低且无正当理由的，或者有视同销售应税煤炭行为而无销售价格的，主管税务机关应按下列顺序确定计税价格。

① 按纳税人最近时期同类原煤或洗选煤的平均销售价格确定。

② 按其他纳税人最近时期同类原煤或洗选煤的平均销售价格确定。

③ 按组成计税价格确定。

$$组成计税价格=成本\times(1+成本利润率)\div(1-资源税税率)$$

④ 按其他合理方法确定。

纳税人与其关联企业之间的业务往来，应当按照独立企业之间的业务往来收取或支付价款、费用；不按照独立企业之间的业务往来收取或支付价款、费用，而减少其应纳税收入的，税务机关有权按照《税收征管法》及其实施细则的有关规定进行合理调整。

纳税人以自采原煤或加工的洗选煤连续生产焦炭、煤气、煤化工、电力等产品，自产自用且无法确定应税煤炭移送使用量的，可采取最终产成品的煤耗指标确定用煤量。

(6) 销售额的扣减。纳税人将自采原煤与外购原煤(包括煤矸石)进行混合后销售的，应当准确核算外购原煤的数量、单价及运费，在确认计税依据时可以扣减外购相应原煤的购进金额。

$$计税依据=当期混合原煤销售额-当期用于混售的外购原煤的购进金额$$
$$外购原煤的购进金额=外购原煤的购进数量\times单价$$

纳税人将自采原煤连续加工的洗选煤与外购洗选煤进行混合后销售的，比照上述有关规定计算缴纳资源税。

纳税人以自采原煤和外购原煤混合加工洗选煤的，应当准确核算外购原煤的数量、单价及运费，在确认计税依据时可以扣减外购相应原煤的购进金额。

计税依据=当期洗选煤销售额×折算率−当期用于混洗混售的外购原煤的购进金额

外购原煤的购进金额=外购原煤的购进数量×单价

纳税人扣减当期外购原煤或者洗选煤购进额的，应当以增值税专用发票、普通发票或者海关报关单作为扣减凭证。

(7) 征收管理。纳税人销售应税煤炭的，在销售环节缴纳资源税。纳税人以自采原煤直接或者经洗选加工后连续生产焦炭、煤气、煤化工、电力及其他煤炭深加工产品的，视同销售，在原煤或者洗选煤移送环节缴纳资源税。纳税人煤炭开采地与洗选、核算地不在同一行政区域(县级以上)的，煤炭资源税在煤炭开采地缴纳。

五、减免税项目

征资源税有下列情形之一的，免征或者减征资源税。

(1) 开采原油以及油田范围内运输原油过程中用于加热的原油、天然气，免征资源税。

(2) 煤炭开采企业因安全生产需要抽采的煤成(层)气，免征资源税。

(3) 纳税人从低丰度油气田开采的原油、天然气减征 20%资源税。

(4) 对高含硫天然气、三次采油和从深水油气田开采的原油、天然气，减征 30%资源税。

(5) 对稠油、高凝油减征 40%资源税。

(6) 纳税人从衰竭期矿山开采的矿产品，减征 30%资源税。

衰竭期矿山是指设计开采年限超过 15 年，且剩余可采储量下降到原设计可采储量的 20%以下或者剩余开采限不超过 5 年的矿山，衰竭期矿山以开采企业下属的单个矿山为单位确定。

为便于征管，对开采稠油、高凝油、高含硫天然气、低丰度油气资源及三次采油的陆上油气田企业，根据以前年度符合上述减税规定的原油、天然气销售额占其原油、天然气总销售额的比例，确定资源税综合减征率和实际征收率，计算资源税应纳税额。计算公式为

$$综合减征率=\Sigma(减税项目销售额×减征幅度×6\%)÷总销售额$$

$$实际征收率=6\%−综合减征率$$

$$应纳税额=总销售额×实际征收率$$

(7) 纳税人开采共伴生矿、低品位矿、尾矿或者生产应税产品过程中，因意外事故或者自然灾害等原因遭受重大损失的，由省级人民政府根据实际情况提出减税或者免税，报同级人民代表大会常务委员会决定，并报全国人民代表大会常务委员会和国务院备案。

(8) 为促进页岩气开发利用，有效增加天然气供给，经国务院同意，自 2018 年 4 月 1 日至 2021 年 3 月 31 日，对页岩气资源税(按 6%的规定税率)减征 30%。

六、征收管理

(一) 纳税义务发生时间

纳税人销售应税产品，对其纳税义务发生时间有以下几种规定。

(1) 纳税人采取分期收款结算方式的，其纳税义务发生时间，为销售合同规定的收款日期

的当天。

(2) 纳税人采取预收货款结算方式的，其纳税义务发生时间，为发出应税产品的当天。

(3) 纳税人采取除分期收款和预收货款以外其他结算方式的，其纳税义务发生时间，为收讫销售款或者取得索取销售款凭据的当天。

纳税人自产自用应税产品的纳税义务发生时间，为移送使用应税产品的当天。扣缴义务人代扣代缴税款的纳税义务发生时间，为支付首笔货款或首次开具支付货款凭据的当天。

(二) 纳税环节

(1) 资源税在应税产品的销售或自用环节计算缴纳。纳税人以自采原矿加工精矿产品的，在原矿移送使用时不缴纳资源税，在精矿销售或自用时缴纳资源税。

(2) 纳税人以自采原矿直接加工为非应税产品或者以自采原矿加工的精矿连续生产非应税产品的，在原矿或者精矿移送环节计算缴纳资源税。

(3) 以应税产品投资、分配、抵债、赠与、以物易物等，在应税产品所有权转移时计算缴纳资源税。

(4) 纳税人以自采原矿加工金锭的，在金锭销售或自用时缴纳资源税。纳税人销售自采原矿或者自采原矿加工的金精矿、粗金，在原矿或者金精矿、粗金销售时缴纳资源税，在移送使用时不缴纳资源税。

(三) 纳税期限

纳税人的纳税期限为 1 日、3 日、5 日、10 日、15 日或者 1 个月，具体纳税期限由主管税务机关根据实际情况具体核定。不能按固定期限计算纳税的，可以按次计算纳税。纳税人以 1 个月为一期纳税的，自期满之日起 10 日内申报纳税；以 1 日、3 日、5 日、10 日、15 日为一期纳税的，自期满之日起 5 日内预缴税款，于次月 1 日起 10 日内申报纳税并结清上月税款。

(四) 纳税地点

纳税人应当向应税产品开采地或者生产地税务机关申报缴纳资源税。

七、环境保护税法

环境保护税法是指国家制定的调整环境保护税征收与缴纳相关权利及义务关系的法律规范。为了保护和改善环境，减少污染物排放，推进生态文明建设，2016 年 12 月 25 日第十二届全国人民代表大会常务委员会第二十五次会议通过了《中华人民共和国环境保护税法》(以下简称《环境保护税法》)，2017 年 12 月 30 日国务院发布了《中华人民共和国环境保护税法实施条例》，这是我国第四部经过全国人民代表大会正式立法的税收实体法。《环境保护税法》自 2018 年 1 月 1 日起正式实施。

(一) 环境保护税的概述

环境保护税是在中华人民共和国领域和中华人民共和国管辖的其他海域，以大气污染物、水污染物、固体废物和噪声为征税对象，直接向环境排放应税污染物的企事业单位和其他生产经营者征收的一种税。环境保护税是我国第一部促进生态文明建设的单行税法。

(二) 环境保护税的法律要素

1. 征税对象和范围

应税污染物，是指《环境保护税法》所附《环境保护税税目税额表》《应税污染物和当量值表》所规定的大气污染物、水污染物、固体废物和噪声。其具体征税范围包括大气污染物、水污染物、固体废物和噪声四类。依法设立的城乡污水集中处理、生活垃圾集中处理场所超过国家和地方规定的排放标准向环境排放应税污染物的，应当缴纳环境保护税。企事业单位和其他生产经营者贮存或者处置固体废物不符合国家和地方环境保护标准的，应当缴纳环境保护税。

有下列情形之一的，不属于直接向环境排放污染物，不缴纳相应污染物的环境保护税。

(1) 企事业单位和其他生产经营者向依法设立的城乡污水集中处理、生活垃圾集中处理场所排放应税污染物的。

(2) 企事业单位和其他生产经营者在符合国家和地方环境保护标准的设施、场所贮存或者处置固体废物的。

2. 纳税人

在中华人民共和国领域和中华人民共和国管辖的其他海域，直接向环境排放应税污染物的企事业单位和其他生产经营者为环境保护税的纳税人。

3. 税率

环境保护税采用定额税率。应税大气污染物和水污染物具体适用税额的确定和调整由省、自治区、直辖市人民政府统筹考虑本地区环境承载能力、污染物排放现状和经济社会生态发展目标要求，在国家规定的税额幅度内提出，报同级人民代表大会常务委员会决定，并报全国人民代表大会常务委员会备案。环境保护税税目、税额详见表6-4。

表6-4　环境保护税税目税额表

税目		计税单位	税额	备注
大气污染物		每污染当量	1.2 元至 12 元	
水污染物		每污染当量	1.4 元至 14 元	
固体废物	煤矸石	每吨	5 元	
	尾矿	每吨	15 元	
	危险废物	每吨	1 000 元	
	冶炼渣、粉煤灰、炉渣、其他固体废物(含半固态、液态废物)	每吨	25 元	

(续表)

税目		计税单位	税额	备注
噪声	工业噪声	超标1～3分贝	每月350元	1. 一个单位边界上有多处噪声超标，根据最高一处超标声级计算应纳税额；当沿边界长度超过100米有两处以上噪声超标，按照两个单位计算应纳税额。
		超标4～6分贝	每月700元	2. 一个单位有不同地点作业场所的，应当分别计算应纳税额，合并计征。
		超标7～9分贝	每月1400元	3. 昼、夜均超标的环境噪声，昼、夜分别计算应纳税额，累计计征。
		超标10～12分贝	每月2800元	4. 声源一个月内超标不足15天的，减半计算应纳税额。
		超标13～15分贝	每月5600元	5. 夜间频繁突发和夜间偶然突发厂界超标噪声，按等效声级和峰值噪声两种指标中超标分贝值高的一项计算应纳税额
		超标16分贝以上	每月11200元	

4. 税收优惠

下列情形，暂予免征或减征环境保护税。

(1) 农业生产(不包括规模化养殖)排放应税污染物的，免征环境保护税。

(2) 机动车、铁路机车、非道路移动机械、船舶和航空器等流动污染源排放应税污染物的，免征环境保护税。

(3) 依法设立的城乡污水集中处理、生活垃圾集中处理场所排放相应应税污染物，不超过国家和地方规定的排放标准的，免征环境保护税。

(4) 纳税人综合利用的固体废物，符合国家和地方环境保护标准的，免征环境保护税。

(5) 纳税人排放应税大气污染物或者水污染物的浓度值低于国家和地方规定的污染物排放标准30%的，减按75%征收环境保护税。

(6) 纳税人排放应税大气污染物或者水污染物的浓度值低于国家和地方规定的污染物排放标准50%的，减按50%征收环境保护税。

(三) 环境保护税应纳税额的计算

1. 计税依据

环境保护税以应税大气污染物、水污染物排放量折合的污染当量数，应税固体废物的排放和应税噪声分贝数为计税依据，具体按以下规定确定。

(1) 应税大气污染物、水污染物的计税依据。

应税大气污染物、水污染物按照污染物排放量折合的污染当量数确定计税依据。污染当量数以该污染物的排放量除以该污染物的污染当量值计算。污染当量是指根据污染物或者污染排放活动对环境的有害程度以及处理的技术经济性，衡量不同污染物对环境污染的综合性指标或者计量单位。每种应税大气污染物、水污染物的具体污染当量值，依照《环境保护税法》所附

《应税污染物和当量值表》执行(见表6-5)。

表6-5　应税污染物和当量值表

大气污染物污染当量值

污染物	污染当量值(千克)	污染物	污染当量值(千克)
1. 二氧化硫	0.95	23. 二甲苯	0.27
2. 氮氧化物	0.95	24. 苯并(a)芘	0.000002
3. 一氧化碳	16.7	25. 甲醛	0.09
4. 氯气	0.34	26. 乙醛	0.45
5. 氯化氢	10.75	27. 丙烯醛	0.06
6. 氟化物	0.87	28. 甲醇	0.67
7. 氰化氢	0.005	29. 酚类	0.35
8. 硫酸雾	0.6	30. 沥青烟	0.19
9. 铬酸雾	0.0007	31. 苯胺类	0.21
10. 汞及其化合物	0.0001	32. 氯苯类	0.72
11. 一般性粉尘	4	33. 硝基苯	0.17
12. 石棉尘	0.53	34. 丙烯腈	0.22
13. 玻璃棉尘	2.13	35. 氯乙烯	0.55
14. 炭黑尘	0.59	36. 光气	0.04
15. 铅及其化合物	0.02	37. 硫化氢	0.29
16. 镉及其化合物	0.03	38. 氨	9.09
17. 铍及其化合物	0.0004	39. 三甲胺	0.32
18. 镍及其化合物	0.13	40. 甲硫醇	0.04
19. 锡及其化合物	0.27	41. 甲硫醚	0.28
20. 烟尘	2.18	42. 二甲二硫	0.28
21. 苯	0.05	43. 苯乙烯	25
22. 甲苯	0.18	44. 二硫化碳	20

注：燃烧产生废气中的颗粒的，按照烟尘征收环境保护税。排放的扬尘、工业粉尘等颗粒物，除可以确定为烟尘、石棉尘、玻璃棉尘、炭黑尘的外，按照一般性粉尘征收环境保护税。

第一类水污染物污染当量值

污染物	污染当量值(千克)
1. 总汞	0.0005
2. 总镉	0.005
3. 总铬	0.04
4. 六价铬	0.02
5. 总砷	0.02
6. 总铅	0.025

(续表)

7. 总镍	0.025
8. 苯并(a)芘	0.0000003
9. 总铍	0.01
10. 总银	0.02

第二类水污染物污染当量值

污染物	污染当量值(千克)
11. 悬浮物(SS)	4
12. 生化需氧量(BOD_5)	0.5
13. 化学需氧量(CODcr)	1
14. 总有机碳(TOC)	0.49
15. 石油类	0.1
16. 动植物油	0.16
17. 挥发酚	0.08
18. 总氰化物	0.05
19. 硫化物	0.125
20. 氨氮	0.8
21. 氟化物	0.5
22. 甲醛	0.125
23. 苯胺类	0.2
24. 硝基苯类	0.2
25. 阴离子表面活性剂(LAS)	0.2
26. 总铜	0.1
27. 总锌	0.2
28. 总锰	0.2
29. 彩色显影剂(CD-2)	0.2
30. 总磷	0.25
31. 元素磷(以 P 计)	0.05
32. 有机磷农药(以 P 计)	0.05
33. 乐果	0.05
34. 甲基对硫磷	0.05
35. 马拉硫磷	0.05
36. 对硫磷	0.05
37. 五氯酚及五氯酚钠(以五氯酚计)	0.25
38. 三氯甲烷	0.04
39. 可吸附有机卤化物(AOX)(以 C1 计)	0.25
40. 四氯化碳	0.04

(续表)

41. 三氯乙烯	0.04
42. 四氯乙烯	0.04
43. 苯	0.02
44. 甲苯	0.02
45. 乙苯	0.02
46. 邻-二甲苯	0.02
47. 对-二甲苯	0.02
48. 间-二甲苯	0.02
49. 氯苯	0.02
50. 邻二氯苯	0.02
51. 对二氯苯	0.02
52. 对硝基氯苯	0.02
53. 2,4-二硝基氯苯	0.02
54. 苯酚	0.02
55. 间-甲酚	0.02
56. 2,4-二氯酚	0.02
57. 2,4,6-三氯酚	0.02
58. 邻苯二甲酸二丁酯	0.2
59. 邻苯二甲酸二辛酯	0.02
60. 丙烯腈	0.125
61. 总硒	0.02

pH值、色度、大肠菌群数、余氯量污染当量值

污染物		污染当量值	备注
1. pH 值	1. 0—1,13—14	0.06 吨污水	pH 值 5—6 指大于等于 5，小于 6；pH 值 9—10 指大于 9，小于等于 10；其余此类推
	2. 1—2,12—13	0.125 吨污水	
	3. 2—3,11—12	0.25 吨污水	
	4. 3—4,10—11	0.5 吨污水	
	5. 4—5,9—10	1 吨污水	
	6. 5—6	5 吨污水	
2. 色度		5 吨水•倍	
3. 大肠菌群数(超标)		3.3 吨污水	大肠菌群数和总余氯只征收一项
4. 余氯量(用氯消毒的医院废水)		3.3 吨污水	

禽畜养殖业、小型企业和第三产业水污染物当量值

类型		污染当量值	备注
禽畜养殖场	1. 牛	0.1 头	仅对存栏规模大于 50 头牛、500 头猪、5 000 羽鸡鸭等的禽畜养殖场征收
	2. 猪	1 头	
	3. 鸡、鸭等家禽	30 羽	

（续表）

4. 小型企业		1.8 吨污水	
5. 饮食娱乐服务业		0.5 吨污水	
6. 医院	消毒	0.14 床	医院病床数大于 20 张的，按照本表计算污染当量数
		2.8 吨污水	
	不消毒	0.07 床	
		1.4 吨污水	

注：本表仅适用于无法进行实际监测或者物料衡算的禽畜养殖业、小型企业和第三产业等小型排污者的水污染物污染当量数。

每一排放口或者没有排放口的应税大气污染物，按照污染当量数从大到小排序，对前 3 项污染物征收环境保护税。每一排放口的应税水污染物，按照《应税污染物和当量值表》区分第一类水污染物和其他类水污染物，按照污染当量数从大到小排序，对第一类水污染物按照前 5 项征收环境保护税，对其他类水污染物按照前 3 项征收环境保护税。

省、自治区、直辖市人民政府根据本地区污染物减排的特殊需要，可以增加同一排放口征收环境保护税的应税污染物项目数，报同级人民代表大会常务委员会决定，并报全国人民代表大会常务委员会和国务院备案。

纳税人有下列情形之一的，以其当期应税大气污染物、水污染物的产生量作为污染物的排放量：未依法安装使用污染物自动监测设备或者未将污染物自动监测设备与环境保护主管部门的监控设备联网；损毁或者擅自移动、改变污染物自动监测设备；篡改、伪造污染物监测数据；通过暗管、渗井、渗坑、灌注或者稀释排放以及不正常运行防治污染设施等方式违法排放应税污染物；进行虚假纳税申报。

(2) 应税固体废物的计税依据。

固体废物的排放量为当期应税固体废物的产生量减去当期应税固体废物的贮存量、处置量、综合利用量的余额。固体废物的贮存量、处置量，是指在符合国家和地方环境保护标准的设施、场所贮存或者处置的固体废物数量；固体废物的综合利用量，是指按照发展改革委、工业和信息化主管部门关于资源综合利用要求以及国家和地方环境保护标准进行综合利用的固体废物数量。

纳税人存在非法倾倒应税固体废物或者进行虚假纳税申报情况之一的，以其当期应税固体废物的产生量作为固体废物的排放量。

(3) 应税噪声的计税依据。

应税噪声的计税依据按照超过国家规定标准的分贝数确定。工业噪声按超过国家规定标准的分贝数确定每月税额，超过国家规定标准的分贝数是指实际产生的工业噪声与国家规定的工业噪声排放标准限值之间的差值。

2. 确定方法

应税大气污染物、水污染物、固体废物的排放量和噪声的分贝数，按照下列方法和顺序计算。

一是纳税人安装使用符合国家规定和监测规范的污染物自动监测设备的，按照污染物自动监测数据计算。纳税人按照规定须安装污染物自动监测设备并与生态环境主管部门联网的，当自动监测设备发生故障、设备维护、启停炉、停运等状态时，应当按照相关法律法规和《固定污染源烟气排放连续监测技术规范(试行)》(HJ/T75—2017)、《水污染源在线监测系统数据有效性判别技术规范(试行)》(HJ/T356—2007)等规定，对数据状态进行标记，以及对数据缺失、无效时段的污染物排放量进行修约和替代处理，并按标记、处理后的自动监测数据计算应税污染物排放量。相关纳税人当月不能提供符合国家规定和监测规定的自动监测数据的，应当按照排污系数、物料衡算方法计算应税污染物排放量。纳入排污许可管理行业的纳税人，其应税污染物排放量的监测计算方法按照排污许可管理要求执行。

二是纳税人未安装使用污染物自动监测设备的，按照监测机构出具的符合国家有关规定和监测规范的监测数据计算。纳税人委托监测机构监测应税污染物排放量的，应当按照国家有关规定制订监测方案，并将监测数据资料及时报送生态环境主管部门。监测机构出具的监测报告应当报告应税水污染物排放标准和排放浓度限值等信息。监测机构对监测数据的真实性、合法性负责，凡发现监测数据弄虚作假的，依照相关法律法规的规定追究法律责任。

三是因排放污染物种类多等原因不具备监测条件的，按照国务院环境保护主管部门规定的排污系数、物料衡算方法计算。

四是不能按照上述第一项至第三项规定的方法计算的，按照省、自治区、直辖市人民政府环境保护主管部门规定的抽样测算的方法核定计算。

3. 应纳税额的计算

纳税人应按照污染当量数、固体废物排放量和超过国家规定标准的分贝数所对应的具体适用税额计算应纳税额。其计算公式如下：

$$应税大气污染物的应纳税额=污染当量数×适用税额$$
$$应税水污染物的应纳税额=污染当量数×适用税额$$
$$应税固体废物的应纳税额=固体废物排放量×适用税额$$
$$应税噪声的应纳税额=超过国家规定标准的分贝数×适用税额$$

从两个以上排放口排放应税污染物的，对每一个排放口排放的应税污染物分别计算征收环境保护税；纳税人持有排污许可证的，其污染物排放口按照排污许可证载明的污染物排放口确定。应税噪声的应纳税额为超过国家规定标准分贝数对应的具体适用税额。噪声超标分贝数不是整数值的，按四舍五入取整。

(1) 大气污染物应纳税额。

【例 6-8 计算题】某市甲企业 2019 年 11 月向大气直接排放二氧化硫 30 千克、氯化氢 21.5 千克、一氧化碳 100 千克、石棉尘 5.3 千克。当地应税大气污染物适用税额每污染当量 1.2 元。甲企业只有一个排放口，计算该企业应纳环境保护税税额，已知相应污染物的污染当量值分别为 0.95 千克、10.75 千克、16.7 千克、0.53 千克。

① 计算各污染物的污染当量数。

污染当量数=该污染物的排放量÷该污染物的污染当量值

据此计算各污染物的污染当量数为：

二氧化硫污染当量数=30÷0.95=31.57

氯化氢污染当量数=21.5÷10.75=2

一氧化碳污染当量数=100÷16.7=5.98

石棉尘污染当量数=5.3÷0.53=10

② 按污染当量数排序。

二氧化硫污染当量数(31.57)>石棉尘污染当量数(10)>一氧化碳污染当量数(5.98)>氯化氢污染当量数。该企业只有一个排放口,排序选取计税前 3 项污染物,即二氧化硫、石棉尘、一氧化碳。

③ 计算应纳税额。按照规定对前 3 项污染物征收环境保护税。

应纳环境保护税税额=(31.57+10+5.98)×1.2=57.06(元)

(2) 水污染物应纳税额。

第一类:适用监测数据法的水污染物应纳税额的计算。

适用监测数据法的水污染物(包括第一类水污染物和第二类水污染物)的应纳税额为污染当量数乘以具体适用税额。

【例6-9 计算题】某化工厂是环境保护税纳税人,该厂仅有 1 个污水排放口且直接向河流排放污水,已安装使用符合国家规定和监测规范的污染物自动监测设备。2019 年 9 月,检测设备显示该厂共排放污水 8 万吨(折合 8 万立方米),应税污染物为总铬,浓度为总铬 0.8mg/L。请计算该厂 9 月份应缴纳的环境保护税(该厂所在省的水污染物税率为 1.4 元/污染当量,总铬的污染当量值为 0.04)。

计算过程如下:

总铬污染当量数=排放总量×浓度值÷当量值
$$=80\ 000\ 000×0.8÷1\ 000\ 000÷0.04=1\ 600$$

应纳环境保护税税额=$1\ 600×1.4=2\ 240$(元)

第二类:适用抽样测算法的水污染物应纳税额的计算。

适用抽样测算法的情形,纳税人按照《环境保护税法》所附《禽畜养殖业、小型企业和第三产业水污染物当量值》所规定的当量值计算污染当量数。

① 规模化禽畜养殖业排放的水污染物应纳税额。

禽畜养殖业的水污染物应纳税额为污染当量数乘以具体适用税额。其污染当量数以禽畜养殖数量除以污染当量值计算。

【例6-10 计算题】2020 年 5 月,甲养殖场养猪存栏量为 800 头,污染当量值为 1 头,假设当地水污染物适用税额为每污染当量 1.4 元,计算当月应纳环境保护税税额。

水污染物当量数=800÷1=800

应纳环境保护税税额=800×1.4=1 120(元)

② 小型企业和第三产业排放的水污染物应纳税额。

小型企业和第三产业的水污染物应纳税额为污染当量数乘以具体适用税额。其污染当量数以污水排放量(吨)除以污染当量值(吨)计算。计算公式为:

应纳税额=污水排放量(吨)÷污染当量值(吨)×适用税额

【例6-11 计算题】某县小型企业,通过安装水流量计测得 2020 年 3 月排放污水量为 36 吨,污染当量值为 1.8 吨。假设当地水污染物适用税额为每污染当量 1.4 元,计算当月应纳环境保护税税额。

水污染物当量数=36÷1.8=20

应纳环境保护税税额=20×1.4=28(元)

③ 医院排放的水污染物应纳税额。

医院排放的水污染物应纳税额为污染当量数乘以具体适用税额。其污染当量数以病床数或者污水排放量除以相应的污染当量值计算。计算公式为：

$$应纳税额=医院床位数÷污染当量值×适用税额$$

$$应纳税额=污水排放量÷污染当量值×适用税额$$

【例 6-12 计算题】某县中医院有床位 84 张，每月按规定消毒，无法计量月污水排放量，污染当量值为 0.14 床，假设当地应税水污染物适用税额每污染当量 1.4 元，计算当月应纳环境保护税税额。

水污染物当量数=84÷0.14=600

应纳税额=600×1.4=640(元)

(3) 固体废物应纳税额。

【例 6-13 计算题】假设甲企业 2019 年 10 月产生冶炼渣 1500 吨，其中，符合国家相关规定的综合利用量为 400 吨，符合国家和地方环境保护标准的处置量为 300 吨。冶炼渣适用税额为 25 元/吨，请计算甲企业 9 月产生冶炼渣应缴纳的环境保护税。

环境保护税应纳税额=(1 500−400−300)×25=20 000(元)

(4) 噪声应纳税额。

【例 6-14 计算题】某工业企业只有一个生产场所，仅夜间生产，边界处声环境功能区类型为 2 类，2019 年 10 月生产时产生的噪声为 58 分贝，《工业企业厂界环境噪声排放标准》规定 2 类功能区夜间的噪声排放限值为 50 分贝，当月超标天数为 18 天。请计算该企业 10 月噪声污染应缴纳的环境保护税。

① 超标分贝数：58−50=8(分贝)

② 根据《环境保护税税目税额表》，可得到该企业应缴纳环境保护税额 1 400 元。

(四) 环境保护税的征收管理

1. 纳税时间

环境保护税纳税义务发生时间为纳税人排放应税污染物的当日。环境保护税按月计算，按季申报缴纳。不能按固定期限计算缴纳的，可以按次申报缴纳。

2. 纳税申报

纳税人按季申报缴纳的，应当自季度终了之日起 15 日内，向税务机关办理纳税申报并缴纳税款。纳税人按次申报缴纳的，应当自纳税义务发生之日起 15 日内，向税务机关办理纳税申报并缴纳税款。纳税人申报缴纳时，应当向税务机关报送所排放应税污染物的种类、数量和大气污染物、水污染物的浓度值，以及税务机关根据实际需要要求纳税人报送的其他纳税资料。

3. 纳税地点

纳税人应当向应税污染物排放地的税务机关申报缴纳环境保护税。应税污染物排放地是指应税大气污染物、水污染物排放口所在地，应税固体废物产生地和应税噪声产生地。

纳税人跨区域排放应税污染物，税务机关对税收征收管辖有争议的，由争议各方按照有利于征收管理的原则协商解决；协商一不致的报请各自的上级税务机关决定。

第四节 土地增值税法

一、土地增值税法概述

土地增值税法是指国家制定的用以调整土地增值税征收与缴纳之间权利及义务关系的法律规范。

土地增值税是对在中华人民共和国境内有偿转移房地产，并取得增值收入的单位和个人征收的一种税。上述所称转移房地产主要指下列行为：转让土地使用权、地上的建筑物及其附着物；出让集体土地使用权、地上的建筑物及其附着物，或以集体土地使用权、地上的建筑物及其附着物作价出资、入股。

新中国成立以来，虽然征收过一些土地税，如城市房地产税、房产税、土地使用税等，但这些税种都属于行为税的特点，调节房地产市场的力度很有限。1993年12月13日国务院颁布了《中华人民共和国土地增值税暂行条例》，自1994年1月1日起实施，这是我国开征的第一个对土地增值额或土地收益额征收的税种。2019年7月16日，财政部和国家税务总局发布了《中华人民共和国土地增值税法(征求意见稿)》，从实际执行情况来看，现行土地增值税税制要素基本合理，征管制度比较健全，宜保持现行税制框架和税负水平总体不变，将《中华人民共和国土地增值税暂行条例》上升为法律层面，对不适应经济社会发展和改革要求的个别内容进行了适当调整。征收土地增值税增强了政府对房地产开发和交易市场的调控，有利于抑制炒买炒卖土地获取暴利的行为，也增加了国家财政收入。

二、纳税义务人与征税范围

(一) 纳税义务人

土地增值税的纳税义务人是转移转让房地产并取得收入的单位和个人。主要包括机关、团体、部队、企业、事业单位、个体工商户及国内其他单位和个人，还包括外商投资企业、外国企业及其他组织和外籍个人。

(二) 征税范围

1. 一般规定

(1) 转让土地使用权。土地使用权包括国有土地使用权和集体土地使用权，其中，国有土地使用权是指土地使用人根据国家法律、合同等规定，对国家所有的土地享有的使用权利；集体土地使用权是指农村集体经济组织及其成员以及符合法律规定的其他组织和个人在法律规定的范围内对集体所有的土地享有的用益物权。

(2) 土地使用权和地上的建筑物及其附着物一并转让。其中，地上的建筑物是指建于土地上的一切建筑物，包括地上地下的各种附属设施；附着物是指附着于土地上的不能移动，一经移动即遭损坏的养殖物、种植物及其他物品。纳税人取得土地使用权后进行房屋开发建造然后出售的，就是一般所说的房地产开发。虽然这种行为一般被称为卖房，但按照国家有关法律和法规的规定，卖房的同时土地使用权也随之转让。由于这种情况既发生了产权的转让又取得了收入，因此属于土地增值税的征税范围。

(3) 转让存量房地产。存量房地产是指已经建成并已投入使用的房地产，其房屋所有人将房屋产权和土地使用权一并转让给其他单位和个人。这种行为按照国家有关的房地产法律和法规，应当到有关部门办理房屋产权和土地使用权的转让变更手续；如果原土地使用权属于无偿划拨的，还应到土地管理部门办理土地出让手续。

土地使用权出让，是指国家或集体以土地所有者的身份将土地使用权在一定年限内让与土地使用者，并由土地使用者向国家或集体支付土地使用权出让金的行为，属于土地买卖的一级市场。出让的目的是实行国有土地的有偿使用制度，合理开发、利用、经营土地，因此，这种土地使用权的出让不属于土地增值税的征税范围。2014 年，中共中央办公厅、国务院办公厅明确要求建立集体经营性建设用地(以下简称集建地)入市制度，并要求建立兼顾国家、集体、个人的土地增值收益分配机制，合理提高个人收益。2015 年以来，全国 33 个试点地区开展了农村土地征收、集建地入市、宅基地制度改革三项改革试点，允许集建地入市和转让，实行与国有建设用地同等入市、同权同价。

土地增值税的征税范围不包括未转让土地使用权、房屋产权的行为，是否发生转让行为主要以房地产权属(指土地使用权和房屋产权)的变更为标准。凡土地使用权、房屋产权未转让的(如房地产的出租)，不征收土地增值税。

2. 具体判定

(1) 用赠与、继承方式转让房地产。这种情况只发生房地产权属的转移，没有取得转让收入，属于无偿转让房地产的行为，免征土地增值税。

① 房地产继承。房地产继承是指房产的原产权所有人、依照法律规定取得土地使用权的土地使用人死亡以后，由其继承人依法承受死者房屋产权和土地使用权的民事法律行为。这种行为虽然发生了房地产的权属变更，但作为房屋产权、土地使用权的原所有人(即被继承人)并没有因为权属变更而取得任何收入。因此，这种房地产的继承不属于土地增值税的征税范围。

② 房地产赠与。房地产赠与是指房屋所有人及土地使用权所有人将自己所拥有的房地产无偿地交给其他人的民事法律行为。但这里的"赠与"仅指以下情况：房屋所有人、土地使用权所有人将房屋产权、土地使用权赠与直系亲属或承担直接赡养义务人的；房屋所有人、土地使用权所有人通过中国境内非营利的社会团体、国家机关将房屋产权、土地使用权赠与教育、民政和其他社会福利、公益事业的。社会团体是指中国青少年发展基金会、希望工程基金会、宋庆龄基金会、减灾委员会、中国红十字会、中国残疾人联合会、全国老年基金会、老区促进会以及经民政部门批准成立的其他非营利性的公益性组织。房地产赠与虽发生了房地产的权属变更，但作为房屋所有人及土地使用权的所有人并没有因为权属的转让而取得任何收入，因此，房地产的赠与不属于土地增值税的征税范围。

(2) 房地产出租。房地产出租是指房屋的产权所有人、依照法律规定取得土地使用权的土地使用人，将房产、土地使用权租赁给承租人使用，由承租人向出租人支付租金的行为。虽然出租人取得了租金收入，但没有发生房屋产权、土地使用权的转让，因此，不属于土地增值税的征税范围。

(3) 房地产抵押。房地产抵押是指房地产的产权所有人、依法取得土地使用权的土地使用人作为债务人或第三人向债权人提供不动产作为清偿债务的担保而不转移权属的法律行为。这种情况由于房屋产权、土地使用权在抵押期间并没有发生权属的转移，房屋产权所有人、土地使用权人仍能对房地产行使占有、使用、收益等权利，虽然房屋产权所有人、土地使用权人在抵押期间取得了一定的抵押贷款，但实际上这个贷款在抵押期满后需要连本带利偿还，因此，对房地产在抵押期间不征收土地增值税。对于以房地产抵债而发生房地产权属转移的，应列入土地增值税的征税范围。

(4) 房地产交换。房地产交换行为既发生了房屋产权、土地使用权的转移，交换双方又取得了实物形态的收入，按《中华人民共和国土地增值税暂行条例》的规定，属于土地增值税的征税范围。但对个人之间互换自有居住用房地产的，经当地税务机关核实，可以免征土地增值税。

(5) 合作建房。对于一方出地，一方出资金，双方合作建房，建成后按比例分房自用的情况，暂免征收土地增值税；如有建成后转让的情况，属于征收土地增值税范围。

(6) 房地产的代建房行为。这种情况是指房地产开发公司代客户进行房地产的开发，开发完成后向客户收取代建收入的行为。对于房地产开发公司而言，虽然取得了收入，但没有发生房地产权属的转移，其收入属于劳务收入性质，故不属于土地增值税的征税范围。

(7) 房地产重新评估。这种情况是指国有企业在清产核资时对房地产进行重新评估而使其升值的情况。虽然经过重新评估房地产增值了，但其既没有发生房地产权属的转移，也没有取得收入，所以不属于土地增值税的征税范围。

(8) 国家收回国有土地使用权、征用地上建筑物及其附着物。这情况虽然发生了权属变更，原房地产所有人也取得了收入，但可以免征土地增值税。

在判定征收范围时应当注意，土地使用者转让、抵押或置换土地，无论其是否取得了该土地的使用权属证书，无论其在转让、抵押或置换土地过程中是否与对方当事人办理了土地使用权属证书变更登记手续，只要土地使用者享有占有、使用、收益或处分该土地的权利，且有合同等证据表明其实质转让、抵押或置换了土地并取得了相应的经济利益，土地使用者及其对方当事人就应当依照税法规定缴纳土地增值税。

三、税率

土地增值税的目的是抑制房地产投资、炒卖活动，限制滥占耕地的行为，适当调节纳税人收入分配，以及保障国家权益，因此，采取了四级超率累进税率，具体情况如下。

(1) 增值额未超过扣除项目金额50%的部分，税率为30%。

(2) 增值额超过扣除项目金额50%，未超过扣除项目金额100%的部分，税率为40%。

(3) 增值额超过扣除项目金额100%，未超过扣除项目金额200%的部分，税率为50%。

(4) 增值额超过扣除项目金额200%的部分，税率为60%。

上述所列四级超率累进税率，每级"增值额未超过扣除项目金额"的比例，均包括本比例数，详见表6-6。

表6-6　土地增值税四级超率累进税率表

级数	增值额与扣除项目金额的比率	税率	速算扣除系数
1	不超过 50%的部分	30%	0%
2	超过 50%~100%的部分	40%	5%
3	超过 100%~200%的部分	50%	15%
4	超过 200%的部分	60%	35%

四、计税依据和应纳税额的计算

(一) 计税依据

土地增值税是以纳税人转移房地产所取得的增值额为计税依据。所谓"转移房地产所取得的增值额"是指纳税人转移房地产收入扣除税法规定的项目金额后的余额。依据相关规定，土地增值税扣除项目涉及的增值税进项税额，允许在销项税额中计算抵扣的，不计入扣除项目；如果不允许在销项税额中计算抵扣的，可以计入扣除项目。计算公式为

土地增值额=转移房地产收入-扣除项目金额

1. 转移房地产收入的确定

纳税人转移房地产所取得的应税收入，主要包括货币收入、实物收入和其他收入在内的全额价款及有关的经济收益，不允许从中扣除任何成本费用。适用增值税一般计税方法的纳税人，其转移房地产的土地增值税应税收入不含增值税销项税额；适用简易计税方法的纳税人，其转移房地产的土地增值税应税收入不含增值税应纳税额。

(1) 货币收入是指纳税人转移房地产所取得的现金、银行存款、支票、银行本票、汇票、国库券、金融债券、企业债券、股票等有价证券。货币收入实质是转让方因转让土地使用权、房屋产权而向购买方收取的价款。

(2) 实物收入是指纳税人转移房地产所取得实物形态的收入，如钢材、水泥等建材，房屋、土地等不动产等。实物收入的价值不太容易确定，需要对实物形态的财产进行估价。

(3) 其他收入是指纳税人转移房地产所取得的无形资产收入或具有财产价值的权利，如专利权、商标权、著作权、商誉权、专有技术使用权等。其他收入的形式比较少见，其价值需要专业部门的评估。

2. 准予扣除项目金额的确定

计征应纳土地增值税时，首先明确扣除项目，然后计算房地产转让的增值额。税法准予从房地产转移收入中扣除的项目及金额包括以下六类。

(1) 取得土地使用权所支付的金额是指纳税人为取得土地使用权所支付的地价款与按照统一规定缴纳的有关费用总和。取得土地使用权所支付的金额可以有三种形式：一是以协议、招标、拍卖等出让方式取得土地使用权的，支付的土地出让金；二是以行政划拨方式取得土地使用权的，按照国家有关规定补缴的土地出让金；三是以转让方式取得土地使用权的，实际支付的地价款。

按国家统一规定缴纳的有关费用是指纳税人在取得土地使用权过程中为办理有关手续，按

国家统一规定缴纳的有关登记、过户手续费。

(2) 房地产开发成本是指纳税人房地产开发项目实际发生的成本。房地产开发成本允许按实际发生数扣除,主要包括土地征用及拆迁补偿费、前期工程费、建筑安装工程费、基础设施费、公共配套设施费、开发间接费用等。

① 土地征用及拆迁补偿费,包括土地征用费、耕地占用税、劳动力安置费及有关地上、地下附着物拆迁补偿的净支出、安置动迁用房支出等。

② 前期工程费,包括规划、设计、项目可行性研究和水文、地质、勘察、测绘、"三通一平"等支出。

③ 建筑安装工程费,是指以出包方式支付给承包单位的建筑安装工程费,以自营方式发生的建筑安装工程费。

④ 基础设施费,包括开发小区内道路、供水、供电、供气、排污、排洪、通信、照明、环卫、绿化等工程发生的支出。

⑤ 公共配套设施费,包括不能有偿转让的开发小区内公共配套设施发生的支出。

⑥ 开发间接费用,是指直接组织、管理开发项目发生的费用,包括工资、职工福利费、折旧费、修理费、办公费、水电费、劳动保护费、周转房摊销等。

(3) 房地产开发费用是指与房地产开发项目有关的销售费用、管理费用和财务费用。根据会计制度的规定,与房地产开发有关的费用直接计入当期损益,不按房地产项目进行归集或分摊。为了便于计算,对于有关费用的扣除,尤其是财务费用中数额较大的利息支出扣除,按下列方法进行操作。

① 利息支出能够按转让房地产项目计算分摊利息并提供金融机构证明的,允许据实扣除,但最高不能超过按商业银行同类同期贷款利率计算的金额。利息支出以外的其他房地产开发费用,按照取得土地使用权支付的金额与房地产开发成本金额之和,在5%以内计算扣除。

房地产开发费用=分摊的利息支出+(取得土地使用权支付的金额+房地产开发成本)×5%

② 利息支出不能按转让房地产项目计算分摊利息支出或不能提供金融机构贷款证明的,利息支出不能单独计算,而应并入房地产开发费用中一并计算扣除。房地产开发费用的扣除计算方法是,按取得土地使用权支付的金额与房地产开发成本金额之和,在10%以内计算扣除。计算扣除的具体比例由省、自治区、直辖市人民政府规定。

房地产开发费用=(取得土地使用权支付的金额+房地产开发成本)×10%

全部使用自有资金,没有利息支出的,按照以上方法扣除。房地产开发企业既向金融机构借款,又有其他借款的,其房地产开发费用计算扣除时不能同时适用上述两种办法。土地增值税清算时,已经计入房地产开发成本的利息支出,应调整至财务费用中计算扣除。

此外,财政部、国家税务总局还对扣除项目金额中利息支出的计算问题提出了具体规定:一是利息的上浮幅度按国家的有关规定执行,超过上浮幅度的部分不允许扣除;二是超过贷款期限的利息部分和加罚的利息不允许扣除。

(4) 与转移房地产有关的税金是指在转让房地产时缴纳的印花税、城市维护建设税,以及连同转让房地产的教育费附加。

允许扣除的印花税,是指在转移房地产时缴纳的印花税。房地产开发企业在转移房地产时缴纳的印花税,按照会计制度规定计入管理费用,已相应予以扣除,印花税不再单独扣除。房地产开发企业以外的其他纳税人在计算土地增值税时,允许扣除在转移房地产环节缴纳的印花税。

房地产开发企业实际缴纳的城市维护建设税、教育费附加,凡能够按清算项目准确计算的,允许据实扣除;凡不能按清算项目准确计算的,则按该清算项目预缴增值税时实际缴纳的城市维护建设税、教育费附加扣除。其他转移房地产行为的城市维护建设税、教育费附加比照上述规定执行。

个人购入房地产再转让的,在购入环节缴纳的契税已经包含在旧房及建筑物的评估价格之中,在计算土地增值税时,不作为与转移房地产有关的税金扣除。

(5) 财政部规定的其他扣除项目是指对房地产开发的纳税人可按"取得土地使用权所支付金额"与"房地产开发成本"的金额之和,加计20%扣除。为了抑制炒买炒卖房地产的投机行为,保护正常开发投资者的积极性,财政部的此项规定只适用于从事房地产开发的纳税人,除此之外的其他纳税人不适用。

县级及县级以上人民政府要求房地产开发企业在售房时代收的各项费用,可以根据代收费用是否计入房价或是否作为转让收入,来确定能否扣除。

① 如果代收费用计入房价向购买方一并收取的,可作为转移房地产所取得的收入计税。相应地,在计算扣除项目金额时,代收费用可以扣除,但不得作为加计20%扣除的基数。

② 如果代收费用未计入房价而单独收取的,可以不作为转移房地产的收入,在计算扣除项目金额时,代收费用不能扣除。

(6) 旧房及建筑物的评估价格是指在转让已使用的房屋及建筑物时,由政府批准设立的房地产评估机构评定的重置成本价乘以成新度折扣率后的价格。评估价格须经当地税务机关确认。

$$评估价格=重置成本价×成新度折扣率$$

按照税法规定,纳税人转让旧房的,应按房屋及建筑物的评估价格、取得土地使用权所支付的地价款和缴纳的有关费用以及转让环节缴纳的税金作为扣除项目金额计征土地增值税。房屋及建筑物的评估价格、取得土地使用权所支付的地价款和按照国家统一规定缴纳的有关费用以及转让环节的税金,可以在计征土地增值税时扣除。在取得土地使用权时未支付地价款或不能提供已支付的地价款凭据的,在计征土地增值税时不允许扣除。

纳税人转让旧房及建筑物,凡不能取得评估价格,但能提供购房发票的,其扣除项目包括按照税务机关确定的购房发票所载金额每年加计5%计算扣除、与转让房地产有关的税金。其中,计算扣除项目时"每年"的确定按购房发票所载日期起至售房发票开具之日,每满12个月计1年;超过1年,或未满12个月但超过6个月的,可以视同为1年。对纳税人购房时缴纳的契税,凡能提供契税完税凭证的,准予作为"与转让房地产有关的税金"予以扣除,但不作为加计5%的基数。

纳税人转让旧房及建筑物的,既没有评估价格又不能提供购房发票的,由税务机关核定征收。

3. 其他规定

《中华人民共和国土地增值税暂行条例》规定,纳税人有下列情形之一的,按照房地产评估价格计算征收：隐瞒、虚报房地产成交价格；提供扣除项目金额不实；转移房地产的成交价格低于房地产评估价格，又无正当理由。

"房地产评估价格"是指由政府批准设立的房地产评估机构根据相关地段、同类房地产进行综合评定的价格；"隐瞒、虚报房地产成交价格"是指纳税人不报或有意低报转让土地使用权、地上建筑物及其附着物价款的行为；"提供扣除项目金额不实"是指纳税人在纳税申报时不据实提供扣除项目金额的行为；"转移房地产的成交价格低于房地产评估价格，又无正当理由"是指纳税人申报的转移房地产的实际成交价低于房地产评估机构评定的交易价，纳税人又不能提供凭据或无正当理由的行为。

(1) 隐瞒、虚报房地产成交价格，应由评估机构参照同类房地产的市场交易价格进行评估。税务机关根据评估价格确定转让房地产的收入。

(2) 提供扣除项目金额不实的，应由评估机构按照房屋重置成本价乘以成新度折扣率计算的房屋成本价和取得土地使用权时的基准地价进行评估。税务机关根据评估价格确定扣除项目金额。

(3) 转移房地产的成交价格低于房地产评估价格，又无正当理由的，由税务机关参照房地产评估价格确定转移房地产的收入。

上述所说的"房地产评估价格"是指由政府批准设立的房地产评估机构根据相同地段、同类房地产进行综合评定的价格。

出让集体土地使用权、地上的建筑物及其附着物，或以集体土地使用权、地上的建筑物及其附着物作价出资、入股，扣除项目金额无法确定的，可按照转移房地产收入的一定比例征收土地增值税。具体征收办法由省、自治区、直辖市人民政府提出，报同级人民代表大会常务委员会决定。

(二) 应纳税额的计算

土地增值税按照纳税人转移房地产所取得的增值额和规定的税率计算征收。土地增值税的计算公式是

$$应纳税额 = \sum(每级距的土地增值额 \times 适用税率)$$

但在实际工作中，分步计算比较烦琐，一般可以采用速算扣除法计算，即计算土地增值税税额可按增值额乘以适用的税率，减去扣除项目金额乘以速算扣除系数的简便方法计算，计算公式为

$$应纳税额 = 增值额 \times 适用税率 - 扣除项目金额 \times 速算扣除系数$$

具体的计算程序有以下几步。

第一步：确定纳税人转移房地产所取得的收入。

第二步：分项确定准予扣除的项目金额。

第三步：确定土地增值额。

第四步：确定土地增值率。

土地增值率是土地增值额与扣除项目金额之比。

$$土地增值率 = 土地增值额 \div 扣除项目金额 \times 100\%$$

第五步：计算应纳土地增值税。根据计算出的土地增值率，查税率表就可确定相应的税率和速算扣除系数。

【例 6-15 计算题】某企业 2020 年 3 月转让一栋 2009 年建造的公寓楼，当时的造价为 3 600 万元。经房地产评估机构评定，该公寓重置成本价为 5 000 万元，该楼房为七成新。转让前为取得土地使用权支付的地价款及有关费用为 1 500 万元(可以提供支付凭证)，另支付房地产评估费用 5.5 万元。转让时取得转让收入 6 600 万元(不含税)，已缴纳了转让环节除增值税外的有关税金，共计 366.5 万元，计算该企业应纳土地增值税。

(1) 转移房地产的收入为 6 600 万元

(2) 准予扣除的项目金额：

① 土地金额为 1 500 万元

② 评估价格=5 000×70%=3 500(万元)

③ 评估费用为 5.5 万元

④ 转让环节缴纳的有关税金为 366.5 万元

扣除项目金额=1 500+3 500+5.5+366.5=5 372(万元)

(3) 土地增值额=6 600−5 372=1 228(万元)

(4) 土地增值率=1 228÷5 372=23%

(5) 应纳土地增值税=1 228×30%=368.4(万元)

五、税收优惠

(1) 纳税人建造保障性住房出售，增值额未超过扣除项目金额 20%的，免征土地增值税。

(2) 因国家建设需要依法征用、收回的房地产，免征土地增值税。所谓"因国家建设需要依法征用、收回的房地产"是指因城市实施规划、国家建设的需要而被政府批准征用的房地产或收回的土地使用权。

(3) 因城市实施规划、国家建设的需要而搬迁，纳税人自行转让原房地产的，免征土地增值税。"因城市实施规划而搬迁"是指因旧城改造或因企业污染、扰民(指产生过量废气、废水、废渣和噪声，使城市居民生活受到一定危害)，而由政府或政府有关主管部门根据已审批通过的城市规划确定进行搬迁的情况；"因国家建设的需要而搬迁"是指因实施国务院、省级人民政府、国务院有关部委批准的建设项目而进行搬迁的情况。

(4) 国务院可以根据国民经济和社会发展的需要规定其他减征或免征土地增值税情形，并报全国人民代表大会常务委员会备案。

(5) 省、自治区、直辖市人民政府可以决定对下列情形减征或者免征土地增值税，并报同级人民代表大会常务委员会备案：

① 纳税人建造普通标准住宅出售，增值额未超过扣除项目金额 20%的；

② 房地产市场较不发达、地价水平较低地区的纳税人出让集体土地使用权、地上的建筑物及其附着物，或以集体土地使用权、地上的建筑物及其附着物作价出资、入股的。

(6) 根据财政部和国家税务总局《关于调整房地产交易环节税收政策的通知》的相关规定，从 2008 年 11 月 1 日起，对个人销售住房暂免征收土地增值税。

六、征收管理

(一) 纳税义务发生时间

土地增值税纳税义务发生时间为房地产转移合同签订的当日。

(1) 以一次性付清价款方式转让房地产的，在办理过户、登记手续前数日内一次性缴纳全部税额。

(2) 以分期收款方式转让房地产的，先计算出应纳税总额，然后根据合同约定的收款日期和约定的收款比例确定应纳税额。

(3) 项目全部竣工结算前转让房地产的，分两种情况。

① 纳税人进行小区开发建设的，其中一部分房地产项目因先行开发已转让出去，但小区内的部分配套设施在转让后才建成，在这种情况下，税务机关可以对先行转让的项目，在取得收入时预征土地增值税。

② 纳税人以预售方式转让房地产的，对在办理结算和转交手续前就取得的收入，税务机关也可以预征土地增值税，具体办法由各省、自治区、直辖市税务局根据当地情况制定。

(二) 申报缴纳期限

1. 从事房地产开发

从事房地产开发的纳税人应当自纳税义务发生月份终了之日起 15 日内，向税务机关报送预缴土地增值税纳税申报表，预缴税款。房地产开发项目土地增值税实行先预缴后清算的办法。

从事房地产开发的纳税人应当自达到房地产清算条件起 90 日内，向税务机关报送土地增值税纳税申报表，自行完成清算，结清应缴税款或向税务机关申请退税。房地产具体清算条件如下：

(1) 已竣工验收的房地产开发项目，已转让的房地产建筑面积占整个项目可售建筑面积的比例在 85% 以上，或该比例虽未超过 85%，但剩余的可售建筑面积已经出租或自用的；

(2) 取得销售(预售)许可证满三年仍未销售完毕的；

(3) 整体转让未竣工决算房地产开发项目的；

(4) 直接转让土地使用权的；

(5) 纳税人申请注销税务登记但未办理土地增值税清算手续的；

(6) 国务院税务主管部门确定的其他情形。

2. 非从事房地产开发

非从事房地产开发的纳税人应当自房地产转移合同签订之日起 30 日内办理纳税申报并缴纳税款。

(三) 纳税地点

土地增值税的纳税人应向房地产所在地主管税务机关办理纳税申报，并在税务机关核定的期限内缴纳土地增值税。所谓"房地产所在地"是指房地产的坐落地。纳税人转让的房地产坐落在两个或两个以上地区的，应按房地产所在地分别申报纳税，具体有下面两种情况。

(1) 纳税人是法人的。当转让的房地产坐落地与其机构所在地或经营所在地一致时，则在办理税务登记的原管辖税务机关申报纳税即可；如果转让的房地产坐落地与其机构所在地或经营所在地不一致时，则应在房地产坐落地所管辖的税务机关申报纳税。

(2) 纳税人是自然人的。当转让的房地产坐落地与其居住所在地一致时，则在住所所在地税务机关申报纳税；当转让的房地产坐落地与其居住所在地不一致时，则在房地产坐落地的税务机关申报纳税。

第五节　城镇土地使用税法和耕地占用税法

一、城镇土地使用税法概述

城镇土地使用税法是指国家制定的调整城镇土地使用税征收与缴纳权利及义务关系的法律规范。为了加强土地资源的管理，使土地资源得到合理配置和有效使用，国务院于 1988 年 9 月 27 日发布了《中华人民共和国城镇土地使用税暂行条例》，从 1988 年 11 月 1 日起实施。随着我国社会经济的发展，2006 年 12 月 31 日，国务院第一次修订了《中华人民共和国城镇土地使用税暂行条例》，于 2007 年 1 月 1 日起施行。2013 年 12 月 4 日，国务院再一次修订了《中华人民共和国城镇土地使用税暂行条例》部分内容。

城镇土地使用税是以国有土地为征税对象，以实际占用面积为计税依据，按规定税额对拥有土地使用权的单位和个人征收的一种税。征收城镇土地使用税有利于促进土地的合理使用，调节土地级差收入，也有利于筹集地方财政资金。

征收城镇土地使用税是国家运用经济手段加强城镇土地管理的一项重要措施。通过征税可以限制用地单位和个人多占少用、早占晚用、占而不用等严重浪费土地资源的行为。同时，占地多的、土地位置好的要多纳税，占地少的、土地位置差的则可以少纳税，从而有利于企业少占用、充分利用和合同使用土地，进而起到节约土地资源、提高土地使用效益、强化土地管理的作用，也可为企业之间的平等竞争创造一个公平的用地条件。另外，开征土地使用税，有利于完善地方税制体系，充实地方税源，增加地方财政收入。

城镇土地使用税有以下几个方面的特点。

(1) 征税范围有所限定。现行城镇土地使用税的征税范围仅限定在城市、县城、建制镇和工矿区内国家所有和集体所有的土地，而坐落在农村地区的房地产不属于征税范围。

(2) 征税对象为国有土地。我国《宪法》明确规定，城镇土地归国家所有，单位和个人只有占用权或使用权，而无所有权。国家征收城镇土地使用税，实质上是运用国家政治权力，以国有土地为征税对象，将纳税人获取的本应属于国家的土地收益集中到国家，促进合理、节约使用土地，提高土地使用效益。

(3) 实行差别幅度税额。开征城镇土地使用税在于调节土地的级差收入，级差收入的产生取决于土地的位置，土地位置好、级差收入多的，多征税；土地位置差、级差收入少的，少征税。国家对城镇土地使用税实行分级幅度税额，不同城镇及同一城镇的不同地段，适用不同的税额。这样有利于调节不同地区、不同地段之间的土地级差收入，理顺国家和土地使用者的分配关系，为企业之间的平等竞争创造有利条件。

二、纳税义务人与征税范围

(一) 纳税义务人

城镇土地使用税的纳税义务人，是指在城市、县城、建制镇、工矿区范围内使用土地的单位和个人。

所称单位是指国有企业、集体企业、私营企业、股份制企业、外商投资企业、外国企业以及其他企业和事业单位、社会团体、国家机关、军队及其他单位；所称个人是指个体工商户以及其他个人。

在现实生活中使用土地的情况复杂多样，为保障土地使用税应缴尽缴，现将城镇土地使用税的纳税人分为以下几类。

(1) 拥有土地使用权的单位和个人。

(2) 拥有土地使用权的单位和个人不在土地所在地的，其土地的实际使用人和代管人为纳税人。

(3) 土地使用权未确定或权属纠纷未解决的，其实际使用人为纳税人。

(4) 土地使用权共有的，共有各方都是纳税人，由共有各方分别纳税。

(5) 在城镇土地使用税征税范围内，承租集体所有建设用地的，由直接从集体经济组织承租土地的单位和个人缴纳城镇土地使用税。

(二) 征税范围

城镇土地使用税的征税范围包括在城市、县城、建制镇、工矿区内的国家所有和集体所有的土地。

上述所称的城市、县城、建制镇和工矿区分别按以下标准确认。

(1) 城市是指经国务院批准设立的市。

(2) 县城是指县人民政府所在地。

(3) 建制镇是指经省、自治区、直辖市人民政府批准设立的建制镇。

(4) 工矿区是指工商业比较发达，人口比较集中，符合国务院规定的建制镇标准，但尚未设立建制镇的大中型工矿企业所在地，工矿区须经省、自治区、直辖市人民政府批准。

上述城镇土地使用税的征税范围中，城市的土地包括市区和郊区的土地，县城的土地是指县人民政府所在地的城镇的土地，建制镇的土地是指镇人民政府所在地的土地。建立在城市、县城、建制镇和工矿区以外的工矿企业则不需要缴纳城镇土地使用税。

2009 年 1 月 1 日，公园、名胜古迹内的索道公司经营用地，应按照规定计征城镇土地使用税；2009 年 12 月 1 日，对在城镇土地使用税征税范围内单独建造的地下建筑用地，按照规定计征城镇土地使用税。

三、税率、计税依据和应纳税额的计算

(一) 税率

城镇土地使用税采用定额税率，即采用有幅度的差别税额，按大、中、小城市和县城、建

制镇、工矿区分别规定每平方米城镇土地使用税年应纳税额，具体标准如下：

(1) 大城市 1.5～30 元；

(2) 中等城市 1.2～24 元；

(3) 小城市 0.9～18 元；

(4) 县城、建制镇、工矿区 0.6～12 元。

大、中、小城市以公安部门登记在册的非农业正式户口人数为依据，按照国务院颁布的《中华人民共和国城市规划条例》中规定的标准划分。人口在 50 万人以上者为大城市，人口在 20 万～50 万人者为中等城市，人口在 20 万以下者为小城市。城镇土地使用税税率见表 6-7。

表6-7 城镇土地使用税税率

级别	人口(人)	每平方米税额(元)
大城市	50 万以上	1.5～30
中等城市	20 万～50 万	1.2～24
小城市	20 万以下	0.9～18
县城、建制镇、工矿区		0.6～12

各省、自治区、直辖市人民政府可根据市政建设情况和经济繁荣程度在规定税额幅度内，确定所辖地区的适用税额幅度。经济落后地区城镇土地使用税的适用税额标准可适当降低，但降低额不得超过上述规定最低税额的 30%。经济发达地区的适用税额标准可以适当提高，但须报财政部批准。

城镇土地使用税规定幅度税额主要考虑到我国各地区存在着悬殊的土地级差收益，同一地区内不同地段的市政建设情况和经济繁荣程度也有较大的差别。把城镇土地使用税税额定为幅度税额，拉开档次，而且每个幅度税额的差距规定为 20 倍。幅度税额还可以调节不同地区、不同地段之间的土地级差收益，尽可能地平衡税负。

(二) 计税依据

城镇土地使用税的计税依据是纳税人实际占用的土地面积，土地面积计量标准为每平方米，即税务机关根据纳税人实际占用的土地面积，按照规定适用税额计算应纳税额，并向纳税人征收城镇土地使用税。

纳税人实际占用的土地面积按下列办法确定。

(1) 由省、自治区、直辖市人民政府确定的单位组织测定土地面积的，以测定的面积为准。

(2) 尚未组织测量，但纳税人持有政府部门核发的土地使用证书的，以证书确认的土地面积为准。

(3) 尚未核发土地使用证书的，应由纳税人申报土地面积据以纳税，待核发土地使用证书以后再做调整。

(4) 对在城镇土地使用税征税范围内单独建造的地下建筑用地，按规定征收城镇土地使用税。其中，已取得地下土地使用权证的，按土地使用权证确认的土地面积计算应征税款；未取得地下土地使用权证或地下土地使用权证上未标明土地面积的，按地下建筑垂直投影面积计算应征税款。

对上述地下建筑用地暂按应征税款的 50%征收城镇土地使用税。

(三) 应纳税额的计算

城镇土地使用税的应纳税额可以通过纳税人实际占用的土地面积和规定的适用税额计算求得。具体公式如下：

$$全年应纳税额=实际占用应税土地面积(平方米)×适用税额$$

【例6-16 计算题】某公司有A、B两处单独地下建筑设施(两地段皆为一级地，年税额为18元/平方米)。其中，A设施为地下超市，并拥有该超市的土地使用证书，登记面积为5 500平方米；B设施用于仓库，地下土地使用权证未标明土地面积，经相关部门测量，该仓库建筑垂直投影面积为2 500平方米。请计算该公司应纳的城镇土地使用税。

全年应纳城镇土地使用税额=(5 500+2 500)×18×50%=72 000(元)

四、税收优惠

(一) 法定免缴城镇土地使用税的优惠

(1) 国家机关、人民团体、军队自用的土地，免征城镇土地使用税。这里所称自用的土地是指这些单位本身的办公用地和公务用地。例如，国家机关、人民团体的办公楼用地，军队的操练场用地等。

(2) 由国家财政部门拨付事业经费的单位自用的土地，免征城镇土地使用税。这部分土地是指这些单位本身的业务用地。例如，学校的教学楼、宿舍、球场等占用的土地。

(3) 宗教寺庙、公园、名胜古迹自用的土地，免征城镇土地使用税。宗教寺庙自用的土地，是指举行宗教仪式等的用地和寺庙内的宗教人员生活用地；公园、名胜古迹自用的土地，是指供公共参观游览的用地及其管理单位的办公用地。

以上单位的生产、经营用地及其他用地，不属于免税范围，应按规定缴纳城镇土地使用税。例如，公园、名胜古迹中附设的经营单位(影剧院、饮食部、茶社、照相馆等)。

(4) 市政街道、广场、绿化地带等公共用地，免征城镇土地使用税。

(5) 直接用于农、林、牧、渔业的生产用地，免征城镇土地使用税。生产用地是指直接从事于种植养殖、饲养的专业用地，不包括农副产品加工场地和生活办公用地。

(6) 经批准开山填海整治的土地和改造的废弃土地，从使用的月份起免缴城镇土地使用税5~10年，具体免税期限由各省、自治区、直辖市地方税务局在规定的期限内自行确定。

(7) 对非营利性医疗机构、疾病控制机构和妇幼保健机构等卫生机构自用的土地，免征城镇土地使用税。

(8) 企业办的学校、医院、托儿所、幼儿园，其用地能与企业其他用地明确区分的，免征城镇土地使用税。

(9) 免税单位无偿使用纳税单位的土地(如公安、海关等单位使用铁路、民航等单位的土地)，免征城镇土地使用税。纳税单位无偿使用免税单位的土地，纳税单位应照章缴纳城镇土地使用税。纳税单位与免税单位共同使用、共有使用权土地上的多层建筑，对纳税单位可按其占用的建筑面积占建筑总面积的比例计征城镇土地使用税。

(10) 对行使国家行政管理职能的中国人民银行总行(含国家外汇管理局)所属分支机构自用

的土地，免征城镇土地使用税。

(11) 由财政部另行规定免税的能源、交通、水利用地和其他用地。

(12) 对在城镇土地使用税征税范围内单独建造的地下建筑用地，暂按应征税款的50%征收城镇土地使用税。

(13) 国家机关、军队、人民团队、财政补助事业单位、居民委员会、村民委员会员拥有的体育场馆，用于体育活动的土地，免征城镇土地使用税。

(14) 经费自理事业单位、体育社会团体、体育基金会、体育类民办非企业单位拥有并运营管理的体育场馆，同时符合下列条件的，其用于体育活动的土地，免征城镇土地使用税：

① 向社会开放，用于满足公众体育活动需要；

② 体育场馆取得的收入主要用于场馆的维护、管理和事业发展；

③ 拥有体育场馆的体育社会团体、体育基金会及体育类民办非企业单位，除当年新设立或登记的以外，前一年度登记管理机关的检查结论为"合格"。

(15) 企业拥有并运营管理的大型体育场馆，其用于体育活动的土地，减半征收城镇土地使用税。

(16) 对货币化补偿和易地扶贫搬迁安置住房用地，免征城镇土地使用税。

(17) 对国家级、省级科技企业孵化器、大学科技园和国家备案众创空间自用以及无偿或通过出租等方式提供给在孵对象使用的土地，免征城镇土地使用税。

上述所称在孵对象是指符合前项认定和管理办法规定的孵化企业、创业团队和个人。国家级、省级科技企业孵化器、大学科技园和国家备案众创空间应按规定申报享受免税政策，并将房产土地权属资料等留存备查，税务部门依法加强后续管理。2018年12月31日以前认定的国家级科技企业孵化器、大学科技园，自2019年1月1日起享受规定的税收优惠政策。2019年1月1日以后认定的国家级、省级科技企业孵化器、大学科技园和国家备案众创空间，自认定之日次月起享受规定的税收优惠政策。2019年1月1日以后被取消资格的，自取消资格之日次月起停止享受规定的税收优惠政策。

(18) 对中国兵器工业集团公司和中国兵器装备集团公司所属专门生产枪炮弹、火炸药、引信、火工品的企业，除办公、生活区用地外，其他用地免征城镇土地使用税。

(19) 对专门经营农产品的农产品批发市场、农贸市场使用(包括自有和承租，下同)的房产、土地，暂免征收城镇土地使用税。对同时经营其他产品的农产品批发市场和农贸市场使用的房产、土地，按其他产品与农产品交易场地面积的比例确定免征城镇土地使用税。

农产品批发市场和农贸市场，是指经工商登记注册，供买卖双方进行农产品及其初加工品现货批发或零售交易的场所。农产品包括粮油、肉禽蛋、蔬菜、干鲜果品、水产品、调味品、棉麻、活畜、可食用的林产品以及由省、自治区、直辖市财税部门确定的其他可食用的农产品。享受上述税收优惠的房产、土地，是指农产品批发市场、农贸市场直接为农产品交易提供服务的房产、土地。

农产品批发市场、农贸市场的行政办公区、生活区，以及商业餐饮娱乐等非直接为农产品交易提供服务的房产、土地，不属于规定的优惠范围，应按规定征收城镇土地使用税。

(20) 对向居民供热收取采暖费的供热企业，为居民供热所使用的厂房及土地免征城镇土地使用税；对供热企业其他厂房及土地，应当按照规定征收城镇土地使用税。

(21) 为了体现国家的产业政策，支持重点产业的发展，对石油、电力、煤炭等能源用地，民用港口、铁路等交通用地和水利设施用地，三线调整企业、盐业、采石场、邮电等一些特殊用地划分了征免税界限和给予政策性减免税照顾。具体规定如下：

① 对石油天然气生产建设中用于地质勘探、钻井、井下作业、油气田地面工程等施工临时用地暂免征收城镇土地使用税；

② 对企业的铁路专用线、公路等用地，在厂区以外、与社会公用地段未加隔离的，暂免征收城镇土地使用税；

③ 对企业厂区以外的公共绿化用地和向社会开放的公园用地，暂免征收城镇土地使用税；

④ 对盐场的盐滩、盐矿的矿井用地，暂免征收城镇土地使用税。

(22) 对物流企业自有的(包括自用和出租)大宗商品仓储设施用地和物流企业承租用于大宗商品仓储设施的土地，减按所属土地等级适用税额标准的50%计征城镇土地使用税。物流企业的办公、生活区用地及其他非直接从事大宗商品仓储的用地，不属于优惠范围，应按规定征收城镇土地使用税。符合减税条件的物流企业需持相关材料向主管税务机关办理备案手续。

(23) 对按照去产能和调结构政策要求停产停业、关闭的企业，自停产停业次月起，免征城镇土地使用税。

企业享受免税政策的期限累计不得超过两年。按照去产能和调结构政策要求停产停业、关闭的中央企业名单由国务院国有资产监督管理部门认定发布，其他企业名单由省、自治区、直辖市人民政府确定的去产能、调结构主管部门认定发布。各级认定部门应当每年核查名单内企业情况，将恢复生产经营、终止关闭注销程序的企业名单及时通知财政和税务部门。

(24) 对城市公交站场、道路客运站场、城市轨道交通系统运营用地，免征城镇土地使用税。

① 对城市公交站场、道路客运站场、城市轨道交通系统运营用地，免征城镇土地使用税。

城市公交站场运营用地，包括城市公交首末车站、停车场、保养场、站场办公用地、生产辅助用地。

道路客运站场运营用地，包括站前广场、停车场、发车位、站务用地、站场办公用地、生产辅助用地。

城市轨道交通系统运营用地，包括车站(含出入口、通道、公共配套及附属设施)、运营控制中心、车辆基地(含单独的综合维修中心、车辆段)以及线路用地，不包括购物中心、商铺等商业设施用地。

② 城市公交站场、道路客运站场，是指经县级以上(含县级)人民政府交通运输主管部门等批准建设的，为公众及旅客、运输经营者提供站务服务的场所。

城市轨道交通系统，是指依规定批准建设的，采用专用轨道导向运行的城市公共客运交通系统，包括地铁系统、轻轨系统、单轨系统、有轨电车、磁浮系统、自动导向轨道系统、市域快速轨道系统，不包括旅游景区等单位内部为特定人群服务的轨道系统。

③ 纳税人享受规定的免税政策，应按规定进行免税申报，并将不动产权属证明、土地用途证明等资料留存备查。

(二) 省、自治区、直辖市税务局确定的城镇土地使用税减免优惠

(1) 个人所有的居住房屋及院落用地。

(2) 房产管理部门在房租调整改革前经租的居民住房用地。

(3) 免税单位职工家属的宿舍用地。

(4) 集体和个人办的各类学校、医院、托儿所、幼儿园用地。

五、征收管理

(一) 纳税义务发生时间

(1) 纳税人购置新建商品房，自房屋交付使用之次月起，缴纳城镇土地使用税。

(2) 纳税人购置存量房，自办理房屋权属转移、变更登记手续，房地产权属登记机关签发房屋权属证书之次月起，缴纳城镇土地使用税。

(3) 纳税人出租、出借房产，自交付出租、出借房产之次月起，缴纳城镇土地使用税。

(4) 房地产开发企业自用、出租、出借本企业建造的商品房，自房屋使用或交付之次月起，缴纳城镇土地使用税。

(5) 纳税人新征用的耕地，自批准征用之日起满一年时，开始缴纳城镇土地使用税。

(6) 纳税人新征用的非耕地，自批准征用次月起，缴纳城镇土地使用税。

(7) 以出让或转让方式有偿取得建设用地，从合同约定交付土地时间的次月起，缴纳城镇土地使用税；合同未约定交付时间的，由受让方从合同签订的次月起，缴纳城镇土地使用税。

(二) 纳税期限

城镇土地使用税的具体纳税期限由各省、自治区、直辖市人民政府确定，采用按年计算、分期缴纳的征收方法。

(三) 纳税地点和征收机构

城镇土地使用税在土地所在地缴纳。纳税人使用的土地不属于同一省、自治区、直辖市管辖的，由纳税人分别向各土地所在地的税务机关缴纳城镇土地使用税；在同一省、自治区、直辖市管辖范围内，纳税人跨地区使用的土地，其纳税地点由各省、自治区、直辖市税务局确定。

城镇土地使用税采取属地化征收，税收纳入地方财政管理。城镇土地使用税征收工作涉及面广，政策性较强，在税务机关负责征收的同时，还须同国土、测绘等部门加强联系，及时掌握土地的权属资料，共同协作做好税收征收工作。

六、耕地占用税法

(一) 耕地占用税概述

耕地占用税法是指国家制定的调整耕地占用税征收与缴纳权利及义务关系的法律规范。现行耕地占用税法的基本规范，是 2018 年 12 月 29 日第十三届全国人民代表大会常务委员会第七次会议通过的《中华人民共和国耕地占用税法》(以下简称《耕地占用税法》)。

耕地占用税是对我国境内占用耕地建设建筑物、构筑物或者从事其他非农业建设的单位和个人，按其实际占用的耕地面积征收的一种税。长期以来，我国城乡非农业建设乱占滥用耕地的情况十分严重，直接影响了农业，特别是粮食生产的发展。通过开征耕地占用税，有利于政府运用税收经济杠杆调节他们的经济利益，引导他们节约、合理地使用耕地资源。

耕地占用税主要具有以下特点。

(1) 课税征收的一次性。耕地占用税以单位和个人实际占用的耕地面积计税，按照规定的税额标准一次性征收。

(2) 征收标准的灵活性。国家只规定每平方米的最高和最低限额，各地可根据本地人均占地面积和经济发展水平，确定当地的具体适用税额标准。

(3) 税收用途的补偿性。国家将征收的耕地占用税用于建立发展农业专项基金，主要用于开展宜耕土地开发和改良现有耕地之用，因此，具有"取之于地、用之于地"的补偿性特点。

(4) 征收对象的特定性。耕地占用税是对耕地建设建筑物、构筑物或从事其他非农业建设的单位和个人征税，其实就是对特定行为征税。

(二) 纳税义务人与征税范围

1. 纳税人

耕地占用税的纳税人是指在中华人民共和国境内占用耕地建设建筑物、构筑物或者从事非农业建设的单位和个人。

(1) 经批准占用耕地的，纳税人为农用地转用审批文件中标明的建设用地人；农用地转用审批文件中未标明建设用地人的，纳税人为用地申请人，其中用地申请人为各级人民政府的，由同级土地储备中心、自然资源主管部门或政府委托的其他部门、单位履行耕地占用税申报纳税义务。

(2) 未经批准占用耕地的，纳税人为实际用地人。

2. 征税范围

耕地占用税的征税范围主要有纳税人占用耕地建设建筑物、构筑物或者从事非农业建设的国家所有和集体所有的耕地。

所谓耕地是指用于种植农作物的土地，包括菜地、园地。其中，园地包括花圃、苗圃、茶园、果园、桑园和其他种植经济林木的土地。占用鱼塘及其他农用土地建房或从事其他非农业建设，也视同占用耕地，必须依法征收耕地占用税。

属于耕地占用税征税范围的耕地主要包括以下几项。

(1) 耕地，是指用于种植农作物的土地。

(2) 园地，包括果园、茶园、橡胶园、其他园地。其他园地包括种植桑树、可可、咖啡、油棕、胡椒、药材等其他多年生作物的园地。

(3) 林地，包括乔木林地、竹林地、红树林地、森林沼泽、灌木林地、灌丛沼泽、其他林地，不包括城镇村庄范围内的绿化林木用地，铁路、公路征地范围内的林木用地，以及河流、沟渠的护堤林用地。其他林地包括疏林地、未成林地、迹地、苗圃等林地。

(4) 草地，包括天然牧草地、沼泽草地、人工牧草地，以及用于农业生产并已由相关行政主管部门发放使用权证的草地。

(5) 农田水利用地，包括农田排灌沟渠及相应附属设施用地。

(6) 养殖水面，包括人工开挖或者天然形成的用于水产养殖的河流水面、湖泊水面、水库水面、坑塘水面及相应附属设施用地。

(7) 渔业水域滩涂，包括专门用于种植或者养殖水生动植物的海水潮浸地带和滩地，以及用于种植芦苇并定期进行人工养护管理的苇田。

纳税人因建设项目施工或者地质勘查临时占用耕地，应当依照规定缴纳耕地占用税。纳税人在批准临时占用耕地期满之日起 1 年内依法复垦，恢复种植条件的，全额退还已经缴纳的耕地占用税。

因挖损、采矿塌陷、压占、污染等损毁耕地的，应依照规定缴纳耕地占用税；自自然资源、农业农村等相关部门认定损毁耕地之日起 3 年内依法复垦或修复，恢复种植条件的，全额退还已经缴纳的耕地占用税。

(三) 税率、计税依据和税额计算

1. 税率

由于在我国的不同地区之间人口和耕地资源的分布极不均衡，有些地区人口稠密，耕地资源相对匮乏；而有些地区则人烟稀少，耕地资源比较丰富。各地区之间的经济发展水平也有很大差异。基于以上原因，耕地占用税采用了地区差别定额税率，根据人均耕地面积情况划分四类地区，具体规定如下：

(1) 人均耕地不超过 1 亩的地区(以县、自治县、不设区的市、市辖区为单位，下同)，每平方米为 10～50 元；

(2) 人均耕地超过 1 亩但不超过 2 亩的地区，每平方米为 8～40 元；

(3) 人均耕地超过 2 亩但不超过 3 亩的地区，每平方米为 6～30 元；

(4) 人均耕地超过 3 亩的地区，每平方米为 5～25 元。

在人均耕地低于 0.5 亩的地区，省、自治区、直辖市可以结合当地经济发展情况，适当提高耕地占用税的适用税额，但提高的部分不得超过上述第(1)项确定的适用税额的 50%。

占用基本农田的，应当按照税法有关规定适用税额加征 150%。

各地区耕地占用税的适用税额，由省、自治区、直辖市人民政府根据人均耕地面积和经济发展等情况，在税法规定的税额幅度内提出，报同级人民代表大会常务委员会审议，并报全国人民代表大会常务委员会和国务院备案。各省、自治区、直辖市耕地占用税适用税额的平均水平，不得低于《各省、自治区、直辖市耕地占用税平均税额表》规定的平均税额(见表 6-8)。

表6-8 各省、自治区、直辖市耕地占用税平均税额表

地区	每平方米平均税额(元)
上海	45
北京	40
天津	35
江苏、浙江、福建、广东	30
辽宁、湖北、湖南	25
河北、安徽、江西、山东、河南、重庆、四川	22.5
广西、海南、贵州、云南、陕西	20
山西、吉林、黑龙江	17.5
内蒙古、西藏、甘肃、青海、宁夏、新疆	12.5

2. 计税依据

耕地占用税以纳税人实际占用的耕地面积为计税依据,按照税法规定的适用税额一次性征收。实际占用的耕地面积包括经批准占用的耕地面积和未经批准占用的耕地面积。

3. 税额计算

应纳税额为纳税人实际占用的应税耕地面积(平方米)乘以适用税额。其计算公式为:

$$应纳税额=应税土地面积×适用税额$$

加按150%征收耕地占用税的计算公式为:

$$应纳税额=应税土地面积×适用税额×150\%$$

适用税额是指省、自治区、直辖市人民代表大会常务委员会决定的应税土地所在地县级行政区的现行适用税额。

【例6-17 计算题】某市物流企业经批准占用耕地2 500平方米,建设一栋物流储存仓库,所占耕地适用的定额税率为25元/平方米。计算该企业应缴纳的耕地占用税。

应纳税额=2 500×25=62 500(元)

(四) 税收优惠和征收管理

耕地占用税对占用耕地实行一次性征收,对生产经营单位和个人不设立税收减免,仅对公益性单位和需照顾群体设立税收减免。

1. 税收优惠

(1) 军事设施占用耕地,免征耕地占用税。军事设施,是指《中华人民共和国军事设施保护法》第二条所列建筑物、场地和设备,以及国务院和中央军事委员会规定的其他军事设施。

(2) 学校、幼儿园、社会福利机构、医疗机构占用耕地,免征耕地占用税。学校是指县级以上人民政府教育行政部门批准成立的大学、中学、小学,学历性职业教育学校和特殊教育学校,以及经省级人民政府或其人力资源社会保障行政部门批准成立的技工院校;幼儿园是指县级以上人民政府教育行政部门批准成立的幼儿园内专门用于幼儿保育、教育的场所;社会福利机构是指依法登记的养老服务机构、残疾人服务机构、儿童福利机构及救助管理机构、未成年人救助保护机构内专门为老年人、残疾人、未成年人及生活无着的流浪乞讨人员提供养护、康复、托管等服务的场所;医疗机构是指县级以上人民政府卫生健康行政部门批准设立的医疗机构内专门从事疾病诊断、治疗活动的场所及其配套设施。

(3) 农村烈士遗属、因公牺牲军人遗属、残疾军人以及符合农村最低生活保障条件的农村居民,在规定用地标准以内新建自用住宅,免征耕地占用税。

(4) 铁路线路、公路线路、飞机场跑道、停机坪、港口、航道、水利工程占用耕地,减按每平方米2元的税额征收耕地占用税。

(5) 农村居民在规定用地标准以内占用耕地新建自用住宅,按照规定适用税额减半征收耕地占用税;其中农村居民经批准搬迁,新建自用住宅占用耕地不超过原宅基地面积的部分,免征耕地占用税。免征或者减征耕地占用税后,纳税人改变原占地用途,不再属于免征或者减征耕地占用税情形的,应当按照当地适用税额补缴耕地占用税。

(6) 因挖损、采矿塌陷、压占、污染等损毁耕地属于税法所称的非农业建设,应依照税法规定缴纳耕地占用税；自然资源、农业农村等相关部门认定损毁耕地之日起 3 年内依法复垦或修复，恢复种植条件的，比照上述第(5)项规定办理退税。

(7) 在农用地转用环节，用地申请人能证明建设用地人符合税法免税规定情形的，免征用地申请人的耕地占用税；在供地环节，建设用地人使用耕地用途符合税法免税规定情形的，由用地申请人和建设用地人共同申请，按退税管理的规定退还用地申请人已经缴纳的耕地占用税。

2. 征收管理

(1) 纳税义务发生时间。

耕地占用税的纳税义务发生时间为纳税人收到自然资源主管部门办理占用耕地手续的书面通知的当日。

未经批准占用耕地的，耕地占用税的纳税义务发生时间为自然资源主管部门认定的纳税人实际占用耕地的当日。

因挖损、采矿塌陷、压占、污染等损毁耕地的纳税义务发生时间为自然资源、农业农村等相关部门认定损毁耕地的当日。

纳税人占地类型、占地面积和占地时间等纳税申报数据材料以自然资源等相关部门提供的相关材料为准；未提供相关材料或者材料信息不完整的，经主管税务机关提出申请，由自然资源等相关部门自收到申请之日起 30 日内出具认定意见。

(2) 纳税申报。

① 纳税人占用耕地，应当在耕地所在地申报纳税。纳税人应当自纳税义务发生之日起 30 内申报缴纳耕地占用税。

② 纳税人的纳税申报数据资料异常或者纳税人未按照规定期限申报纳税的，主要包括以下情形：纳税人改变原占地用途，不再属于免征或者减征耕地占用税情形，未按照规定进行申报的；纳税人已申请用地但尚未获得批准先行占地开工，未按照规定进行申报的；纳税人实际占用耕地面积大于批准占用耕地面积，未按照规定进行申报的；纳税人未履行报批程序擅自占用耕地，未按照规定进行申报的。

③ 各省、自治区、直辖市人民政府应当建立健全本地区跨部门耕地占用税部门协作和信息交换工作机制。

④ 耕地占用税的征收管理，依照《耕地占用税法》和《税收征管法》的规定执行。

纳税人、税务机关及其工作人员违反规定的，依照《税收征管法》和有关法律法规的规定追究法律责任。

第六节　房产税法

一、房产税法概述

房产税法是指国家制定的调整房产税征收与缴纳之间权利及义务关系的法律规范。现行房产税法的基本规范，是国务院 1986 年 9 月 15 日颁布的《中华人民共和国房产税暂行条例》。

房产税是以房屋为征税对象，按房屋的计税余值或租金收入为计税依据，向房产所有人或经营人征收的一种财产税。房产税是为世界各国政府广为开征的古老的税种。征收房产税有利于地方政府筹集财政收入，也有利于加强房产管理。

新中国成立后，1951 年 8 月政务院颁布了《中华人民共和国城市房地产税暂行条例》，规定对城市中的房屋及占地合并征收房产税和地产税，称为城市房地产税。1973 年开始，国家为简化税制，把对企业征收的这个税种并入工商税。对房地产管理部门和个人房屋，以及外资企业、中外合资、合作经营企业的房屋，继续保留征收城市房地产税。1984 年 10 月，国务院推行第二步利改税和改革工商税制时，确定恢复征收房产税。我国城市的土地属于国家所有，使用者没有土地所有权，因此将城市房地产税分为房地产税和土地使用税，并于 1986 年 9 月 15日国务院颁布了《中华人民共和国房产税暂行条例》，同年 10 月 1 日正式实施。规定对国内单位和个人在全国范围内全面征收房产税。城市房地产税只对外商投资企业、外国企业和外籍人员征收。2008 年 12 月 31 日，国务院公布第 546 号令，自 2009 年 1 月 1 日起废止《中华人民共和国城市房地产税暂行条例》，外商投资企业、外国企业和外籍人员依照《中华人民共和国房产税暂行条例》缴纳房产税。

房产税具有以下特点。

(1) 属于个别财产税。我国财产税可分为一般财产税和个别财产税。财产税是对纳税人拥有的土地、房屋、资本和其他财产分别课征的税收。房产税仅以房屋为征税对象，属于财产税中的个别财产税。

(2) 征税范围有限定。房产税的征税范围只限于在城市、县城、建制镇和工矿区范围内的房屋，农村的房屋和国家拨付行政经费、事业经费和国防经费的单位不纳入房产税的征税范围。

(3) 税源稳定、征收简便。房产税的课税对象属于不动产，因此税源相对稳定；房产税采用简易的征收办法，按房产的计税余值及房屋的租金收入为计税依据，只需对房屋产权进行登记，并对出租房产活动加强管理，因此房产税的征收相对较为简便。

(4) 区别确定征税办法。纳税人将房屋用于经营自用的，按照规定以房产的计税余值计算缴纳房产税；将房屋用于出租、出典的，以租金收入计算缴纳房产税。结合房屋的不同使用方式确定征税办法，符合纳税人的经营特点，便于平衡税收负担。

二、纳税义务人与征税范围

(一) 纳税义务人

房产税以在征税范围内的房屋产权所有人为纳税人，以下为具体规定。

(1) 产权属国家所有的，由经营管理单位纳税；产权属集体和个人所有的，由集体单位和个人纳税。

所称单位，包括国有企业、集体企业、私营企业、股份制企业、外商投资企业、外国企业以及其他企业和事业单位、社会团体、国家机关、军队以及其他单位；所称个人，包括个体工商户以及其他个人。

(2) 产权出典的，由承典人纳税。产权出典是指产权所有人将房屋、生产资料等的产权，在一定期限内典当给他人使用，而取得资金的一种融资业务。这种业务多数发生于出典人急需用款，又想保留产权回赎权的情况。承典人向出典人交付一定的典价之后，在质典期内即获抵押物品的支配权，并可转典。产权的典价一般要低于卖价。出典人在规定期间内须归还典价的本金和利息，方可赎回出典房屋等的产权。由于在房屋出典期间，产权所有人已无权支配房屋，因此，税法规定由对房屋具有支配权的承典人为纳税人。

(3) 产权所有人、承典人不在房屋所在地的，由房产代管人或使用人纳税。

(4) 产权未确定及租典纠纷未解决的，规定由房产代管人或使用人纳税，保证房产税及时入库。所谓租典纠纷，是指产权所有人在房产出典和租赁关系上，与承典人、租赁人发生各种争议，特别是权利和义务的争议悬而未决的。

(5) 无租使用其他房产的问题。纳税单位和个人无租使用房产管理部门、免税单位及纳税单位的房产，应由使用人代为缴纳房产税。

(二) 征税范围

《中华人民共和国房产税暂行条例》规定房产税在城市、县城、建制镇和工矿区征收。因此，房产税的征税范围为城市、县城、建制镇和工矿区。

所谓城市是指国务院批准设立的市，包括市区、郊区和市辖县城，但不包括农村；县城是指县人民政府所在地的地区；建制镇是指经省、自治区、直辖市人民政府批准设立的建制镇，但不包括所辖的行政村；工矿区是指工商业比较发达、人口比较集中、符合国务院规定的建制镇标准但尚未设立建制镇的大中型工矿企业所在地。开征房产税的工矿区须经省、自治区、直辖市人民政府批准。

三、税率、计税依据和应纳税额的计算

(一) 税率

现行房产税采用比例税率。房产税的计税依据分为两种形式：一是按照房产原值一次减除10%～30%后余值计征的，税率为1.2%；二是按照房产租金收入计征的，税率为12%。自2008年3月1日起，对个人出租住房，不区分用途，按租金收入的4%征收房产税；对企事业单位、社会团体以及其他组织按市场价格向个人出租用于居住的住房，减按4%的税率征收房产税。

(二) 计税依据

房产税实行从价计征和从租计征两种方法，其计税依据分别是房产余值或房产的租金收入。

1. 从价计征

根据税法规定，房产税依照房产原值一次减除10%～30%后的余值计征。扣除比例由当地省、自治区、直辖市人民政府确定。

(1) 房原原值就是房产的造价或购置价格。依据房产原值计税的房产，不论是否在会计核算账簿"固定资产"科目中，均应按照房屋原价计算缴纳房产税。房屋原价应根据国家有关会计制度规定进行核算。对纳税人未按国家会计制度规定核算并记载的，应按规定予以调整或重新评估。没有记载房屋原价的，应由房屋所在地税务机关参照同类房屋确定房产原值，按规定计征房产税。

自2010年12月21日起，对按照房产原值计税的房产，房产原值包含为取得土地使用权

支付的价款、开发土地发生的成本费用等。宗地容积率低于 0.5 的，按房产建筑面积的 2 倍计算土地面积并据此确定计入房产原值的地价。

(2) 房产原值应包括与房屋不可分割的各种附属设备或一般不单独计算价值的配套设施，主要有：一是暖气、卫生、通风、照明、煤气等设备；二是蒸汽、压缩空气、石油、给水排水等管道及电力、电信、电缆等管线；三是电梯、升降机、过道、晒台等设施。为了维持和增加房屋的使用功能或使房屋满足设计要求，凡以房屋为载体，不可随意移动的附属设备和配套设施都应计入房产原值，计征房产税。对于更换房屋附属设备和配套设施的，在将其价值计入房产原值时，可扣减原来相应设备和设施的价值；对附属设备和配套设施中易损坏、需要经常更换的零配件，更新后不再计入房产原值。

(3) 纳税人对原有房屋进行改建、扩建的，要相应增加房屋的原值。房产余值是房产的原值减除规定比例后的剩余价值。同时，还需注意以下问题。

① 对投资联营的房产，在计征房产税时应予以区别对待。对于以房产投资联营，投资者参与投资利润分红，共担风险的，按房产余值作为计税依据计征房产税；对以房产投资，收取固定收入，不承担联营风险的，实际是以联营名义取得房产租金收入，应根据税法规定由出租方从租计征房产税。

② 对融资租赁房屋的情况，由于租赁费包括购进房屋的价款、手续费、借款利息等，与一般房屋出租的"租金"内涵不同，且租赁期满后，当承租方偿还最后一笔租赁费时，房屋产权要转移到承租方。这实际是一种变相的分期付款购买固定资产的形式，因此在计征房产税时应以房产余值计算征收，关于租赁期内房产税的纳税人，可由当地税务机关视实际情况而定。

(4) 居民住宅区内业主共有的自营性房产缴纳房产税。对于居民住宅区内业主共有的经营性房产，由实际自营的代管人或使用人缴纳房产税，依照房产原值减除 10%～30%后的余值计征，没有房产原值或不能将业主共有房产与其他房产的原值准确划分开的，由房产所在地地方税务机关参照同类房产核定房产原值。

(5) 凡在房产税征收范围内的具备房屋功能的地下建筑，包括与地上房屋相连的地下建筑以及完全建在地面以下的建筑、地下人防设施等，均应当依照有关规定征收房产税。具备房屋功能的地下建筑是指有屋面和维护结构，能够遮风避雨，可供人们在其中生产、经营、工作、学习、娱乐、居住或储藏物资的场所。自用的地下建筑，按以下方式计税。

① 工业用途房产，以房屋原价的 50%～60%作为应税房产原值。

$$应纳房产税的税额=应税房产原值×[1-(10\%～30\%)]×1.2\%$$

② 商业和其他用途房产，以房屋原价的 70%～80%作为应税房产原值。

$$应纳房产税的税额=应税房产原值×[1-(10\%～30\%)]×1.2\%$$

房屋原价折算为应税房产原值的具体比例，由各省、自治区、直辖市和计划单列市财政和地方税务部门在上述幅度内自行确定。

③ 对于与地上房屋相连的地下建筑，如房屋的地下室、地下停车场、商场的地下部分等，应将地下部分与地上房屋视为一个整体，按照地上房屋建筑的有关规定计算征收房产税。

2. 从租计征

房产出租的纳税人，以房产租金收入为房产税的计税依据。

所谓房产的租金收入，是房屋产权所有人出租房产使用权所得的报酬，包括货币收入和实物收入。对于以劳务或者其他形式为报酬抵付房租收入的，应根据当地同类房产的租金水平，确定一个标准租金额从租计征；对于出租房产，租赁双方签订的租赁合同约定有免收租金期限的，免收租金期间由产权所有人按照房产原值缴纳房产税。

出租的地下建筑，按照出租地上房屋建筑的有关规定计算征收房产税。

(三) 应纳税额的计算

按照税法规定，房产税的应纳税额计算方法有以下两种。

1. 从价计征的计算

$$应纳税额=应税房产原值×(1-扣除比例)×1.2\%$$

房产原值是"固定资产"科目中记载的房屋原价；减除一定比例是省、自治区、直辖市人民政府规定的10%～30%的减除比例；计征的适用税率为1.2%。

【例6-18 计算题】某企业的经营用房原值为 6 000 万元，按照当地规定允许减除 20%后按余值计税，适用税率为 1.2%。请计算其应纳房产税税额。

应纳税额=6 000×(1-20%)×1.2%=57.6(万元)

2. 从租计征的计算

$$应纳税额=年租金收入×12\%(或 4\%)$$

【例6-19 计算题】某企业出租货物仓库 8 间，年租金收入为 40 万元，适用税率为 12%。请计算其应纳房产税税额。

应纳税额=40×12%=4.8(万元)

四、税收优惠

根据《中华人民共和国房产税暂行条例》及其他有关规定，房产税的税收优惠政策主要有以下几项。

(1) 国家机关、人民团体、军队自用的房产，免征房产税。但上述单位出租的房产以及非自身业务使用的生产或营业用房，不属于免税范围。人民团体是指经国务院授权的政府部门批准设立或登记备案并由国家拨付行政事业费的各种社会团体。自用的房产是指这些单位本身的办公用房和公务用房。

(2) 国家财政部门拨付事业经费的单位自用的房产，免征房产税。学校、医疗卫生单位、托儿所、幼儿园、敬老院、文化、体育、艺术这些实行全额或差额预算管理的事业单位所有的，本身业务范围内使用的房产免征房产税。但上述单位所属工厂、商店、招待所不属于单位公务或业务用房，不属于免税范围。

(3) 宗教寺庙、公园、名胜古迹自用的房产，免征房产税。宗教寺庙自用的房产，是指举行宗教仪式等的房屋和宗教人员使用的生活用房。公园、名胜古迹自用的房产，是指供公共参观游览的房屋及其管理单位的办公用房。但上述单位中附设的营业单位，如影剧院、饮食部、茶社、照相馆等所使用的房产及出租的房产，不属于免税范围。

(4) 个人所有非营业用的房产，免征房产税。个人所有的非营业用房，主要是指居民住房，不分面积多少，一律免征房产税。但个人拥有的营业用房或者出租的房产，不属于免税范围。

(5) 对非营利性医疗机构、疾病控制机构和妇幼保健机构等卫生机构自用的房产，免征房产税。

(6) 对按政府规定价格出租的公有住房和廉租住房，包括企业和自收自支事业单位向职工出租的单位自有住房，房管部门向居民出租的公有住房，落实私房政策中带户发还产权并以政府规定租金标准向居民出租的私有住房等，暂免征收房产税。

(7) 经营公租房的租金收入，免征房产税。公共租赁住房经营管理单位应单独核算公共租赁住房租金收入，未单独核算的，不得享受免征房产税优惠政策。

(8) 对按照去产能和调结构政策要求停产停业、关闭的企业，自停产停业次月起，免征房产税。企业享受免税政策的期限累计不得超过两年。按照去产能和调结构政策要求停产停业、关闭的中央企业名单由国务院国有资产监督管理部门认定发布，其他企业名单由省、自治区、直辖市人民政府确定的去产能、调结构主管部门认定发布。认定部门应当及时将认定发布的企业名单(含停产停业、关闭时间)抄送同级财政和税务部门。各级认定部门应当每年核查名单内企业情况，将恢复生产经营、终止关闭注销程序的企业名单及时通知财政和税务部门。

(9) 对国家级、省级科技企业孵化器、大学科技园和国家备案众创空间自用以及无偿或通过出租等方式提供给在孵对象使用的房产，免征房产税。国家级、省级科技企业孵化器、大学科技园和国家备案众创空间应当单独核算孵化服务收入。孵化服务是指为在孵对象提供的经纪代理、经营租赁、研发和技术、信息技术、鉴证咨询服务。在孵对象是指符合认定和管理办法规定的孵化企业、创业团队和个人。国家级、省级科技企业孵化器、大学科技园和国家备案众创空间应按规定申报享受免税政策，并将房产土地权属资料、房产原值资料、房产土地租赁合同、孵化协议等留存备查，税务部门依法加强后续管理。

(10) 高校学生公寓免征房产税。高校学生公寓，是指为高校学生提供住宿服务，按照国家规定的收费标准收取住宿费的学生公寓。企业享受规定的免税政策，应按规定进行免税申报，并将不动产权属证明、载有房产原值的相关材料、房产用途证明、租赁合同等资料留存备查。

(11) 对农产品批发市场、农贸市场(包括自有和承租，下同)专门用于经营农产品的房产、土地，暂免征收房产税。对同时经营其他产品的农产品批发市场和农贸市场使用的房产、土地，按其他产品与农产品交易场地面积的比例确定征免房产税。

① 农产品批发市场和农贸市场，是指经工商登记注册，供买卖双方进行农产品及其初加工品现货批发或零售交易的场所。农产品包括粮油、肉禽蛋、蔬菜、干鲜果品、水产品、调味品、棉麻、活畜、可食用的林产品以及由省、自治区、直辖市财税部门确定的其他可食用的农产品。

② 享受上述税收优惠的房产、土地，是指农产品批发市场、农贸市场直接为农产品交易提供服务的房产、土地。农产品批发市场、农贸市场的行政办公区、生活区，以及商业餐饮娱乐等非直接为农产品交易提供服务的房产、土地，不属于规定的优惠范围，应按规定征收房产税。

③ 企业享受规定的免税政策，应按规定进行免税申报，并将不动产权属证明、载有房产原值的相关材料、租赁协议、房产土地用途证明等资料留存备查。

(12) 对向居民供热收取采暖费的供热企业，为居民供热所使用的厂房及土地，免征房产税。但上述企业其他厂房及土地，不属于免税范围。

① 对专业供热企业，按其向居民供热取得的采暖费收入占全部采暖费收入的比例，计算

免征的房产税。

② 对兼营供热企业，视其供热所使用的厂房及土地与其他生产经营活动所使用的厂房及土地是否可以区分，按照不同方法计算免征的房产税。可以区分的，对其供热所使用厂房及土地，按向居民供热取得的采暖费收入占全部采暖费收入的比例，计算免征的房产税。难以区分的，对其全部厂房及土地，按向居民供热取得的采暖费收入占其营业收入的比例，计算免征的房产税。

③ 对自供热单位，按向居民供热建筑面积占总供热建筑面积的比例，计算免征供热所使用的厂房及土地的房产税。

五、征收管理

(一) 纳税义务发生时间

(1) 纳税人将原有房产用于生产经营，自生产经营之月起缴纳房产税。

(2) 纳税人自行新建房屋用于生产经营，自建成之次月起缴纳房产税。

(3) 纳税人委托施工企业建设的房屋，自办理验收手续之次月起缴纳房产税。

(4) 纳税人购置新建商品房，自房屋交付使用之次月起缴纳房产税。

(5) 纳税人购置存量房，自办理房屋权属转移、变更登记手续，房地产权属登记机关签发房屋权属证书之次月起缴纳房产税。

(6) 纳税人出租、出借房产，自房屋交付出租、出借之次月起缴纳房产税。

(7) 纳税人自用、出租、出借本企业建造的商品房，自房屋使用或交付之次月起缴纳房产税。

(8) 融资租赁的房产，由承租人自融资租赁合同约定开始日的次月起依照房产余值缴纳房产税。合同未约定开始日的，由承租人自合同签订的次月起依照房产余值缴纳房产税。

(二) 纳税期限

房产税实行按年计算、分期缴纳的征收方法，具体纳税期限由省、自治区、直辖市人民政府确定，一般按季度或半年征收一次，在季度或半年内规定某一月份征收，一般上半年在 3 月份缴纳一次，下半年在 9 月份缴纳一次，每次征收期为 1 个月。

(三) 纳税地点

房产税在房产所在地缴纳。房产不在同一地方的纳税人，应按房产的坐落地点分别向房产所在地的税务机关纳税。

第七节　车船税法

一、车船税法概述

车船税法是指国家制定的用以调整车船税征收与缴纳权利及义务关系的法律规范。现行车船税法的基本规范，是 2011 年 2 月 25 日由中华人民共和国第十一届全国人民代表大会常务委员会第十九次会议通过的《中华人民共和国车船税法》(以下简称《车船税法》)，自 2012 年 1 月 1 日起施行。

车船税是指以中华人民共和国境内的车辆、船舶为征税对象，向拥有车辆、船舶(以下简称车船)的所有人或管理人征收的一种税。征收车船税有利于为地方政府筹集财政资金，有利于车船的管理和合理配置，更有利于调节财富差异。2015 年 11 月 26 日，国家税务总局发布《车船税管理规程(试行)》(国家税务总局公告 2015 年第 83 号)，自 2016 年 1 月 1 日起施行。

车船税具有以下特点。

(1) 兼有双重性质。车船税纳税人是车船的所有人或管理人，即在我国境内拥有车船的单位和个人。因此，该税种兼有财产税和行为税的性质。

(2) 属于个别财产税。从财产税的角度看，车船税属于个别财产税，不仅征收对象仅限于车船两类运输工具，而且对不同的车辆、不同的船舶规定了不同的征税标准。

(3) 实行定额税率。车船税首先划分车船类别，规定各自的定额税率。车辆采用分类、分项幅度税额，即对不同类别和不同项目的车辆规定了最高税额和最低税额，以适应我国各地经济发展不平衡，车辆各类繁多、大小不同的实际情况。船舶实行分类、分级固定税额，即对不同类别、不同吨位的船舶，规定全国统一的固定税额，以适用船舶航程长、流动性大的特点，保持全国税负的大体均衡。

二、纳税义务人与征税范围

(一) 纳税义务人

车船税的纳税义务人，是指在中华人民共和国境内的车船的所有人或者管理人。其中，所有人是指在我国境内拥有车船的单位和个人；管理人是指对车船具有管理权或者使用权、不具有所有权的单位。单位是指行政机关、企事业单位、社会团体以及其他组织；个人是指我国境内的居民和外籍个人。

按照税法规定，从事机动车第三者责任强制保险业务的保险机构为机动车车船税的扣缴义务人，应当在收取保险费时依法代收车船税，并出具代收税款凭证。

(二) 征税范围

车船税的征税范围是指在中华人民共和国境内属于《车船税法》所附《车船税税目税额表》规定的车辆和船舶。车辆、船舶是指依法应当在车船管理部门登记的机动车辆和船舶，或者依法不需要在车船管理部门登记、在单位内部场所行驶或者作业的机动车辆和船舶。

1. 车辆

依据《车船税税目税额表》的规定，应税车辆包括：乘用车、商用车(包括客车和货车，货车包括半挂牵引车、三轮汽车和低速载货汽车)、挂车、其他车辆(包括专用作业车、轮式专用机械车，不包括拖拉机)、摩托车。

2. 船舶

船舶是指各类机动、非机动船舶以及其他水上移动装置，但是船舶上装备的救生艇筏和长度小于 5 米的艇筏除外。船舶分为机动船舶(包括拖船、非机动驳船)和游艇。

三、税目与税率

车船税实行幅度定额税率。定额税率,也称固定税额,是税率的一种特殊形式。车辆的具体适用税额由省、自治区、直辖市人民政府依照《车船税法》规定的税额幅度和国务院的规定确定;船舶的具体适用税额由国务院在《车船税法》规定的税额幅度内确定。

车船税确定税额总的原则有:一是非机动车船的税负轻于机动车船;二是人力车的税负轻于畜力车;三是小吨位船舶的税负轻于大船舶。由于车辆与船舶的行驶情况不同,车船税的税额也有所不同(见表 6-9)。

表6-9　车船税税目税额表

税目		计税单位	年基准税额(元)	备注
乘用车 [按发动机汽缸容量(排气量)分档]	1.0 升(含)以下的	每辆	60～360	核定载客人数 9 人(含)以下
	1.0 升以上至 1.6 升(含)的		300～540	
	1.6 升以上至 2.0 升(含)的		360～660	
	2.0 升以上至 2.5 升(含)的		660～1 200	
	2.5 升以上至 3.0 升(含)的		1 200～2 400	
	3.0 升以上至 4.0 升(含)的		2 400～3 600	
	4.0 升以上的		3 600～5 400	
商用车	客车	每辆	480～1 440	核定载客人数 9 人以上(包括电车)
	货车	整备质量每吨	16～120	包括半挂牵引车、挂车、客货两用汽车、三轮汽车和低速载货汽车等 挂车按照货车税额的 50% 计算
其他车辆	专用作业车	整备质量每吨	16～120	不包括拖拉机
	轮式专用机械车		16～120	
摩托车		每辆	36～180	
船舶	机动船舶	净吨位每吨	3～6	拖船、非机动驳船分别按照机动船舶税额的 50% 计算;游艇的税额另行规定
	游艇	艇身长度每米	600～2 000	

(1) 机动船舶,具体适用税额为:

① 净吨位小于或者等于 200 吨的,每吨 3 元;

② 净吨位为 201～2000 吨的,每吨 4 元;

③ 净吨位为 2 001～10 000 吨的,每吨 5 元;

④ 净吨位为 10 001 吨及以上的,每吨 6 元。

拖船按照发动机功率每 1 千瓦折合净吨位 0.67 吨计算征收车船税。

(2) 游艇,具体适用税额为:

① 艇身长度不超过 10 米的游艇,每米 600 元;

② 艇身长度超过 10 米但不超过 18 米的游艇,每米 900 元;

③ 艇身长度超过 18 米但不超过 30 米的游艇，每米 1300 元；

④ 艇身长度超过 30 米的游艇，每米 2000 元；

⑤ 辅助动力帆艇，每米 600 元。

游艇艇身长度是指游艇的总长。

(3) 乘用车按车辆登记管理部门核发的机动车登记证书或者行驶证书所载的排气量毫升数确定税额区间。

(4) 车船税涉及的整备质量、净吨位、艇身长度等计税单位，有尾数的一律按照含尾数的计税单位据实计算车船税应纳税额。

(5) 车船税涉及的排气量、整备质量、核定载客人数、净吨位、功率(千瓦或马力)、艇身长度，以车船登记管理部门核发的车船登记证书或者行驶证相应项目所载数据为准。

四、应纳税额的计算与代缴纳

(一) 计税依据

纳税人按照纳税地点所在的省、自治区、直辖市人民政府确定的具体适用税额缴纳车船税。车船税由地方税务机关负责征收。车船税的征税对象既有车辆又有船舶，而车船的种类繁多，用途各异，无法统一计量标准，因此只能选择几种基本的、通用的计量单位作为计税单位。按照车船的种类，车船税采用辆、整备质量、净吨位、艇身长度四种计税依据。

(1) 乘用车、商用客车、摩托车的计税依据为辆。

(2) 商用货车、挂车、专用作业车、轮式专用机械车的计税依据为整备质量吨数。整备质量是指汽车完全装备好的质量，包括润滑油、燃料、随车工具、备胎等所有装置的质量。

(3) 机动船舶、拖船、非机动驳船的计税依据为净吨位。"净吨位"是指按船舶丈量法规规定的船内封闭处的总容积(即总吨位)减去驾驶室、轮机间、业务办公室、燃料舱、物料房、压舱间、卫生设备及船员住室等占用容积所剩余的吨位，即实际载货或载客的吨位。

(4) 游艇的计税依据为艇身长度(即总长)。

依法不需要办理登记、依法应当登记而未办理登记或者不能提供车船登记证书、行驶证的，以车船出厂合格证明或者进口凭证相应项目标注的技术参数、所载数据为准；不能提供车船出厂合格证明或者进口凭证的，由主管税务机关参照国家相关标准核定，没有国家相关标准的参照同类车船核定。

(二) 应纳税额的计算

车船税实行从量定额计税方法。在一个纳税年度内，纳税人在非车辆登记地由保险机构代收代缴机动车车船税，且能够提供合法有效完税证明的，纳税人不再向车辆登记地的地方税务机关缴纳车船税。已缴纳车船税的车船在同一纳税年度内办理转让过户的，不另纳税，也不退税。车船税应纳税额根据不同类型的车船及其适用的计税标准分别计算，具体方法如下。

乘用车应纳税额=乘用车辆数×适用年税额

商用客车应纳税额=商用客车辆数×适用年税额

商用货车应纳税额=整备质量吨数×适用年税额

$$专用作业车应纳税额=整备质量吨数×适用年税额$$
$$轮式专用机械车应纳税额=整备质量吨数×适用年税额$$
$$摩托车应纳税额=摩托车辆数×适用年税额$$
$$机动船舶应纳税额=船舶净吨位×适用年税额$$
$$游艇应纳税额=艇身长度米数×适用年税额$$

(1) 购置的新车船，购置当年的应纳税额自纳税义务发生的当月起按月计算。计算公式为

$$应纳税额=(年应纳税额÷12)×应纳税月份数$$
$$应纳税月份数=12-纳税义务发生时间(取月份)+1$$

(2) 在一个纳税年度内，已完税的车船被盗抢、报废、灭失的，纳税人可以凭有关管理机关出具的证明和完税证明，向纳税所在地的主管税务机关申请退还自被盗抢、报废、灭失月份起至该纳税年度终了期间的税款。

(3) 已办理退税的被盗抢车船，失而复得的，纳税人应当从公安机关出具相关证明的当月起计算缴纳车船税。

【例 6-20 计算题】 某运输公司拥有商用货车 15 辆，每辆自重吨数均为 4 吨；拥有商用客车 4 辆，均为 30 座。已知该车船税的年税额商用货车为每吨 100 元，商用客车为每辆 1 000 元，请计算该公司应缴纳的车船税额。

① 商用货车应纳税额=15×4×100=6 000(元)
② 商用客车应纳税额=4×1 000=4 000(元)
③ 应纳车船税总额=6 000+4 000=10 000(元)

五、税收优惠

(一) 法定减免

(1) 捕捞、养殖渔船，免征车船税。

(2) 按照规定在军队、武装警察部队车船管理部门登记，并领取军队、武警牌照的车船，免征车船税。

(3) 公安机关、国家安全机关、监狱、劳动教养管理机关和人民法院、人民检察院领取警用牌照的车辆和执行警务的专用船舶，免征车船税。

(4) 依照法律规定应当予以免税的外国驻华使领馆、国际组织驻华代表机构及其有关人员的车船。

(5) 新能源车船免征车船税。

免征车船税的新能源汽车是指纯电动商用车、插电式(含增程式)混合动力汽车、燃料电池商用车。纯电动乘用车和燃料电池乘用车不属于车船税征税范围，对其不征车船税。

免征车船税的新能源汽车应同时符合以下标准：①获得许可在中国境内销售的纯电动商用车、插电式(含增程式)混合动力汽车、燃料电池商用车；②符合新能源汽车产品相关技术标准；③通过新能源汽车专项检测，符合新能源汽车相关标准；④新能源汽车生产企业或进口新能源汽车经销商在产品质量保证、产品一致性、售后服务、安全监测、动力电池回收利用等方面符

合相关要求。

免征车船税的新能源船舶应符合以下标准：船舶的主推进动力装置为纯天然气发动机。发动机采用微量柴油引燃方式且引燃油热值占全部燃料总热值的比例不超过 5%的，视同纯天然气发动机。

(6) 悬挂应急救援专用号牌的国家综合性消防救援车辆和国家综合性消防救援专用船舶，免征车船税。

(7) 节能汽车减半征收车船税。

减半征收车船税的节能乘用车应同时符合以下标准：①获得许可在中国境内销售的排量为 1.6 升以下(含 1.6 升)的燃用汽油、柴油的乘用车(含非插电式混合动力、双燃料和两用燃料乘用车)；②综合工况燃料消耗量应符合相关标准。

减半征收车船税的节能商用车应同时符合以下标准：①获得许可在中国境内销售的燃用天然气、汽油、柴油的轻型和重型商用车(含非插电式混合动力、双燃料和两用燃料轻型和重型商用车)；②燃用汽油、柴油的轻型和重型商用车综合工况燃料消耗量应符合相关标准。

(二) 特定减免

(1) 按照规定缴纳船舶吨税的机动船舶，自《车船税法》实施之日起 5 年内免征车船税。

(2) 经批准临时入境的外国车船和香港特别行政区、澳门特别行政区、台湾地区的车船，不征收车船税。

(3) 依法不需要在车船登记管理部门登记的机场、港口、铁路站场内部行驶或作业的车船，自《车船税法》实施之日起 5 年内免征车船税。

(4) 国家综合性消防救援车辆由部队号牌改挂应急救援专用号牌的，一次性免征改挂当年车船税。

(5) 省、自治区、直辖市人民政府根据当地实际情况，可以对公共交通车船、农村居民拥有并主要在农村地区使用的摩托车、三轮汽车和低速载货汽车定期减征或者免征车船税。

六、征收管理

(一) 纳税期限

车船税纳税义务发生时间为取得车船所有权或者管理权的当月。以购买车船的发票或其他证明文件所载日期的当月作为车船税的纳税义务发生时间。对无法提供车船购置发票的，主管税务机关有权核定其纳税义务发生时间。

购置新车船的应纳税额自纳税义务发生的当月起按月计算。应纳税额为年应纳税额除以 12，再乘以应纳税月份数。

(二) 纳税地点

车船税的纳税地点为车船的登记地或者车船税扣缴义务人所在地。依法不需要办理登记的车船，车船税的纳税地点为车船的所有人或者管理人所在地。

纳税人自行申报缴纳车船税的，纳税地点为车船登记地的主管税务机关所在地；依法不需要办理登记的车船，纳税地点为车船所有人或者管理人主管税务机关所在地；扣缴义务人代收代缴车船税的，纳税地点为扣缴义务人所在地。

(三) 税款征收

车船税按年申报，分月计算，一次性缴纳。纳税年度为公历 1 月 1 日至 12 月 31 日。具体申报纳税期限由省、自治区、直辖市人民政府规定。

税务机关可以在车船管理部门、车船检验机构的办公场所集中办理车船税征收事宜。

公安机关交通管理部门在办理车辆相关登记和定期检验手续时，对未提交自上次检验后各年度依法纳税或者免税证明的，不予登记，不予发放检验合格标志。

海事部门、船舶检验机构在办理船舶登记和定期检验手续时，对未提交依法纳税或者免税证明，且拒绝扣缴义务人代收代缴车船税的纳税人，不予登记，不予发放检验合格标志。

纳税人依法不需要购买机动车交通事故责任强制保险，应当向主管税务机关申报缴纳车船税。

纳税人在首次购买机动车交通事故责任强制保险时缴纳车船税或者自行申报缴纳车船税的，应当提供购车发票及反映排气量、整备质量、核定载客人数等与纳税相关的信息及其相应凭证。

机动车车船税的扣缴义务人为从事机动车第三者责任强制保险业务的保险机构，应当在收取保险费时依法代收车船税，并出具代收税款凭证。

第八节　车辆购置税法

一、车辆购置税法概述

车辆购置税法是指国家制定的用以调整车辆购置税征收与缴纳权利及义务关系的法律规范。现行车辆购置税法的基本规范是 2018 年 12 月 29 日第十三届全国人民代表大会常务委员会第七次会议通过的《中华人民共和国车辆购置税法》，自 2019 年 7 月 1 日起施行。车辆购置税是以在中华人民共和国境内购置的应税车辆为课税对象，在特定环节向车辆购置者征收的一种税，属于直接税的范畴。征收车辆购置税有利于合理筹集财政资金、规范政府行为、调节收入差距，也有利于配合打击车辆走私和维护国家权益。

车辆购置税主要有以下特点。

(1) 课税范围单一。作为财产税的车辆购置税，是以购置的特定车辆为课税对象，而不是对所有的财产或消费财产征税，范围比较窄，是一种特种财产税。

(2) 征收方法单一。车辆购置税根据纳税人购置应税车辆的计税价格实行从价计征，以价格为计税标准，课税与价值直接发生关系，价值高者多征税，价值低者少征税。

(3) 税率设置单一。车辆购置税只确定一个统一比例税率征收，税率具有不随课税对象数额变动的特点，计征简便、负担稳定，有利于依法治税。

(4) 征收环节单一。车辆购置税实行一次性征收，它不是在生产、经营和销售的每一环节实行道道征收，而是在退出流通进入消费领域的特定环节征收。对购置已征车辆购置税的车辆，不再征收车辆购置税。

(5) 税负主体单一。作为一种价外税，车辆购置税的计税依据中不包含车辆购置税税额，车辆购置税税额是附加在价格之外的。价外征收的方式使得纳税人承担的税负不易发生转嫁，税负主体单一，税款的缴纳者即最终的税收负担者。

(6) 税款用途单一。车辆购置税具有专门用途，由中央财政根据国家交通建设投资计划，统筹安排。这种特定目的的税收，可以保证国家财政支出的需要，既有利于统筹合理地安排资金，又有利于保证特定事业和建设支出的需要。

二、纳税义务人与征税范围

(一) 纳税义务人

车辆购置税的纳税人是指在中华人民共和国境内购置应税车辆的单位和个人。所谓购置是指以购买、进口、自产、受赠、获奖或者其他方式取得并自用应税车辆的行为。车辆购置税实行一次性征收。

发生转让行为的，受让人为车辆购置税的纳税人；未发生转让行为的，车辆所有人为车辆购置税的纳税人

(二) 征税范围

车辆购置税以在中华人民共和国境内购置汽车、有轨电车、汽车挂车、排气量超过150毫升的摩托车(以下统称应税车辆)作为征税对象，未列举的车辆不纳税。征税范围具体有以下几项。

(1) 汽车，包括各类汽车。农用运输车、电车中的无轨电车属于汽车。

① 三轮农用运输车：柴油发动机，功率不大于 7.4kW，载重量不大于 500kg，最高车速不大于 40km/h 的三个车轮的机动车。

② 四轮农用运输车：柴油发动机，功率不大于 28kW，载重量不大于 1 500kg，最高车速不大于 50km/h 的四个车轮的机动车。

③ 无轨电车：以电能为动力，由专用输电电缆供电的轮式公共车辆。

(2) 有轨电车，是指以电能为动力、在轨道上行驶的公共车辆。

(3) 汽车挂车。

① 全挂车：无动力设备，独立承载，由牵引车辆牵引行驶的车辆。

② 半挂车：无动力设备，与牵引车共同承载，由牵引车辆牵引行驶的车辆。

(4) 摩托车，是指排气量超过 150 毫升的摩托车。

纳税人进口自用应税车辆，是指纳税人直接从境外进口或者委托代理进口自用的应税车辆，不包括在境内购买的进口车辆。另外，地铁、轻轨等城市轨道交通车辆，装载机、平地机、挖掘机、推土机等轮式专用机械车，以及起重机(吊车)、叉车、电动摩托车，不属于应税车辆。

三、税率与计税依据

(一) 税率

车辆购置税实行统一比例税率，税率为10%。

(二) 计税依据

车辆购置税的计税依据为应税车辆的计税价格。因为应税车辆的来源不同，发生的应税行为不同，所以计税价格的组成也就不同。应税车辆的计税价格，按照如下规定确定。

(1) 纳税人购买自用应税车辆的计税价格，为纳税人实际支付给销售者的全部价款，依据纳税人购买应税车辆时相关凭证载明的价格确定，不包括增值税税款。

(2) 纳税人进口自用应税车辆的计税价格，为关税完税价格加上关税和消费税；纳税人进口自用应税车辆，是指纳税人直接从境外进口或者委托代理进口自用的应税车辆，不包括在境内购买的进口车辆。

(3) 纳税人自产自用应税车辆的计税价格，按照纳税人生产的同类应税车辆(即车辆配置序列号相同的车辆)的销售价格确定，不包括增值税税款；没有同类应税车辆销售价格的，按照组成计税价格确定。组成计税价格计算公式如下：

$$组成计税价格 = 成本 \times (1 + 成本利润率)$$

属于应征消费税的应税车辆，其组成计税价格中应加计消费税税额。

上述公式中的成本利润率，由国家税务总局各省、自治区、直辖市和计划单列市税务局确定。

(4) 纳税人以受赠、获奖或者其他方式取得自用应税车辆的计税价格，按照购置应税车辆时相关凭证载明的价格确定，不包括增值税税款。这里所称的购置应税车辆时相关凭证，是指原车辆所有人购置或者以其他方式取得应税车辆时载明价格的凭证。无法提供相关凭证的，参照同类应税车辆市场平均交易价格确定其计税价格。原车辆所有人为车辆生产或者销售企业，未开具机动车销售统一发票的，按照车辆生产或者销售同类应税车辆的销售价格确定应税车辆的计税价格。无同类应税车辆销售价格的，按照组成计税价格确定应税车辆的计税价格。

纳税人以外汇结算应税车辆价款的，按照申报纳税之日的人民币汇率中间价折合成人民币计算缴纳税款。

四、应纳税额的计算

车辆购置税实行从价定率的方法计算应纳税额，计算公式为

$$应纳税额 = 计税价格 \times 税率$$

由于应税车辆的来源、应税行为的发生以及计税依据组成不同，车辆购置税应纳税额的计算方法也有区别。

(一) 购买自用应税车辆应纳税额的计算

在应纳税额的计算当中，应注意以下费用的计税规定。

(1) 购买者随购买车辆支付的工具件和零部件价款应作为购车价款的一部分，并入计税价格中征收车辆购置税。

(2) 支付的车辆装饰费应作为价外费用并入计税价格。

(3) 代收款项应区别征税。凡使用代收单位(受托方)票据收取的款项，应视作代收单位价外收费，购买者支付的价费款，应并入计税价格；凡使用委托方票据收取，受托方只履行代收义务和收取代收手续费的款项，应按其他税收政策规定征税。

(4) 销售单位开给购买者的各种发票金额中包含增值税税款，因此，计算车辆购置税时，应换算为不含增值税的计税价格。

(5) 销售单位开展优质销售活动所开票收取的有关费用，应属于经营性收入，企业在代理过程中按规定支付给有关部门的费用，企业已做经营性支出列支核算，其收取的各项费用并在一张发票上难以划分的，应作为价外收入计算征税。

【例 6-21 计算题】赵某 2020 年 7 月购置一辆自用小汽车，支付含增值税在内的车款 230 000 元，另外支付代收临时牌照费 680 元、车辆装饰费 2 400 元、零配件价款 6 000 元、代收保险费 5 000 元。当月赵某取得了机动车销售统一发票和有关票据。请计算赵某应缴纳的车辆购置税。

① 计税价格=(230 000+680+2 400+6 000+5 000)÷(1+13%)=216 000(元)

② 应纳税额=216 000×10%=21 600(元)

(二) 进口自用应税车辆应纳税额的计算

纳税人进口自用的应税车辆应纳税额的计算公式为

$$应纳税额=(关税完税价格+关税+消费税)×税率$$

【例 6-22 计算题】某市外贸进出口公司 2020 年 3 月从韩国进口一辆自用小轿车。经报关地海关审查，确定关税完税价格为每辆 200 000 元，海关征收了关税 50 000 元，按照规定分别代征了消费税 44 100 元和增值税 38 220 元。请根据上述资料，计算应纳车辆购置税。

① 计税价格=200 000+50 000+44 100=294 100(元)

② 应纳税额=294 100×10%=29 410(元)

(三) 其他自用应税车辆应纳税额的计算

纳税人自产自用、受赠使用、获奖使用和以其他方式取得并自用应税车辆的，凡不能取得该型车辆的购置价格，或者低于最低计税价格的，以国家税务总局核定的最低计税价格作为计税依据计算征收车辆购置税：

$$应纳税额=最低计税价格×税率$$

【例 6-23 计算题】某客车制造公司将自产的一辆客车用于职工通勤车，该公司在办理车辆落户前，出具该车的发票金额为 300 000 元，并向主管税务机关申报纳税。经国家税务总局审核，对该车同类型车辆核定的最低计税价格为 450 000 元。请计算该公司应纳车辆购置税。

应纳税额=450 000×10%=45 000(元)

(四) 因转让、改变用途等原因不再属于免税、减税范围的

已经办理免税、减税手续的车辆因转让、改变用途等原因不再属于免税、减税范围的，应纳税额计算公式如下：

应纳税额＝初次办理纳税申报时确定的计税价格×(1−使用年限×10%)×10%−已纳税额

应纳税额不得为负数。

使用年限的计算方法是，自纳税人初次办理纳税申报之日起，至不再属于免税、减税范围的情形发生之日止。使用年限取整计算，不满一年的不计算在内。纳税义务发生时间为车辆转让或者用途改变等情形发生之日。

五、税收优惠

我国车辆购置税实行法定减免，减免税范围的具体规定有以下几项。

(1) 外国驻华使馆、领事馆和国际组织驻华机构及其外交人员自用车辆免征车辆购置税。

(2) 中国人民解放军和中国人民武装警察部队列入军队武器装备订货计划的车辆免征车辆购置税。

(3) 悬挂应急救援专用号牌的国家综合性消防救援车辆免征车辆购置税。

(4) 设有固定装置的非运输车辆免税，即列入国家税务总局下发的《设有固定装置的非运输专用作业车辆免税图册》的车辆免征车辆购置税。

(5) 城市公交企业购置的公共汽电车辆免税。城市公交企业是指由县级以上(含县级)人民政府交通运输主管部门认定的，依法取得城市公交经营资格，为公众提供公交出行服务，并纳入《城市公共交通管理部门与城市公交企业名录》的企业；公共汽电车辆是指按规定的线路、站点票价营运，用于公共交通服务，为运输乘客设计和制造的车辆，包括公共汽车、无轨电车和有轨电车。

(6) 回国服务的在外留学人员用现汇购买 1 辆个人自用国产小汽车和长期来华定居专家进口 1 辆自用小汽车免征车辆购置税。回国服务的在外留学人员购买自用国产小汽车办理免税手续，除了按相关规定提供申报资料外，还应当提供中华人民共和国驻留学人员学习所在国的大使馆或者领事馆(中央人民政府驻香港联络办公室、中央人民政府驻澳门联络办公室)出具的留学证明；公安部门出具的境内居住证明、本人护照；海关核发的《中华人民共和国海关回国人员购买国产汽车准购单》。小汽车是指含驾驶员座位 9 座以内，在设计和技术特性上主要用于载运乘客及其随身行李或者临时物品的乘用车。

(7) 防汛部门和森林消防部门用于指挥、检查、调度、报汛(警)、联络的由指定厂家生产的设有固定装置的指定型号的车辆免征车辆购置税。

(8) 对购置的新能源汽车免征车辆购置税。对免征车辆购置税的新能源汽车，通过《免征车辆购置税的新能源汽车车型目录》实施管理。

(9) 中国妇女发展基金会"母亲健康快车"项目的流动医疗车免征车辆购置税。

(10) 北京 2022 年冬奥会和冬残奥会组织委员会新购置车辆免征车辆购置税。

(11) 原公安现役部队和原武警黄金、森林、水电部队改制后换发地方机动车牌证的车辆(公安消防、武警森林部队执行灭火救援任务的车辆除外)，一次性免征车辆购置税。

(12) 对购置挂车减半征收车辆购置税。购置日期按照《机动车销售统一发票》《海关关税专用缴款书》或者其他有效凭证的开具日期确定。所称挂车,是指由汽车牵引才能正常使用且用于载运货物的无动力车辆。

根据国民经济和社会发展的需要,国务院可以规定减征或者其他免征车辆购置税的情形,报全国人民代表大会常务委员会备案。

六、征收管理

(一) 纳税申报

车辆购置税的纳税义务发生时间为纳税人购置应税车辆的当日,以纳税人购置应税车辆所取得的车辆相关凭证上注明的时间为准。纳税人应当自纳税义务发生之日起六十日内申报缴纳车辆购置税。

纳税人应当在向公安机关交通管理部门办理车辆注册登记前,缴纳车辆购置税。自 2019 年 7 月 1 日起按以下规定实行。

(1) 纳税人应到下列地点办理车辆购置税纳税申报。

① 需要办理车辆登记的,向车辆登记地的主管税务机关申报纳税。

② 不需要办理车辆登记的,单位纳税人向其机构所在地的主管税务机关申报纳税,个人纳税人向其户籍所在地或者经常居住地的主管税务机关申报纳税。

(2) 车辆购置税实行一车一申报制度。

(3) 车辆购置税的纳税义务发生时间以纳税人购置应税车辆所取得的车辆相关凭证上注明的时间为准。

① 购买自用应税车辆的为购买之日,即车辆相关价格凭证的开具日期。

② 进口自用应税车辆的为进口之日,即《海关进口增值税专用缴款书》或者其他有效凭证的开具日期。

③ 自产、受赠、获奖或者以其他方式取得并自用应税车辆的为取得之日,即合同、法律文书或者其他有效凭证的生效或者开具日期。

(4) 纳税人办理纳税申报时应当如实填报《车辆购置税纳税申报表》,同时提供车辆合格证明和车辆相关价格凭证。车辆合格证明是指整车出厂合格证或者《车辆电子信息单》;车辆相关价格凭证是指境内购置车辆为《机动车销售统一发票》或者其他有效凭证;进口自用车辆为《海关进口关税专用缴款书》或者海关进出口货物征免税证明,属于应征消费税车辆的还包括《海关进口消费税专用缴款书》。

(5) 纳税人在办理车辆购置税免税、减税时,除按前述规定提供资料外,还应当根据不同的免税、减税情形,分别提供相关资料的原件、复印件。

① 外国驻华使馆、领事馆和国际组织驻华机构及其有关人员自用车辆,提供机构证明和外交部门出具的身份证明。

② 城市公交企业购置的公共汽电车辆,提供所在地县级以上(含县级)交通运输主管部门出具的公共汽电车辆认定表。

③ 悬挂应急救援专用号牌的国家综合性消防救援车辆,提供中华人民共和国应急管理部

批准的相关文件。

④ 回国服务的在外留学人员购买的自用国产小汽车，提供海关核发的《中华人民共和国海关回国人员购买国产汽车准购单》。

⑤ 长期来华定居专家进口自用小汽车，提供国家外国专家局或者其授权单位核发的专家证或者 A 类和 B 类《外国人工作许可证》。

(6) 免税、减税车辆因转让、改变用途等原因不再属于免税、减税范围的，纳税人在办理纳税申报时，应当如实填报《车辆购置税纳税申报表》。发生二手车交易行为的，提供《二手车销售统一发票》；属于其他情形的，按照相关规定提供申报材料。

(7) 已经缴纳车辆购置税的，纳税人向原征收机关申请退税时，应当如实填报《车辆购置税退税申请表》，提供纳税人身份证明，并区别不同情形提供相关资料。纳税人身份证明是指单位纳税人为《统一社会信用代码证书》，或者营业执照、其他有效机构证明；个人纳税人为居民身份证，或者居民户口簿、入境的身份证件。

(8) 纳税人应当如实申报应税车辆的计税价格，税务机关应当按照纳税人申报的计税价格征收税款。纳税人编造虚假计税依据的，税务机关应当依照《税收征收管理法》及其实施细则的相关规定处理。

(9) 前述要求纳税人提供的资料，税务机关能够通过政府信息共享等手段获取相关资料信息的，纳税人不再提交；且前述要求纳税人提供资料的，纳税人应当提供原件和相应的复印件。复印件由主管税务机关留存。主管税务机关根据不同业务管理规定要求留存统一发票报税联、车辆电子信息单、彩色照片以及《车辆购置税完税证明》等原件的，不再留存复印件。其他原件经主管税务机关审核后退还纳税人。

(10) 税务机关应当在税款足额入库或者办理免税手续后，将应税车辆完税或者免税电子信息，及时传送给公安机关交通管理部门。税款足额入库包括以下情形：纳税人到银行缴纳车辆购置税税款(转账或者现金)，由银行将税款缴入国库的，国库已传回《税收缴款书(银行经收专用)》联次；纳税人通过横向联网电子缴税系统等电子方式缴纳税款的，税款划缴已成功；纳税人在办税服务厅以现金方式缴纳税款的，主管税务机关已收取税款。

(11)纳税人名称、车辆厂牌型号、发动机号、车辆识别代号(车架号)、证件号码等应税车辆完税或者免税电子信息与原申报资料不一致的，纳税人可以到税务机关办理完税或者免税电子信息更正，但是不包括以下情形。

① 车辆识别代号(车架号)和发动机号同时与原申报资料不一致。

② 完税或者免税信息更正影响到车辆购置税税款。

③ 纳税人名称和证件号码同时与原申报资料不一致。

税务机关核实后，办理更正手续，重新生成应税车辆完税或者免税电子信息，并且及时传送给公安机关交通管理部门。

(12) 纳税人在办理设有固定装置的非运输专用作业车辆免税[见本节税收优惠第(4)条]申报时，除按照规定提供资料外，还应当提供车辆内、外观彩色 5 寸照片，主管税务机关依据免税图册办理免税手续。

(二) 车辆购置税的退税制度

纳税人将已征车辆购置税的车辆退回车辆生产企业或者销售企业的，可以向主管税务机关申请退还车辆购置税。退税额以已缴税款为基准，自缴纳税款之日至申请退税之日，每满一年扣减10%。应退税额的计算公式如下：

$$应退税额 = 已纳税额 \times (1 - 使用年限 \times 10\%)$$

应退税额不得为负数。

使用年限的计算方法是，自纳税人缴纳税款之日起，至申请退税之日止。

(三) 车辆购置税征管资料

(1) 征税车辆：纳税人身份证明、车辆价格证明、车辆合格证明和《车辆购置税纳税申报表》。

(2) 免税车辆：纳税人身份证明、车辆价格证明、车辆合格证明、纳税申报表、《车辆购置税免(减)税申报表》和车辆免(减)税证明资料。

(3) 免税重新申报车辆：①发生二手车交易行为的：纳税人身份证明、《二手车销售统一发票》、纳税申报表和完税证明正本；②未发生二手车交易行为的：纳税人身份证明、纳税申报表、完税证明正本和其他相关材料。

(4) 补税车辆：车主身份证明、车辆价格证明、纳税申报表和补税相关材料。

(5) 完税证明补办车辆：①车辆登记注册前完税证明发生损毁丢失的：纳税人(车主)身份证明、车辆购置税完税凭证、车辆合格证明和《车辆购置税完税证明补办表》；②车辆登记注册后完税证明发生损毁丢失的：纳税人(车主)身份证明、机动车行驶证和补办表。同时，税务机关应当留存新完税证明副本。

(6) 完税证明更正车辆：完税证明正、副本和完税证明更正相关材料。

(四) 申报列入免税图册的车辆

机动车生产企业或者纳税人的车辆申报列入免税图册，按照规定填写《设有固定装置非运输车辆信息表》，并提供以下资料。

(1) 车辆合格证明原件、复印件。国产车辆，提供合格证和《中华人民共和国工业和信息化部车辆生产及产品公告》；进口车辆，提供《中华人民共和国海关货物进口证明书》。

(2) 车辆内、外观彩色5寸照片1套。

(3) 车辆内、外观彩色照片电子文档。

(五) 纳税地点

车辆购置税由税务机关负责征收。车辆购置税实行一次性征收。购置已征车辆购置税的车辆，不再征收车辆购置税。

纳税人购置应税车辆，需要办理车辆登记的，向车辆登记地的主管税务机关申报缴纳车辆购置税；不需要办理车辆登记的，单位纳税人向其机构所在地主管税务机关申报纳税，个人纳税人向其户籍所在地或者经常居住地的主管税务机关申报纳税。

第九节　契税法

一、契税法概述

契税法是指国家制定的用以调整契税征收与缴纳权利及义务关系的法律规范。现行契税法的基本规范，是 1997 年 7 月 7 日国务院发布并于同年 10 月 1 日开始施行的《中华人民共和国契税暂行条例》。2020 年 8 月 11 日，第十三届全国人民代表大会常务委员会第二十一次会议通过《中华人民共和国契税法》，自 2021 年 9 月 1 日起施行，《中华人民共和国契税暂行条例》同时废止。

契税是以在中华人民共和国境内转移土地、房屋权属为征税对象，向产权承受人征收的一种财产税。所称"转移土地、房屋权属"主要包括土地使用权出让，土地使用权转让，包括出售、赠与、互换，不包括土地承包经营权和土地经营权的转移。契税是我国一个很古老的税种，最早起源于东晋时期，在民间一直有着很深的影响。征收契税有利于增加地方财政收入，有利于保护合法产权，避免产权纠纷。

契税具有以下特点。

(1) 属于财产转移税。契税以发生转移的不动产，即土地和房屋为征税对象，具有财产转移课税性质。契税是在转让环节征收，每转让一次就征收一次契税；土地、房屋产权未发生转移的，不征契税。

(2) 由财产承受人缴纳。契税由取得土地、房屋权属的一方缴纳，即买方纳税，这一点与其他税种有着明显的区别。对买方征税的主要目的在于承认不动产转移生效，承受人纳税以后，便可拥有转移过来的不动产产权或使用权，并受法律保护。

二、纳税义务人与征税范围

(一) 纳税义务人

契税的纳税义务人是承受中华人民共和国境内转移土地、房屋权属的单位和个人。土地、房屋权属是指土地使用权和房屋所有权。单位是指企业单位、事业单位、国家机关、军事单位和社会团体以及其他组织。个人是指个体经营者及其他个人，包括中国公民和外籍人员。

(二) 征税范围

契税的征税对象是中华人民共和国境内发生土地使用权和房屋所有权转移的土地和房屋。具体征税范围包括以下内容。

(1) 土地使用权出让。这是指土地使用者向国家交付土地使用权出让费用，国家将土地使用权在一定年限内让与土地使用者的行为。土地使用权出让时，受让者应向国家缴纳出让金，以出让金为依据计算缴纳契税。不得因减免土地出让金而减免契税。

(2) 土地使用权转让。这是指土地使用者以出售、赠与、互换或者其他方式将土地使用权转移给其他单位和个人的行为。土地使用权的转让不包括农村集体土地承包经营权的转移。

(3) 房屋买卖。这是出卖者向购买者过渡房产所有权的交易行为。以下几种视同买卖房屋的特殊情况。

① 以房产抵债或实物交换房屋。经当地政府和有关部门批准，以房产抵债和实物交换房屋，均视同房屋买卖，应由产权承受人按房屋现值缴纳契税。对已缴纳契税的购房单位和个人，在未办理房屋权属变更登记前退房的，退还已纳契税；在办理房屋权属变更登记后退房的，不予退还已纳契税。

② 以房产作价投资、入股。这种交易业务属房屋产权转移，应根据国家房地产管理的有关规定办理房屋产权交易和产权变更登记手续，视同房屋买卖，由产权承受方按契税税率计算缴纳契税。以自有房产作股投入本人独资经营的企业，免纳契税。因为以自有的房地产投入本人独资经营的企业，产权所有人和使用权使用人未发生变化，不需办理房产变更手续，也不办理契税手续。

③ 买房拆料或翻建新房，应照章征收契税。

(4) 房屋赠与。这是指房屋产权所有人将房屋无偿转让给他人所有的行为。其中，将自己的房屋转交给他人的法人和自然人，称作房屋赠与人；接受他人房屋的法人和自然人，称为受赠人。房屋赠与的前提必须是产权无纠纷，赠与人和受赠人双方自愿。

由于房屋是不动产，价值较大，故法律要求赠与房屋应有书面合同(契约)，并到房地产管理机关或农村基层政权机关办理登记过户手续，才能生效。如果房屋赠与行为涉及涉外关系，还需公证处证明和外事部门认证才能有效。房屋的受赠人要按规定缴纳契税。

(5) 房屋互换。这是指房屋所有者之间互相交换房屋的行为。互换双方应订立交换契约，办理房屋产权变更手续和契税手续。

随着经济形势的发展，有些特殊方式转移土地、房屋权属的，也将视同土地使用权转让、房屋买卖或者房屋赠与。一是以土地、房屋权属作价投资、入股；二是以土地、房屋权属抵债；三是以获奖方式承受土地、房屋权属；四是以预购方式或者预付集资建房款方式承受土地、房屋权属。

三、税率、计税依据和应纳税额的计算

(一) 税率

契税实行 3%～5%的幅度税率。实行幅度税率是考虑到我国经济发展的不平衡，各地经济差别较大的实际情况。因此，各省、自治区、直辖市人民政府可以在 3%～5%的幅度税率规定范围内，按照本地区的实际情况提出，报同级人民代表大会常务委员会决定，并报全国人民代表大会常务委员会和国务院备案。

(二) 计税依据

契税的计税依据为不动产的价格。由于土地、房屋权属转移方式不同，定价方法不同，因而具体计税依据需视情况而决定。

(1) 土地使用权出让、出售，房屋买卖，为土地、房屋权属转移合同确定的成交价格，包括应交付的货币以及实物、其他经济利益对应的价款。计税依据为成交价格。

(2) 土地使用权赠与、房屋赠与以及其他没有价格的转移土地、房屋权属行为，由征收机

关参照土地使用权出售、房屋买卖的市场价格核定。

(3) 土地使用权互换、房屋互换的,计税依据为所互换的土地使用权、房屋价格的差额。当互换价格相等时,免征契税;互换价格不等时,由多交付的货币、实物、无形资产或者其他经济利益的一方缴纳契税。

(4) 以划拨方式取得土地使用权,后经批准改为出让土地使用权的,应依法缴纳契税。计税依据为应补缴的土地使用权出让金和其他出让费用。

(5) 房屋附属设施征收契税的依据。

① 不涉及土地使用权和房屋所有权转移变动的,不征收契税。

② 采取分期付款方式购买房屋附属设施土地使用权、房屋所有权的,应按合同规定的总价款计征契税。

③ 承受的房屋附属设施权属如为单独计价的,按照当地确定的适用税率征收契税;如与房屋统一计价的,适用与房屋相同的契税税率。

(6) 个人无偿赠与不动产行为(法定继承人除外),应对受赠人全额征收契税。在缴纳契税时,纳税人须提交经税务机关审核并签字盖章的《个人无偿赠与不动产登记表》,税务机关(或其他征收机关)应在纳税人的契税完税凭证上加盖"个人无偿赠与"印章,在《个人无偿赠与不动产登记表》中签字并将该表格留存。

(7) 纳税人因改变土地用途而签订土地使用权出让合同变更协议或者重新签订土地使用权出让合同的,应缴纳契税。计税依据为因改变土地用途应补缴的土地收益金及其他费用。

(三) 应纳税额的计算

契税采用比例税率。当计税依据确定以后,应纳税额的计算比较简单。应纳税额的计算公式为

$$应纳税额=计税依据×税率$$

【例 6-24 计算题】居民李某在某市有两套住房,将一套闲置的住房出售给居民王某,成交价格为 1 000 000 元;将另一套两室一厅的现住房与居民张某交换成两套位置极佳的一室住房,并支付给张某换房差价款 200 000 元。当地政府规定的契税税率为 5%,请计算三人相关行为应缴纳的契税。

李某应缴纳契税=200 000×5%=10 000(元)

王某应缴纳契税=1 000 000×5%=50 000(元)

张某不缴纳契税。

四、税收优惠

(一) 契税优惠的一般规定

(1) 国家机关、事业单位、社会团体、军事单位承受土地、房屋用于办公、教学、医疗、科研和军事设施的,免征契税。

(2) 非营利性的学校、医疗机构、社会福利机构承受土地、房屋权属用于办公、教学、医疗、科研、养老、救助,免征契税。

(3) 因不可抗力灭失住房而重新购买住房的，酌情减免。不可抗力是指自然灾害、战争等不能预见、不可避免并不能克服的客观情况。

(4) 土地、房屋被县级以上人民政府征用、占用后，重新承受土地、房屋权属的，由省级人民政府确定是否减免。

(5) 承受荒山、荒沟、荒丘、荒滩土地使用权，并用于农、林、牧、渔业生产的，免征契税。

(6) 依照法律规定应当予以免税的外国驻华使馆、领事馆和国际组织驻华代表机构承受土地、房屋权属，免征契税。

(7) 公租房经营单位购买住房作为公租房的，免征契税。

(8) 对个人购买家庭唯一住房(家庭成员范围包括购房人、配偶以及未成年子女，下同)，面积为 90 平方米及以下的，减按 1%的税率征收契税；面积为 90 平方米以上的，减按 1.5%的税率征收契税。

(9) 对个人购买家庭第二套改善性住房，面积为 90 平方米及以下的，减按 1%的税率征收契税；面积为 90 平方米以上的，减按 2%的税率征收契税。家庭第二套改善性住房是指已拥有一套住房的家庭购买的家庭第二套住房。

(10) 纳税人申请享受税收优惠的，根据纳税人的申请或授权，由购房所在地的房地产主管部门出具纳税人家庭住房情况书面查询结果，并将查询结果和相关住房信息及时传递给税务机关。暂不具备查询条件而不能提供家庭住房查询结果的，纳税人应向税务机关提交家庭住房实有套数书面诚信保证，诚信保证不实的，属于虚假纳税申报，按照《税收征管法》的有关规定处理，并将不诚信记录纳入个人征信系统。

(11) 婚姻关系存续期间夫妻之间变更土地、房屋权属，免征契税。

(12) 法定继承人通过继承承受土地、房屋权属，免征契税。

(二) 契税优惠的特殊规定

企业、事业单位改制重组过程中涉及的契税尚未处理的，符合以下规定的可按以下规定执行。

(1) 企业改制。企业按照《中华人民共和国公司法》有关规定整体改制，包括非公司制企业改制为有限责任公司或股份有限公司，有限责任公司变更为股份有限公司，股份有限公司变更为有限责任公司，原企业投资主体存续并在改制(变更)后的公司中所持股权(股份)比例超过 75%，且改制(变更)后公司承继原企业权利、义务的，对改制(变更)后公司承受原企业土地、房屋权属，免征契税。

(2) 事业单位改制。事业单位按照国家有关规定改制为企业，原投资主体存续并在改制后企业中出资(股权、股份)比例超过 50%的，对改制后企业承受原事业单位土地、房屋权属，免征契税。

(3) 公司合并。两个或两个以上的公司，依照法律规定、合同约定，合并为一个公司，且原投资主体存续的，对合并后公司承受原合并各方土地、房屋权属，免征契税。

(4) 公司分立。公司依照法律规定、合同约定分立为两个或两个以上与原公司投资主体相同的公司，对分立后公司承受原公司土地、房屋权属，免征契税。

(5) 企业破产。企业依照有关法律法规规定实施破产，债权人(包括破产企业职工)承受破产企业抵偿债务的土地、房屋权属，免征契税；对非债权人承受破产企业土地、房屋权属，凡按照《中华人民共和国劳动法》等国家有关法律法规政策妥善安置原企业全部职工规定，与原企业全部职工签订服务年限不少于 3 年的劳动用工合同的，对其承受所购企业土地、房屋权属，免征契税；与原企业超过 30% 的职工签订服务年限不少于 3 年的劳动用工合同的，减半征收契税。

(6) 资产划转。对承受县级以上人民政府或国有资产管理部门按规定进行行政性调整、划转国有土地、房屋权属的单位，免征契税。同一投资主体内部所属企业之间土地、房屋权属的划转，包括母公司与其全资子公司之间，同一公司所属全资子公司之间，同一自然人与其设立的个人独资企业、一人有限公司之间土地、房屋权属的划转，免征契税。母公司以土地、房屋权属向其全资子公司增资，视同划转，免征契税。

(7) 债权转股权。经国务院批准实施债权转股权的企业，对债权转股权后新设立的公司承受原企业的土地、房屋权属，免征契税。

(8) 划拨用地出让或作价出资。以出让方式或国家作价出资(入股)方式承受原改制重组企业、事业单位划拨用地的，不属上述规定的免税范围，对承受方应按规定征收契税。

(9) 公司股权(股份)转让。在股权(股份)转让中，单位、个人承受公司股权(股份)，公司土地、房屋权属不发生转移，不征收契税。

五、征收管理

(一) 纳税义务发生时间

纳税义务发生时间是纳税人签订土地、房屋权属转移合同的当天，或者纳税人取得其他具有土地、房屋权属转移合同性质凭证的当天。

购房人以按揭、抵押贷款方式购买，当其从银行取得抵押凭证时，购房人与原产权人之间的房屋产权转移已经完成，契税纳税义务已经发生，必须依法缴纳契税。

(二) 纳税期限

纳税人应当自纳税义务发生之日起 10 日内，向土地、房屋所在地的契税征收机关办理纳税申报，并在契税征收机关核定的期限内缴纳税款。

(三) 纳税地点

契税在土地、房屋所在地的征收机关缴纳。契税由各税务机关依法负责征收管理和减免税管理。各级税务机关一律不得委托其他单位代征契税。

(四) 契税申报

根据人民法院或者仲裁委员会的生效法律文书发生土地、房屋权属转移，纳税人不能取得销售不动产发票的，可持人民法院执行裁定书原件及相关材料办理契税纳税申报，税务机关应予受理。

(五) 征收管理

纳税人办理纳税事宜后，征收机关应向纳税人开具契税完税凭证。纳税人持契税完税凭证和其他规定的文件材料，依法向土地管理部门、房产管理部门办理有关土地、房屋的权属变更登记手续。土地管理部门和房产管理部门应向契税征收机关提供有关资料，并协助契税征收机关依法收缴契税。另外，对已缴纳契税的购房单位或个人，在未办理房屋权属变更登记前退房的，退还已纳契税；在办理房屋权属变更登记之后退还的，不予退还已纳契税。

第十节　印花税法

一、印花税法概述

印花税法是指国家制定的用以调整印花税征收与缴纳权利及义务关系的法律规范。中华人民共和国成立以后，政务院于1950年发布《中华人民共和国印花税暂行条例》，在全国范围内开征印花税；1958年简化税制时，经全国人民代表大会常务委员会通过，将印花税并入工商统一税，印花税不再单设税种征收。现行印花税法的基本规范，是2021年1月4日通过国务院常务会议的《中华人民共和国印花税法(草案)》。

印花税是以订立、领受在中华人民共和国境内具有法律效力的应税凭证，或者在中华人民共和国境内进行证券交易的单位和个人为征税对象征收的一种税。印花税是一种具有行为税性质的凭证税，凡发生订立、领受应税凭证的行为，就必须依法履行纳税义务。印花税因其采用在应税凭证上粘贴印花税票的方法缴纳税款而得名。征收印花税有利于增加财政收入，有利于配合和加强经济合同的监督管理，有利于培养纳税意识，也有利于配合对其他应纳税种的监督管理。

印花税主要有如下特点。

(1) 具有双重性质。印花税是对单位和个人订立、领受的应税凭证征收的一种税，具有凭证税性质；印花税的任何一种应税凭证反映的都是某种特定的经济行为，实质上印花税是对行为课税，具有行为税性质。

(2) 征税范围较广。印花税的应税凭证涉及实际经济活动的各个方面，凡税法列举的合同，产权转移书据，营业账簿，权利、许可证照等都必须依法纳税。

(3) 税率设置很低。印花税的税率最高为千分之一，最低为万分之零点五，按定额税率征税，每件5元。与其他税种相比，印花税的税率要低很多，税负也就相应轻许多。

(4) 自行贴花完税。在纳税义务发生时，根据应税凭证所载计税金额和适用税率，自行计算应纳税额。纳税人自行购买印花税票，一次性足额粘贴在应税凭证上。纳税人按规定对已粘贴的印花税票自行注销或划销。

二、纳税义务人

印花税的纳税义务人是订立、领受在中华人民共和国境内具有法律效力的应税凭证，或者在中华人民共和国境内进行证券交易的单位和个人。单位和个人是指国内各类企业、事业、机关、团体、部队以及中外合资企业、合作企业、外资企业、外国公司和其他经济组织及其在华机构等单位和个人。

按照订立、领受应税凭证的不同，纳税人可分别确定为立合同人、立据人、立账簿人、领受人、使用人和电子应税凭证的签订人、证券交易人。

(1) 立合同人。这是合同的当事人，具体指对合同有直接权利义务关系的单位和个人，但不包括合同的担保人、证人、鉴定人。各类合同的纳税人是立合同人。各类合同，包括购销、加工承揽、建设工程承包、财产租赁、货物运输、仓储保管、借款、财产保险、技术合同或者具有合同性质的凭证。

合同是指当事人之间为实现一定目的，经协商一致，明确当事人各方权利和义务关系的协议。具有合同性质的凭证是指具有合同效力的协议、契约、合约、单据、确认书及其他各种名称的凭证。

(2) 立据人。这是产权转移书据的纳税人，具体指土地、房屋权属转移过程中买卖双方的当事人。

(3) 立账簿人。这是营业账簿的纳税人，具体指设立并使用营业账簿的单位和个人。

(4) 领受人。这是权利、许可证照的纳税人，具体指领取或接受并持有该项凭证的单位和个人。

(5) 使用人。这是指在国外订立、领受，但在国内使用的应税凭证的纳税人。

(6) 电子应税凭证的签订人。这是指以电子形式签订的各类应税凭证的纳税人。

值得注意的是，对应税凭证，凡由两方或两方以上当事人共同订立的，其当事人各方都是印花税的纳税人，应各就其所持凭证的计税金额履行纳税义务。

(7) 证券交易人。这是指在境内进行证券交易的纳税人，具体指在中华人民共和国境内进行证券交易的单位和个人。

三、税目与税率

(一) 税目

印花税的税目，指印花税法明确规定的应当纳税的项目，它具体划定了印花税的征税范围。印花税的征税范围采用正列举方式，凡是列举的项目都需征税，未列举项目不用征税。印花税征税范围归为五大类，共十四个税目。

1. 合同性质的凭证

(1) 购销合同，包括供应、预购、采购、购销结合及协作、调剂、补偿、易货等合同。此外，还包括出版单位与发行单位之间订立的图书、报纸、期刊和音像制品的应税凭证，如订购单、订数单等。

对于发电厂与电网之间、电网与电网之间(国家电网公司系统、南方电网公司系统内部各级电网互供电量除外)签订的购售电合同，视同购销合同征收印花税。

(2) 加工承揽合同，包括加工、定做、修缮、修理、印刷广告、测绘、测试等合同。

(3) 建设工程勘察设计合同，包括勘察、设计合同。

(4) 建筑安装工程承包合同，包括建筑、安装工程承包合同。承包合同，包括总承包合同、分包合同和转包合同。

(5) 财产租赁合同，包括租赁房屋、船舶、飞机、机动车辆、机械、器具、设备等合同，还包括企业、个人出租门店、柜台等签订的合同。

(6) 货物运输合同，包括民用航空运输、铁路运输、海上运输、内河运输、公路运输和联运合同，以及作为合同使用的单据。

(7) 仓储保管合同，包括仓储、保管合同，以及作为合同使用的仓单、栈单等。

(8) 借款合同，包括银行及其他金融组织与借款人(不包括银行同业拆借)所签订的合同，以及只填开借据并作为合同使用、取得银行借款的借据。银行及其他金融机构经营的融资租赁业务，是一种以融物方式达到融资目的的业务，实际上是分期偿还的固定资金借款，因此融资租赁合同也属于借款合同。

(9) 财产保险合同，包括财产、责任、保证、信用保险合同，以及作为合同使用的单据。财产保险合同，分为企业财产保险、机动车辆保险、货物运输保险、家庭财产保险和农牧业保险五大类。家庭财产两全保险属于家庭财产保险性质，其合同在财产保险合同之列，应照章纳税。

(10) 技术合同，包括技术开发、转让、咨询、服务等合同，以及作为合同使用的单据。

① 技术转让合同，包括专利申请权转让和非专利技术转让。

② 技术咨询合同，是当事人就有关项目的分析、论证、预测和调查订立的技术合同。但一般的法律、会计、审计等方面的咨询不属于技术咨询，其所立合同不贴印花。

③ 技术服务合同，是当事人一方委托另一方就解决有关特定技术问题，如为改进产品结构、改良工艺流程、提高产品质量、降低产品成本、保护资源环境、实现安全操作、提高经济效益等提出实施方案，实施所订立的技术合同，包括技术服务合同、技术培训合同和技术中介合同，但不包括以常规手段或者为生产经营目的进行一般加工、修理、修缮、广告、印刷、测绘、标准化测试，以及勘察、设计等所订立的合同。

2. 产权转移书据

产权转移书据，包括财产所有权和版权、商标专用权、专利权、专有技术使用权等转移书据、土地使用权出让合同、土地使用权转让合同、商品房销售合同等权利转移合同。

产权转移书据是指单位和个人产权的买卖、继承、赠与、交换、分割等所立的书据。财产所有权转移书据的征税范围，是指经政府管理机关登记注册的动产、不动产的所有权转移所立的书据，以及企业股权转让所立的书据，并包括个人无偿赠送不动产所签订的《个人无偿赠与不动产登记表》。当纳税人完税后，税务机关(或其他征收机关)应在纳税人印花税完税凭证上加盖"个人无偿赠与"印章。

3. 营业账簿

营业账簿属于财务会计账簿，是指单位或者个人按照财务会计制度的要求设置的、用于记载生产经营活动的财务会计账册。营业账簿按其反映内容的不同，可分为记载资金的账簿和其他账簿，分别采用按金额计税和按件计税两种计税方法。其中，记载资金的账簿，是指反映生产经营单位资本金数额增减变化的账簿；其他账簿，是指除上述账簿以外的有关其他生产经营活动内容的账簿，包括日记账簿和各明细分类账簿。

对金融系统营业账簿，要结合金融系统财务会计核算的实际情况进行具体分析。凡银行用以反映资金存贷经营活动、记载经营资金增减变化、核算经营成果的账簿，如各种日记账、明细账和总账都属于营业账簿,应按照规定缴纳印花税。

4. 权利、许可证照

权利、许可证照是政府授予单位、个人某种法定权利和准予从事特定经济活动的各种证照的统称,包括政府部门发给的房屋产权证、工商营业执照、商标注册证、专利证、土地使用证。

5. 证券交易

证券交易指在依法设立的证券交易所上市交易或者在国务院批准的其他证券交易场所转让公司股票和以股票为基础发行的存托凭证。

(二) 税率

印花税的税率设计遵循税负从轻、共同负担的原则。印花税的税率采用比例税率和定额税率两种形式。印花税税目、税率见表6-10。

表6-10　印花税税目、税率

税目	范围	税率	纳税人	说明
1. 购销合同	包括供应、预购、采购、购销结合及协作、调剂、补偿、易货等合同	按购销金额的0.3‰贴花	立合同人	
2. 加工承揽合同	包括加工、定做、修缮、修理、印刷广告、测绘、测试等合同	按加工或承揽收入的0.3‰贴花	立合同人	
3. 建设工程勘察设计合同	包括勘察、设计合同	按收取费用的0.3‰贴花	立合同人	
4. 建筑安装工程承包合同	包括建筑、安装工程承包合同	按承包金额的0.3‰贴花	立合同人	
5. 财产租赁合同	包括租赁房屋、船舶、飞机、机动车辆、机械、器具、设备等合同	按租赁金额的1‰贴花。税额不足1元,按1元贴花	立合同人	
6. 货物运输合同	包括民用航空运输、铁路运输、海上运输、内河运输、公路运输和联运合同	按运输费用的0.3‰贴花	立合同人	单据作为合同使用的,按合同贴花
7. 仓储保管合同	包括仓储、保管合同	按仓储保管费用的1‰贴花	立合同人	仓单或栈单作为合同使用的,按合同贴花
8. 借款合同	银行及其他金融组织和借款人(不包括银行同业拆借)所签订的借款合同	按借款金额的0.05‰贴花	立合同人	单据作为合同使用的,按合同贴花
9. 财产保险合同	包话财产、责任、保证、信用等保险合同	按收取保险费的1‰贴花	立合同人	单据作为合同使用的,按合同贴花
10. 技术合同	包括技术开发、转让、咨询、服务等合同	按所记载金额的0.3‰贴花	立合同人	
11. 产权转移书据	包括财产所有权和版权、商标专用权、专利权、专有技术使用权等转移书据、土地使用权出让合同、土地使用权转让合同、商品房销售合同	按所记载金额的0.5‰贴花	立据人	

（续表）

税目	范围	税率	纳税人	说明
12. 营业账簿	生产、经营用账册	记载资金的账簿，按实收资本和资本公积的合计金额的 0.25‰贴花。其他账簿按件贴花 5 元	立账簿人	
13. 权利、许可证照	包括政府部门发给的房屋产权证、工商营业执照、商标注册证、专利证、土地使用证	按件贴花 5 元	领受人	
14. 证券交易	上市交易或者挂牌转让的公司股票和以股票为基础发行的存托凭证	按成交金额的 1‰贴花	交易人	

1. 比例税率

在印花税的征税范围中，各类合同以及具有合同性质的凭证(含以电子形式签订的各类应税凭证)、产权转移书据、营业账簿中记载资金的账簿，适用比例税率。

印花税的比例税率分为 5 个档次，分别是 0.05‰、0.25‰、0.3‰、0.5‰、1‰。

(1) 适用 0.05‰税率的为"借款合同"。

(2) 适用 0.25‰税率的为"营业账簿"税目中记载资金的账簿。

(3) 适用 0.3‰税率的为"购销合同""建筑安装工程承包合同""技术合同""加工承揽合同""建筑工程勘察设计合同""货物运输合同"。

(4) 适用 0.5‰税率的为"产权转移书据"。

(5) 适用 1‰税率的为"财产租赁合同""仓储保管合同""财产保险合同""证券交易"。

2. 定额税率

在印花税的征税范围中，"权利、许可证照"和"营业账簿"税目中的其他账簿，适用定额税率，均为按件贴花，税额为 5 元。上述规定主要是考虑应税凭证的特殊性，有的是无法计算金额的凭证，如权利、许可证照；有的是虽记载有金额，但以其作为计税依据又明显不合理的凭证，如其他账簿。采用定额税率，便于纳税人缴纳和税务机关征管。

四、应纳税额的计算

(一) 计税依据

印花税的计税依据为各种应税凭证上所记载的计税金额或应税凭证的件数，具体的有如下规定。

(1) 购销合同的计税依据为合同记载的购销金额。

(2) 加工承揽合同的计税依据是加工或承揽收入的金额。

① 对于由受托方提供原材料的加工、定做合同，凡在合同中分别记载加工费金额和原材

料金额的，应分别按加工承揽合同、购销合同计税，两项税额相加数，即为合同应贴印花；若合同中未分别记载，则应就全部金额依照加工承揽合同计税贴花。

② 对于由委托方提供主要材料或原料，受托方只提供辅助材料的加工合同，无论加工费和辅助材料金额是否分别记载，均以辅助材料与加工费的合计数，依照加工承揽合同计税贴花。对委托方提供的主要材料或原料金额不计税贴花。

(3) 建设工程勘察设计合同的计税依据为收取的费用。

(4) 建筑安装工程承包合同的计税依据为承包金额。

(5) 财产租赁合同的计税依据为租赁金额；经计算，税额不足 1 元的，按 1 元贴花。

(6) 货物运输合同的计税依据为取得的运输费金额(即运费收入)，不包括所运货物的金额、装卸费和保险费等。

(7) 仓储保管合同的计税依据为收取的仓储保管费用。

(8) 借款合同的计税依据为借款金额。针对实际借贷活动中不同的借款形式，税法规定了不同的计税方法。

① 凡是一项信贷业务既签订借款合同，又一次或分次填开借据的，只以借款合同所载金额为计税依据计税贴花；凡是只填开借据并作为合同使用的，应以借据所载金额为计税依据计税贴花。

② 借贷双方签订的流动资金周转性借款合同，一般按年(期)签订，规定最高限额，借款人在规定的期限和最高限额内随借随还。为避免加重借贷双方的负担，对这类合同只以其规定的最高限额为计税依据，在签订时贴花一次，在限额内随借随还不签订新合同的，不再另贴印花。

③ 对借款方以财产作抵押，从贷款方取得一定数量抵押贷款的合同，应按借款合同贴花；在借款方因无力偿还借款而将抵押财产转移给贷款方时，应再就双方订立的产权书据，按产权转移书据的有关规定计税贴花。

④ 对银行及其他金融组织的融资租赁业务签订的融资租赁合同，应按合同所载租金总额，暂按借款合同计税。

⑤ 在贷款业务中，如果贷方系由若干银行组成的银团，银团各方均承担一定的贷款数额。借款合同由借款方与银团各方共同订立，各执一份合同正本。对这类合同借款方与贷款银团各方应分别在所执的合同正本上，按各自的借款金额计税贴花。

⑥ 在基本建设贷款中，如果按年度用款计划分年签订借款合同，在最后一年按总概算签订借款总合同，且总合同的借款金额包括各个分合同的借款金额的，对这类基建借款合同，应按分合同分别贴花，最后签订的总合同，只就借款总额扣除分合同借款金额后的余额计税贴花。

(9) 财产保险合同的计税依据为支付(收取)的保险费，不包括所保财产的金额。

(10) 技术合同的计税依据为合同所载的价款、报酬或使用费。为了鼓励技术研究开发，对技术开发合同只就合同所载的报酬金额计税，研究开发经费不作为计税依据。单对合同约定按研究开发经费一定比例作为报酬的，应按一定比例的报酬金额贴花。

(11) 产权转移书据的计税依据为所载金额。

(12) 营业账簿税目中记载资金的账簿的计税依据为实收资本与资本公积两项的合计金额。

实收资本包括现金、实物、无形资产和材料物资。现金是按实际收到或存入纳税人开户银行的金额确定。实物是指房屋、机器等，按评估确认的价值或者合同、协议约定的价格确定。无形资产和材料物资，按评估确认的价值确定。资本公积包括接受捐赠、法定财产重估增值、资本折算差额、资本溢价等。如果是实物捐赠，则按同类资产的市场价格或有关凭据确定。

(13) 其他账簿的计税依据为应税凭证件数。

(14) 权利、许可证照的计税依据为应税凭证件数。

(15) 证券交易的成交价格，如果以非集中交易方式转让证券时无转让价格的，则按照办理过户登记手续前一个交易日收盘价计算确定计税依据；办理过户登记手续前一个交易日无收盘价的，应按照证券面值计算确定计税依据。

(16) 上述凭证以金额、收入、费用作为计税依据的，应当全额计税，不得做任何扣除。

(17) 同一凭证载有两个或两个以上经济事项而适用不同税目税率，如分别记载金额的，应分别计算应纳税额，相加后按合计税额贴花；如未分别记载金额的，按税率高的计税贴花。

(18) 按金额比例贴花的应税凭证，未标明金额的，应按照凭证所载数量及国家牌价计算金额；没有国家牌价的，按市场价格计算金额，然后按规定税率计算应纳税额。

(19) 应税凭证所载金额为外国货币的，应按照凭证订立当日国家外汇管理局公布的外汇牌价折合成人民币，然后计算应纳税额。

(20) 应纳税额不足 1 角的，免纳印花税；1 角以上的，其税额尾数不满 5 分的不计，满 5 分的按 1 角计算。

(21) 有些合同，在签订时无法确定计税金额，如技术转让合同中的转让收入，是按销售收入的一定比例收取或是按实现利润分成的；财产租赁合同，只是规定了月(天)租金标准而无租赁期限的。对这类合同，可在签订时先按定额 5 元贴花，以后结算时再按实际金额计税，补贴印花。

(22) 应税合同在签订时纳税义务即已产生，应计算应纳税额并贴花。所以，不论合同是否兑现或是否按期兑现，均应贴花。对已履行并贴花的合同，所载金额与合同履行后实际结算金额不一致的，只要双方未修改合同金额，一般不再办理完税手续。

(23) 对有经营收入的事业单位，凡属由国家财政拨付事业经费，实行差额预算管理的单位，其记载经营业务的账簿，按其他账簿定额贴花，不记载经营业务的账簿不贴花；凡属经费来源实行自收自支的单位，其营业账簿，应对记载资金的账簿和其他账簿分别计算应纳税额。

(24) 跨地区经营的分支机构使用的营业账簿，应由各分支机构于其所在地计算贴花。对上级单位核拨资金的分支机构，其记载资金的账簿按核拨的账面资金额计税贴花，其他账簿按定额贴花；对上级单位不核拨资金的分支机构，只就其他账簿按件定额贴花。为避免对同一资金重复计税贴花，上级单位记载资金的账簿，应按扣除拨给下属机构资金数额后的其余部分计税贴花。

(25) 商品购销活动中，采用以货换货方式进行商品交易签订的合同，是反映既购又销双重经济行为的合同。对此，应按合同所载的购、销合计金额计税贴花。合同未列明金额的，应按合同所载购、销数量依照国家牌价或者市场价格计算应纳税额。

(26) 施工单位将自己承包的建设项目，分包或者转包给其他施工单位所签订的分包合同或者转包合同，应按新的分包合同或转包合同所载金额计算应纳税额。这是因为印花税是一种具有行为税性质的凭证税，尽管总承包合同已依法计税贴花，但新的分包或转包合同是一种新的凭证，又发生了新的纳税义务。

(27) 对国内各种形式的货物联运，凡在起运地统一结算全程运费的，应以全程运费作为计税依据，由起运地运费结算双方缴纳印花税；凡分程结算运费的，应以分程的运费作为计税依据，分别由办理运费结算的各方缴纳印花税。对国际货运，凡由我国运输企业运输的，不论在我国境内、境外起运或中转分程运输，我国运输企业所持的一份运费结算凭证，均按本程运费计算应纳税额；托运方所持的一份运费结算凭证，按全程运费计算应纳税额。由外国运输企业运输进出口货物的，外国运输企业所持的一份运费结算凭证免纳印花税；托运方所持的一份运费结算凭证应缴纳印花税。国际货运运费结算凭证在国外办理的，应在凭证转回我国境内时按规定缴纳印花税。

(28) 印花税票为有价证券，其票面金额以人民币为单位，分为1角、2角、5角、1元、2元、5元、10元、50元、100元。

(二) 应纳税额的计算

纳税人根据应纳税凭证的性质，分别按比例税率或者定额税率计算其应纳税额。计算公式为

$$应纳税额=应税凭证计税金额(或应税凭证件数)×适用税率$$

【例 6-25 计算题】某企业 2021 年 1 月开业，当年发生以下有关业务事项：领受房屋产权证、工商营业执照、土地使用证各 1 件；与其他企业订立转移专用技术使用权书据 1 份，所载金额为 100 万元；订立产品购销合同 1 份，所载金额为 200 万元；订立借款合同 1 份，所载金额为 400 万元；该企业营业账簿中，"实收资本""资本公积"为 700 万元。计算该企业上述内容应缴纳的印花税税额。

① 企业领受权利、许可证照应纳税额=3×5=15(元)
② 企业订立产权转移书据应纳税额=1 000 000×0.5‰=500(元)
③ 企业订立购销合同应纳税额=2 000 000×0.3‰=600(元)
④ 企业订立借款合同应纳税额=4 000 000×0.05‰=200(元)
⑤ 企业记载资金账簿应纳税额=7 000 000×0.25‰×50%=875(元)
⑥ 当年企业应纳印花税税额=15+500+600+200+875=2 190(元)

五、税收优惠

(1) 对已缴纳印花税凭证的副本或者抄本，免征印花税；但对以副本或者抄本视同正本使用的，应另贴印花。

(2) 对财产所有权人将财产赠与政府、学校、社会福利机构订立的产权转移书据，免征印花税。

(3) 对农民、农民专业合作社、农村集体经济组织、村民委员会购买农业生产资料或者销售自产农产品订立的买卖合同和农业保险合同，免征印花税。

(4) 对无息或者贴息借款合同、国际金融组织向我国提供优惠贷款订立的借款合同、金融机构与小型微型企业订立的借款合同，免征印花税。

(5) 对外国政府或者国际金融组织向我国政府及国家金融机构提供优惠贷款所订立的合同，免征印花税。该类合同是就具有援助性质的优惠贷款而成立的政府间协议，对其免税有利于引进外资、利用外资，推动我国经济与社会的快速发展。

(6) 对个人(不包括个体工商户)转让、租赁住房订立的应税凭证，免征印花税。

(7) 对农林作物、畜牧业保险合同，免征印花税。

(8) 对军队、武警部队订立、领受的应税凭证，以及抢险救灾物资、新建铁路的工程临管线等特殊货运凭证，免征印花税。

(9) 对廉租住房、经济适用住房经营管理单位与廉租住房、经济适用住房相关的印花税以及廉租住房承租人、经济适用住房购买人涉及的印花税予以免征。

(10) 对与高等学生签订的高校学生公寓租赁合同，免征印花税。

(11) 对投资者(包括个人和投资机构)买卖封闭式证券投资基金，免征印花税。

(12) 对个人销售或购买住房，暂免征收印花税。

(13) 对改造安置住房经营单位、开发商与改造安置住房相关的印花税，以及购买安置住房的个人涉及的印花税予以免征。

(14) 对金融机构与小型企业、微型企业签订的借款合同，免征印花税。

(15) 对社保基金会、社保基金投资管理人管理的社保基金转让非上市公司股权，社保基金会、社保基金投资管理人涉及的印花税予以免征。

(16) 对社保基金会及养老基金投资管理机构运用养老基金买卖证券应缴纳的印花税实行先征后返；养老基金持有的证券，在养老基金证券账户之间的划拨过户，不属于印花税的征收范围，不征收印花税。

(17) 对易地扶贫搬迁项目实施主体取得用于建设货币化补偿和易地扶贫搬迁安置住房的土地，对货币化补偿和易地扶贫搬迁安置住房建设的分配过程中应由易地扶贫搬迁项目实施主体、项目单位，以及对易地扶贫搬迁项目实施主体购买商品住房或者回购保障性住房作为安置住房房源的，免征印花税。

(18) 对公租房经营管理单位免征建设、管理公租房涉及的印花税。在其他住房项目中配套建设公租房，依据政府提供的相关材料，可按公租房建筑面积占总建筑面积的比例，免征印花税。对公租房经营管理单位购买住房作为公租房，免征印花税；对公租房租赁双方免征签订租赁协议涉及的印花税。

(19) 对饮水工程运营管理单位为建设饮水工程取得土地使用权而签订的产权转移书据，以及与施工单位签订的建设工程承包合同，免征印花税。

(20) 对商品储备管理公司及其直属库资金账簿，免征印花税；对其承担商品储备业务过程中订立的购销合同，免征印花税。

六、征收管理

(一) 纳税方法

印花税的纳税办法，根据税额大小、贴花次数以及税收征收管理的需要，采用以下三种纳税办法。

1. 自行缴纳

这种方法适用于应税凭证较少或者贴花次数较少的纳税人。纳税人订立、领受或者使用印花税法列举的应税凭证的同时，纳税义务即已产生，应当根据应纳税凭证的性质和适用的税目税率自行计算应纳税额，自行购买印花税票，自行一次贴足印花税票并加以注销或划销，纳税义务才算全部履行完毕。值得注意的是纳税人购买了印花税票，支付了税款，国家就取得了财政收入。纳税人支付了印花税款并不等于已履行了纳税义务，只有纳税人自行贴花并注销或划销，才算完成了印花税的纳税义务。对已贴花的凭证，修改后所载金额增加的，其增加部分应当补贴印花税票。凡多贴印花税票者，不得申请退税或者抵用。

2. 汇总缴纳

这种方法适用于应纳税额较大或者贴花次数频繁的纳税人。同一种类应纳税凭证，需频繁贴花的，纳税人可以根据实际情况决定是否采用按期汇总缴纳印花税的方式，汇总缴纳的期限为 1 个月。采用按期汇总缴纳方式的纳税人应事先告知主管税务机关。缴纳方式一经选定，1 年内不得改变。主管税务机关接到纳税人要求按期汇总缴纳印花税的告知后，应及时登记，制定相应的管理办法，防止出现税收征管漏洞。

印花税按期汇总缴纳的单位，对征税凭证和免税凭证汇总时，凡分别汇总的，按本期征税凭证的汇总金额计算缴纳印花税；凡不能分别汇总的，应按本期全部凭证的实际汇总金额计算缴纳印花税。汇总缴纳印花税的凭证，应加注税务机关指定的汇缴戳记、编号并装订成册后，将已贴印花或者缴款书的一联粘附册后，盖章注销，保存备查。

经税务机关核准，持有代售许可证的代售户，代售印花税票取得的税款须专户存储，并按照规定的期限，向当地税务机关结报，或者填开专用缴款书直接向银行缴纳，不得逾期不缴或者挪作他用。代售户领存的印花税票及所售印花税票的税款，如有损失应负责赔偿。证券交易印花税的扣缴义务人应当向其机构所在地的主管税务机关申报缴纳扣缴的税款。

3. 委托代征

这种方法主要是通过税务机关的委托，经由发放或者办理应纳税凭证的单位代为征收印花税税款。所谓发放或者办理应纳税凭证的单位，是指发放权利、许可证照的单位和办理凭证的鉴证、公证及其他有关事项的单位。税务机关应向代征单位发放代征委托书。按照税法规定，工商行政管理机关在核发各类营业执照和商标注册证的同时，负责代售印花税票，征收印花税税款，并监督领受单位或个人负责贴花。税务机关委托工商行政管理机关代售印花税票，并按代售金额的 5% 支付代售手续费。

印花税法规定，发放或者办理应纳税凭证的单位，负有监督纳税人依法纳税的义务，具体是指对以下纳税事项监督：一是应纳税凭证是否已粘贴印花，二是粘贴的印花是否足额，三是粘贴的印花是否按规定注销。对未完成以上纳税手续的，应督促纳税人当场完成。

(二) 纳税环节

印花税应当在书立或领受时贴花，具体是指在合同签订、书据立据、账簿启用、证照领受和完成证券交易时贴花。如果合同是在国外签订，并且不便在国外贴花的，应在将合同带入境时办理贴花纳税手续。

(三) 纳税地点

印花税一般实行属地纳税。全国性商品物资订货会(包括展销会、交易会等)上所签订合同应纳的印花税，由纳税人回其所在地后及时办理贴花完税手续；由地方主办、不涉及省际关系的订货会、展销会上所签合同的印花税，其纳税地点由各省、自治区、直辖市人民政府自行确定。

证券交易印花税扣缴义务发生时间为证券交易完成的当日。证券交易印花税的纳税人或者税率调整，由国务院决定，并报全国人民代表大会常务委员会备案。

(四) 违章处罚

印花税纳税人有下列行为之一的，由税务机关根据情节轻重予以处罚。

(1) 在应纳税凭证上未贴或者少贴印花税票的或者已粘贴在应税凭证上的印花税票未注销或者未划销的，由税务机关追缴其不缴或者少缴的税款、滞纳金，并处不缴或者少缴的税款 50% 以上 5 倍以下的罚款。

(2) 已贴用的印花税票揭下重用造成未缴或少缴印花税的，由税务机关追缴其不缴或者少缴的税款、滞纳金，并处不缴或者少缴的税款 50% 以上 5 倍以下的罚款；构成犯罪的，依法追究刑事责任。

(3) 伪造印花税票的，由税务机关责令改正，处以 2 000 元以上 1 万元以下的罚款；情节严重的，处以 1 万元以上 5 万元以下的罚款；构成犯罪的，依法追究刑事责任。

(4) 按期汇总缴纳印花税的纳税人，超过税务机关核定的纳税期限，未缴或少缴印花税款的，由税务机关追缴其不缴或者少缴的税款、滞纳金，并处不缴或者少缴的税款 50% 以上 5 倍以下的罚款；情节严重的，同时撤销其汇缴许可证；构成犯罪的，依法追究刑事责任。

(5) 纳税人发生违反以下规定的，由税务机关责令限期改正，可处以 2 000 元以下的罚款；情节严重的，处以 2 000 元以上 1 万元以下的罚款。

① 凡汇总缴纳印花税的凭证，应加注税务机关指定的汇缴戳记，编号并装订成册后，将已贴印花或者缴款书的一联粘附册后，盖章注销，保存备查。

② 纳税人对纳税凭证应妥善保存。凭证的保存期限，凡国家已有明确规定的，按规定办理；没有明确规定的其余凭证均应在履行完毕后保存 1 年。

(6) 代售户对取得的税款逾期不缴或者挪作他用，或者违反合同将所领印花税票转托他人代售或者转至其他地区销售，或者未按规定详细提供领、售印花税票情况的，税务机关可视其情节轻重，给予警告或者取消其代售资格的处罚。

本 章 小 结

1. 城市维护建设税是对从事工商经营，缴纳增值税、消费税的单位和个人，以实际缴纳的增值税、消费税税额为计税依据征收的一种税。税率根据纳税人所在地区不同，实行差别比例税率。

2. 完税价格是计算关税应纳税额的依据。进口货物的完税价格由海关以该货物的成交价格为基础审查确定；出口货物的完税价格由海关以该货物向境外销售的成交价格为基础审查确定；进境物品的完税价格一般采用境外零售价格的平均价格。

3. 资源税是以自然资源为课税对象征收的一种税。我国现行的资源税是对在我国境内从事开采应税矿产品及生产盐的单位和个人，就其课税数量征收的一种税。目前我国资源税的征税范围只包括矿产品和盐两大类。其中，矿产品包括原油、天然气、煤炭、金属矿产品和其他非金属矿产品等；盐包括固体盐、液体盐。为了加强资源税的管理，资源税规定了扣缴义务人。现行资源税实行从价定率和从量定额征收。

4. 环境保护税是在中华人民共和国领域和中华人民共和国管辖的其他海域，以大气污染物、水污染物固体废物和噪声为征税对象，对直接向环境排放应税污染物的企事业单位和其他生产经营者征收的一种税。环境保护税采用定额税率，以应税大气污染物、水污染物排放量折合的污染当量数，应税固体废物的排放量和应税噪声分贝数为计税依据。

5. 土地增值税是在中华人民共和国境内有偿转移房地产，并取得增值收入的单位和个人征收的一种税。土地增值税纳税人范围很广，既包括机关、团队、部队、企事业单位、个体工商户及国内其他单位和个人，也包括外商投资企业、外国企业及外国机构等。土地增值税以转移房地产所取得的增值额为计税依据，实行四级超率累进税率。

6. 房产税是以房屋为征税对象，按房屋的计税余值或不含增值税的租金收入，向房产所有人或经营人征收的一种财产税。我国房产税的征税范围仅限于城市、县城、建制镇和工矿区房屋。房产税实行从价计征和从租计征两种计税方法。

7. 车船税是指以中华人民共和国境内的车辆、船舶为征税对象，向车辆、船舶的所有人或者管理人征收的一种税。车船税征税范围为应税的车辆、船舶，其中，车辆分为乘用车、商用客车、商用货车、挂车、其他车辆专用作业车、其他车辆轮式专用机械车、摩托车；船舶分为机动船舶(包括拖船、非机动驳船)和游艇。按照车船的种类，车船税采用辆、净吨位、整备质量、艇身长度四种计税依据。

8. 车辆购置税是以在中华人民共和国境内购置汽车、有轨电车、汽车挂车、排气量超过150毫升的摩托车等规定车辆为课税对象，向车辆购置者征收的一种税。

9. 契税是指在土地、房屋权属发生转移变动时，向产权承受人征收的一种财产税。契税的计税依据为土地、房屋的不含增值税的成交价格。契税税率为3%～5%，由省、自治区、直辖市人民政府在规定的幅度内按照本地区的实际情况确定，并报财政部和国家税务总局备案。

10. 印花税是以订立、领受在中华人民共和国境内具有法律效力的应税凭证，或者在中华人民共和国境内进行证券交易的单位和个人为征税对象征收的一种税。印花税采用比例税率和定额税率；与此对应，印花税采用从价和从量两种计税方法。从价计征的印花税以应税凭证所记载的金额为计税依据，从量计征的印花税以应税凭证的件数为计税依据。

第七章

税收征收管理法

税收征收管理法指有关税收征收管理法律规范的总称，包含税收征收管理法以及税收征收管理的相关法律、法规和规章。

1992 年 9 月 4 日第七届全国人民代表大会常务委员会第二十七次会议首次审议通过《中华人民共和国税收征收管理法》(以下简称《税收征管法》)，于 1993 年 1 月 1 日起执行。1995 年 2 月 28 日进行修正，2001 年 4 月 28 日通过修订，并于 2001 年 5 月 1 日起施行。此后，全国人民代表大会常务委员会分别于 2013 年和 2015 年对《税收征管法》进行两次修订。随后，2016 年 2 月 6 日，国务院令第 362 号修订发布《中华人民共和国税收征收管理法实施细则》(以下简称《税收征管法实施细则》)。

第一节 税收征收管理法概述

一、税收征收管理法的立法目的

《税收征管法》第一条规定对《税收征管法》的立法目的进行了高度概括："为了加强税收征收管理，规范税收征收和缴纳行为，保障国家税收收入，保护纳税人的合法权益，促进经济和社会发展，制定本法。"

《税收征管法》立法的首要目的就是加强税收征收管理。税收征收管理是国家征税机关依据国家税收法律、行政法规的规定，按照统一的标准，通过一定的程序，对纳税人应纳税额组织入库的一种行政活动，是国家将税收政策贯彻实施到每个纳税人，有效地组织税收收入及时、足额入库的一系列活动的总称。税收职能作用能否很好地发挥取决于税收征管工作的好坏。其次，《税收征管法》还可以规范税收征收和缴纳行为、保障国家税收收入、维护纳税人的合法权益。《税收征管法》既要为税务机关、税务工作人员依法行政提供规范与标准，其一切行为必须依照该法的规定进行征收税收，否则要承担相应的法律责任；同时也要为纳税人依法缴纳税款提供规范与标准，纳税人为更好地保障自身的权益，必须按照法律规定的程序和办法缴纳税款。最后，《税收征管法》可促进经济发展和社会进步。国家进行宏观调控的重要杠杆之一就是税收，《税收征管法》是规范市场经济的重要法律，这就使得税收征收管理的各个方面，如税务登记、纳税申报、税款征收、税收检查以及税收政策等都要以促进经济发展和社会进步为目标，为纳税人打开方便之门，保护纳税人的利益，这是税收征管的重要历史使命和改革前进的方向。

二、税收征收管理法的适用范围

《税收征管法》第二条规定了《税收征管法》的适用范围："凡依法由税务机关征收的各种税收的征收管理，均适用本法。"

税务机关和海关部门是我国税收的主要征收机关，税务机关主要负责征收各种工商税收，海关负责征收关税并代征进口环节增值税和消费税。由税务机关征收的各种税收的征收管理适用《税收征管法》，海关征收的税收不适用《税收征管法》，适用其他法律法规。此外，目前税务机关还负责征收一部分政府收费，如教育费附加，这些由收费的条例和规章决定，不适用《税收征管法》。

三、税收征收管理法的遵守主体

(一) 税务机关——税务执法主体

《税收征管法》第五条规定，国务院税务主管部门主管全国税收征收管理工作。各地国家税务局和地方税务局应当按照国务院规定的税收征收管理范围分别进行征收管理。《税收征管法》和《税收征管法实施细则》规定，税务机关指各级税务局、税务分局、税务所和省以下税务局的稽查局。稽查局专司偷税、逃避追缴欠税、骗税、抗税案件的查处。国家税务总局应明确划分税务局和稽查局的职责，避免职责交叉。上述规定明确了税收征收管理的执法主体(行政主体)，是《税收征管法》的遵守主体之一。

(二) 纳税人、扣缴义务人和其他有关单位——税务行政管理的相对人

《税收征管法》第四条规定，法律、行政法规规定负有纳税义务的单位和个人为纳税人。法律、行政法规规定负有代扣代缴、代收代缴税款义务的单位和个人为扣缴义务人。纳税人、扣缴义务人必须依照法律、行政法规的规定缴纳税款、代扣代缴、代收代缴税款。《税收征管法》第六条第二款规定，纳税人、扣缴义务人和其他有关单位应当按照国家有关规定如实向税务机关提供与纳税和代扣代缴、代收代缴税款有关的信息。可见，税务行政管理的相对人是纳税人、扣缴义务人和其他有关单位，同样是《税收征管法》的遵守主体之一，必须遵守《税收征管法》的规定接受税务管理，履行法定义务同时保护其合法权益。

(三) 有关单位和部门

《税收征管法》第五条规定，地方各级人民政府应当依法加强对本行政区域内税收管理工作的领导或者协调，支持税务机关依法执行职务，依照法定税率计算税额，依法征收税款。各有关部门和单位应当支持、协助税务机关依法执行职务。这说明包括地方各级人民政府在内的有关单位和部门也是《税收征管法》的遵守主体之一，必须遵守《税收征管法》的相关规定。

第二节 税务管理

税务管理包括税务登记管理、账簿和凭证管理、纳税申报管理。

一、税务登记管理

税务登记又称纳税登记，指税务机关依据税法规定对纳税人的生产、经营活动进行登记的一种法定的制度，也是纳税人依法履行纳税义务的法定手续。它是税务机关对纳税人实施税务管理的起点，标志着整个税收征收管理征纳双方法律关系的成立。

县以上(含本级，下同)税务局(分局)是税务登记的主管税务机关。根据《税收征管法》和国家税务总局印发的《税务登记管理办法》，税务登记管理包含：设立税务登记、变更注销税务登记、停业复业登记、外出经营报验登记、税务登记证验证、非正常户处理等内容。

(一) 设立税务登记

1. 设立税务登记的对象

(1) 从事生产、经营领取营业执照的纳税人。其包括企业，企业在外地设立的分支机构和从事生产、经营的场所，个体工商户和从事生产、经营的事业单位。

(2) 其他纳税人。除国家机关、个人和无固定生产、经营场所的流动性农村小商贩外，也应办理税务登记。

2. 设立税务登记的地点

从事生产、经营的纳税人向生产、经营所在地税务机关申报办理税务登记。

3. 设立税务登记的时间

从事生产、经营的纳税人领取工商营业执照的，应当自领取工商营业执照之日起 30 日内申报办理税务登记，税务机关发放税务登记证及副本。

4. 设立税务登记程序

(1) 税务登记的申请。办理税务登记的目的是建立合法的正常征纳秩序，是纳税人纳税义务履行的首要环节。因此，纳税人必须严格按规定向主管税务机关及时办理税务登记手续，如实地填报各登记项目。

(2) 纳税人在申报办理税务登记时，应当根据不同情况向税务机关如实提供以下证件和资料。

① 工商营业执照或其他核准执业证件。

② 有关合同、章程、协议书。

③ 组织机构统一代码证书。

④ 法定代表人(负责人)或业主的居民身份证、护照，或者其他合法证件。

⑤ 其他需要提供的有关证件、资料，由省、自治区、直辖市税务机关确定。

纳税人在申报办理税务登记时，应当如实填写税务登记表。税务登记表主要包括以下内容：

① 单位名称、法定代表人或者业主姓名及其居民身份证、护照或者其他合法证件的号码；

② 住所、经营地点；

③ 登记类型；

④ 核算方式；

⑤ 生产经营方式；

⑥ 生产经营范围；

⑦ 注册资金(资本)、投资总额；

⑧ 生产经营期限；

⑨ 财务负责人、联系电话；

⑩ 国家税务总局确定的其他有关事项。

(3) 税务登记证的核发。对纳税人填报的税务登记表、提供的证件和资料符合规定的，税务机关应当日办理予以登记并发放税务登记证件。对纳税人提交的材料不符合规定的，税务机关应当场通知其补充更正或重新填报。税务登记证件的主要内容有：纳税人名称、税务登记代码、法定代表人或负责人、生产经营地址、登记类型、核算方式、生产经营范围(主营、兼营)、发证日期、证件有效期等。

5. 扣缴义务人扣缴税款登记

已办理税务登记的扣缴义务人应当自扣缴义务发生之日起 30 日内，向税务登记地税务机关申报办理扣缴税款登记。税务机关在其税务登记证件上登记扣缴税款事项，税务机关不再单独发放扣缴税款登记证件。根据规定可不办理税务登记的扣缴义务人，应当自扣缴义务发生之日起 30 日内，向机构所在地税务机关申报办理扣缴税款登记，税务机关发放扣缴税款登记证件。

6. 三证合一、联办同发

根据 2014 年国家税务总局《关于推进工商营业执照、组织机构代码证和税务登记证"三证合一"改革的若干意见》，工商营业执照、组织机构代码证、税务登记证实行"三证合一"，由"三证联办"和"一证三码"逐渐发展为"一证一码"。"三证联办"是指工商、质监、税务部门实现工商营业执照、组织机构代码证和税务登记证"三证"联办同发。"一证三码"是工商、质监、税务部门的工商营业执照、组织机构代码证和税务登记证共同赋码，向市场主体发放包含"三证"功能三个代码的证照，简称"一证三码"。

2015 年国家税务总局《关于落实"三证合一"登记制度改革的通知》规定，自 2015 年 10 月 1 日起，新设立企业、农民专业合作社领取由工商行政管理部门核发加载法人和其他组织社会统一社会信用代码(18 位)的营业执照后，无须再次进行税务登记，不再领取税务登记证。企业办理涉税事宜时，在完成补充信息采集后，加载统一代码的营业执照可代替税务登记证使用。工商登记"一个窗口"统一受理申请后，申请材料和登记信息在部门间共享，各部门数据互换、档案互认。

7. 税务局(分局)执行统一纳税人识别号

对于已领组织机构代码的纳税人，纳税人识别号共 15 位，由登记所在地 6 位行政区划码加 9 位组织机构代码构成；对未取得组织机构代码证书的个体工商户等纳税人，纳税人识别号由身份证件号码加 2 位顺序码构成；2016 年 1 月 1 日以后在机构编制、民政部门登记设立并取得统一社会信用代码的纳税人，纳税人识别号由 18 位统一社会信用代码构成。

(二) 变更、注销税务登记

1. 变更税务登记

变更税务登记，是因纳税人税务登记内容发生变化，向税务机关申请将税务登记内容重新调整为与实际情况一致的税务登记管理手续。其办理的顺序是先工商、后税务。

(1) 纳税人已在工商行政管理机关办理变更登记的，应当自工商行政管理机关变更登记之日起 30 日内，向原税务登记机关如实提供下列证件、资料，申报办理变更税务登记。

① 工商登记变更表。

② 纳税人变更登记内容的有关证明文件。

③ 税务机关发放的原税务登记证件(登记证正、副本和税务登记表等)。

④ 其他有关资料。

(2) 纳税人按照规定不需要在工商行政管理机关办理变更登记，或者其变更登记的内容与工商登记内容无关的，应当自税务登记内容实际发生变化之日起 30 日内，或者自有关机关批准或者宣布变更之日起 30 日内，持下列证件到原税务登记机关申报办理变更税务登记。

① 纳税人变更登记内容的有关证明文件。

② 税务机关发放的原税务登记证件(登记证正、副本和税务登记表等)。

③ 其他有关资料。

2. 注销税务登记

注销税务登记，是指纳税人由于法定的原因税务登记内容发生了根本性变化，依法需要终止履行纳税义务并取消税务登记时申请办理的手续。注销后该纳税人不再接受原税务机关管理。

① 纳税人发生解散、破产、撤销以及其他情形，依法终止纳税义务，应当自有关机关批准或者宣告终止之日起 15 日内向原税务登记机关申报办理注销税务登记。

② 被吊销营业执照或者被其他机关予以撤销登记的，营业执照被吊销或者被撤销登记之日起 15 日内向原税务登记机关申报办理注销税务登记。

③ 因住所、经营地点变动，涉及改变税务登记机关，应当在向工商行政管理机关或者其他机关申请办理变更、注销登记前，或者住所、经营地点变动前向原税务登记机关申报办理注销税务登记。其办理的顺序是先税务、后工商。

纳税人办理注销税务登记前，应当向税务机关提交相关证明文件和资料，结清应纳税款、多退(免)税款、滞纳金和罚款，缴销发票、税务登记证件和其他税务证件，经税务机关核准后，办理注销税务登记手续，即申报清税。

税务机关应当于受理当日办理变更税务登记。纳税人税务登记表的内容发生变更而税务登记证中的内容未发生变更的，税务机关不重新发放税务登记证件；纳税人税务登记表和税务登记证中的内容都发生变更的，税务机关按变更后的内容重新发放税务登记证件。

(三) 停业、复业登记

(1) 实行定期定额征收方式的个体工商户需要停业的，应当在停业前向税务机关申报办理停业登记。纳税人的停业期限不得超过一年。

(2) 纳税人在申报办理停业登记时，应如实填写《停业复业报告书》，说明停业理由、停业期限、停业前的纳税情况和发票的领、用、存情况，并结清应纳税款、滞纳金、罚款。税务机关应收存其税务登记证件及副本、发票领购簿、未使用完的发票和其他税务证件。

(3) 纳税人在停业期间发生纳税义务的，应当按照税收法律、行政法规的规定申报缴纳税款。

(4) 纳税人应当于恢复生产经营之前，向税务机关申报办理复业登记，如实填写《停业复业报告书》，领回并启用税务登记证件、发票领购簿及其停业前领购的发票。

(5) 纳税人停业期满不能及时恢复生产经营的，应当在停业期满前到税务机关办理延长停业登记，并如实填写《停业复业报告书》。

(四) 外出经营报验登记

(1) 纳税人跨省税务机关管辖区域经营的，应当在外出生产经营以前，持税务登记证向所在地主管税务机关申请开具《外出经营活动税收管理证明》(以下简称《外管证》)。纳税人在省税务机关管辖区域内跨县(市)经营的，是否开具《外管证》由省税务机关自行确定。

(2) 税务机关按照一地一证的原则，核发《外管证》，有效期限一般为 30 日，最长不得超过 180 日。但建筑安装行业纳税人项目合同期限超过 180 日的，按照合同期限确定有效期限。

(3) 纳税人应当自《外管证》签发 30 日内，持《外管证》向经营地税务机关报验登记，并接受经营地税务机关的管理。

(4) 纳税人外出经营活动结束，应当向经营地税务机关填报《外出经营活动情况申报表》，并结清税款、缴销发票。

(5) 纳税人应当在《外管证》有效期届满后 10 日内，持《外管证》回原税务登记地税务机关办理《外管证》缴销手续。

(五) 税务登记证的作用和管理

除按照规定不需要发给税务登记证件的以外，纳税人办理下列事项时，必须持税务登记证件。

(1) 开立银行账户。

(2) 申请减税、免税、退税。

(3) 申请办理延期申报、延期缴纳税款。

(4) 领购发票。

(5) 申请开具外出经营活动税收管理证明。

(6) 办理停业、歇业。

(7) 其他有关税务事项。

税务机关对税务登记证件实行定期验证和换证制度。纳税人应当在规定的期限内持有关证件到主管税务机关办理验证或者换证手续。纳税人应当将税务登记证件正本在其生产、经营场所或者办公场所公开悬挂，接受税务机关检查。纳税人遗失税务登记证件的，应当在 15 日内书面报告主管税务机关并登报声明作废。同时凭报刊上刊登的遗失声明向主管税务机关申请补办税务登记证件。

二、账簿、凭证管理

账簿由一定格式的账页组成，是纳税人、扣缴义务人全面、系统、连续地记录其各种经济业务的账册或簿籍。凭证又称会计凭证，是纳税人用来记录经济业务，明确经济责任，并据以登记账簿、具有法律效力的书面证明。账簿、凭证管理是税收征管的第二个重要环节，它在税收征管中的地位也十分重要。

(一) 账簿、凭证管理

1. 对账簿、凭证设置的管理

(1) 设置账簿的范围。《税收征管法》第十九条和《税收征管法实施细则》第二十二条规定，所有的纳税人和扣缴义务人都必须按照有关法律、行政法规和国务院财政、税务主管部门的规定设置账簿。会计账簿以经过审核的会计凭证为依据，是会计账户的表现形式，包括总账、明细账、日记账以及其他辅助性账簿。总账、日记账应当采用订本式。从事生产、经营的纳税人应当自领取营业执照或者发生纳税义务之日起15日内设置账簿。扣缴义务人应当自税收法律、行政法规规定的扣缴义务发生之日起10日内，按照所代扣、代收的税种，分别设置代扣代缴、代收代缴税款账簿。

(2) 对会计核算的要求。《税收征管法》第十九条规定，所有纳税人和扣缴义务人都必须根据合法、有效的凭证进行账务处理。纳税人建立的会计电算化系统应当符合国家有关规定，并能正确、完整核算其收入或者所得。纳税人使用计算机记账的，应当在使用前将会计电算化系统的会计核算软件、使用说明书及有关资料报送主管税务机关备案。

2. 对财务会计制度的备案制度

《税收征管法》第二十条和《税收征管法实施细则》第二十四条规定，凡从事生产、经营的纳税人必须将所采用的财务、会计制度和具体的财务、会计处理办法，按税务机关的规定，自领取税务登记证件之日起15日内，及时报送主管税务机关备案。

3. 关于账簿、凭证的保管

《税收征管法》第二十四条规定，从事生产、经营的纳税人、扣缴义务人必须按照国务院财政、税务主管部门规定的保管期限保管账簿、记账凭证、完税凭证及其他有关资料。《税收征管法实施细则》第二十九条规定，除另有规定者外，账簿、记账凭证、报表、完税凭证、发票、出口凭证以及其他有关涉税资料应当保存10年。

(二) 发票管理

1. 发票的管理机构

《税收征管法》第二十一条规定，税务机关是发票的主管机关，负责发票的印制、领购、开具、取得、保管、缴销的管理和监督。在全国范围内统一式样的发票，由国家税务总局确定。在省、自治区、直辖市范围内统一式样的发票，由省、自治区、直辖市税务局(以下简称省税务局)确定。

2. 发票的基本联次及印制

发票的基本联次包括存根联、发票联、记账联。《税收征管法》第二十二条规定,增值税专用发票由国务院税务主管部门指定的企业印制;其他发票,按照国务院税务主管部门的规定,分别由省、自治区、直辖市国家税务局、地方税务局指定企业印制。未经规定的税务机关指定,不得印制发票。

3. 发票领购、开具、使用、取得

(1) 发票领购的管理。

依法办理税务登记的单位和个人,在领取税务登记证后,应当凭发票领购簿核准的种类、数量以及购票方式,向主管税务机关申请领购发票。

(2) 发票开具、使用、取得的管理。

《税收征管法》第二十一条规定,单位、个人在购销商品、提供或者接受经营服务以及从事其他经营活动中,应当按照规定开具、使用、取得发票。增值税专用发票开具、使用、取得的管理,按增值税有关规定办理,普通发票开具、使用、取得的管理,应注意以下几点。

① 销货方按规定填开发票,收购单位和扣缴义务人支付个人款项时等特殊情况下,由付款方向收款方开具发票。

② 购买方按规定索取发票,不得要求变更品名和金额。

③ 纳税人进行电子商务必须开具或取得发票。

④ 不符合规定的发票,不得作为财务报销凭证,任何单位和个人有权拒收。

⑤ 发票要全联一次如实填写,并开具发票要加盖财务印章或发票专用章。

⑥ 发票不得跨省、直辖市、自治区使用。

⑦ 不得转借、转让、代开发票;未经税务机关批准,不得拆本使用发票;不得自行扩大专业发票使用范围。

⑧ 开具发票后,如发生销货退回需开红字发票的,必须收回原发票并注明"作废"字样或取得对方有效证明;发生销售折让的,在收回原发票并证明"作废"后,重新开具发票。

⑨ 应当建立发票使用登记制度,设置发票登记簿,并定期向主管税务机关报告发票使用情况。

⑩ 应当在办理变更或者注销税务登记的同时,办理发票和发票领购簿的变更、缴销手续。

(3) 发票保管管理。

开具发票的单位和个人应当按照规定存放和保管发票。已开具的发票存根联和发票登记簿,应当保存5年。保存期满,报经税务机关查验后销毁。使用发票的单位和个人应当妥善保管发票。发生发票丢失情形时,应当于发现丢失当日书面报告税务机关。

(4) 发票的检查。

税务机关在发票管理中有权进行以下工作。

① 检查印制、领购、开具、取得和保管发票的情况。

② 调出发票查验。

③ 查阅、复制与发票有关的凭证、资料。

④ 向当事各方询问与发票有关的问题和情况。

⑤ 在查处发票案件时,对与案件有关的情况和资料,可以记录、录音、录像、照相和

复制。

2014 年国家税务总局《关于创新税收服务和管理的意见》对发票发放领用的服务与监管提出及时为纳税人提供清晰的发票领用指南、简化发票申领程序、不断提高发票管理信息化水平等新的要求。

(5) 增值税电子发票的推广与应用。

自 2015 年 8 月 1 日起，在北京、上海、浙江和深圳开展增值税电子发票试运行工作；非试点地区，2016 年 1 月 1 日起，全国范围使用增值税电子发票系统开具增值税电子普通发票。增值税电子普通发票的开票方和受票方需要纸质发票的，可以自行打印增值税电子普通发票的版式文件，其法律效力、基本用途、基本使用规定等与税务机关监制的增值税普通发票相同。纳税人进行电子商务必须开具或取得发票。在天津、河北、上海、江苏、浙江、安徽、广东、重庆、四川、宁波和深圳等 11 个地区的新办纳税人中，自 2020 年 12 月 21 日起，实行专票电子化，这些地区开出的电子专票，全国范围内皆可接收使用。2021 年 1 月 21 日起，在其余地区的新办纳税人中实行专票电子化。

(三) 税控管理

《税收征管法》第二十三条规定，国家根据税收征收管理的需要，积极推广使用税控装置。纳税人应当按照规定安装、使用税控装置，不得损毁或者擅自改变税控装置。第六十条规定，不能按照规定安装、使用税控装置，损毁或者擅自改动税控装置的，由税务机关责令限期改正，可以处以 2 000 元以下的罚款；情节严重的，处 2 000 元以上 10 000 元以下的罚款。

三、纳税申报管理

纳税申报是纳税人按照税法规定的内容和期限，向主管税务机关提交应纳税事项的书面报告的法律行为，是纳税人界定法律责任和履行纳税义务的主要依据，税务机关税收管理的信息主要来源于此，也是税务管理的重要制度之一。

(一) 纳税申报的对象

纳税人和扣缴义务人为纳税申报的对象。纳税人享受减税、免税优惠的在减税、免税期间，或纳税人在纳税期内无应纳税款的，按税法规定也应当进行纳税申报。

(二) 纳税申报的内容

纳税申报的内容，在各种纳税资料中均有体现，比如在各税种的纳税申报表和代扣代缴、代收代缴税款报告表中，再比如在随纳税申报表附报的财务报表和有关纳税资料中。其内容包括：税种、税目，应纳税项目或者应代扣代缴、代收代缴税款项目，计税依据，扣除项目及标准，适用税率或者单位税额，应退税项目及税额、应减免税项目及税额，应纳税额或者应代扣代缴、代收代缴税额，以及税款所属期限、延期缴纳税款、欠税、滞纳金等。

(三) 纳税申报的期限

《税收征管法》规定，纳税人和扣缴义务人都必须在法定的申报期限内办理纳税申报。申报期限是法律、行政法规所明确规定的；或者是税务机关予以确定的(税务机关一般会依照法律法规，结合纳税人应缴纳的税种及其生产经营的实际情况等进行确定)。两种期限均具有相同的法律效力。

(四) 纳税申报的要求

纳税人在办理纳税申报时，除应如实填写纳税申报表，还应根据不同的情况报送以下有关证件、资料。

(1) 财务会计报表及其说明材料。

(2) 与纳税有关的合同、协议书及凭证。

(3) 税控装置的电子报税资料。

(4) 外出经营活动税收管理证明和异地完税凭证。

(5) 境内或者境外公证机构出具的有关证明文件。

(6) 税务机关规定应当报送的其他有关证件、资料。此外，扣缴义务人应如实填写代扣代缴、代收代缴税款报告表，并报送代扣代缴、代收代缴税款的合法凭证以及税务机关规定的其他有关证件、资料。

(五) 纳税申报的方式

《税收征管法》第二十六条规定，纳税人、扣缴义务人可以直接到税务机关办理纳税申报，或者报送代扣代缴、代收代缴税款报告表，也可以按照规定采取邮寄、数据电文或者其他方式办理上述申报、报送事项。

1. 直接申报

直接申报是指纳税人直接自行到税务机关办理纳税申报。

2. 邮寄申报

邮寄申报是指经税务机关批准，纳税人使用统一的纳税申报快递专用信封，到邮政部门办理交寄手续，并由邮政部门开具收据作为申报凭据的方式。

3. 数据电文

经税务机关确定的电话语音、电子数据和网络传输等电子方式均属于数据电文申报。纳税人目前采用的网上申报就属于此种形式。

此外，还可以实行简易申报、简并征期等纳税申报方式，主要适用定期定额缴纳税款的纳税人，"简易申报"是指在法律、行政法规规定的期限内或税务机关依据法规的规定确定的期限内缴纳税款的，税务机关可以视同申报；"简并征期"是指经税务机关批准，可以采取将纳税期限合并为按季、半年、年的方式缴纳税款。

(六) 延期申报管理

《税收征管法》第二十七条和《税收征管法实施细则》第三十七条及相关法规规定，纳税人、扣缴义务人因有特殊情况，不能按照税法规定的期限办理纳税申报或扣缴税款报告的，经县以上税务机关核准，可以延期申报。需要延期的，应当在规定的期限内向税务机关提出书面延期申请，经税务机关批准，可在核准的期限内办理。纳税人、扣缴义务人因不可抗力原因可以延期办理的，不可抗力情形消除后应当立即向税务机关报告。经核准延期办理规定的申报、报送事项的，应当在纳税期内按照上期实际缴纳的税额或者税务机关核定的税额预缴税款，并在核准的延期内办理税款结算。

第三节 税款征收

税款征收的核心环节就是税收征收管理工作，它在全部税收工作中占据非常重要的地位，是整个税收征管工作的终极目标。

一、税款征收原则

(一) 税款征收的唯一行政主体是税务机关

《税收征管法》第二十九条规定，除税务机关、税务人员以及经税务机关依照法律、行政法规委托的单位和个人外，任何单位和个人不得进行税款征收活动。同时，第四十一条规定，采取税收保全措施、强制执行措施的权利，不得由法定的税务机关以外的单位和个人行使。

(二) 税务机关只能依照法律、行政法规的规定征收税款

税务机关只能依照法律、行政法规的规定征收税款。未经法定机关和法定程序调整，征纳双方均不得随意变动。税务机关代表国家向纳税人征收税款，不能任意征收，只能依法征收。

(三) 税务机关不得违反法律、行政法规的规定内容和程序征收税款

《税收征管法》第二十八条规定，税务机关依照法律、行政法规的规定征收税款，不得违反法律、行政法规的规定开征、停征、多征、少征、提前征收、延缓征收或者摊派税款。这一规定体现了两层含义。其一，税务机关不得在税法生效之前先行向纳税人征收税款，或在税法尚未失效时停止征收税款，更不得擅立法规开征新税。其二，在税款征收过程中，税收法律、行政法规预先规定的征收标准是税务机关进行征税时所必须遵守的。

税务机关必须遵守《税收征管法》等法定权限和法定程序征收税款。

(四) 税务机关必须开具完税凭证或开付扣押、查封的收据或清单

《税收征管法》第三十四条规定，税务机关征收税款时，必须给纳税人开具完税凭证。税务机关扣押商品、货物或者其他财产时，必须开付收据；查封商品、货物或者其他财产时，必须开付清单。

(五) 由税务机关将税款、滞纳金、罚款统一上缴国库

《税收征管法》第五十三条规定，国家税务局和地方税务局应当按照国家规定的税收征管范围和税款入库预算级次，将征收的税款缴入国库。

(六) 税款优先

《税收征管法》第四十五条规定，税务机关征收税款，税收优先于无担保债权，法律另有规定的除外；纳税人欠缴的税款发生在纳税人以其财产设定抵押、质押或者纳税人的财产被留置之前的，税收应当先于抵押权、质权、留置权执行。纳税人欠缴税款，同时又被行政机关决定处以罚款、没收违法所得的，税收优先于罚款、没收违法所得。税务机关应当对纳税人欠缴

税款的情况定期予以公告。这一规定确定了在纳税人支付各种款项和偿还债务时税款征收的顺序，使得税法刚性和在执行中的可操作性均得到增强。

二、税款征收方式

由于征纳双方所具备的条件不一、各个税种的特点不同，税务机关需要确定不同的计算征收税款的方法和形式，即为税款征收的方式。《税收征管法实施细则》第三十八条规定，税务机关根据保证国家税款及时足额入库、方便纳税人、降低税收成本的原则，确定税款征收的方式。税务机关可以采取查账征收、查定征收、查验征收、定期定额征收以及其他方式征收税款。

(一) 查账征收

查账征收是税务机关依照纳税人提供的账表所记录的实际经营情况和适用税率计算征收税款的方式。此方式一般适用于财务会计制度比较健全，并能够正确核算税款的纳税单位。

(二) 查定征收

查定征收是税务机关按照纳税人的从业人员数量、生产设备情况、原材料使用等因素，查实核定其生产制造的应税商品产量或销售额并据以计算缴纳税款的方式。如果纳税单位不具备健全的会计账册，但可以控制原材料或进销货金额，适用这种方式。

(三) 查验征收

查验征收是税务机关通过对纳税人应税产品查验数量，然后按一般市场价格单价计算其销售金额并据以进行征税的方式。这一方式主要适用于经营范围相对单一、经营的地点和时间不固定、商品来源不确定的纳税单位。

(四) 定期定额征收

定期定额征收是税务机关通过结合实际情况进行典型调查，逐户直接确定一个营业额和所得额并据以征税的方式。此方式主要适用于无任何完整全面的考核依据的小型纳税单位。

(五) 委托代征税款

委托代征税款是税务机关委托代征人以税务机关的名义代征少数零星分散的税收，并发给委托代征证书，将税款缴入国库的方式。一般小额、零散的税源征收适用这一方式。

(六) 邮寄纳税

如果纳税人虽有能力按期纳税，但又不方便采用其他纳税方式的，一般适用邮寄纳税。纳税人应当在邮寄纳税申报表的同时，汇寄应纳税款。税务机关收到纳税申报表和税款后，必须向纳税人开具完税凭证，办理税款缴库手续。

(七) 其他方式

除上述以外的纳税方式，利用网络申报、用 IC 卡纳税申报等方式目前广为应用。

三、税款征收制度

(一) 代扣代缴、代收代缴税款制度

以下为《税收征管法》第三十条和第三十四条规定。

(1) 扣缴义务人依照法律、行政法规的规定履行代扣、代收税款的义务。对法律、行政法规没有规定负有代扣、代收税款义务的单位和个人，税务机关不得要求其履行代扣、代收税款义务。

(2) 扣缴义务人依法履行代扣、代收税款义务时，纳税人不得拒绝。纳税人拒绝的，扣缴义务人应当在1日之内报告主管税务机关处理。不及时向主管税务机关报告的，扣缴义务人应承担应扣未扣、应收未收税款的责任。

(3) 税务机关按照规定付给扣缴义务人代扣、代收手续费。代扣、代收税款手续费只能由县(市)以上税务机关统一办理退库手续，不得在征收税款过程中坐支。

(4) 扣缴义务人代扣、代收税款时，纳税人要求扣缴义务人开具代扣、代收税款凭证的，扣缴义务人应当开具。

(二) 延期缴纳税款制度

《税收征管法》第三十一条规定，纳税人、扣缴义务人按照法律、行政法规规定或者税务机关依照法律、行政法规的规定确定的期限，缴纳或者解缴税款。纳税人因有特殊困难，不能按期缴纳税款的，经省、自治区、直辖市国家税务局、地方税务局批准，可以延期缴纳税款，但最长不得超过3个月(同一笔税款不得滚动审批)。计划单列市税务局可以参照省税务机关的批准权限，审批纳税人的延期缴纳税款申请。

《税收征管法实施细则》第四十一条规定，纳税人有下列情形之一的，均可以申请延期缴纳税款：一是因不可抗力，导致纳税人发生较大损失，正常生产经营活动受到较大影响的；二是当期货币资金在扣除应付职工工资、社会保险费后，不足以缴纳税款的。"当期货币资金"是指纳税人申请延期缴纳税款当日的货币资金余额，不包括法律法规明确规定企业不可动用的资金；"应付职工工资"是指当期计提数。

(三) 税收滞纳金征收制度

《税收征管法》第三十二条规定，纳税人未按照规定期限缴纳税款的，扣缴义务人未按照规定期限解缴税款的，税务机关除责令限期缴纳外，从滞纳税款之日起，按日加收滞纳税款万分之五的滞纳金。

$$滞纳金=滞纳税款×滞纳天数×0.5‰$$

纳税人、扣缴义务人、纳税担保人可以先行缴纳欠税，再依法缴纳滞纳金，即对应缴纳的欠税及滞纳金不再要求同时缴纳。具体操作程序是：先由税务机关发出催缴税款通知书，责令限期缴纳或解缴税款，告知纳税人如不按期履行纳税义务，将依法按日加收滞纳金；滞纳天数为规定的税款缴纳期限届满次日至纳税人、扣缴义务人实际缴纳或者解缴税款之日止；拒绝缴纳滞纳金的，可以按不履行纳税义务实行强制执行措施，强行划拨或者强制征收。

(四) 减免税收制度

以下为《税收征管法》第三十三条及《税收减免管理办法》的规定。

(1) 纳税人依照法律、行政法规的规定办理减税、免税。地方各级人民政府、各级人民政府主管部门、单位和个人违反法律、行政法规规定，擅自做出的减税、免税决定无效，税务机关不得执行，并向上级税务机关报告。

(2) 减免税分为核准类减免税和备案类减免税。核准类减免税是指法律、法规规定应由税务机关核准的减免税项目；备案类减免税是指不需要税务机关核准的减免税项目。纳税人享受核准类减免税，应当提交核准材料，提出申请，经依法具有批准权限的税务机关按规定核准确认后执行。未按规定申请或虽申请但未经有批准权限的税务机关核准确认的，纳税人不得享受减免税。纳税人享受备案类减免税，应当具备相应的减免税资质，并履行规定的备案手续。

(3) 纳税人享受减税、免税待遇的，在减税、免税期间应当按照规定办理纳税申报。

(4) 享受减税、免税优惠的纳税人，减税、免税期满，应当自期满次日起恢复纳税；减税、免税条件发生变化的，应当在纳税申报时向税务机关报告；不再符合减税、免税条件的，应当依法履行纳税义务；未依法纳税的，税务机关应当予以追缴。

(五) 税额核定和关联企业税收调整制度

1. 税额核定制度

《税收征管法》第三十五条规定，纳税人有下列情形之一的，税务机关有权核定其应纳税额：

(1) 依照法律、行政法规规定可以不设置账簿的；

(2) 依照法律、行政法规规定应当设置但未设置账簿的；

(3) 擅自销毁账簿或者拒不提供纳税资料的；

(4) 虽设置账簿，但账目混乱或成本资料、收入凭证、费用凭证残缺不全，难以查账的；

(5) 发生纳税义务，未按照规定的期限办理纳税申报，经税务机关责令限期申报，逾期仍不申报的；

(6) 纳税人申报的计税依据明显偏低，又无正当理由的。

《税收征管法实施细则》第四十七条规定，税务机关有权采用下列任何一种方法核定其应纳税额：参照当地同类行业或者类似行业中经营规模和收入水平相近的纳税人的税负水平核定；按照营业收入或者成本加合理的费用和利润的方法核定；按照耗用的原材料、燃料、动力等推算或者测算核定；按照其他合理方法核定。

2. 关联企业税收调整制度

《税收征管法》第三十六条规定，企业或者外国企业在中国境内设立的从事生产、经营的机构、场所与其关联企业之间的业务往来，应当按照独立企业之间的业务往来收取或者支付价款、费用；不按照独立企业之间的业务往来收取或者支付价款、费用，而减少其应纳税的收入或者所得额的，税务机关有权进行合理调整。

纳税人与其关联企业之间的业务往来有下列情形之一的，税务机关可以调整其应纳税额：购销业务未按照独立企业之间的业务往来作价；融通资金所支付或者收取的利息超过或者低于没有关联关系的企业之间所能同意的数额，或者利率超过或低于同类业务的正常利率；提供劳务，未按照独立企业之间业务往来收取或者支付劳务费用；转让财产、提供财产使用权等业务往来，未按照独立企业之间业务往来作价或者收取、支付费用；未按照独立企业之间业务往来作价的其他情形。

(六) 未办理税务登记的纳税人的税款征收制度

《税收征管法》第三十七条规定，对未按照规定办理税务登记的从事生产、经营的纳税人以及临时从事经营的纳税人，由税务机关核定其应纳税额，责令缴纳；不缴纳的，税务机关可以扣押其价值相当于应纳税款的商品、货物。扣押后缴纳应纳税款的，税务机关必须立即解除扣押，并归还所扣押的商品、货物；扣押后仍不缴纳应纳税款的，经县以上税务局(分局)局长批准，依法拍卖或者变卖所扣押的商品、货物，以拍卖或者变卖所得抵缴税款。

据此，应特别注意以下两个方面。一是适用对象。本条款规定主要适用未办理税务登记的从事生产、经营的纳税人及临时从事经营的纳税人。二是执行程序。执行的顺序是核定应纳税额、责令缴纳、扣押商品或货物、解除扣押或者拍卖变卖所扣押的商品或货物、抵缴税款。

(七) 税收保全措施

《税收征管法》第三十八条规定，税务机关有根据认为从事生产、经营的纳税人有逃避纳税义务行为的，可以在规定的纳税期之前，责令限期缴纳应纳税款；在限期内发现纳税人有明显的转移、隐匿其应纳税的商品、货物以及其他财产或者应纳税的收入的迹象的，税务机关可以责成纳税人提供纳税担保。如果纳税人不能提供纳税担保，经县以上税务局(分局)局长批准，税务机关可以采取税收保全措施。具体地，《税收征管法》和《税收征管法实施细则》的相关规定主要有以下几项。

1. 税收保全措施的前提
(1) 税务机关有根据认为从事生产、经营的纳税人有逃避纳税义务行为；
(2) 必须是在规定的纳税期之前和责令限期缴纳应纳税款的限期内；
(3) 纳税人不能提供纳税担保。

2. 税收保全措施的主要形式和执行范围
(1) 书面通知纳税人开户银行或者其他金融机构冻结纳税人的金额相当于应纳税款的存款；
(2) 扣押、查封纳税人的价值相当于应纳税款的商品、货物或者其他财产。

个人及其所扶养家属维持生活必需的住房和用品，不在税收保全措施的范围之内。生活必需的住房和用品不包括机动车辆、金银饰品、古玩字画、豪华住宅或者一处以外的住房。税务机关对单价 5 000 元以下的其他生活用品，不采取税收保全措施和强制执行措施。

3. 税收保全措施的适用对象
适用对象为从事生产、经营的纳税人，不包括非从事生产、经营的纳税人以及扣缴义务人和纳税担保人。

4. 税收保全措施的期限
一般不超过 6 个月，重大案件需要延长的，应当报国家税务总局批准。

(八) 税收强制执行措施

《税收征管法》第四十条规定，从事生产、经营的纳税人、扣缴义务人未按照规定的期限缴纳或者解缴税款，纳税担保人未按照规定的期限缴纳所担保的税款，由税务机关责令限期缴纳，逾期仍未缴纳的，经县以上税务局(分局)局长批准，税务机关可以采取强制执行措施。需要注意的是，强制执行不是税收保全的必然结果。《税收征管法》和《税收征管法实施细则》在税收强制执行方面有以下规定。

1. 税收强制执行措施的主要形式和执行范围

(1) 书面通知其开户银行或其他金融机构从其存款中扣缴税款。

(2) 扣押、查封、拍卖其价值相当于应纳税款商品、货物或其他财产，以拍卖所得抵缴税款。

强制执行措施的范围同税收保全措施的范围。继续使用被查封的财产不会减少其价值的，税务机关可以允许被执行人继续使用；因被执行人保管或者使用的过错造成的损失，由被执行人承担。

2. 税收强制执行措施的适用对象

税收强制执行措施不仅适用于从事生产、经营的纳税人，而且适用于扣缴义务人和纳税担保人。

3. 滞纳金必须同时强制执行

税务机关采取税收强制执行措施时，对纳税人、扣缴义务人、纳税担保人未缴纳的滞纳金必须同时强制执行。对纳税人已缴纳税款，但拒不缴纳滞纳金的，税务机关可以单独对纳税人应缴未缴的滞纳金采取强制执行措施。

4. 税收强制执行的原则

先行告诫，责令限期缴纳。逾期仍未缴纳的，再采取税收强制执行措施。

(九) 欠税清缴制度

欠税是指纳税人未按照规定期限缴纳税款，扣缴义务人未按照规定期限代缴税款的行为。《税收征管法》和《税收征管法实施细则》在欠税清缴方面主要有以下措施。

1. 对欠缴税款的审批权限进行严格控制

《税收征管法》第三十一条规定，缓缴税款的审批权限集中在省、自治区、直辖市国家税务局、地方税务局。缓缴税款规定可以帮助纳税人暂时渡过缴税困难的难关，体现了国家严格控制欠税的精神，避免造成国家税收损失。

2. 限期缴税的时限规定

从事生产、经营的纳税人、扣缴义务人未按照规定的期限缴纳或者解缴税款的，纳税担保人未按照规定的期限缴纳所担保的税款的，由税务机关发出限期缴纳税款通知书，责令缴纳或者解缴税款的最长期限不得超过 15 日。

3. 欠税清缴制度的建立

(1) 阻止出境对象的范围进一步扩大。欠缴税款的纳税人及其法定代表需要出境的，应当在出境前向税务机关结清应纳税款或者提供担保。未结清税款，又不提供担保的，税务机关可以通知出境管理机关阻止其出境。

(2) 大额欠税处分财产报告的制度。欠缴税款数额在 5 万元以上的纳税人，在处分其不动产或者大额资产之前，应当向税务机关报告。

(3) 税务机关的代位权和撤销权。税务机关可以对欠缴税款的纳税人行使代位权、撤销权，即对纳税人的到期债权等财产权利，税务机关可以依法向第三者追索以抵缴税款。

(十) 税款的退还和追征制度

1. 税款的退还(纳税人多缴税款)

《税收征管法》第五十一条规定：

(1) 纳税人超过应纳税额缴纳的税款，税务机关发现后应当立即退还(无限期)；纳税人自结算缴纳税款之日起 3 年内发现的，可以向税务机关要求退还多缴的税款并加算银行同期存款利息，税务机关及时查实后应当立即退还；

(2) 涉及从国库中退库的，依照法律、行政法规中有关国库管理的规定退还。

2. 税款的追征(纳税人少缴税款)

《税收征管法》第五十二条规定：

(1) 因税务机关责任，致使纳税人、扣缴义务人未缴或者少缴税款的，税务机关在 3 年内可要求纳税人、扣缴义务人补缴税款，但是不得加收滞纳金；

(2) 因纳税人、扣缴义务人计算等失误，未缴或者少缴税款的，税务机关在 3 年内可以追征税款、滞纳金；有特殊情况的，追征期可以延长到 5 年；

(3) 对偷税、抗税、骗税的，税务机关追征其未缴或者少缴的税款、滞纳金或者所骗取的税款，不受前款规定期限的限制。

第四节 税务检查

一、税务检查的形式和方法

(一) 税务检查的形式

1. 重点检查

一般对公民举报、上级机关交办或有关部门转来的有偷税行为或偷税嫌疑的，纳税申报与实际生产经营情况有明显不符的纳税人及有普遍逃税行为的行业的检查，叫作重点检查。

2. 分类计划检查

根据纳税人历史纳税状况、纳税人的缴税金额大小及税务检查周期等各种因素，依事先对纳税人进行的分类、计划检查频率及检查时间而进行的检查方式，叫作分类计划检查。

3. 集中性检查

集中性检查指税务机关在特定范围内、特定时间内，统一进行安排和组织的税务检查，此种检查方式一般规模较大且集中，比如我国曾进行的全国范围内的税收、财务大检查。

4. 临时性检查

临时性检查指由各级税务机关依据不同的经济情形、偷逃税现象、地方税收任务完成情况等综合因素，所安排的在正常的检查计划之外的检查。行业性解剖的检查等就属于此种检查。

5. 专项检查

专项检查指根据实际税收工作情况，税务机关针对某一特定税种或税收征管的某一特定环节的税法遵从情况所进行的检查。例如增值税一般纳税专项检查、对特定税收违法行为的专项整治等。

(二) 税务检查的方法

1. 全查法与抽查法

全查法是对被查纳税人一定期间内全部的会计凭证、账簿和报表资料以及存货等各种实物资产进行系统全面检查的一种稽查方法。全查法与抽查法对称。抽查法是在一定时期内，抽取被查纳税人一部分的会计凭证、账簿、报表及存货等各种实物资产的一种方法。

2. 顺查法与逆查法

顺查法是指按照会计核算顺序，依次检查被查纳税人的会计凭证、账簿、报表，并在内部进行相互核对的一种稽查方法。逆查法与顺查法相对。逆查法是指按照与会计核算顺序相逆的顺序，对被查纳税人的会计报表、账簿再到凭证进行依次检查，并将三者相互核对的一种检查方法。

3. 现场检查法与调账检查法

现场检查法是指税务机关派税务人员亲自到被查纳税人的所在地对其会计账务资料进行检查的一种方法。调账检查法与现场检查法相反，是指将被查纳税人的相关账务资料调至税务机关进行查验的一种方法。

4. 比较分析法与控制计算法

比较分析法是将被查纳税人检查期相关财务指标的实际完成情况与历史同期(纵向)或同行业(横向)进行对比，剖析其变化的异常情况，从中掌握纳税问题线索的一种检查方法。控制计算法又称逻辑推算法，指通过可靠或科学测定的方法和数据对被查纳税人财务数据的钩稽关系进行分析，检验其检查期会计账册记录或纳税申报资料是否合理的一种方法。

5. 审阅法、核对法与盘存法

审阅法是指通过对被查纳税人的会计凭证、账簿和报表等会计资料进行仔细阅读和审查，进而找出其在纳税方面存在问题的一种方法。核对法与盘存法类似，核对法是通过对被查纳税人的会计资料(包括会计凭证、账簿和报表)与实物进行相互印证和核对，而盘存法是单纯对被查纳税人的库存现金、存货和固定资产等实物进行清查盘点，验证其是否账实相符，二者也均是验证其在纳税方面存在问题的检查方法。

6. 观察法与外调法

观察法是指对被检查纳税人的经营现场(包括生产场地、仓库、施工场地等)进行实地观察，直观确定其生产经营和存货等现状，进而发现税收问题或验证账目中可疑问题的一种检查方法。外调法是指在对被查纳税人经济事项有怀疑或已掌握一定线索的前提下，通过外部调查与其有经济联系的单位和个人予以查证或核实的一种方法。

7. 交叉稽核法

为了对增值税专用发票加强管理，国家推广税控系统采用计算机对开具的增值税专用发票抵扣联和存根联做到交叉集合，以达到遏制虚假开票行为的目的，使国家税款免于流失。"金税工程"是这一方法的充分体现，能够极大地遏制利用增值税专用发票进行偷逃税款行为。

二、税务检查的范围和职责

(一) 税务机关有权进行下列税务检查

税务检查中税务机关的权利主要有：查账权、实地检查权、责成提供资料权、询问权、在交通要道和邮政企业的查证权、查核存款账户权。

1. 查账权

检查纳税人的账簿、记账凭证、报表和有关资料，检查扣缴义务人代扣代缴、代收代缴税款账簿、记账凭证和有关资料。

(1) 经县以上税务局(分局)局长批准，可以将纳税人、扣缴义务人以前会计年度有关资料调回税务机关检查，但是税务机关必须向纳税人、扣缴义务人开付清单，并在3个月内完整退还；

(2) 特殊情况，经设区的市、自治州以上税务局局长批准，税务机关可以将纳税人、扣缴义务人当年的有关资料调回检查，但是税务机关必须在30日内退还。

2. 实地检查权

税务机关有权到纳税人的生产、经营场所和货物存放地检查纳税人应纳税的商品、货物或者其他财产，检查扣缴义务人与代扣代缴、代收代缴税款有关的经营情况，但不得进入纳税人生活区进行检查。

3. 责成提供资料权

责成纳税人、扣缴义务人提供与纳税或者代扣代缴、代收代缴税款有关的文件、证明材料和有关资料。

4. 询问权

询问纳税人、扣缴义务人与纳税或者代扣代缴、代收代缴税款有关的问题和情况。

5. 在交通要道和邮政部门的查证权

到车站、码头、机场、邮政企业及其分支机构检查纳税人托运、邮寄应纳税商品、货物或者其他财产的有关单据、凭证和有关资料。

6. 查核存款账户权

经县以上税务局(分局)局长批准，凭全国统一格式的检查存款账户许可证明，查核从事生产、经营的纳税人、扣缴义务人在银行或者其他金融机构的存款账户；税务机关在调查税收违法案件时，经设区的市、自治州以上税务局(分局)局长批准，可以查询案件涉案人员的储蓄存款。税务机关查询所获得的资料，不得用于税收以外的用途。应当指定专人负责，凭全国统一格式的检查存款账户许可证明进行，并有责任为被检查人保守秘密。检查存款账户许可证明，由国家税务总局制定。税务机关查询的内容，包括纳税人存款账户余额和资金往来情况。

(二) 税务机关税务检查的其他职责

首先，税务机关对从事生产、经营的纳税人以前纳税期的纳税情况依法进行税务检查时，发现纳税人有逃避纳税义务行为，并有明显的转移、隐匿其应纳税的商品、货物，以及其他财产或者应纳税的收入的迹象的，可以按照规定的批准权限采取税收保全措施或者强制执行措施。税务机关采取税收保全措施的期限一般不得超过 6 个月；重大案件需要延长的，应当报国家税务总局批准。第二，纳税人、扣缴义务人必须接受税务机关依法进行的税务检查，如实反映情况，提供有关资料，不得拒绝、隐瞒。第三，税务机关调查税务违法案件时，对与案件有关的情况和资料，可以记录、录音、录像、照相和复制。第四，税务机关派出的人员进行税务检查时，应当出示税务检查证和税务检查通知书，并有责任为被检查人保守秘密；未出示税务检查证和税务检查通知书的，被检查人有权拒绝检查。

第五节　法律责任

一、违反税务管理基本规定行为的处罚

《税收征管法》第六十条有如下规定。

(1) 纳税人有下列行为之一的，由税务机关责令限期改正，可以处 2 000 元以下的罚款；情节严重的，处 2 000 元以上 10 000 元以下的罚款：

① 未按照规定的期限申报办理税务登记、变更或者注销登记的；

② 未按照规定设置、保管账簿或者保管记账凭证和有关资料的；

③ 未按照规定将财务、会计制度或者财务、会计处理办法和会计核算软件报送税务机关备查的；

④ 未按照规定将其全部银行账号向税务机关报告的；

⑤ 未按照规定安装、使用税控装置，或者损毁或擅自改动税控装置的；

⑥ 纳税人未按照规定办理税务登记证件验证或者换证手续的。

(2) 纳税人不办理税务登记的，由税务机关责令限期改正；逾期不改正的，由工商行政管理机关吊销其营业执照。

(3) 纳税人未按照规定使用税务登记证件，或者转借、涂改、损毁、买卖、伪造税务登记证件的，处 2 000 元以上 10 000 元以下的罚款；情节严重的，处 10 000 元以上 50 000 元以下的罚款。

此外，《税收征管法》第六十一条规定了扣缴义务人违反账簿、凭证管理的处罚规定，即扣缴义务人未按照规定设置、保管代扣代缴、代收代缴税款账簿或者保管代扣代缴、代收代缴税款记账凭证及有关资料的，由税务机关责令限期改正，可以处 2 000 元以下的罚款；情节严重的，处 2 000 元以上 5 000 元以下的罚款。

《税收征管法》第六十九条规定了扣缴义务人不履行扣缴义务的法律责任，即扣缴义务人应扣未扣、应收而不收税款的，由税务机关向纳税人追缴税款，对扣缴义务人处应扣未扣、应

收未收税款 50% 以上 3 倍以下的罚款。

二、未按规定进行纳税申报的法律责任

《税收征管法》第六十二条规定，纳税人未按照规定的期限办理纳税申报和报送纳税资料的，或者扣缴义务人未按照规定的期限向税务机关报送代扣代缴、代收代缴税款报告表和有关资料的，由税务机关责令限期改正，可以处 2 000 元以下的罚款；情节严重的，可以处 2 000 元以上 10 000 元以下的罚款。

《税收征管法》第六十四条规定了进行虚假申报或不进行申报行为的法律责任，即纳税人、扣缴义务人编造虚假计税依据的，由税务机关责令限期改正，并处 50 000 元以下的罚款。纳税人不进行纳税申报，不缴或者少缴应纳税款的，由税务机关追缴其不缴或者少缴的税款、滞纳金，并处不缴或者少缴的税款 50% 以上 5 倍以下的罚款。

三、偷税的法律责任

(1) 《税收征管法》第六十三条规定了以下内容。

① 纳税人伪造、变造、隐匿、擅自销毁账簿、记账凭证，或者在账簿上多列支出或者不列、少列收入，或者经税务机关通知申报而拒不申报或者进行虚假的纳税申报，不缴或者少缴应纳税款的，是偷税。对纳税人偷税的，由税务机关追缴其不缴或者少缴的税款、滞纳金，并处不缴或者少缴的税款 50% 以上 5 倍以下的罚款；构成犯罪的，依法追究刑事责任。

② 扣缴义务人采取前款所列手段，不缴或者少缴已扣、已收税款，由税务机关追缴其不缴或者少缴的税款、滞纳金，并处不缴或者少缴的税款 50% 以上 5 倍以下的罚款；构成犯罪的，依法追究刑事责任。

(2) 《中华人民共和国刑法》(以下简称《刑法》)第二百零一条规定了以下内容。

① 纳税人采取欺骗、隐瞒手段进行虚假纳税申报或者不申报，逃避缴纳税款数额较大并且占应纳税额 10% 以上的，处 3 年以下有期徒刑或者拘役，并处罚金；数额巨大并且占应纳税额 30% 以上的，处 3 年以上 7 年以下有期徒刑，并处罚金。

② 扣缴义务人采取前款所列手段，不缴或者少缴已扣、已收税款，数额较大的，依照前款的规定处罚。

③ 对多次实施前两款行为，未经处理的，按照累计数额计算。

④ 有第一款行为，经税务机关依法下达追缴通知后，补缴应纳税款，缴纳滞纳金，已受行政处罚的，不予追究刑事责任；但是，5 年内因逃避缴纳税款受过刑事处罚或者被税务机关给予两次以上行政处罚的除外。

四、逃税的法律责任

《税收征管法》第六十五条规定，纳税人欠缴应纳税款，采取转移或者隐匿财产的手段，妨碍税务机关追缴欠缴的税款的，由税务机关追缴欠缴的税款、滞纳金，并处欠缴税款 50% 以上 5 倍以下的罚款；构成犯罪的，依法追究刑事责任。

《刑法》第二百零三条规定，纳税人欠缴应纳税款，采取转移或者隐匿财产的手段，致使税务机关无法追缴欠缴的税款，数额在 10 000 元以上不满 100 000 元的，处 3 年以下有期徒刑或者拘役，并处或者单处欠缴税款 1 倍以上 5 倍以下罚金；数额在 10 000 元以上的，处 3 年以上 7 年以下有期徒刑，并处欠缴税款 1 倍以上 5 倍以下罚金。

五、骗税的法律责任

《税收征管法》第六十六条规定，以假报出口或者其他欺骗手段，骗取国家出口退税款的，由税务机关追缴其骗取的退税款，并处骗取税款 1 倍以上 5 倍以下的罚款；构成犯罪的，依法追究刑事责任。对骗取国家出口退税款的，税务机关可以在规定期间内停止为其办理出口退税。

《刑法》第二百零四条规定，以假报出口或者其他欺骗手段，骗取国家出口退税款，数额较大的，处 5 年以下有期徒刑或者拘役，并处骗取税款 1 倍以上 5 倍以下罚金；数额巨大或者有其他严重情节的，处 5 年以上 10 年以下有期徒刑，并处骗取税款 1 倍以上 5 倍以下罚金；数额特别巨大或者有其他特别严重情节的，处 10 年以上有期徒刑或者无期徒刑，并处骗取税款 1 倍以上 5 倍以下罚金或者没收财产。

六、抗税的法律责任

《税收征管法》第六十七条规定，以暴力、威胁方法拒不缴纳税款的，是抗税，除由税务机关追缴其拒缴的税款、滞纳金外，依法追究刑事责任。情节轻微，未构成犯罪的，由税务机关追缴其拒缴的税款、滞纳金，并处拒缴税款 1 倍以上 5 倍以下的罚款。

《刑法》第二百零二条规定，以暴力、威胁方法拒不缴纳税款的，处 3 年以下有期徒刑或者拘役，并处拒缴税款 1 倍以上 5 倍以下罚金；情节严重的，处 3 年以上 7 年以下有期徒刑，并处拒缴税款 1 倍以上 5 倍以下罚金。

七、欠税的法律责任

《税收征管法》第六十八条规定，纳税人、扣缴义务人在规定期限内不缴或者少缴应纳或者应解缴的税款，经税务机关责令限期缴纳，逾期仍未缴纳的，税务机关除依照本法第四十条的规定采取强制执行措施追缴其不缴或者少缴的税款外，可以处不缴或者少缴税款 50%以上 5 倍以下的罚款。

本 章 小 结

1. 税务管理包括税务登记管理、账簿和凭证管理以及纳税申报管理。税务登记管理是税务机关对纳税人实施税收管理的首要环节和基础工作；账簿和凭证管理包括账簿和凭证管理、发票和税控管理；纳税申报管理包括纳税申报的对象、内容、期限、要求、方式及延期管理。

2. 税款征收是全部税收征管工作的目标和归宿，包括 6 项税款征收原则、7 项税款征收方式和 10 项税款征收制度。

3. 税务检查包括税务检查的形式和方法，以及税务检查的范围和职责，税务检查的职责是指税务机关进行税务检查中的权利，主要有：查账权、实地检查权、责成提供资料权、询问权、在交通要道和邮政部门的查证权、查核存款账户权。

4. 税收相关法律责任包括违反税务管理基本规定行为的处罚、未按规定进行纳税申报的法律责任，以及偷税、逃税、骗税、抗税、欠税等法律责任。

参考文献

[1] 亚当·斯密. 国民财富的性质和原因的研究：下卷[M]. 郭大力，王亚南，译. 北京：商务印书馆，1997.

[2] 李万甫. 税收征管体制改革的历史丰碑[N]. 中国税务报，2019-01-16.

[3] 杨志勇. 从几个关键词看税收有力服务经济社会发展大局[N]. 中国税务报，2020-11-18.

[4] 应小陆. 税法[M]. 上海：上海财经大学出版社，2019.

[5] 中国注册会计师协会. 税法[M]. 北京：中国财政经济出版社，2020.

[6] 李敏，朱利荣. 税法：第4版[M]. 上海：上海财经大学出版社，2019.

[7] 全国税务师职业资格考试教材编写组. 税法一[M]. 北京：中国税务出版社，2020.

[8] 全国税务师职业资格考试教材编写组. 税法二[M]. 北京：中国税务出版社，2020.

[9] 田发，范晓静. 税法[M]. 北京：清华大学出版社，2019.

[10] 李晓红. 税法[M]. 北京：清华大学出版社，2019.

[11] 陈立，李涛，胡显莉. 税法[M]. 北京：清华大学出版社，2019.

[12] 张敏翔，关迎霞. 税法[M]. 北京：经济科学出版社，2019.

[13] 艾华，徐茂中. 税法[M]. 北京：人民邮电出版社，2017.

[14] 张守文. 税法[M]. 北京：北京大学出版社，2018.

[15] 王红云. 税法[M]. 北京：中国人民大学出版社，2019.

[16] 梁文涛. 税法[M]. 北京：中国人民大学出版社，2019.

[17] 东奥会计在线，税法[M]. 北京：北京科学技术出版社，2020.